EDITORA DO CONHECIMENTO

Auxiliando a humanidade a encontrar a Verdade

A Terra sem Males

O mito de Yvy Marã e'ÿ

A Terra sem Males

O mito de Yvy Marã e'ÿ

Marcelo Gutierrez

CONHECIMENTO EDITORIAL LTDA.
Fone/Fax: 19 3451-5440
www.edconhecimento.com.br
vendas@edconhecimento.com.br

Edição de texto:
Sueli Cardoso de Araújo
Projeto gráfico: Sérgio Carvalho
Ilustração da capa: Banco de imagens

• Impresso no Brasil • Presita en Brazilo
ISBN: 978-85-7618-317-4
1ª edição: 2014

Editado conforme o
Novo Acordo Ortográfico da Língua Portuguesa

Produzido no Departamento Gráfico de
CONHECIMENTO EDITORIAL LTDA
Rua Prof. Paulo Chaves, 276 - 13485-150
Fone: 19 3451-5440 — Limeira - SP
conhecimento@edconhecimento.com.br

Dados Internacionais de Catalogação na Publicação (CIP)
(Angélica Ilacqua CRB-8/7057, SP, Brasil)

Gutierrez, Marcelo
A Terra sem Males : o mito de Yvy Marã e'ÿ / Marcelo Gutierrez. – Limeira, SP : Editora do Conhecimento, 2014.
400 p.

ISBN 978-85-7618-317-4

1. Romance espiritualista 2. Cultura indígena 3. Índios brasileiros 4. Reencarnação 5. Vidas passadas 6. Lei de Ação e Reação I. Título

14-0041 CDD – 133.9

Índices para catálogo sistemático:
1. Romance espiritualista

Marcelo Gutierrez

A Terra sem Males

O mito de Yvy Marã e'ÿ

1ª edição
2014

EDITORA DO CONHECIMENTO

Agradeço ao querido Cacique Pena Dourada, ao Pajé Payocá, ao Caboclo Pedra Branca, ao Sr. Rompe Mato e ao Caboclo Campina Grande, pois sem a sustentação espiritual deles eu não teria as bases para o meu trabalho dentro da mediunidade, bem como não seria possível a concretização desta obra.
Agradeço também à minha esposa, que está sempre ao meu lado em todas as situações da vida.
Jamais poderia esquecer de enaltecer toda a influência benfazeja que tenho recebido nesta atual encarnação dessas magníficas entidades, conhecidas como "Caboclos de Umbanda".
Saravá aos legítimos ancestrais da América!!!

Sumário

Introdução

Historiadores afirmam que antes da chegada dos europeus à América havia cerca de 100 milhões de índios no continente. Só em território brasileiro, esse número chegava a cinco milhões de nativos aproximadamente. Esses índios brasileiros estavam divididos em tribos, de acordo com o tronco linguístico ao qual pertenciam: tupi-guarani (região do litoral), macro-jê ou tapuias (região do Planalto Central), aruaque e caraíba (Amazônia). Atualmente, calcula-se que apenas 400 mil índios ocupam o território brasileiro, principalmente em reservas indígenas demarcadas e protegidas pelo governo. São cerca de 200 etnias indígenas e 170 línguas. Porém, muitas delas não vivem mais como antes da chegada dos portugueses. O contato com o homem branco fez com que muitas tribos perdessem sua identidade cultural.

A sociedade indígena na época da chegada dos portugueses

O primeiro contato entre índios e portugueses, em 1500, foi de estranheza para ambas as partes. As duas culturas eram diferentes e pertenciam a mundos completamente distintos. Sabemos muito sobre os índios que viviam naquela época graças à Carta de Pero Vaz de Caminha (escrivão da expedição de Pedro Álvares Cabral) e também aos documentos deixados pelos padres jesuítas. Os indígenas que habitavam o Brasil naquela época viviam da caça, da pesca e da agricultura de milho, amendoim, feijão, abóbora, batata-doce e, principalmente, mandioca. Essa agricultura era praticada de forma bem rudimentar, pois utilizavam a técnica da coivara (derrubada de mata e queimada para limpar o solo para o plantio). Os índios domesticavam animais de pequeno porte, como porco-do-mato e capivara. Não conheciam o cavalo, o boi e a galinha. Na Carta de Caminha é relatado que os índios se espantaram ao verem, pela primeira vez, uma galinha. As tribos indígenas possuíam uma relação baseada em regras sociais, políticas e religiosas. O contato entre as tribos acontecia em ocasiões de guerras, casamentos, cerimônias de enterro ou para estabelecer alianças contra um inimigo comum. Os índios faziam objetos utilizando as matérias-primas da natureza. Vale lembrar que índio respeita muito o meio ambiente, retirando dele somente o necessário para a sua sobrevivência. Com a madeira, construíam canoas, arcos, flechas e suas habitações (ocas). A palha era aproveitada para confecção de cestos, esteiras, redes e outros objetos. A cerâmica era bastante utilizada na produção de potes, panelas e utensílios domésticos em geral. Penas e peles de animais serviam para confecção de roupas ou de enfeites para as cerimônias das tribos. O urucum era muito usado na pintura dos corpos.

A organização social dos índios

Entre os indígenas não há classes sociais como as do homem branco. Todos têm os mesmos direitos e recebem igual tratamento. A terra, por exemplo, pertence a todos e o produto da caça costuma ser dividido com os índios da tribo. Apenas os instrumentos de trabalho (machado, arcos, flechas, arpões) são de propriedade individual. O trabalho na tribo é realizado por todos, porém apresenta uma divisão por sexo e idade. As mulheres são responsáveis pela comida, pelas crianças, pelo plantio e colheita. Já os homens são encarregados de trabalho mais pesado: caça, pesca, guerra e derrubada das árvores.

Duas figuras importantes na organização das tribos são o pajé e o cacique. O pajé é o sacerdote da tribo. Ele conhece todos os rituais e recebe as mensagens dos deuses. Ele também é o curandeiro, pois conhece todas as ervas e chás para curar doenças. É ele que faz o ritual da pajelança, qunado evoca os deuses da floresta e dos ancestrais para ajudar na cura. O cacique, também importante na vida tribal, exerce o papel de chefe, pois organiza e orienta os índios. A educação indígena é bem interessante. Os pequenos índios, conhecidos como curumins, aprendem desde pequenos e de forma prática. Costumam observar o que os adultos fazem e vão treinando desde cedo. Quando o pai vai caçar, leva o indiozinho junto, para ele aprender. Portanto, a educação indígena é bem prática e vinculada à realidade da vida da tribo indígena. Quando atinge 13 ou 14 anos, o adolescente passa por um teste e uma cerimônia para ingressar na vida adulta.

O contato com os portugueses

Em sua carta, Caminha relata a troca de sinais, presentes e informações. Quando os portugueses iniciam a exploração do pau-brasil, começam a escravizar muitos indígenas ou a utilizar o escambo. Davam espelhos, apitos, colares e chocalhos para os indígenas em troca de seu trabalho. Interessados nas terras, os portugueses usaram a violência contra os índios. Para tomar as terras, chegavam a matar os nativos ou até mesmo lhes transmitir doenças para dizimar tribos. Esse comportamento violento seguiu-se por séculos, resultando no pequeno número de índios que temos hoje. A visão que o português tinha a respeito dos índios era eurocêntrica. Eles se consideravam superiores aos indígenas e, portanto, deveriam dominá-los e colocá-los a seu serviço. A cultura indígena era considerada pelo europeu como inferior e grosseira. Os estrangeiros acreditavam que sua função era converter os indígenas ao cristianismo e fazê-los seguir a cultura europeia. Foi assim que, aos poucos, os índios foram perdendo sua cultura e sua identidade.

Canibalismo

Algumas tribos eram canibais, como os tupinambás, que habitavam o litoral da região Sudeste do Brasil. A antropofagia era praticada porque eles acreditavam que, ao comerem carne humana do inimigo, estariam incorporando sabedoria, valentia e conhecimentos. Dessa forma, não se alimentavam da carne de pessoas fracas ou covardes. A prática do canibalismo era acompanhada de rituais simbólicos.

Religião

Cada nação indígena possuía crenças e rituais religiosos diferenciados. Porém, todos acreditavam nas forças da natureza e nos espíritos dos antepassados. Para esses deuses e espíritos organizavam rituais, cerimônias e festas. O pajé era o responsável por transmitir esses conhecimentos aos indígenas. Algumas tribos enterravam o corpo dos índios em grandes vasos de cerâmica, acompanhado de objetos pessoais. Isso mostra que essas tribos acreditavam em uma vida após a morte.

Fonte: FUNAI.

Capítulo 1

Os descendentes de Ariri

Uma terra exuberante. Não havia como não ser feliz naquele admirável lugar, numa época em que a natureza era respeitada em sua plenitude, algo inimaginável nos tempos atuais. Ali habitavam povos que viviam em comunhão com sua essência primária; tempos imemoráveis. Em meio àquele magnífico cenário, cingido por matas verdejantes, povos ancestrais perpetuaram a sua história.

Ao sul das proximidades da Grande Serra, uma emanação de origem indefinida, com sua azulada configuração, não percebida pelo olhar comum, imantava todo o espaço daquela aldeia isolada na floresta. Um fenômeno harmônico que exaltava uma espécie de proteção superior. Naquele povoado notava-se grande movimentação. Yassanan, o robusto chefe daqueles nativos, vivia um momento grandioso de sua existência e estava muito feliz, apesar de extremamente apreensivo. Seu herdeiro estava prestes a vir ao mundo, alguém prometido por Ariri, segundo o pajé Parassuá.

O morubixaba serrano possuía um físico invejável, com seus quase dois metros de altura; pele avermelhada, rosto oval, com olhar penetrante e sério, nariz grosso, lábios torneados, emoldurados por espessa cabeleira negra e lisa, de costume presa em tranças ornamentadas por pequenas penas acinzentadas. Usava em seu grosso pescoço um pesado colar de dentes de animais, com um símbolo ao centro feito de palha, que embelezava seu imenso peitoral. Nos colossais braços, logo acima dos bíceps, cordões trabalhados com plantas silvestres enfeitavam seus músculos pintados com sementes de urucum; uma tanga de couro, desde a cintura, cobria suas partes íntimas; as coxas sobressaíam firmes, brilhando com o urucum ainda fresco; os tornozelos eram ornados por penas brancas, que balançavam com o vento da manhã.

Yassanan era muito respeitado. Posicionado defronte à pedra-símbolo da aldeia, o nativo erguera sua lança para o alto, em um gesto ritualístico. Céleres, todos os nativos postaram-se em reverência, a aguardar o grande acontecimento daquele dia especial.

Após o gesto do morubixaba, eis que surge uma exuberante águia, cujas penas mesclavam cinza e preto, de belíssima cabeça branca como a neve, a sobrevoar a aldeia, constituindo um espetáculo à parte.

Parassuá reverenciava aquela visitante com as mãos erguidas. Para o pajé, o animal era um enviado de Ariri.

No momento da chegada da ave, o pajé exigira que toda a aldeia se curvasse ao ser alado e ninguém se opusera a tal veneração. Ela resolve pousar. Após o pouso, houve silêncio e atenção do povo serrano. O olhar do animal era penetrante. O falconiforme circunda o centro da aldeia com suas asas bem abertas, vagaroso, enigmático. Caracteristicamente, emite um grito estridente, a direcionar seu olhar para a oca em que estava a esposa de Yassanan. Com vigoroso bater de asas, o belo animal volta a sobrevoar as ocas de forma circular. Escuta-se um choro: Nakoatann nascera!

Junto ao choro da criança recém-chegada ao mundo, a águia parte em voo rasante para o topo da Grande Serra. A bênção daquele animal sagrado havia se efetivado. Esta era a profecia. Os animais selvagens agitaram-se com o acontecimento. E a Aldeia da Serra estava abraçada como parte de um organismo.

Uma velha nativa de espessa cabeleira branca, olhos pequenos, nariz largo emoldurado por um rosto cansado pela avançada idade, surge de uma das ocas. A anciã trajava pesado vestido de couro cru, ornamentado por pequeninas penas coloridas costuradas nas pontas, típico dos mais velhos. Ela exibia o pequeno curumim: uma criança saudável que se mexia sem parar. Nakoatann foi erguido pelas enrugadas mãos da velha nativa para que todos pudessem vê-lo. O povo serrano sorria de júbilo. Ainda suja pela placenta da mãe, a criança causava curiosidade em toda a aldeia; os moradores cutucavam-se para poder vê-la melhor. A algazarra perdurou por bom tempo, sob os olhares de imensa satisfação de Yassanan, que, com sua lança em punho, descansava a perna direita em uma pedra saliente.

Em determinado momento, quando o falatório dos nativos se tornava algo insuportável, a velha recolheu o menino e o conduziu para seu primeiro banho no rio. A alegria daquele núcleo perdido na selva era superlativa. No entanto, em meio à euforia, a aldeia seria surpreendida por uma visita inesperada: uma sombra no meio da mata se fazia presente. Não demora a ser percebida, no meio de uma abertura de troncos, uma imensa onça-pintada. O bicho se aproximava vagarosamente da oca principal. Yassanan baixou a lança e fez menção de um ataque, mas algo invisível o impedia de seguir em frente. O exemplar dos felinos deixaria qualquer um boquiaberto, tamanha sua beleza, a se destacar a protuberante cabeça com um pescoço bem grosso, enormes patas, expressivas unhas e um andar elegante.

Um dos guerreiros também ameaçara arrebatar o felino, porém, agora quem interceptava a intenção era o velho pajé, ao indicar com seu maracá que deixassem o animal se apresentar ao núcleo. Nenhum serrano se atreveu a contestar. Os nativos observaram a chegada do animal: era uma apresentação diferenciada para o ensejo. A insinuante fera circulava calmamente. Ela observava tudo ao seu redor. Contudo, algo maior interessava a ela: seus olhos amendoados centraram-se na direção da oca principal, aumentados pelo brilho de suas pupilas, como se o animal já aguardasse por aquele momento especial. Depois de deixar sua primeira impressão, o felino vagarosamente circula a cabeça, para, em seguida, olhar para o céu. Avista o marco zero da aldeia. Num súbito salto, atinge a pedra-símbolo. Acomoda-se nela calmamente e emite forte rugido. Ali expressava sua saudação. A aldeia se agita com o espetáculo, grita e assovia. A postura do animal era digna de uma pintura.

Minutos depois, ela se levanta e ruge novamente. E, como um raio, salta para desaparecer na imensidão da mata.

Estava balsâmico o ar que se aspirava na aldeia. Sentia-se agradável perfume, uma fragrância especial. As árvores, as folhas, toda a vegetação também desejava dar boas-vindas ao pequeno curumim.

Não havendo como ser de outra forma, satisfeito, o pajé se manifestara eloquente aos seus:

— Aquele animal será companheiro de Nakoatann nesta vida: o jaguar-rei. Ariri que o enviou. Exatamente como o payé vira em sonhos.

Após as palavras do velho, Yassanan desce do marco zero e se ajoelha diante do sábio. Sinal de profunda reverência. Em seguida, o morubixaba toca o solo com sua testa, a batê-la por três vezes, finalizando com um abraço típico, com três toques alternados dos ombros. Parassuá, com seu manto, cobria o emocionado morubixaba, junto aos raios do Sol que tomavam conta da comovente cena. A aldeia gritava e assoviava mais uma vez, para dançar ao toque de tambores, uma manifestação da milenar cultura.

Enquanto os nativos dançavam no centro da aldeia em fervoroso festejo, Yassanan se dirigia ao encontro de sua amada esposa Yaciara. O morubixaba encostou a lança na entrada da oca e tentou abafar com as palhas o barulho da festança: não desejava incomodar. Ele mal conseguia ver a esposa diante da correria das velhas, sendo empurrado a todo o momento. Sua esposa descansava, exausta, em uma rede e permanecia desnuda. As velhas iam de um lado para o outro, ajeitando o ambiente pós-parto. Mesmo diante do chefe indígena, elas não se intimidavam, mostrando-se rudes, impacientes, não aprovando a presença dele. Por fim, uma das velhas cobriu Yaciara com folhas da bananeira. Assim, o morubixaba pôde vê-la. Era uma belíssima mulher: sua pele aveludada era uma das mais escuras de seu povo; o rosto, extremamente delicado, continha olhos expressivos e grossas sobrancelhas; um nariz proporcional ao formato arredondado do rosto e uma boca bem torneada; tudo emoldurado por vasta cabeleira negra que descia até as nádegas.

Yassanan olhou irritado para as velhas. Aproximou-se

mais da esposa. Não se contendo, acariciou a cabeleira da amada. Por alguns instantes, olharam-se emocionados, com muita ternura; nada diziam, pois não conseguiam proferir uma só palavra. Calmamente, o nativo deita-se ao lado da companheira, quando é surpreendido pela entrada de outras mulheres. As recém-chegadas traziam o pequeno curumim, depois do tradicional banho no rio. Essas mulheres eram ainda mais velhas, um grupo que tinha como hábito falar e gesticular sem parar. O morubixaba olha sem paciência para as matracas e pede que se calem, mas é ignorado. Uma delas pega um aglomerado de folhas trabalhadas ao estilo daquela cultura, enrola o pequenino nos vegetais e o entrega à jovem mãe. Em seguida, saem da oca, olhando muito contrariadas para o chefe da aldeia. Yassanan, enfim, suspira aliviado.

Yaciara acariciava seu querido recém-nascido, quando o pajé se dirige até a oca principal. O ancião havia ido até a sua choupana naquele ínterim e vinha paramentado para ocasiões especiais. Ele trajava uma vestimenta avermelhada de couro de animal, ornamentada com costuras de palhas, que ia até os pés; trazia algumas ervas dentro de uma sacola de couro, galhos de diversos tipos de madeira e alguns preparados líquidos que eram somente de seu conhecimento. Enigmático, de poucas palavras, porém possuidor de conhecimentos e mistérios milenares, não havia nada para o que Parassuá não conhecesse uma resposta. Diziam que o velho não pertencia mais a este mundo, sendo a águia da serra uma extensão de seu poder.

O pajé pediu a um de seus companheiros que estendesse uma esteira de palhas no solo da oca. Em seguida, colocou seus apetrechos ao redor da esteira e abriu um dos frascos que continha os líquidos misteriosos. A atitude fez iniciar um fenômeno inusitado naquele ambiente. Uma fumaça esverdeada se projetou e tomou conta de toda a oca. O líquido exalava um agradável aroma de eucalipto. O pajé ajoelhou-se, após as sutis emanações, e ergueu as mãos, a promover evocações às divindades de seu panteão. Durante um tempo considerável, proferiu palavras em um idioma desconhecido. Assim, ele abria portais no Astral, trazendo seres espirituais da natureza, no intuito de abençoar a criança. A sensação para os presentes era muito aprazível. Ritual típico da pajelança.

O velho pede que coloquem o curumim no centro da esteira. Yaciara quer ela mesma fazer o que o velho havia pedido. Devidamente acomodada a criança, o pajé a lava com seus preparados de ervas. Em seguida, ele defuma a criança. Nakoatann permanecia sossegado. A pitar seu cachimbo, em meio à intensa fumaceira das ervas, o pajé finalizava a higienização espiritual com mais rezas. Mesmo diante de toda a expressividade do ritual que o pajé promovia, a criança continuava quieta e com olhar sereno.

No centro da oca, Parassuá acena para que o casal se aproxime dele. Yassanan e Yaciara se postam ao lado da esteira. Os pais iriam ser purificados com o auxílio dos apetrechos místicos. Nakoatann estava todo esverdeado, devido a uma substância idêntica a um gel, uma das misteriosas formulações do velho. O pajé solicita a uma das nativas retirar o líquido viscoso com algumas folhas fornecidas por ele. A ajudante limpa a criança, para, em seguida, colocar o tutelado novamente na esteira. Chegava-se ao ponto culminante da cerimônia. Rigoroso ao extremo em seus atributos, o pajé não admitia qualquer falta diante das divindades evocadas para aqueles fins. Numa pausa característica, ele rezava fervorosamente em linguagem própria. Subia e descia os braços. Assoprava pós nos quatro pontos da esteira. Passava a cabaça na criança e rodava a esteira a dançar e a emitir ruídos característicos do rito.

Em vias de finalizar a cerimônia beatificante do recém-nascido, Parassuá pede que o casal fique mais próximo dele. Fervorosamente, o pajé pita seu cachimbo, defumando-os por completo. Ele passa no corpo da família várias folhas roxas, numa limpeza específica, a proferir mais rezas. Em seguida, o velho sai da oca, vai até o centro da aldeia e pede que parem com o festejo. Lá, estira outra esteira e acende uma fogueira com folhas secas apropriadas. Não demora e se formam densas labaredas. Subindo e descendo os braços, ele enaltece a presença do fogo purificador. Diante de um fogo bem encorpado, ele retorna à oca principal, assopra um pó branco como o calcário na criança e finaliza a cerimônia. Todos se beneficiam com o ato. Nakoatann estava purificado pelas principais divindades da natureza.

Da fogueira central criada pelo pajé surgiam formas espectrais que se desprendiam das labaredas. Ele percebia as variadas configurações. Chispas cuspidas do fogo rodopiavam e subiam em dança frenética. E o céu, estranhamente, se fechava em nuvens pesadas com a dissipação das cinzas. Um espectro se projetava sensacionalmente desse núcleo como uma tocha, a chamar muito a atenção dos presentes, devido ao espetáculo que promovia. Suspenso no ar, tal fenômeno permanecia como mágica, distinguindo-se um contorno que lembrava uma face masculina. Parassuá reverenciava a aparição: o espírito do fogo, que levantava os braços em expressiva saudação. Postado diante da tocha, o velho entregava uma simples oferenda de palmeiras: o símbolo de Ariri.

A fumaça envolvia a oferenda e a projeção da tocha apreciava o presente do pajé. Os fluidos emanados eram conduzidos para a dimensão do espírito, em forma de aceitação da entidade. Dessa tocha se intensificava uma silhueta que desenhava um homem muito alto. O calor excessivo do fogaréu dificultava a observação dos espectadores, contudo, era percebido na cabeça da aparição um cocar que ia até os pés. Alguns dos serranos notaram e se encantaram; outros, nem tanto.

Parassuá estava realizado. Seu intento havia alcançado êxito. O velho, pleno de satisfação, pega Nakoatann da esteira e o conduz diante da tocha, procurando manter uma distância segura. Todavia, a criança se incomodava com a temperatura excessiva e chorava muito.

Confiantes no pajé, Yassanan e Yaciara observavam com máxima reverência ao ritual. Parassuá, com domínio de tudo, sem sofrimentos, devolve a criança aos pais, após um floco de cinza cair da cabeçinha do bebê. Enfim, o recém-nascido havia passado por procedimentos purificadores: o assopro representava o ar; o banho, a água; ao toque do solo estava a terra; e agora, o fogo.

A fumaça da tocha projetada que envolvia a configuração espectral foi retornando lentamente ao centro da fogueira. As labaredas rapidamente se enfraqueciam com o vento forte que aportara repentinamente. Já as projeções não demoraram muito a desaparecer nas brasas. Um jovem nativo vai até os restos da fogueira. Ele pisa nas brasas incandescentes, desejando ser tocado pelo espírito do fogo; porém, apenas consegue queimaduras em seus pés.

Olhando nos olhos do morubixaba, que segurava o filho no colo, o pajé disse:

— Yassanan, filho do Grande Pássaro! Nos quatro elementos, Ariri abençoou Nakoatann. Suas bênçãos trarão lágrimas de alegrias. Tupã está entre os serranos.

Com a mão no ombro do chefe da aldeia, prosseguiu o ancião:

— Agora, volte para a oca, pois vem muita água do céu trazida por Mangará das chuvas...

Respeitosamente, Yassanan disse:

— Grande payé! Yassanan agradece por tudo. Yassanan e Yaciara devem a payé a chegada de Nakoatann. Amada de Yassanan era seca. As ervas e as rezas de payé tornaram possível tudo isto.

— Não, grande cacique... Foi Ariri. Ele é o padrinho do curumim. Ariri, que rege tudo!

Curioso, o morubixaba perguntou:

— Diga com clareza a Yassanan... Quem realmente é Ariri? Yassanan deseja mais informações.

Não obstante a pergunta, o pajé enfatizou:

— É pai destas terras. Ariri está nos quatro elementos. Ou seja, está em tudo que envolve estas estâncias.

Pajé e morubixaba tiveram de interromper bruscamente a conversa, pois um temporal se iniciava. Houve recolhimento total entre os serranos. A fúria das águas balançava as ocas e causava preocupação no povoado. Yassanan adentrou correndo na oca principal e entregou o filho a uma velha, que estava à sua espera. Yaciara repousava.

As coníferas moviam-se com a ventania da tempestade e pareciam abraçar a aldeia. No entanto, o fenômeno não amedrontava o pajé. Para o velho, a natureza era sempre sábia em suas manifestações. Sua fé em Ariri era incomensurável. Calcado nessa crença, Ariri havia demonstrado em seus sonhos que essas águas viriam como bênção de apadrinhamento.

Evadindo-se do temporal, Parassuá entra na oca principal e acende seu cachimbo. Senta no chão, cruza as pernas e observa a felicidade do casal. Ele terminaria de elucidar a respeito de Ariri, continuando a responder à pergunta do morubixaba:

— Quando o uiraçu [gavião-real] pousou pela primeira vez na Grande Serra, e isso foi há muitas luas, Ariri nascia entre os animais que falavam. A mãe de Ariri deu à luz sozinha, pois seu companheiro, naquele momento, caçava. A Aldeia da Serra não era ainda uma aldeia distinta e nela habitavam três grupos apenas. Ariri nasceu perto da folha de palmeira que leva seu nome, a mesma que ofereci ao espírito do fogo como agrado. Ariri viveu pouco neste mundo. Fez sua passagem ainda jovem, talvez com 30 luas grandes apenas. Ariri conversava com as estrelas, tinha amigos de outros mundos, que desciam do céu em grandes igaras [canoa].

Mais curioso do que antes, perguntou o morubixaba:

— Como assim?... Igaras do céu?

— Igaras enormes, de madeira brilhante, Yassanan... Igaras trazendo amigos de Ariri que vestiam roupas que brilhavam. Mui altos eram esses estrangeiros do céu. E ensinaram tudo a Ariri sobre uma passagem para a Terra sem Males... Estrangeiros gostavam de conversar à noite com Ariri.

— Ninguém mais via os estrangeiros do céu?

— Não. Só Ariri. Ariri era diferente.

O velho pitou mais forte seu cachimbo e prosseguiu:

— Muitos pensam que Ariri seja uma divindade, porém payé não tem tanta certeza disso. Nos sonhos, isso é uma incógnita. Payé o entende como um enviado desses estrelados que esteve cá para ensinar o princípio da nossa cultura. Ariri aprendeu com as estrelas. Tudo ficou com ele. Mas existe uma coisa que muito preocupa payé... É o que este velho via nos sonhos... Ariri mostrava uma terra invadida por homens pálidos.

Confuso, o morubixaba perguntou, franzindo a testa:

— Homens pálidos? Não existem homens pálidos!

— Existem, sim, Yassanan. Pálidos vivem distante daqui e nossa terra será violada por essa gente.

Yassanan, levantando-se, declarou enérgico:

— Nenhum pálido se atreverá a invadir estas terras sem ser punido!

— Mas é aí que está a nossa sina, grande Yassanan! Quando Ariri teve o último contato com os estrelados, seu grande chefe das estrelas disse que todos nós éramos procedentes de outro mundo. Isso Ariri disse no sonho... Demonstrava que tínhamos sido mui desobedientes... Que teríamos sido rebeldes e acabamos sendo exilados daquele paraíso. E finalizava que, neste mundo, a nossa amada terra, teríamos de aprender o amor verdadeiro.

— Mas... Nos outros? Por cá se ama de verdade... Aldeia da Serra é feliz.

— Mas nem todos neste mundo são iguais ao povo serrano, grande Yassanan.

— Payé está querendo dizer que pálidos virão nos importunar? E que não são iguais aos serranos?

— Serranos são descendentes da raça vermelha. Este é o legado deste povo, Yassanan... Pálidos devem desconhecer isso, com certeza... Devemos cuidar para não sucumbirmos no momento desse contato. Ariri alertou do sofrimento que virá; da revolta que provocarão em nossa terra esses pálidos. Ariri diz que se quisermos regressar ao grande paraíso, teremos que suportar coisas mui desgradáveis...

Andando de um lado para o outro, Yassanan afirmava:

— Não posso crer que Ariri não nos protegerá diante desses tais pálidos! Ariri é mui forte. Os pálidos não terão chance contra o estrelado.

— Ariri sempre nos protegerá. Esse contato servirá como uma lição para esses povos, que hoje vivem pacíficos, mas não poderão mais viver isolados como curumins inocentes. Esta terra foi dada como dádiva. E vivemos nela há muitas gerações... O criador da vida nos deu de tudo, sem nos cobrar nada, mas agora chega o momento de ajustarmos aquilo que foi deixado para trás... Algo mal resolvido, quando fazíamos parte de outro mundo, do que fomos exilados. Payé compreendeu dessa forma...

O morubixaba coçava a cabeça. Mas não deixou de retrucar:

— Como entender essa afirmação de Ariri?

— Ariri mostrava, naquele sonho, que espírito tem muitas vidas, que troca de corpo, entende? Nesse mundo do passado éramos felizes. Vivíamos como os estrelados. Havia um grande cacique que comandava todas as aldeias e era o mais poderoso.

Houve muita revolta contra esse grande chefe, não havendo mais como manter os rebeldes por lá. A maldade predominava nos corações rebeldes. Desordeiros, guerreiros da escuridão que queriam destruir a paz... Essa grande estrela evoluiu para um estágio superior... Lá só poderiam viver os bons, os justos, então esses rebeldes foram banidos, nascendo aqui em nossa terra, entre nós outros. Talvez sejamos alguns desses exilados.
— É mui confusa essa história... Mui confusa... Yassanan está com a cabeça doendo de pensar.

— Ariri nunca mente, grande cacique; nunca mente.

— Mas... E os tais pálidos?

— Ariri demonstrava também que os pálidos são exilados da grande estrela e que devemos ajustar nossas diferenças com eles. É uma dívida mui antiga...

— Mas como, se pálidos desejam fazer maldade? Não é isso que pálidos vão querer trazer? O sofrimento para esses povos?

— Ariri não revela tudo, grande cacique. Só revela o que os estrelados permitem.

— Agora temo por Nakoatann.

— Não tema. Ariri é padrinho de Nakoatann. Payé tem que ensinar aos pequenos nossos valores... Para que um dia possam voltar para a grande estrela onde mora Ariri.

— Confesso! É uma história mui estranha. Não que Yassanan não confie no que Ariri disse para payé, mas...

O pajé levantou-se, finalizando:

— Parassuá tem que ir agora, grande cacique. A lua já está no céu e a tempestade está passando. Ao amanhecer, payé vai para a Grande Serra. Payé vai para junto do uiraçu.

— Ficará mui tempo fora, grande payé?

— Talvez. O uiraçu mostrará o quanto payé deverá ficar na serra.

— Por que nunca diz o que faz por lá? Nem quer que ninguém vá com payé?

— Ariri não permite mistura. Payé não pode relatar mais nada; o que foi permitido, payé já falou. Não comente essa prosa com ninguém. Nem com Yaciara, isto é incondicional. As igaras dos pálidos estão a caminho... Logo estarão nestas terras.

— Devo preparar os guerreiros?

— Não. Ariri não quer guerra... Ariri sempre quer paz!

— Não demore a regressar. Preciso de sua sabedoria, de seus conselhos...

Parassuá entregou uma sacola para Yassanan e disse:

— O uiraçu é que definirá retorno de payé. Deixe esse bodoque ao lado da pedra-símbolo. Quando precisar, queime os ramos de folhas secas que estão dentro dessa sacola. A fumaça encontrará payé onde ele estiver. Nós outros devemos respeitar os ensinamentos de Ariri para mantermos a paz.

— Não posso revelar a ninguém esta prosa?

— Não desafie a vontade de Ariri!

— Está certo... É que se trata de algo sério e...

Parassuá olhou de maneira severa para seu cacique; os sulcos de seu rosto ficaram ainda mais espessos.

Ciente da gravidade dos fatos, Yassanan finalizou:

— Entendi, entendi...

O velho se despediu de seu cacique com o tradicional abraço com os três toques alternados nos ombros. Em seguida, dirigiu-se para sua choupana sem olhar para trás. Yassanan o observou até desaparecer na penumbra. Estava preocupado com seu povo e, principalmente, com o futuro de seu filho recém-nascido. Cruzou os braços, fincou a lança na terra molhada pela chuva e matutou por bom tempo.

A chuva findou-se e a aldeia descansava. Yassanan olhou sua esposa que dormia ao lado do filho na esteira. Sentiu calafrio ao pensar que algo ruim pudesse acontecer a eles. O desconhecido o intrigava. Mesmo assim, o inquieto comandante da aldeia resolveu ir até a grande pedra-símbolo, onde seus ancestrais costumavam pedir auxílio às divindades da natureza. Admirou as estrelas por horas, deitado ao solo. Ele desejava saber como Ariri tivera contato com os estrelados. Aos poucos, foi cansando de observar a imensidão do céu e acabou adormecendo. O morubixaba estava sendo velado por elementais da natureza: pequenos seres esverdeados, de olhos marrons, que protegiam a aldeia durante a noite.

Capítulo 2

O retiro de Parassuá

Na manhã seguinte, o morubixaba foi surpreendido pela correria dos curumins da aldeia. Dormira como uma pedra e sentia-se muito bem, um bem-estar diferenciado, cuja razão ele não sabia explicar. Respirou fundo o ar fresco típico das manhãs na selva e se levantou apoiado em sua lança. Um dos curumins, escondido atrás de um arbusto, sorria ao ver aquele homenzarrão se levantar. A criança o observava comendo aipim e estava com a boca toda suja desse alimento típico. Yassanan olhou severamente para o pequeno intrometido, o que o fez sair correndo pela mata, acompanhado de outros mais. Ajeitando as penas que prendiam suas madeixas, dirigiu-se para a grande oca.

A grande pedra-símbolo ficava um pouco afastada do centro da aldeia, precisamente atrás de um bambuzal. Deixando o local sagrado, Yassanan retornara pisando firme por uma trilha íngreme, afastando de sua trajetória alguns robustos bambus que o atrapalhavam. Vinha banhado pelos raios do Sol que passavam em meio às frestas das folhas e dos bambus – uma visão encantadora. Ao sair da vegetação que emoldurava a aldeia, pisou na terra avermelhada que circundava todo aquele núcleo silvícola. Fitava todas as ocas e, respirando fundo, orgulhava-se de seu povo.

Muitas nativas cultivavam a terra que garantia a subsistência daquele complexo. Elas traziam em suas mãos a colheita do aipim. Outras costuravam as vestimentas típicas daquela cultura. Era a rotina daquele povoado. No centro da aldeia, as mulheres mais velhas, utilizando folhas de bananeira, preparavam a ceia daquele dia com diversos alimentos, dentre eles, batata, aipim e milho.

Yassanan, secando a testa molhada de suor, avistou Yaciara, que acabara de acordar. Ela afastava de seu caminho algumas palhas penduradas na entrada da oca, desejando ver melhor todo o cenário deslumbrante daquela manhã. Estava divina em sua beleza simples, coberta apenas por uma folha verde em suas partes íntimas, e uma fita branca na testa.

A esposa de Yassanan apresentava-se com um olhar entristecido. Aquele semblante acelerou o coração do cacique, que, de imediato, se dirigiu ao encontro de sua amada. Seus pesados passos deixaram um rastro de poeira pelo caminho, devido à energia empregada neles.

Yaciara, encostada na parede da oca, estava com o rosto levemente abaixado, a olhar para o chão de terra. Yassanan, aproximando-se dela, conduziu sua destra até o queixo da amada e, com delicadeza, levantou-o.

— Amor de Yassanan! — disse o cacique — O que entristece tua beleza? Minha lança pode arrematar qualquer coisa que aborreça teu coração!

Yaciara, com os olhos marejados de lágrimas, abraçou seu amado e disse com sua voz sempre serena:

— Yassanan deixou Yaciara só por toda a noite. Por que fez isso? Yaciara fica triste quando amor dela desaparece. Não deseja mais Yaciara?

Yassanan a aconchegou mais firme em seu vasto peito e disse brandamente:

— Yassanan não estava longe, minha amada esposa. Yassanan adormeceu na pedra-símbolo, tentando falar com as estrelas.

— Falar com as estrelas? E Yassanan pode falar com elas?

— Yassanan tentou, mas não conseguiu.

— Mas para que deseja falar com as estrelas e deixar Yaciara só?

— Desculpa, Yaciaras, amor meu. Eu nem percebi e adormeci deitado ao lado da pedra. Pensei que estava triste por outras coisas. Não se preocupe! Yaciara não ficará mais só. Yassanan já tem uma estrela para olhar todo o tempo e ela está bem na frente dele.

A bela esposa sorriu timidamente, entendendo ser a estrela a que seu marido se referia. Carinhosamente, Yassanan enxugou as lágrimas de sua esposa com um leve passar de dedos nas pálpebras dela. Ela era muito sensível às emoções. Em seguida, pegou-a no colo e conduziu-a até a esteira com uma delicadeza que contrariava sua postura rude; passou sua destra na testa dela, acariciando-a levemente. O curumim do casal ainda permanecia dormindo tranquilo.

Yassanan, após aconchegar a amada, levantou-se de onde estava, dando a entender que sairia de novo. Yaciara, ainda insegura com as atitudes de seu esposo, segurando em seu braço, disse:

— Yassanan não deve deixar só sua esposa, que acaba de dar à luz a pequeno Nakoatann.

Yassanan, um pouco sem graça, disse:

— Yassanan pede mais uma vez desculpa e não mais se ausentará.

Com semblante de preocupação, a esposa volta a perguntar:

— Por que queria conversar com as estrelas?

— Bobagem de Yassanan, bobagem... Agora, Yaciara deve descansar e esquecer preocupações. Precisa alimentar o pequeno Nakoatann.

Não se dando por convencida, Yaciara questiona mais uma vez:

— Foi depois da conversa com payé, não foi? O que payé falou que Yassanan tem testa enrugada de pensamentos?

O morubixaba, tentando dissimular, responde:

— Yaciara deve descansar. Conversas de homem, mulher não deve saber. Yassanan tem de zelar pelo seu povo, por isso busca os conselhos do sábio Parassuá. A propósito! Ele já se foi para a Grande Serra?

— Acordei naquela hora que me encontrou na porta da oca, portanto, não sei se payé foi para a serra.

— Vou saber se o velho já não está mais na aldeia. Fique tranquila aqui na oca, querida esposa de Yassanan. As velhas vão cuidar de tudo. Yassanan ama muito Yaciara!

— E Yaciara ama muito Yassanan.

O morubixaba passou levemente sua mão por toda a face de sua esposa e, em seguida, dirigiu-se para a porta da oca. Acenou para as velhas mulheres da estância para que viessem até a oca; sem demora, elas obedeceram às suas ordens. Ele nem precisava falar, pois elas entendiam como proceder aos seus acenos. Ajeitou novamente seus longos cabelos e foi na direção da tenda do pajé.

Yaciara percebera a preocupação de seu marido; algo estava acontecendo, mas ela não podia saber ainda. Pensou em segui-lo, mas se sentia enfraquecida pelo parto recente e acabou resolvendo amamentar o pequenino.

Sem demora, Yassanan chegou aonde vivia Parassuá. Como suspeitava, o pajé não se encontrava mais naquela pequena choupana. Por ali permaneceu parado por algum tempo, voltando a pensar na conversa que tivera com o sábio na noite anterior. "Quem seriam os pálidos a que o velho se referira?", perguntava-se intimamente... Tais perguntas, sem respostas, intrigavam-no profundamente. Detestava o desconhecido. Após longo período de profundas reflexões, entendera não haver outra coisa a fazer, senão seguir aquilo que o pajé havia lhe dito: aguardar os acontecimentos. Contrariado, retornou para junto de sua esposa e para a rotina da aldeia.

❁ ❁ ❁

Um pouco distante da aldeia, o velho pajé trilhava seu caminho. Em sua cabeça, a velha pena cinza estava presente como sua marca inconfundível. Tal paramento estava preso logo acima de sua orelha esquerda e balançava com o forte vento que soprava naquele ponto ermo da selva. Vestido com um traje de tecido de lã azul-escuro, com desenhos bordados em vermelho e ornamentado por grafias desconhecidas, ia sem olhar para trás, rumo à Grande Serra. O exótico traje tinha como principal atributo a proteção contra o frio característico da montanha. Ele segurava seu inseparável cajado na mão direita e, nas costas, trazia uma sacola com diversos apetrechos místicos característicos da pajelança.

Em determinado ponto da mata fechada, o pajé se deparou com um lobo-guará que o fitou estranhamente. Aquele animal parecia conhecê-lo e isso o intrigou. Então, o enigmático velho retirou de dentro de seu bornal algumas ervas aromáticas e as esfregou firmemente com suas mãos rústicas. Em seguida, ele catou do solo algumas folhas secas e desenhou um círculo no chão, colocando dentro as ervas e as folhas. Ajoelhando-se, proferiu alguns mantras, despejando no ponto desenhado o conteúdo de um frasco que inflamou as folhas secas. Misteriosamente, logo após ele despejar outro líquido leitoso retirado do bornal, uma leve fumaça se formou e se dirigiu até o lobo selvagem. O animal, como que hipnotizado, aproximou-se do feiticeiro e abaixou a cabeça como um cão doméstico a pedir carinho. O astuto velho passou a mão enrugada na cabeça do animal, para, em seguida, seguir seu destino ao lado do canino.

Muitas horas já haviam passado desde sua saída da aldeia. O velho havia parado apenas uma vez, quando se deparou com o lobo, que insistia em segui-lo. Quando sentia sede, retirava um recipiente com água de sua sacola e a bebia mesmo andando. Ainda não havia se alimentado. Conhecia aquela mata como a palma de sua mão e desde criança se acostumara com os desígnios da selva. Era um homem altamente misterioso, portanto, pouco se sabia a respeito de seus enigmas. Nem Yassanan era autorizado a conhecer suas magias.

Quase no crepúsculo daquele dia, o pajé se deparou com a base da montanha que era seu destino. Ele estava cansado de andar pelo tortuoso caminho da densa mata e precisava repousar. No céu, sinais de chuva eram nítidos e um vento frio dava o ar de sua graça.

A grande águia tinha sua morada muito acima daquele ponto inicial da montanha e não seria seguro seguir caminho naquele momento. Resolveu, então, descansar ali mesmo, onde se alimentou do aipim guardado em sua sacola. Rapidamente, montou uma pequena cabana de tecido, visando a se proteger da forte chuva que prometia castigar aquele ponto da selva. O lobo, que o acompanhara até aquele ponto, subitamente desapareceu, talvez com receio do temporal.

Como prometia a visão vinda do céu, o temporal foi arrasador e castigara toda aquela região. Parassuá quase ficara sem sua cabana provisória, devido à fúria da chuvarada incessante. Foram quatro horas de um pequeno dilúvio que parecia não ter mais fim. Sem ter muito o que fazer, o velho aguardara na cabana o tempo necessário. Com o término das fortes chuvas, o frio apresentou-se e os mistérios que a selva proporciona durante a penumbra da noite também surgiram. Era algo extremamente assustador, principalmente naquele ponto escuro da mata fechada. Mas Parassuá conhecia esses mistérios. Ele podia ver os vários vultos pelas frestas da mata, porém essas manifestações em nada o intimidavam. Conhecia muito bem como se comportavam certos espíritos da escuridão. Não desejando ser incomodado por tais criaturas, retirou de sua sacola misteriosa um composto amarelado com forte cheiro de enxofre e recolheu suas coisas, visando a encontrar um local mais seco para se acomodar.

Um pouco acima de onde estava o pajé, ele pôde avistar um suntuoso penedo. Esse aglomerado de rochas denotava que poderia haver um lugar seco para o seu descanso. Subiu até as rochas com certa dificuldade, pois estava realmente exausto, e, ao chegar próximo delas, despejou o estranho composto com cheiro de enxofre bem na entrada de uma das frestas. Essa intervenção ocasionou de imediato o sumiço de todas as criaturas espirituais malfazejas que perambulavam ao redor dele, sem dar chances a elas de tentar importuná-lo. Mais tranquilo, adentrou em uma das rochas e descansou merecidamente.

Durante aquela noite, Parassuá parecia fazer parte das rochas, pois, assim que fechou os olhos, motivado pela fadiga, dormira como uma pedra. Todavia, sua transcendência era algo peculiar. Em seu sono, projetara-se para níveis de desdobramento logo que adormecera. O corpo descansa, o espírito trabalha. Tais procedimentos sempre eram assistidos por ancestrais de outras dimensões ligados ao velho feiticeiro.

O silêncio da madrugada proporcionava um prazeroso descanso para o corpo físico do pajé, pois, naquele momento, ele estava totalmente relaxado. Tudo indicava que, ao alvorecer, suas experiências transcendentais cessariam. Um engano!

A manhã surgira esplendorosa no horizonte daquela mata quase inexplorada e o aroma da relva molhada chegava como perfume ao olfato aguçado do velho feiticeiro. A fragrância acabou despertando-o de seu sono. Alguns raios do Sol já entravam pelas pequenas aberturas das rochas, provisórias como leito. Parassuá pensou em descansar mais um pouco e ajeitou-se, virando-se para o outro lado de onde estivera deitado, quando se assustou com uma visita inesperada: o lobo-guará. O visitante observava o velho nativo, com a boca bem aberta, característica do animal.

Sem parecer intimidado, o exuberante espécime canino sentou-se em uma das rochas e uivou baixinho.

Um pouco surpreso, o pajé levantou-se e perguntou ao lobo:

— Lobo! Quem te mandou? Tu não vieste aqui sem motivo.

O animal misterioso fitou mais uma vez o velho com seus olhos cor de âmbar. Isso perdurou por alguns instantes. Parecia pensar enquanto o media dos pés à cabeça. Naquele momento, era como se houvesse hipnotizado o velho.

Tentando dissimular a investida do espécime canino, Parassuá voltou a perguntar:

— Foi grande águia que te mandou até payé! Por que deveria um lobo da selva ajudar payé nessa viagem até montanha?

O animal era um enigma por si só e sua mística começava a fascinar o feiticeiro, que quis conhecê-lo melhor, aproximando-se mais dele. No momento em que ocorria a aproximação, uma energia desconhecida procedente do lobo envolveu o viajante. Esse magnetismo era avassalador e o velho não sabia como se desvencilhar dele, ocasionando notável desprendimento de seu espírito.

Emancipado, o espírito do pajé flutuava. Tal fenômeno proporcionara a visualização de seu corpo em um estado de transe que ainda não houvera experimentado. Sentira uma paz indescritível e permanecera naquele foco por um tempo razoável. Subitamente, aportara em um local que desconhecia por completo. Era uma esfera espiritual que transcendia ao entendimento comum; para o pajé, que pouco se admirava diante de experiências dessa natureza, ele demonstrava estar encantado com o que via, pois seus pequenos olhos brilhavam como estrelas.

Nesse cenário encantador e magnífico em sua plenitude, surgiam do alto, sem que o pajé entendesse ao certo sua origem, véus azulados que denotavam a chegada de seres excelsos. Comparado ao que se conhece na Terra, não há nada que esboce tamanha sublimidade.

Em meio à beatitude das visões do desdobrado, começaram a surgir, por entre os esplendorosos véus azuis brilhantes, entidades fulgurantes envoltas em túnicas também azuladas, magníficas, lídimas, que acenaram para ele de forma fraternal. Os recém-chegados se apresentavam com turbantes nas cabeças, que continham vários pontos luminosos idênticos a pedras preciosas; boa parte deles exibia barba. De certo, não eram deste mundo, pois seus trajes não eram conhecidos por qualquer civilização que tivesse habitado este orbe. O que mais se destacava nesses seres eram suas longas mãos finas. Entre esses iluminados havia outro agrupamento de entidades ancestrais, que faziam parte da cultura do pajé. A tez destes era bem avermelhada, com traços étnicos idênticos aos dele. Extremamente altos, trajavam longas túnicas brancas com bordas douradas cintilantes. Quase todos estavam ornados por um colar cujo material lembrava o ouro. Após uma apresentação singela, todos os ancestrais se postaram defronte aos nativos envoltos por uma luz oscilante em tons multicoloridos.

Tomado por embevecimento sensacional, promovido por aquelas entidades egrégias, o pajé foi projetado rumo às nuvens, acima das montanhas da grande águia. Ele ouvia cânticos que enalteciam o insigne Ariri, e vários animais de inúmeras espécies surgiam em sua mente como por encanto.

Naquele momento de êxtase, uma voz serena disse ao desdobrado, em idioma desconhecido:

— Saintiê Zaumbiê Natinmerembê acientiê O mariê naquientê mailesiê moriemaquizintiê!

Uma metamorfose promovera-se no emancipado. Os cabelos de Parassuá embranqueceram imediatamente, após serem proferidas aquelas palavras mântricas, cuja origem ele desconhecia. Seu espírito, agraciado pelo enlevamento de tais fenômenos, volitou de mãos abertas por entre as muitas nuvens em perfeito estado de graça por horas. As muitas projeções de animais iam e vinham em sua mente, ao som de uma melodia branda, com um leve bater de tambores, acompanhado do som característico de cada espécie. Tal fenômeno se processava de forma um tanto esparsa, diferente das noções de tempo e espaço que se conhece no plano físico.

As variadas nuvens conduziam o desdobrado espetacularmente até seu destino, colocando-o defronte a uma imensa águia. A frondosa ave o fitava vigorosamente, destacando-se em sua notável expressividade. Nesse cenário astral, ao redor daquela entidade representada por uma ave esplendorosa, os vários seres excelsos oriundos dos véus azulados se aproximaram do desdobrado, agora postado em uma chapada dentro da densa floresta, em um ponto intermediário entre a terceira e a quarta dimensão.

A exuberante ave intimidava qualquer interrogativa a seu respeito, pois era ela quem comandava muitos seres espirituais de vários núcleos da floresta. Houve um silêncio que perdurou alguns minutos diante daquela presença inusitada, um sinal de reverência ao imperativo da categoria daquele ser misterioso. Subitamente, promoveu-se diante dos olhos do velho pajé uma transmutação fantástica na apresentação daquela entidade. O espectro falconiforme alterou sua roupagem fluídica para a de um homem com dois metros e meio de altura. A apresentação étnica se configurava no que hoje conhecemos como indígena: possuidor de tez avermelhada, com longos cabelos lisos e negros, em sua cabeça havia um ornamento feito com a cabeça de uma águia. Usava poucas vestes, estando coberto apenas em suas partes íntimas por penas de águia. Na mão direita segurava um pequeno globo azul.

Parassuá, deslumbrado com a manifestação, ajoelhou-se diante da entidade, dizendo respeitosamente:

— Estou abençoado! Estou abençoado! Ariri e os estrelados estão aqui com Parassuá.

A admirável entidade reduziu drasticamente seus níveis vibracionais, para que fosse possível seu contato com o desdobrado. O nativo, fascinado, teve uma sensação de regozijo jamais experimentada, motivada por um fenômeno que o envolveu em sutil halo com chispas azuladas.

O eminente ser astral finalmente se manifestou ao seu assistido em um idioma conhecido por ele:

— Sábio da aldeia! Não sou Ariri, como acreditas que eu seja, mas faço parte de sua fraternidade. Nem mesmo aquele que se manifestou no fogo da aldeia era Ariri. Ariri hoje é um comandante estelar de um agrupamento de irmãos que seguem os ensinamentos da Lei da Grande Estrela.

Estupefato com o que ouvia, o velho pajé franziu a testa sem nada entender. Após breve pausa, o interlocutor do Astral prosseguiu de maneira esclarecedora:

— Teu planeta foi preparado há muitos milênios pelos habitantes da Grande Estrela, para que servisse de morada a estes que aqui vivem hoje. A Grande Estrela não suportaria mais asseclas da discordância com seu novo código de ética. Tais asseclas desviados tentaram, de todas as formas, retardar esse processo, mas as Leis Máximas tinham de ser respeitadas. Havia um grande comando naquele sistema estelar que é parecido com o seu sistema solar, e esse mesmo comando, pacientemente, tentou despertar, nesses rebeldes contra a evolução, a faculdade de amar. Muitos milênios foram necessários para que esse procedimento tivesse seu desfecho. Como já não havia mais como manter certos espíritos embrutecidos convivendo nos novos padrões de consciência da maioria dos habitantes da Grande Estrela, o mestre que regia os destinos da transição planetária consolidou o exílio para todos esses faltosos, rumo a este orbe primitivo, com o objetivo de resgate. Não foi um processo fácil. Custou muito esforço de nossos engenheiros planetários para que este orbe se tornasse compatível para receber esses reencarnantes. Houve necessidade de se promover cruzamentos genéticos com os homens primitivos que habitavam esta esfera, com genes específicos provenientes de nosso orbe, visando a uma melhor forma, tarefa também nada fácil. Eu fui um dos exilados da Grande Estrela! Muito me desviei quando lá habitei. Comandei grupos de rebeldes que tentaram impedir a transição planetária, pois, com a estupidez característica daqueles tempos de ignorância, não admitia a mudança do padrão que estava se consolidando nos desígnios evolutivos. Conclusão: terminei por padecer aqui, neste planeta, um tempo considerável, em tristes encarnações, com corpos carnais atrasadíssimos, lutando pelo alimento escasso. Todas as minhas memórias e registros intelectuais foram reduzidos a estágios rudimentares, uma forma de sentença para minhas faltas graves. Tive de amargar tudo na própria carne. Esta era a sina dos exilados, pois, quando habitei a Grande Estrela, não dava valor às oportunidades que me eram oferecidas naquela esfera. Apesar de tudo, jamais considerei essas experiências de minha existência como uma punição do Criador. Entendo-as como uma forma justa para o meu despertar consciencial, uma trajetória necessária diante de minha falta de sensibilidade para com o amor verdadeiro e as Leis do Universo. Como tudo tem um ciclo e o meu havia terminado na Grande Estrela, não era mais digno de viver lá e vim para o espaço do planeta azul me reciclar. Nessas breves afirmativas procuro relatar o porquê de tua sensibilidade, velho da aldeia, perante o plano astral, pois és também um dos exilados da Grande Estrela. Ariri escuta tuas súplicas e pede que te prepares para novos desafios.

Admirado diante do que ouvia, o nativo perguntou interessado:

— E quais seriam os desafios do velho Parassuá, grande estrelado?

A entidade se aproximou um pouco mais de seu interpelado e respondeu:

— Velho homem desse mundo primitivo! Como eu, tu já amargaste o peso da carne em muitas vivências. Aprendeste a valorizar a vida, o semelhante, a natureza, a magia em sua essência pura, a fraternidade e o religar com o alto. E saibas, isso demorou muito. São poucos os escolhidos para determinados desafios da elevação espiritual. Chega o teu momento. Já te foi informado, pelas vias transcendentais, do contato com o homem pálido. Prepara teu povo para esse impacto cultural, pois haverá muita discórdia. Em meio a esses homens pálidos, existem muitos dos exilados da Grande Estrela que pouco aprenderam com o peso da carne. Estão reencarnando e reencarnando neste orbe... E continuam com suas atitudes mesquinhas de exploração e ganância exacerbada do homem pelo homem. Haverá muitas desavenças com esses contatos, são épocas de reajustes. Somente os mais preparados passarão por essas provas, pois, no terceiro milênio, este teu planeta será encaminhado para a transição planetária, como aconteceu na nossa querida Grande Estrela. Parece que é muito tempo a ser percorrido pelo futuro, devido ao teu entendimento de tempo, mas na esfera espiritual isso é singelo. A Grande Águia anunciou o jovem curumim para ti, portanto, prepara esse teu tutelado segundo a tradição de teu povo com as bênçãos de Ariri.

Enternecido diante das revelações, Parassuá perguntou, mais uma vez, respeitosamente:

— Senhor Águia! O que é terceiro milênio? E o que devo fazer diante de uma missão dessa magnitude?

— No tempo certo entenderás essa contagem de tempo, pois ainda não conheces os ensinamentos da boa-nova do Mestre dos Mestres. Aquele jovem curumim hoje é pequeno, mas amanhã será um grande homem. Já possui o nome de um grande peixe. Tudo isso veio como inspiração de nossa fraternidade, pois tudo neste orbe começou na água e esse nome o fortalecerá bastante, porque Nakoatann é um peixe vigoroso que dificilmente desiste de sua luta pela vida. Tua missão é prepará-lo para ser o líder desse povo, segundo as leis maiores. Portanto, recebe o toque da Estrela Mãe, proveniente dos núcleos da constelação de Órion, minha pátria querida, para que seja imantada em ti sua energia maior e assim possas ser digno de tal tarefa.

— Isso deixa Parassuá muito honrado, muito honrado mesmo.

— Ninguém é destinado àquilo que não seja capaz de cumprir, velho desse mundo primitivo. Haverá um dia que o homem entenderá que o divino é uma extensão de si próprio. Todos podem se tornar divinos, basta querer. Agora, fecha teus olhos, pois, após esta imantação interplanetária, desta experiência tu não lembrarás. Ficarão somente as sensações vivas em teu espírito imortal e a certeza da missão a cumprir.

— Parassuá agradece muito ao Senhor Águia!

— Não agradeças. Aqui não existem privilégios; existem, sim, atribuições maiores que a tua.

Após as últimas palavras da entidade, o velho nativo foi envolvido por forte energia provinda da constelação de Órion, fenômeno sensacional, que perdurou por um tempo razoável dentro de um halo energético. Após devidamente imantado pelas vibrações interplanetárias, houve enfraquecimento dos filetes que o envolviam, ocasionando a dissipação das nuvens. Finalizando, a entidade excelsa processou seu retorno de forma fantástica à sua apresentação anterior, a falconiforme; em seguida, batendo as exuberantes asas, voou até o infinito.

Após a sensacional experiência transcendental, Parassuá, já em seu corpo denso, despertou como se o tempo não tivesse passado. Sua mente estava em perfeito equilíbrio, contudo, não se lembrava de absolutamente nada. Ele tinha a sensação de que havia vivido uma experiência espiritual, porém o Astral resolveu resguardá-lo de todas as lembranças, para que ele não interferisse na missão de forma equivocada. Enfim, o objetivo daquela viagem à montanha havia sido alcançado. Era o momento de seu regresso à aldeia.

Capítulo 3

O refúgio de Yaciara

O canto dos pássaros silvestres ecoava pela imensidão verdejante das matas que abraçavam a aldeia. Era bem cedo, início dos trabalhos matinais da aldeia, e o chefe dos nativos matutava ao lado da pedra-símbolo, um hábito em seus momentos de meditação. Destacava-se um semblante de preocupação no homenzarrão. Na verdade, ele pensava bastante sobre a ausência já acentuada de seu pajé.

Subitamente, em meio às suas divagações mais profundas, Yassanan foi surpreendido por um barulho bem conhecido por ele. Seus aguçados ouvidos escutavam um andar pitoresco, pesado, que arrastava as folhas secas do mato defronte da aldeia. Sem pestanejar, o morubixaba empunhou firme sua grande lança e ajeitou as penas cinza na cabeça, para ter certeza de quem se aproximava. E, no lugar de sua ansiedade, despontava uma forte alegria ao ver o velho sábio surgir pela trilha que ligava à pedra-símbolo.

Yassanan estava admirado com o novo visual de seu pajé; o velho se apresentava com uma cabeleira branca como a neve. A longa viagem lhe causara, por conta de sua extensa caminhada, uma exaustão considerável. Logo que chegou à pedra-símbolo, abraçou seu cacique respeitosamente, no típico gesto daquela cultura; em seguida, dirigiu-se rumo à sua velha choupana.

Yassanan percebera o cansaço do pajé e não se atreveu a dizer nada, somente o reverenciou respeitosamente após o abraço. Mesmo assim, permanecia cheio de curiosidade.

Parassuá não quis que alguém o ajudasse a carregar seus apetrechos, sacolas e tralhas. O velho estava com o cenho pesado e trazia consigo ervas colhidas durante o trajeto. Ele despeja toda a bagagem na choupana, seca o suor causado pelo calor escaldante daquela manhã, para, em seguida, se limpar nas águas do rio que cortava a Aldeia da Serra.

Yassanan, como conhecia bem Parassuá, logo entendera que ele não desejava ser incomodado, e decidiu deixá-lo tranquilo em seu recanto. Já mais sossegado pelo regresso do velho são e salvo, dirigiu-se imediatamente para a oca principal. Seu interesse era informar Yaciara da presença do ancião.

Ao adentrar na oca, percebeu a esposa segurando o pequeno Nakoatann. Sorridente, disse a ela:

— Payé está de volta, querida Yaciara!

Com delicadeza, a bela nativa colocou o curumim em um aglomerado de palhas e se aproximou do companheiro. Ansiosa para saber quais as novidades da viagem, ela perguntou:

— Amor de Yaciara, diga: onde está payé?

Yassanan, passando as grossas mãos no rosto de sua amada, respondeu feliz:

— Está agora no rio a banhar-se. Payé não queria conversa com Yassanan. Está sisudo. Payé trouxe muitas ervas dentro dos couros.

— Ervas? Payé viaja tantos dias só para trazer ervas?

— Yassanan não se intromete no que Parassuá faz. Se payé traz ervas, é porque têm fundamento seus intentos. São das montanhas, pois são matos diferentes dos que se veem por aqui.

— Yaciara tem medo do que payé pode estar a esconder.

— Medo? Como ter medo do que Parassuá faz? Parassuá é sabido!

— Yaciara sente que payé esconde... Pressentimento ruim do que virá contra povo serrano.

— Nada pode ameaçar povo serrano. Serranos têm tudo. Ariri protege sempre! Yassanan é o filho de Grande Pássaro e jamais deixará seu povo sem proteção. Amor de Yassanan!

Não há o que temer.

— Pressentimento de mulher, grande amor de Yaciara, pressentimento de mulher...

Yaciara, carinhosamente, afagou seu amado esposo e encostou a cabeça no peitoral dele por alguns instantes. Em seguida, a jovem nativa voltou cabisbaixa para junto de Nakoatann. Ela se ajeitou em meio às palhas do chão e sentou com as pernas cruzadas, trazendo o pequenino ao seu colo.

Incomodado com o comportamento estranho da esposa, o morubixaba fincou firmemente sua lança no solo avermelhado. Em seguida, olhando para ela, disse enérgico:

— Enquanto Yassanan viver, nada de ruim acontecerá a ninguém desta aldeia!

Após a manifestação de indignação, abruptamente, Yassanan saiu da oca, em pesados passos, rumo à choupana do velho. Yaciara não se demorou; ajeitou mais uma vez o curumim nas palhas e pediu a uma das velhas nativas que cuidasse de seu filho, pois desejava se ausentar por algum tempo. Colocando sua habitual fita branca na testa, dirigiu-se a um local muito especial para ela.

Yaciara tinha como principal característica sua delicadeza feminina, porém ela era extremamente ágil no meio da mata. Na velocidade típica dos felinos, atravessou uma trilha estreita que a conduziu a um insólito lugar. Ela buscava um alento que a aliviasse daquela sensação angustiante que vinha sentindo desde a misteriosa conversa de Yassanan com Parassuá.

Ao norte da Aldeia da Serra havia uma rocha milenar, de onde se projetava uma descomunal árvore. Esse exuberante vegetal, não catalogado nos dias atuais, media, com certeza, uns 20 metros de altura, e 10 homens juntos, de braços abertos, não seriam suficientes para preencher seu diâmetro. Yaciara tinha como refúgio espiritual o lugar em que a estupenda árvore reinava. Nesse lídimo espaço, a nativa pedia amparo aos espíritos benfeitores da floresta, um portal dimensional onde ela se sintonizava com forças da natureza.

Quem havia iniciado Yaciara na comunicação com elementais fora sua avó, quando era apenas uma menina. A bondosa senhora sempre afirmava que, nos momentos de aflição, os divinos das matas estavam de prontidão para auxiliar os merecedores de amparo. Tais ensinamentos perduraram até seu desencarne, já bem idosa, deixando para a neta todo o seu legado.

Em seu santuário particular, diante da árvore sublime, Yaciara se ajoelhou e fechou os olhos em profunda reverência. Em seu idioma, iniciou uma oração a evocar os seres divinos da natureza, os mesmos que a avó sempre ressaltava em suas meditações. A evocação promoveu um espetáculo magnífico ao redor da nativa, pois, naquele instante, ela estava envolta em uma espiral de luz que a ligava aos portais dimensionais, visão não possível ao olhar terreno.

Com um forte vento soprando naquele ponto isolado da floresta, a natureza dava o ar de sua graça. A frondosa árvore balançava célere com o auxílio desse elemento, como se o vegetal estivesse a bailar para Yaciara. A planta entendia as súplicas da nativa, que permanecia genuflexa diante dela. O balanço de suas folhas parecia uma forma de resposta aos pedidos de amparo da nativa. Aquele evento singelo se manteve durante todo o tempo em que a jovem esteve postada naquele refúgio.

Não obstante a concentração, Yaciara se surpreendeu com uma nova experiência transcendental, algo que lhe havia sido alertado pela saudosa avó: a clarividência. A nativa percebia, pelas vias espirituais, diversos seres espirituais oriundos da natureza. Eles a cercavam, solícitos. Maravilhada com as sublimes visões, ela sorria e se sentia devidamente assistida por esse inusitado Astral.

Em profunda sensação de tranquilidade, uma voz serena iniciava um diálogo com a jovem:

— Querida... Estou cá contigo... Não me vê?

— Vovó?

— Sim, graça... E como pôde perceber, não estou só.

— Quem são estes? Yaciara os vê como muitas folhas verdes em silhuetas humanas.

— São meus companheiros, querida... Aqueles que outrora esta velha intitulava de divinos da natureza...

— Então, avó de Yaciara está entre os divinos? Yaciara está feliz por isto!

— Querida neta! Quando estamos na carne, costumamos

divinizar tudo que está na dimensão espiritual... Porém, quando chegamos ao outro lado, percebemos que a noção do divino é mui diferente. Todos podem ser divinos, se assim desejarem...

— Yaciara não está entendendo...

— Somos uma centelha do divino, querida... Fomos criados perfeitos, à semelhança da essência divina. Cada atitude em nossa trajetória existencial promove uma ascensão ou uma derrocada. A noção do bem e do mal foi criada pelo homem, pois dele surgiu a consequência de seu ato. Ao perceber que determinado ato prejudicava seu semelhante, iniciou-se o que conhecemos como ruim ou mal. A essência da criação deseja harmonia. Tupã não interfere na nossa capacidade de entendimento das coisas, dessa forma, alcançamos o equilíbrio. Na limitação carnal não conseguimos discernir essas lógicas, por isso divinizamos tudo que nos proporcione uma sensação de paz.

— Amigos da vovó não são divinos, então?

— São seres bondosos que já me acompanhavam desde encarnada, todavia não são deuses como muitos dos nossos os chamam.

— Eles já foram homens ou mulheres como Yaciara?

— São elementais dos vegetais, nunca encarnaram, nem precisam.

— Yaciara está maravilhada ao ver seres encantados... Mas por que não consigo ver-te, somente ouvir-te?

— Não seria bom para ti enxergar-me agora, querida...

— Mas por que dizes isto? Ver querida avó seria uma bênção para Yaciara!

— O mundo espiritual, apesar de simples para quem está aqui, tem muitos mistérios para quem ainda vive na carne, como tu. Existem limites a serem respeitados e eu devo segui-los. Haverá sempre o momento certo...

— Por que avó de Yaciara fala dessa maneira diferente de quando estava na aldeia? Parece estrangeira!

A expressão espiritual da avó de Yaciara sorriu e respondeu prestimosa:

— Quando partimos para esta dimensão, amor, e conseguimos resgatar nossas memórias espirituais, trazemos para nossa mente tudo que somos. Já vivi em tantos mundos, registros são tão antigos, que pouco entenderia o que pretendo explicar-te agora. No entanto, continuo tua avó, amor, a mesma velha que te carregou no colo e sempre te amará...

— Nunca deixes Yaciara... Nunca!

— Deixar-te? Jamais seria capaz de tal ato... Contudo, devo seguir para uma estrela muito distante em breve. Lá vivem muitos que partiram de nossa aldeia e serei coroada pela luz espiritual dos ancestrais. Quando necessitares de amparo, amor, a árvore estará aqui para te abençoar com os elementais consagrados.

— Vovó vai demorar nessa estrela?

— O tempo é um entrave na limitação carnal. Pelo que conheces hoje dessa faculdade, com certeza entenderias como muito tempo essa viagem.

As palavras da avó emocionaram muito Yaciara. A enxugar as lágrimas, a nativa disse ao espírito, com a voz embargada:

— Não deixes Yaciara... Por favor, não deixes. Existe o desconhecido na aldeia...

— Querida! Como já te disse, jamais te deixarei, porque estás ligada a esta velha pelas teias da espiritualidade, que, por sinal, são inexoráveis. Porém, nosso povo sofrerá algumas agruras que estão ligadas a ajustes cármicos. Não somos só deste mundo limitado que hoje conheces; nossa alma vive em mui mundos, até aprender a manter a harmonia. Hoje, na espiritualidade, pude resgatar minhas memórias, por isso me achaste um pouco diferente do que conhecias de tua avó. Seja forte contra a diferença, pois dela é que se promoverá a tua ascensão espiritual.

— Mas... Que diferença? Aqui todos nós somos iguais! Exceto os da tribo além da montanha... Os tupinambás...

A expressão espiritual suspirou e disse brandamente:

— Aparecerão guerreiros diferentes dos que conheces hoje em tua terra. Estes virão de lugares distantes.

— Esses guerreiros diferentes, quem são?

— Guerreiros sedentos de ganância, querida...

— Yaciara tem preocupação, por isso pede ajuda aqui na árvore da pedra velha.

— Eu já sabia, querida... Por isso, esta velha trouxe os elementais consagrados, que jamais abandonarão Yaciara. Prepara teu curumim! O curimim tem bênçãos do Alto e irá liderar os serranos no futuro. O passáro da montanha está com os olhos fixos em Nakoatann.

— Yaciara sente medo. Muito medo... Yassanan conversa com payé e esconde coisas de Yaciara. Dizem que mulher deve ficar fora de assuntos de homem. Yaciara não concorda com isso. Yaciara quer voltar a sentir tranquilidade perdida. Yaciara não sabe o porquê de não ter mais. Yassanan está preocupado com que payé disse. Yaciara sente isso!

— O pássaro da montanha sabe o que faz e consagrou o velho payé para a missão de conduzir povo serrano. O contato será inevitável com esses viajantes de outras terras. Acalma-te a partir de agora. Mesmo da Grande Estrela estarei vibrando por ti e por Yassanan. Os elementais estarão sempre aqui quando precisares de auxílio. Cuida muito bem de Nakoatann. Acredita na bondade do teu companheiro, que apenas quer te proteger!

— Não quero ficar sem minha fortaleza espiritual — disse Yaciara aos prantos.

— Não ficarás, já te disse isso, não ficarás!

Após a última afirmativa do espírito da avó de Yaciara, um vento forte soprou na direção da jovem, despertando-a bruscamente de seu transe. Vultos pulavam rapidamente de folhas e arbustos próximos à grande árvore, até não mais serem vistos por Yaciara. A experiência mediúnica a deixara mais calma; porém, ainda não compreendia a quem a avó se referia como os tais “guerreiros” de outras terras.

Yaciara tocou na árvore mais uma vez, olhou para o alto e agradeceu por poder conversar com sua querida avó. Tocou levemente com sua testa no solo, a reverenciar o imenso vegetal, e, da mesma forma que viera, retornou à aldeia como uma felina.

Naquela noite, a aldeia mostrava certa perturbação. Muitas aves noturnas apresentavam comportamentos estranhos: grande quantidade delas postara-se em várias árvores ao redor da aldeia, emitindo pios soturnos. Parassuá, pitando seu cachimbo, incomodado com tais visitantes, permanecera por quase toda a madrugada a observar aquelas criaturas sinistras. Sentia que era um presságio dos dias difíceis anunciados pelo Astral que assistia àquele povo. Sua fé inabalável era seu sustentáculo e não ficou inerte diante do que via: queimou algumas das ervas que trouxera da viagem.

O forte aroma proveniente das folhas queimadas acabara por incomodar as agourentas aves, que se evadiram atordoadas. Havia também alguns seres espectrais sombrios vagando sem rumo, lentamente, pela floresta, trazidos pelos pios daqueles espécimes sinistros. Na verdade, esses espectros eram elementares, expressões do modo primário do pensamento oriundo do medo. As folhas queimadas pelo pajé atingiram fortemente aqueles "pensamentos-forma", que decidiram deixar a aldeia e seguir mais para a mata fechada como fumaça em dissipação. Os vultos sumiam vagarosamente pelas frestas da vegetação como em osmose gasosa.

O pajé havia armado uma espécie de armadilha aos tais elementares, que, no centro da mata, pela força da natureza, seriam dissipados e anulados sem trégua. A perturbação fora eliminada e a aldeia voltou a ficar em paz. Entretanto, Parassuá tinha consciência de que era apenas um paliativo diante do que estava por vir. Ele alimentava pressentimentos não muito agradáveis. O velho sabia de tudo, até da conversa que Yaciara havia tido com o espírito da avó naquele dia. O sensitivo suspirou profundamente.

Capítulo 4

Os invasores brancos

A navegação nos séculos XV e XVI era tarefa muito arriscada, principalmente quando se tratava de mares desconhecidos. Era muito comum o medo gerado pela falta de conhecimento e imaginação fértil da época. A maioria acreditava que o mar era habitado por monstruosas criaturas, enquanto outros tinham uma visão da Terra como algo plano e, portanto, ao navegar para o "fim", as caravelas poderiam despencar em um grande abismo. Desbravadores dos mares vinham mudando esse conceito com aventuras expansionistas, que, pelos dois séculos seguintes ao "descobrimento" do Brasil, estenderiam o domínio português. Nesse contexto, surgiram objetivos em comum entre as nações da época.

No século XV, os países europeus que quisessem comprar especiarias (pimenta, açafrão, gengibre, canela e outros temperos) tinham de recorrer aos comerciantes de Veneza e Gênova, que possuíam o monopólio desses produtos. Com acesso aos mercados orientais — a Índia era o principal deles —, os burgueses italianos cobravam preços exorbitantes por tais especiarias. O canal de comunicação e transporte de mercadorias vindas do Oriente era o mar Mediterrâneo, dominado pelos italianos. Encontrar um novo caminho para as Índias era uma tarefa muito difícil, porém muito desejada. Portugal e

Espanha desejavam ter acesso direto às fontes orientais, para também lucrarem com esse interessante comércio. Outro fator importante que estimulou as navegações nessa época foi a necessidade de os europeus conquistarem novas terras, de modo a obterem matérias-primas, metais preciosos e produtos não encontrados na Europa. Os reis também estavam interessados e financiaram grande parte dos empreendimentos marítimos, alguns até para corsários, pois, com o aumento do comércio, poderiam aumentar a arrecadação de impostos para os seus reinos. Mais dinheiro significaria mais poder para os reis absolutistas da época. Até a Igreja Católica estava interessada nesse empreendimento, que significaria novos fiéis.

Portugal foi o pioneiro nas navegações dos séculos XV e XVI, devido a uma série de condições encontradas nesse país ibérico. A grande experiência em navegações, principalmente para a pesca de bacalhau, ajudou muito essa nação. As caravelas, principal meio de transporte marítimo e comercial do período, eram construídas com qualidade superior à de outras nações. Portugal contou com uma quantidade significativa de investimentos de capital vindos da burguesia e da nobreza, interessadas nos lucros que esse negócio poderia gerar. Dentre muitas embarcações, houve algumas que se perderam pelas mãos da própria corte portuguesa, salientando-se que essas pequenas expedições tiveram contato com tribos de nativos que a história convencional não cataloga, não por falta de pesquisa, mas porque eram tribos especiais, cuja singularidade foi preservada pela espiritualidade superior.

Muito antes da chegada dos europeus à América, aldeias de cultura milenar tiveram convivência pacífica com outras tribos de nativos — era normal tal comportamento. Mas, inexplicavelmente, com o tempo, surgiram desentendimentos entre elas que se tornaram crônicos, principalmente com os povos litorâneos e os que habitavam as serras e as matas fechadas. Todavia, algumas nações pareciam não ser afetadas por tais desavenças, por exemplo, o povo de Parassuá, de cultura avoenga.

Um pouco além do horizonte, onde a vista desses nativos não podia alcançar, surgiam expedições provindas da Europa, em épocas em que a cobiça de navegadores e traficantes franceses pelo território brasileiro tornara-se ostensiva. Os franceses vinham se aliando a várias tribos indígenas. Era evidente que a coroa portuguesa tomaria uma posição e abandonaria sua inércia, decidindo enviar ao Brasil algumas missões, no intuito de tentar colonizar essas terras. Porém, nem todas foram militares. Apesar do aval da corte, houve algumas não muito confiáveis e também difíceis de ser monitoradas.

Em março de 1532, quando Martim Afonso de Sousa ainda estava em São Vicente, o rei D. João III decidiu empregar no Brasil o mesmo sistema de colonização adotado nos Açores, na ilha da Madeira e nas Canárias, uma sugestão vinda de Diogo de Gouveia, ilustre humanista português, residente em Paris, onde dirigia o respeitado Colégio Santa Bárbara. Tratava-se das capitanias hereditárias, um tipo de sistema feudal. Era a única maneira de preservar o Brasil, dando-se início a uma povoação naquele ponto distante do Atlântico meridional. Assim, em 1540, ainda antes dos primeiros problemas com essas capitanias hereditárias, a conspurcada expedição de Calixto, um comandante fora dos padrões da época, aportava no litoral do atual estado do Espírito Santo.

Caracterizando esse contexto histórico, a notável tribo de Yassanan trazia uma herança ancestral diferenciada da dos demais habitantes das costas litorâneas brasileiras. Era um povo que, conforme a ciência oficial cataloga, há 11 mil anos iniciara sua jornada existencial. Todavia, os próximos capítulos demonstrarão outra vertente: a de como são antigos os nossos denominados "índios". A pequena nação teria sido conjurada entre tribos que, mais tarde, seriam conhecidas como temiminós, pertencentes ao tronco tupi. Todavia, em passado remoto, os jês, uma nação que não falava tupi, haviam tido uma convivência pacífica com os antigos temiminós, o que culminou na origem dessa tribo. Yassanan seria descendente dos jês, povo que mais tarde se tornaria inimigo dos tupis. Durante a colonização do Brasil e devido a diversas incursões das nações europeias, os jês se tornaram hostis à presença do homem branco em suas terras milenares.

Sobretudo calcada nos ensinamentos de Parassuá, que mantinha viva a herança de seus ancestrais, a aldeia de Yassanan cultivava uma tradição completamente diferente das demais nações de seu tempo, estando culturalmente acima delas, pois havia um "plano maior" para com esse pajé. Como exemplo do atraso cultural de tribos vizinhas à aldeia de Yassanan, nas primeiras décadas do século XVI se praticava, normalmente, a antropofagia, principalmente por vingança aos inimigos.

A expedição de Calixto vinha com interesses bem definidos em relação àquelas terras do Atlântico. Há rumores de que o comandante teria tido uma conversa, não comprovada, com o corsário William Hawkins antes dessa viagem. Hawkins fora notório traficante de escravos que, entre 1530 e 1532, empreendeu lucrativas viagens ao Brasil, tendo, inclusive, levado para Londres um cacique.

Concomitantemente a esse belo dia em que a sensação de calor era insuportável, uma pequena, mas engenhosa expedição chegava ao seu destino. Caravelas tradicionais transportavam uma tripulação não muito numerosa, composta por homens rudes, conspurcados e sedentos por riqueza fácil. Esses homens viajavam há mais de quatro meses pelo Mar Tenebroso, nome dado ao oceano Atlântico na época das grandes navegações. Em sua maioria, eram degredados, condenados na metrópole portuguesa e em outras cidades da Europa por diversos crimes. A corte os anistiaria de seus delitos, caso concordassem com uma aventura de exploração em terras ainda cheias de mistérios.

O Brasil era uma imensidão a ser explorada, bem como toda a América. A Europa fervia por conquistas de terras, sob uma extrema visão imperialista. As monarquias do Velho Continente adotavam o regime absolutista e o povo sofria as consequências da ganância de seus líderes por riquezas a qualquer custo. Uma relevante notícia trazida por um emissário da monarquia portuguesa informava que os espanhóis viajavam frequentemente ao Novo Mundo, para grandes missões de exploração. A notícia desencadeara entre Portugal e Espanha uma vigorosa guerra de interesses, que somente visava a sustentar sua frívola sociedade. Era esta a realidade daqueles tempos: de um lado do oceano, a ganância por riqueza imperava; em contrapartida, nas terras do que seria o Brasil, alguns valores ancestrais ainda permaneciam intactos.

A expedição de Calixto chegou às terras tropicais do Novo

Mundo em uma tarde do mês de maio de 1540.

O barulho das ondas do mar fora interrompido pelo estridente berro de um de seus tripulantes — *terra à vista!* —, que acabara de avistar, de seu mastro, a terra tão esperada.

O grito do marujo provocara, de imediato, um alvoroço em toda a tripulação, angustiada pela longa viagem na imensidão do oceano. Esses homens chegavam entorpecidos pela vil necessidade de alimentar seus caprichos infames, suas realizações inconsequentes, que os valores da época insistiam em promover, e fariam qualquer coisa pela conquista do tão sonhado ouro. Inescrupulosos ao extremo, não mediriam esforços para atingir seus objetivos. Afoitos pela avareza, eles apertavam com intensidade as velas junto aos mastros, de modo a aumentar a velocidade daquela nave marítima.

O comandante das embarcações distribuía as ordens aos seus subordinados sem deixar de se encantar com a beleza da costa litorânea à sua disposição, postado com um dos pés na ponta da cabeceira da caravela. Calixto, um homem extremamente temperamental, era relativamente gordo e de estatura mediana. Com pouco mais de 40 anos de idade, possuía longos e sebosos cabelos crespos castanho-claros, sobrancelhas grossas e pequenos olhos castanhos. Sua tez muito alva exaltava a palidez como seu principal traço. O ensebado tinha por hábito coçar a longa e espessa barba, por sinal muita crespa e imunda, o que dificultava a visualização de sua boca. Calixto gostava de se enfeitar com trajes que não eram próprios de sua estirpe. Vestimentas típicas da época, notadamente quentes para o clima tropical, como um pesado chapéu de comandante da marinha, faziam parte do exagero. Completava esse visual um colete azul de veludo, sob o qual havia uma camisa branca com longas bordas nos punhos; cinto grosso de couro, com fivela prateada, em uma calça estritamente apertada, de um tecido negro que lembrava o cetim, que lhe ia até os joelhos, totalmente desproporcional ao seu corpo; calçava botas escuras de couro, sem que se esqueça da espada, da qual ele se orgulhava, presa na bainha de sua cintura, além de uma capa de veludo vermelho.

Calixto não era português nativo. Filho adotivo de um nobre da época, trabalhava para a corte lusitana quando lhe era conveniente. Não desejava muito saber de sua origem e detestava seus pais postiços. Aprendera muito com a vida e tinha como principal característica ser homem de poucas palavras. Sua doutrina era o ofício do mar e não media esforços para alcançar seus objetivos, importando-se apenas com seus interesses.

Sem muita dificuldade, as duas embarcações dirigidas por Calixto atracaram na imensidão daquela exuberante costa. Embora ansiosos por descortinar o desconhecido, os mais de 90 tripulantes desceram das caravelas sem muito alarde, em botes, indo calmamente até a praia. A primeira missão foi o reconhecimento da área. Dividindo-se em pequenos grupos, adentraram pela imensidão de areia deserta sob um calor escaldante, avistando densa vegetação que se perdia até serras distantes.

Calixto fora o último a pisar na praia. O comandante, ao descer do bote, com sua espessa bota deixou bem firme sua marca na areia grossa daquela aparentemente praia deserta. Ele observava todo aquele cenário deslumbrante, fervilhando em seus pensamentos a possibilidade de explorar aquela terra desconhecida.

Findada sua primeira avaliação, o aventureiro dos mares retirara seu incômodo chapéu, deixando-o pendurado em suas costas, acariciado pela brisa vinda da serra, local que lhe chamara mais a atenção.

Calixto tinha receio de ser surpreendido por algum grupo de espanhóis, franceses, ou até de piratas ingleses; embora não tivesse avistado qualquer outra embarcação nas proximidades, cautela não seria demais. Seguindo a investida, seus homens cumpriram o estabelecido quanto ao reconhecimento da área sem pestanejar. Por horas vasculharam tudo e, aparentemente, nada encontraram de perigoso. Estranhamente, parecia ser uma terra deserta. Convictos de que não havia qualquer ameaça nos arredores, resolveram preparar o acampamento para repousarem em terra firme, com instalações simples na beira da praia.

Na manhã seguinte, Calixto foi o único a acordar bem cedo. O comandante tinha pressa em seguir caminho pelas trilhas daquelas matas e dar continuidade a seus interesses. Como a manhã estava um pouco mais fresca que a do dia anterior, com o céu se apresentando nublado, proporcionava aos europeus um alento quanto ao clima tropical a que eles não estavam acostumados.

Bem preparados para iniciar a exploração, com armas e acessórios, o grupo de exploradores se alinhou a embrenhar pela densa mata que parecia não ter fim. Abriram caminho por incontáveis arbustos, galhos, cipós e vegetais de varias espécies que insistiam em atrapalhar a trajetória. Por horas ininterruptas, aqueles homens seguiram analisando tudo que experimentavam, recolhendo o que entendiam ser interessante em suas sacolas, como verdadeiros desbravadores.

Os estrangeiros já se mostravam muito cansados de tanto caminhar pela complexa mata atlântica, quando resolveram parar para um momento de descanso, escolhendo um belo espaço aberto no meio da mata. Durante essa parada, Calixto estava um pouco distante de seus comandados e permanecia caracteristicamente calado, mas volta e meia fitava cada um deles. O agrupamento retirou as armas dos cintos, as pesadas botas, camisas, enquanto apenas um deles vigiava atento o ambiente, temendo uma possível investida de um animal selvagem.

Os exploradores estavam tão sujos, que crostas escuras grudadas em suas peles se confundiam com os pelos de seus peitos. O odor que exalavam era insuportável: fediam tanto, que nem mais se importavam com a fedentina que promoviam. Dentre esses seres repugnantes havia um homem magro, de um metro e setenta e cinco de altura, aparentando maltratados 40 anos, de pele clara, rosto quadrado, sobrancelhas grossas, linhas de expressão bem evidentes em seus olhos verdes, nariz aquilino, boca fina e ressecada escondida em barbas ralas e queixo comprido, exibindo mirrados fios grisalhos na cabeça. Ele trajava típicas vestimentas de corsários: camisa larga nos braços, ao estilo de bata, aberta no peito; calça escura e agarrada no corpo, presa a um cinturão de couro, e botas largas. Ele era conhecido como "José dente podre", por seus dentes amarelados e nojentos. Encostado a uma pedra, ele olhava seus companheiros sempre de maneira suspeita. Habitualmente, coçava a rala barba grisalha e cuspia os restos de mato que catava e mastigava sem parar, enquanto os pensamentos fervilhavam em sua mente desordenada.

Ao lado daquele repulsivo homem, um companheiro descansava tranquilamente, deitado no mato fofo. Com um lenço vermelho cobrindo-lhe a face, o homem coçava a cabeça. José, após profundas divagações, dirigiu a palavra ao camarada:

— Manoel! Tu sabes que os espanhóis estão a ficar ricos por estas terras? Estou a saber que eles encontraram um povo aqui que possuía templos cheios de ouro. Houve guerra, porém eles levaram a riqueza desses selvagens. Estou disposto a matar, se for preciso, para conquistar meu ouro. Depois, nem volto para Portugal; vou para França ou Inglaterra.

Cheirando um mato retirado do solo, o interpelado puxou o lenço rubro do rosto e respondeu em tom de desprezo:

— Ora... Cala-te, estúpido! Se tu fores para França ou Inglaterra, pegam teu ouro e depois te aniquilam... Ou tu não sabes que nos odeiam por lá? Com o ouro, eu volto para Portugal e me caso com uma linda da nobreza. O ouro fala mais alto...

— Manoel... Manoel... Somos degredados, esqueceste disto? Se cá estamos, é porque aceitamos esta aventura; do contrário, perderíamos a cabeça! Fomos comprados pelo capitão, oras...

— Nunca seria degolado! Tenho uma cortesã no palácio e ela não deixaria isto acontecer comigo, jamais...

— Estás a dizer da vadia filha do conde?! Oras, pois, José! A rir não me faças... Ela seria a primeira a beber do teu sangue. Hi! Hi! Hi! Aquela mulher não vale o que come... Poupa-me de ouvir este ridículo...

Naquele instante, Calixto se aproximava dos conversadores e pronunciava-se nada amistoso:

— Chega de prosa inútil por cá. Temos, sim, de explorar muito por estas terras. E não é somente o ouro que pode ser valioso neste lugar. Existem mui outras fontes de riqueza ao nosso dispor, mas isto tuas cabeças fétidas não concebem! El-rei devia mesmo tê-los enforcado.

— Mas, senhor... Por quanto nos ofende?

— Calem a boca, vermes! Preparem as tralhas; vamos seguir caminho.

José pegou sua camisa ensebada, vestindo-a em seguida. Ele estava irado com o insulto de Calixto. Olhava com intenso ódio para aquele que o comandava, pois não suportava seguir ordens de ninguém. Teve vontade de esfaquear seu comandante naquele momento; entretanto, prometeu a si mesmo que o faria em outra oportunidade.

Com extrema minúcia, durante todo o dia caminharam pela mata. Estavam agora mais tranquilos quanto ao local, entendendo ser aquele um ponto da costa ainda não habitado. Ao anoitecer, já não havendo mais o que pudessem fazer, os exploradores retornaram ao acampamento e saciaram a fome com a caça do dia: uma cutia. Após a ceia, Calixto convocara todos os seus comandados, afirmando que na manhã seguinte partiriam pelas trilhas do norte.

Logo que amanheceu, Calixto já estava a postos para prosseguir com a missão. Ele mantinha-se da mesma forma: falando pouco e centrado nos objetivos traçados. Todos sabiam como proceder e não fugiam em nada de suas características. Seguiram incansáveis pelas matas, até então sem contato com nativos. Todavia, José continuava detestando aquela missão, tendo em mente ser uma questão de tempo exterminar seu dirigente, a aguardar primeiramente o resultado daquela exploração.

Pelas trilhas mais ao norte das praias, alguns percalços surgiram durante a marcha. Uma neblina acompanhava o grupo, junto com forte densidade da mata, causando certo torpor entre os mais sensíveis. Eram muitos os obstáculos da floresta, forçando-os a ceifar com suas pesadas espadas tudo que atrapalhava o curso da caminhada. Depois de horas se embrenhando pela densa vegetação, descobriram uma fenda que conduzia a um espetáculo que os olhos daqueles rudes europeus jamais avistaram. Era um deslumbrante cenário que só a natureza daquele lugar poderia proporcionar. Dali se descortinava um imenso vale verdejante, emoldurado por extensa mata virgem, cortado por um rio que se perdia na linha do horizonte. Raios do Sol salpicavam seus feixes luminosos pelas frestas das árvores. Os exploradores renderam-se diante daquele paraíso. Por um tempo considerável, seus olhos brilharam com o visual, agraciados pelo canto das aves nativas, que pareciam entender a presença de intrusos em seu habitat.

Calixto, também atraído pelo encanto edênico, argumentou para o grupo:

— É fascinante este cenário, porém não estamos cá a passeio! Devemos encontrar riquezas e averiguar toda a geografia que cá está ao nosso dispor. Parece-me que não há de existir vida humana neste local. Só a ver animais cá estou... O que as tornam terras que tomaremos posse. Vamos descer deste penhasco até as margens deste grande rio, depois descansaremos mais um pouco. Em seguida, seguiremos até aquelas terras próximas da serra; desejo saber se não há alguma presença de nativos ou espanhóis nessa região. Cautela nunca é demais, pois as informações são de que selvagens podem ser agressivos. Por cá não estou a esperar por baixas sob o meu comando. Matem sem hesitar! Esta terra será nossa!

Os vários olhares avarentos brilharam naquele momento. Por conseguinte, o grupo desceu rapidamente até as margens do rio. Logo que o alcançaram, beberam da cristalina água, admirando o esplendor do manancial, e resolveram pescar, pois a oferta de peixes próximos às margens era abundante. Alimentaram-se como animais famintos. Assim que saciaram a fome, tiraram um cochilo, no aguardo de novas ordens.

José era o único que se afastara dos demais; nem com Manoel ele não queria mais prosear. Com a respiração pesada, sentou-se em um toco de madeira velha e pôs-se a afiar o punhal em uma pedra pontuda junto ao rio. Após, com uma fogueira que ele mesmo fez, assou um peixe calmamente. Absorto em seu núcleo de pensamentos, enquanto saboreava a refeição, observava Calixto como um predador sanguinário e se imaginava sinistramente cortando a goela dele. Lambia o líquido que vertia do peixe com um prazer sinistro, como se estivesse saboreando sua presa.

José jamais poderia imaginar alguns companheiros estranhos bem ao seu lado, algo que seus olhos comuns não poderiam enxergar. Ao seu redor volitavam algumas entidades espirituais sombrias, seres habitantes de outra dimensão, que vibravam na mesma frequência daquele desajustado homem.

Calixto se fazia de indiferente diante da situação. Quando ainda no mar, já havia percebido uma forte indisposição entre ele e seu comandado, porém ele era experiente contra a adversidade e saberia como enfrentar qualquer investida do candidato a seu algoz; dessa forma, continuava fingindo nada perceber.

Não desejando perder mais tempo, Calixto chamou a atenção de todos e resolveu seguir caminho na direção da serra.

Em paralelo à investida dos exploradores, não muito distante da margem do rio, um grupo de nativos vinha caçar, como de costume em todas as tardes. Dentre eles estava o jovem Sacutira, que liderava aquele grupo de flecheiros.

Sacutira era um jovem típico de sua etnia: pele morena avermelhada, rosto oval de sobrancelhas grossas e negras, nariz achatado e boca carnuda, cabeça envolta em cabelos bem lisos e negros em formato de tigela; usava colares de dentes de animais presos ao pescoço, pulseiras de penas brancas, palha da costa nos braços e uma tanga de couro de onça-pintada que lhe tampava as partes íntimas; bem magro e ligeiro por possuir pernas finas, gostava muito de seu bodoque e das flechas que carregava para caçar. Era um caçador nato e sempre averiguava o ambiente minuciosamente, buscando a melhor posição, para garantir o sustento de seu povo.

Ao lado de cinco companheiros configurados com as suas características, Sacutira analisava o solo, retirando pequenos galhos que atrapalhavam seu trabalho, no intuito de identificar a presença de algum animal ideal para servir de presa. Ele seguia à risca todas as recomendações de Parassuá, tendo-o como seu grande mestre. Aos poucos, o caçador ia se tornando uma extensão do pajé da aldeia, embora apenas fosse um guerreiro audaz. Uma das recomendações de seu mestre era: "tome cuidado com o inusitado!". Ele nunca dera muita importância ao alerta, talvez porque pouco compreendia o significado daquela palavra. Em determinado trecho daquela floresta havia um declive acentuado, pelo qual a vegetação densa desembocava no grande rio, bem próximo de onde caminhavam os estrangeiros. Nesse local existiam diversas espécies de animais, propícios à subsistência dos nativos. Em meio à quietude do local, um dos nativos que transitava idêntico a um felino, vindo logo atrás de Sacutira, percebera um barulho estranho um pouco mais à frente. O ruído o fez preparar seu arco, acreditando ser um animal nas proximidades. Sacutira demonstrava certa estranheza com aquela situação, pois, para o caçador, não parecia comum aquele rumor. Então, resolvera segurar o braço do companheiro, para impedi-lo de arremessar a flecha. O líder dos caçadores estava recebendo uma influência extrafisica vinda de seus mestres ancestrais. Inspirado pelo Astral, que o assistia, levantara a cabeça para o alto e percebera uma grande águia a sobrevoar toda a extensão daquela área. O animal aguçava os sentidos, voava em círculos, envolvia o nativo com seu olhar penetrante, numa sintonia desconhecida em tempos atuais. Dessa forma, o falconiforme transmitia sutilmente uma mensagem para o seu assistido. Imediatamente, com um gesto de seu braço elevado para o alto, comum nessa cultura, Sacutira entendia que havia a presença de intrusos nas proximidades.

A insólita águia, que mantinha estreita ligação com Parassuá, designava para acompanhar os caçadores uma entidade que oscilava por sutis vibrações: um espectro que, a princípio, se mostrava diáfano e, aos poucos, ia se tornando evidente em sua configuração; o elemental proveniente da terra, de estatura mediana, com face arredondada, tez amarronzada a lembrar a madeira, olhos expressivos e vermelhos, nariz achatado, orelhas que pareciam galhos e uma boca pequena, trajava uma indumentária que consistia em diversas folhas verdes, que deixavam apenas as mãos e os pés sobressalentes, com madeira projetando-se entre as folhas. Esse ser encantado vibrava em uma forte energia amarelada, repelindo chispas negativas que se aproximavam dos nativos, algo incomum à visão terrena, típico do mundo conhecido como fantástico. Motivado por essa influência extrafisica, o caçador começou a girar sua cabeça até completar 180 graus; seus olhos tornaram-se estáticos, como em transe. A configuração protetora passou a emitir, na direção dos seus assistidos, sua intensa luz amarelada, que ora se comportava fosca, ora em pulsante brilho; girou também seu corpo astral numa elasticidade incomparável, finalizando em 360 graus do seu ponto de partida, no intuito de avaliar melhor os seus oponentes. Sacutira voltou a gesticular aos companheiros. Eles entenderam a nova mensagem e arremeteram rapidamente para o alto das exuberantes coníferas, pois eram práticos nisso. A postura era de cautela e os nativos buscavam se ocultar entre as folhagens dos imensos vegetais, acompanhando atentos e com estranheza aquele ruídos de passos que se aproximavam.

Sacutira, camuflado pelas folhas que o abrigavam, posicionado bem no topo da maior das coníferas, pôde avistar um grupo de homens que vinham ceifando os vegetais, visando a abrir trilhas. O nativo espantou-se com aquilo; não acreditava no que seus olhos viam, pois jamais havia se deparado com algo daquela natureza. Diante daquela cena, o caçador deixou-se escorregar na direção de um galho vizinho, no intuito de obter melhor visualização, indicando a seus companheiros que o acompanhassem na investida. Os habitantes daquela civilização autóctone nunca haviam visto homens de pele branca, muito menos com longas barbas e vestimentas como aquelas que trajavam. O coração de Sacutira palpitava tanto, que lhe dava a impressão de que saltaria pela boca. Seus companheiros de caça procuravam uma explicação, por meio de trocas simultâneas de olhares estupefatos.

O grupo comandado por Calixto seguia percorrendo as trilhas e os nativos os acompanhavam, de galho em galho, com habilidade idêntica à dos macacos silvestres. José suava demasiadamente naquele momento; seu rosto brilhava como se untado em óleo, não demorando a ser envolvido por vampiros astrais. As entidades trevosas tinham a intenção de se mostrar aos nativos e provocar um confronto entre eles, pois sabiam dos dons mediadores que esses povos possuíam. Tais seres oriundos do baixo mundo astral costumam se alimentar de eflúvios negativos de qualquer natureza e, caso uma situação de confronto ocorresse, seria um banquete para os facínoras.

Os sinistros vultos betuminosos ao redor de José foram percebidos por Sacutira, devido à sua sensibilidade na escala da vidência extrafísica, intensificada pelo encantado protetor. As referidas interferências maléficas continuavam investindo maciçamente para que José sentisse a sensação de estar sendo observado, envolvendo-o em densa frequência e motivando-o a olhar para todos os cantos da floresta.

Aqueles vultos promoviam uma sequência de inúmeros filamentos enegrecidos e viscosos que envolviam a mente de José em frequência alucinante. José sentiu náuseas, que procurou disfarçar de seus companheiros, entendendo não ser nada sério.

Em meio à influenciação frenética, uma das entidades olhara diretamente para Sacutira e percebera que o índio possuía faculdades mediúnicas, pois sua aura o denunciara, por meio das cores que vibravam ao seu redor. A entidade grosseira entendeu que o nativo poderia atrapalhar o plano sórdido daqueles vampiros da outra dimensão. A irritação do espectro configurou uma expressão tétrica em sua face cadavérica, vibrando na direção do caçador um forte gás fétido, causando um torpor gélido em todo o seu corpo. O efeito deixou Sacutira tonto e ele quase caiu da árvore. O pernicioso espectro há muito tempo acompanhava José e agora esse obsessor estava em uma terra com vibrações desconhecidas para ele. Havia nesses sítios muita interferência de elementais, principalmente os vegetais, fato perigosíssimo para os embrutecidos oriundos do Astral Inferior. Obsessor e obsediado estavam ligados pelas leis da afinidade e por inúmeras atrocidades que o desregrado lusitano costumava cometer em sua vida nefasta.

Por estarem em campos sediados por seres da natureza, para esses espíritos embusteiros havia uma grande ameaça, por neutralizarem suas forças, conjuntura que não lhes agradava. No intuito de logo concretizarem um conflito entre as etnias, os espectros vampirescos promoveram uma operação ofensiva, expelindo de suas bocas pútridas filetes viscosos, nauseabundos, endereçados aos nativos. O que os espectros não esperavam era uma intervenção de outro ser provindo das matrizes elementais, um pequeno espírito surgido das árvores de forma repentina, possuidor de cabelos em fogo, olhos avermelhados em brasa incandescente, com nariz de apenas dois furinhos e boca numa linha sem lábios, coberto por folhas de bananeira, a emitir um sopro esverdeado, desajustando os vampiros astrais. A expiração, de imediato, repeliu as entidades sombrias. Em seguida, outros espíritos com a mesma configuração surpreenderam os trevosos, sendo estes sugados para um núcleo entre a terceira e a quarta dimensão. Na zona transitória do Astral para a qual foram conduzidos, eles ficaram na condição imediata de dementados, até seus destinos serem traçados pelos mestres da natureza.

Devido às várias investidas dos protetores dos elementos, Sacutira acabou produzindo um pequeno ruído nas folhagens, chamando a atenção dos invasores. De imediato, os intrusos vindos do Velho Continente empunharam suas espadas e se posicionaram para atacar. Calados, permaneceram em posição de combate por um tempo considerável, olhando para todos os cantos, para entender melhor a origem daquele ruído Apenas o cantar de alguns pássaros se escutava no ambiente durante a tensa ocasião. Esgueirando-se, os exploradores iam de um lado para o outro, até entenderem não haver mais perigo.

José era o mais temeroso diante daquele estranho ruído. Sua obsessão lhe era ainda mais intensa, porque um dos principais asseclas do baixo Astral tinha se evadido da sucção promovida pelos encantados, intensificando suas interferências, visando ao derramamento de sangue. Sendo o mais preparado dos obsessores, esse algoz espectral grudava seus dentes na região do sistema nervoso do luso, proporcionando mais inquietação. Lentamente, surgiam entre as folhagens outros trevosos que conseguiram escapar da intervenção protetora. Posicionados em cada lado da cabeça de José, sugestionavam em seus nichos mentais argumentos enlouquecedores:

— Os nativos vão te matar! Existem nativos aqui!

José suava muito diante daquela perturbação desenfreada, que o fazia empunhar ainda mais firme seu punhal, pronto para matar quem quer que fosse.

Sacutira, após reorganizar seus sentidos, acenara firme aos companheiros, para que saíssem logo dali. Os caçadores entenderam a nova mensagem e desceram das árvores com rapidez sensacional e se reuniram ao lado de uma imensa pedra tomada pelos fungos das matas.

Muito preocupado, elucidou Sacutira:

— Vamos pelo caminho do lobo, que é mais seguro. Não há mais tempo a perder aqui. Sacutira precisa ver Parassuá imediatamente!

Sem delongas, Sacutira e seus companheiros seguiram rápido para a aldeia. Eles entraram na aldeia como loucos, chamando a atenção dos habitantes do complexo. Correram para a oca principal e bateram na entrada de palhas. Atendendo ao chamado, Yassanan se aproximou dos recém-chegados. Entretanto, diante do morubixaba, eles não sabiam como proceder. Estavam sem a caça e um olhava para o outro sem fala. Os companheiros de Sacutira não se manifestariam sem o consentimento de seu líder e esperavam pelo seu pronunciamento. Cansado daquela lenga-lenga, o morubixaba olhou para Sacutira e entendeu que algo de errado acontecera. Irritado, Yassanan perguntou gravemente ao jovem caçador:

— Sacutira mostra preocupação na face! O que aflige o caçador da aldeia?

Andando de um lado para o outro, o caçador respondeu, derrubando suas flechas no chão:

— Filho do Grande Pássaro, Sacutira precisa falar com payé. Tem invasores em nossas terras!

— Invasores de outra aldeia?

— Não são de aldeia conhecida, estes são desconhecidos... Diferentes, Yassanan!

— Como desconhecidos? Não há nada que Yassanan desconheça, nem além donde o Sol dorme.

De olhos arregalados, reiterou Sacutira:

— Mas, estes, Sacutira acredita que nem Yassanan deve ter visto antes.

Naquele instante, o chefe da aldeia demonstrava inquietação diante do suspense criado por seu caçador. Enérgico, ordenou:

— Chega de prosa! Diga como são esses intrusos, pois minha lança já deseja mostrar sua força.

Sacutira arregalou ainda mais os olhos, passou a destra na testa, secando o suor, que era vasto, e disse com voz trêmula:

— São homens cobertos por um couro desconhecido e estes couros são muitos, de várias cores. Os intrusos têm pelos na cara como os animais. Uma cara branca como nunca vi antes, Yassanan. Sacutira viu armas com intrusos que brilham igual ao reflexo da Lua no rio. Espírito de Majiiamatuiá, de cara de madeira, protegeu Sacutira e caçadores contra iuiucumains que andam junto deles. Cara de madeira surgiu de repente, graças a Ariri! Cara de madeira acompanhou Sacutira até aqui vestido com suas folhas. Foram os espíritos das matas que pediram a proteção de Majiiamatuiá! Sacutira se sentiu mal diante daqueles intrusos. Sacutira viu mui iuiucumains com intrusos.

— Iuiucumains? — perguntou Yassanan, com forte expressão de preocupação.

— Sim, Yassanan... Três vultos e eram mui perversos.

Iuiucumains dos cabeludos tinham a peste na cara. Esses espíritos maus queriam derrubar Sacutira da árvore, mas Majiiamatuiá não permitiu e jogou sua força arrebatadora com seu sopro verde. Sacutira precisa muito falar com payé agora! Sacutira precisa muito!

Yassanan respirou fundo, secou o suor motivado pelo estresse da notícia com a destra e disse:

— Payé está na choupana. Vamos até payé agora!

Yassanan, com seus pesados passos, dirigiu-se até a choupana de Parassuá, acompanhado pelo caçador. Os demais aguardaram na entrada da grande oca.

A choupana do pai velho estava aberta e a fumaça de seu cachimbo saía bem espessa para fora, pois ele fumava uma erva diferente da usual. Yassanan pediu para Sacutira aguardar, enquanto o morubixaba anunciava sua visita. Respeitosamente, Yassanan afastou um pouco o couro da entrada da pequena oca e adentrou nela, avistando o velho sentado em uma cadeira de palhas. Parassuá estava com a cabeça relativamente abaixada e pitava seu cachimbo calmamente. Yassanan aguardou um instante e se aproximou do pajé, que permanecia em profunda meditação. O interior da choupana estava repleto de grafias e símbolos místicos feitos de artigos retirados da natureza, somente compreendidos pelo ancião. No centro, defronte à cadeira de palhas, havia algumas ervas e pequenos gravetos dentro de um círculo desenhado no solo. Yassanan não se atreveu a interromper aquele ritual e resolveu se sentar em um toco de madeira, ao lado da entrada, muito respeitosamente. A fumaça do cachimbo de Parassuá chegava a sufocar, mas, mesmo assim, o cacique aguardava o desfecho daquela espécie de liturgia ancestral.

Sacutira, não respeitando a ordem de seu cacique, adentrou calmamente no interior da oca e se deparou com o hermético ritual. Mesmo ansioso, o caçador permaneceu calado e rendeu-se diante do evento.

Parassuá prosseguiu sentado durante um tempo razoável, com os olhos semicerrados, enquanto rezava em uma língua desconhecida para os presentes — o caingangue —. Parassuá, um poliglota de seu tempo, conhecia diversos idionas, como o dos tupis-guaranis, dos macro-jês e de nações menores. Tudo observado sem interrupção por Yassanan e Sacutira. O pajé queimava ervas especiais junto aos gravetos, cuja defumação exalava um odor agradável. Repentinamente, o pajé se pronunciou aos visitantes, ainda com os olhos fechados:

— Os pálidos chegaram, não é mesmo?

Yassanan olhou para Sacutira, denotando espanto total diante daquela adivinhação. Ao tentar proferir algo, foi interrompido pelo xamã:

— Por isso, guerreiros serranos estão aqui... Sacutira! Yucuruá já disse a payé o que aconteceu na praia. Acalma tua ansiedade. Yucuruá que mandou Majiiamatuiá cara de madeira proteger Sacutira, não os encantados. O pássaro das serras é a extensão de Ariri em nossas terras, por isso apareceu antes de tudo...

O velho pensou um pouco e prosseguiu, com um tom de voz brando:

— Yassanan tem que proteger nossa aldeia. Iuiucumains já estão rondando nossas terras, mas Yucuruá vai cuidar deles. Este ponto, que payé abre neste solo consagrado, vai afastar esses espíritos de nosso povo. Só quero que leves essa firma que fiz até Nakoatann e deixa dentro da oca no peito de curumim. Vou cegar esses pálidos para que eles não vejam nossa aldeia por enquanto, mas isto não é por mui tempo. Ariri não deseja guerra, mas esse choque não promete bons resultados...

— Yassanan não vai permitir invasão em nossas terras!

— Mas pálidos já estão nelas... Já estão nelas... — disse o velho.

— O que fazer, grande mestre da sabedoria?

— Nem tudo payé pode responder... Deixe-me só com Sacutira, pois vou começar a preparar sucessor de payé. Sacutira será o pajerama dos serranos.

— Sucessor? — Yassanan pergunta atônito.

— Payé não ficará muito tempo neste mundo, Yassanan. Aldeia vai precisar de um novo payé e Ariri escolheu Sacutira.

Naquele instante, o jovem caçador arregalou os olhos de satisfação com a notícia.

— Leve a firma deste velho e deixe ao lado de seu filho. Dê a notícia para Yaciara da chegada dos pálidos e não diga mais para ela que não deve se intrometer em assuntos de guerreiros. Yaciara é sábia e vai acompanhá-lo em tudo. Mulher tem sapiência sim; não é inferior a nenhum homem guerreiro, e é sábio o homem que respeita a mulher.

— Como sabia dessa conversa íntima que tive com Yaciara, meu velho?

— Parassuá sabe quase tudo... Quase tudo... Agora, vá! Tenho que iniciar o jovem Sacutira em certos mistérios... Nem Yassanan pode saber... Somente o novo payé. Não se preocupe, que, por enquanto, nenhum pálido vai enxergar a aldeia. No amanhecer, payé procura Yassanan.

O morubixaba, respeitosamente, se despediu do velho sábio com a alternância dos três toques nos ombros e se dirigiu até a saída da tenda, segurando a pequena firma feita de ervas. Antes de sua saída, disse ao seu sempre conselheiro:

— Payé! Por favor, peça a Ariri para aumentar seu tempo em nosso mundo... Não nos deixe, pois Yassanan precisa muito de seus conselhos e sabedoria. Yassanan fica com medo de não saber como seguir...

Parassuá deu um toque em seu peito e abaixou ligeiramente a cabeça, um gesto típico dessa cultura. Yassanan, bem ao centro da choupana, segurava forte a firma em sua mão direita e olhava entristecido para o velho. Pensou em passar a mão na cabeça do pajé, mas conteve-se diante da situação.

O velho pôs a destra no imenso peitoral do morubixaba e disse:

— Vá em paz, filho do Grande Pássaro. Vá em paz... Deixe o resto com payé. Não quero ver Yassanan triste. Não tem espaço para tristeza. Faça o que payé disse. Tenho muito a fazer agora! Vá!

Em seguida, o cacique se retirou da choupana e seguiu contrariado para a grande oca. Queria perguntar mais coisas, mas preferiu levar logo o amuleto ao filho pequeno e aguardar futuras recomendações do sábio.

Sacutira olhou para Parassuá emocionado. Era uma grande surpresa para o caçador a inusitada comunicação. O jovem estava pronto para ser iniciado nos mistérios dos ancestrais. Yucuruá havia acompanhado toda aquela conversa na casa de reza. O espírito esverdeado estava com o seu exército de homens-folhas, enquanto do lado de fora o espírito com cara de madeira estava sentado em uma árvore, bem tranquilo, a velar também pela aldeia.

Capítulo 5

A iniciação de Sacutira

Parassuá era muito dinâmico. Não queria perder tempo e resolvera logo tomar as devidas providências quanto ao seu sucessor. Ao redor daquele núcleo isolado da selva, envolvendo toda a aldeia do povo de Yassanan, formou-se um halo tridimensional promovido pela intervenção do pajé, fundamentado por meio de um ponto riscado no solo por sua pemba sagrada. Desse singelo fenômeno, somente visto pela dimensão do espírito, arquitetou-se um elo com as forças do Astral Superior. Uma visão deslumbrante nos moldes da auréola boreal, com que o olho comum se encantaria ao extremo, se pudesse visualizá-la.

Era necessário tal procedimento transcendental, permitido pelo Astral que carinhosamente o acompanhava, para que o mestre dos nativos tivesse condições de iniciar seu tutelado com a firmeza que um acontecimento dessa envergadura necessitava. Ao contrário do que se conhece em tempos atuais, tudo naquela época, em termos iniciáticos, acontecia no seu tempo certo. Nada se edificava em questões como estas sem o consentimento dos planos superiores. O Astral Superior definia quem seriam seus precursores, as coordenações vinham de cima para baixo. A cultura desse povo, oriunda de épocas extremamente distantes, era bem definida em suas atribuições, com as tradições protegidas por seus sábios.

De tempos em tempos, um integrante da comunidade desses nativos era escolhido por seu líder espiritual para dar continuidade às tradições. Sacutira, como um predestinado, trazia consigo faculdade mediúnica adequada a esses propósitos iniciáticos. E mediar com o Astral era algo fundamental para a liturgia desses povos antigos. Parassuá sabia disso e precisava prepará-lo junto aos mistérios de seus ancestrais, devido à sua idade avançada e também porque ele já havia recebido um sinal de que seu tempo seria curto neste mundo. Definida a abertura do campo astral junto às dimensões superiores, o velho feiticeiro promoveu o ritual que culminou com o primeiro contato de Sacutira com as hostes sagradas.

Após a saída de Yassanan de sua tenda, Parassuá pouco falou com seu discípulo, somente intensificando as formalidades, deixando o jovem flecheiro um pouco apreensivo. Apenas proferiu alguns mantras e queimou ervas aromáticas. Nada podia fazer Sacutira, senão aguardar quieto, sentado em um toco de madeira no canto da tenda, enquanto o velho desenvolvia suas evocações. Sucedeu-se um tempo considerável referente a essa preparação ritualística. Após o procedimento, Parassuá indicou para que Sacutira se deitasse no solo da tenda, conforme o pajé também o fazia, cada um em uma esteira de palha bem grossa. Na sequência, pediu ao iniciante que se preparasse para um relaxamento e, postados confortavelmente os dois, iniciaram esse processo, com a tranquilidade do ambiente. Os espíritos da natureza sabiam da importância daquele evento, tratando de propiciar junto ao halo que vibrava ao redor da tenda um silêncio descomunal naquele espaço.

O flecheiro começou a se desvencilhar de seu corpo sem muita dificuldade; ouvia apenas o canto dos pássaros e as batidas de seu coração num compasso de serenidade. Devidamente relaxados, puderam transladar seus espíritos para outra dimensão, mais sutil, encantadora, junto à faixa que ligava os espíritos puros da natureza à via que seguiam. Naquele instante, abraçada por uma extensa faixa esverdeada que vibrava intensamente, a pequena tenda do velho feiticeiro funcionava como um portal dimensional entre as dimensões paralelas. Logo acima dela, projetou-se, sensacionalmente, um círculo diáfano, de onde os desdobrados seguiram o caminho do translado.

Sacutira, exteriorizando seus padrões mediúnicos, foi conduzido de forma fantástica até os núcleos espirituais responsáveis pela outorga de seus tutelados no mundo material. A viagem para o iniciante era ditosa, proporcionando a ele sensações de júbilo jamais experimentadas, um efeito inusitado, onde sua capacidade sensorial podia transmutar toda a sua vibratória.

Após o translado inicial dos desdobrados, a mudança de padrão vibratório foi sentida por ambos; eles estavam muito tranquilos e leves, envoltos por suas auras aparentes que se expandiam sem que pudessem controlar tal fenômeno. Encontravam-se agora em um ponto distinto do Astral, em uma esfera azulada e muito vibrante, que os envolvia por completo. O azul desse espaço era de uma beleza indescritível, encantando a visão de ambos, como se fizessem parte da pintura de um quadro.

Inesperadamente, Sacutira se deparou com uma entidade excelsa que os aguardava na entrada desse núcleo vibracional. Ali estava um encantado que, de tão alto, parecia medir quase três metros de altura; cabelos longos que desciam além dos ombros, lisos e negros; testa grande aparente, com grossas sobrancelhas, e um olhar sério, porém acolhedor; o nariz era reto e comprido; logo abaixo, vinha a boca bem carnuda e vermelha, típica da etnia do que hoje se conhece como indígena; a tez avermelhada era a principal característica desse ser iluminado; possuía um peitoral extremamente musculoso, braços grossos, ornamentados por vários cordões idênticos a barbantes; nos punhos, pulseiras de metal; suas partes íntimas eram cobertas apenas por um couro branco de forma oval que lhe descia até o joelho, finalizando com o destaque das pernas avantajadas, musculosas, com os pés descalços.

Não havia como não se deslumbrar com tal presença. Sacutira olhava boquiaberto para aquela configuração desconhecida, envolto em luz acalentadora. Quebrando o silêncio que perdurava diante do encantamento que sua visão proporcionava ao flecheiro, a entidade se pronunciou com sua voz grossa:

— Yaramanacaan, este é meu nome! Vim da Aldeia dos Estrelados para coroá-lo como um representante das estrelas neste mundo primitivo que Ariri habitou.

Diante da apresentação formal da entidade superlativa, Parassuá se ajoelhou em reverência. Sacutira o copiou de imediato. O iniciante seguia as recomendações de seu mestre, buscando ser o mais prestativo possível, não desejando ser inconveniente em absolutamente nada. Para ele, tudo era maravilhoso.

Yaramanacaan prosseguiu eloquente:

— Da Estrela Mãe, vim para coroá-lo. Levante-se, filho de Yurupari!

Sacutira obedeceu à solicitação da entidade, que o olhava com autoridade, enquanto Parassuá permanecia genuflexo. A entidade espalmou sua mão direita e a colocou na cabeça de seu iniciado; naquele instante, uma luz esverdeada se intensificou em todo o chacra coronário de Sacutira. Os cabelos do flecheiro cresceram com aquela intervenção e se tornaram mais espessos. Com a outra mão, a entidade pegou uma pemba e desenhou na testa de Sacutira um pequeno sol envolto por uma letra-símbolo de uma escrita antiga, que lembrava um "s" ao contrário. Contrastando com o azul do ambiente, surgiram alguns feixes luminosos oriundos do alto, que desenhavam grafias em todo o espírito de Sacutira, uma cena simplesmente fantástica. Essas grafias, em letras desconhecidas da cultura atual, foram gravadas em Sacutira como um selo transcendental que o marcava, definindo sua iniciação diante dos mistérios daquela cultura ancestral. Tais sinais reluziam no perispírito do flecheiro, transformando-o em um verdadeiro pictórico. Ele estava abençoado, iniciado nos mistérios dos peles-vermelhas. Yucuruá surgiu naquele instante e trouxe consigo uma espiral de folhas esverdeadas que cobriram Sacutira.

Ao redor de Yaramanacaan vibrava uma energia amarelada, intensa, que o transformava em pequeno sol, tamanha a exuberância de sua luminosidade. Os olhos daquele ser eram extremamente expressivos e configuravam a seriedade do evento a que Sacutira estava sendo submetido.Com um sutil aceno, indicara para que Parassuá se levantasse também e se dirigisse ao encontro dele. Com a mesma pemba, desenhou um pentagrama no peito do pajé. Após o ato, disse ao mestre dos nativos:

— Teu tempo é curto no mundo primitivo, como já é sabido por ti! Prepara teu povo para tua breve partida. Une os filhos de Ariri nos ensinamentos que te foram passados esses anos todos como payé. Reúne os mais velhos da aldeia na pedra-símbolo, desenha e firma lá teu ponto com os signos sagrados que tu já conheces. Aquele lugar será consagrado neste mundo primitivo. Na pedra será firmada a lei de pemba e a tua ligação com a Estrela Mãe. Serás o guardião dessa aldeia daqui do Astral, portanto, segue teu destino, pois tu já tens um sucessor que ora está nesta consagração!

Yucuruá permanecia envolto em sua magnífica espiral de folhas verdes cintilantes, a observar enaltecido o momento.

Parassuá bateu a destra no peito por três vezes diante de Yaramanacaan, em sinal de profundo agradecimento. Em seguida, pegou seu maracá plasmado com as duas mãos. Levantando o paramento para o alto, buscava receber mais uma bênção em seu instrumento. Entretanto, de forma fortuita para enlevar ainda mais aquele singelo contato, o velho foi envolvido por intensa chuva de raios multicoloridos, como serpentinas energéticas, finalizando a consagração daquele homem que dedicara a vida aos ensinamentos de seus mestres.

Após o admirável espetáculo vivenciado pelos viajantes, concluindo assim a iniciação, o sublime astro daquele evento disse a Sacutira:

— Agora, tu és um filho de Yurupari Oman. Ele te abençoa diretamente da Estrela Mãe. E Tutuamanayê te rege agora como sua mãe.

Envolto na luz amarelada que se intensificara ainda mais, Yaramanacaan fez surgir em sua mão direita uma folha verde, de forma ovulada, e a ofereceu ao iniciado, que a pegou sem entender o que fazer com ela. O mentor prosseguiu:

— Come dessa folha consagrada e sente o júbilo que ela te proporcionará; em seguida, volta para tua matéria, filho de Yurupari. Muito trabalho te espera no mundo em que habitas. Mas, lembra-te, novo payé! Serás o condutor de tua aldeia nos ensinamentos de Ariri só quando da passagem deste velho que te conduziu até aqui.

Sacutira, emocionado, apenas balançou a cabeça em sinal de concordância diante das explicações de seu mentor. Aguardou pacificamente o desfecho daquela cerimônia astral. Eram muitos os raios azuis e amarelos que o entrelaçavam dentro daquele insigne lugar. Yaramanacaan soprou nos desdobrados uma espécie de pó branco que trazia consigo dentro de uma espécie de bolsa; o ato inusitado conduziu, lentamente, os viajantes até seus devidos envoltórios carnais. Não despertaram de imediato. Por algumas horas permaneceram inertes como em sono profundo. Durante todo aquele período, vários seres espirituais da natureza, comandados por Yucuruá, velaram os tutelados para que ninguém os importunasse, consolidando, assim, todo o procedimento iniciático do jovem flecheiro.

Yucuruá mantinha-se atento a qualquer investida de seres do Astral Inferior, delegando aos seus vários comandados atribuições para que impedissem a aproximação também do grupo de Calixto nas imediações da aldeia. Como esses invasores traziam algumas entidades grosseiras em afinidade, não seria apropriada uma frequência com tais seres, enquanto se finalizava a iniciação de Sacutira.

A tranquilidade selou aquele momento de harmonia. De forma extremamente satisfatória, o flecheiro estava iniciado nos mistérios daquela cultura milenar.

❁ ❁ ❁

Sem ter noção da grandiosidade da experiência vivida pelo novo pajé, e contrariado por não poder participar do ritual iniciático de Sacutira, Yassanan, na grande oca, matutava ainda sobre tudo que acontecera. Segurava em sua mão a firma preparada por Parassuá que devia ser entregue ao seu filho. Por um momento, o colossal nativo desejou ir até as matas próximas, onde deveriam estar os tais pálidos. Desistindo de se dirigir ao encontro dos invasores, Yassanan respirou fundo e resolveu seguir seu destino. Saiu da oca e postou-se diante de seu povoado. Lentamente, girava a cabeça a observar tudo e todos, de forma diferenciada, com o cenho preocupado, atento. Estendeu a mão para o alto, segurando sua exuberante lança, e deu seu grito de guerra. Ali permaneceu ainda com o cenho pesado, a olhar todos os cantos daquele complexo indígena. A atitude de Yassanan alvoroçou a aldeia. Ele parecia estar em transe, olhando para seu paramento, a expressar uma comunicação com o instrumento empunhado. Em sua mente fervilhavam pensamentos de revolta, como um guerreiro pronto para o combate. Os gestos do morubixaba geraram entre os demais nativos momentos de ansiedade, pois seu líder estava estranho para seus padrões normais. Pararam diante dele, a esperar o desfecho daquilo que ele expressava. Na verdade, Yassanan era muito explícito em suas atitudes e não admitia ser importunado por absolutamente nada. Seus pensamentos proporcionavam tamanha exaltação de seus sentidos, que faziam com que em sua visão a aldeia girasse em torno dele freneticamente, enchendo-o de garra. Qualquer ameaça ao seu povo o incomodava demasiadamente, por isso, ele queria se deparar com aqueles intrusos e acabar com toda a sua inquietação.

Os flecheiros que estavam mais perto do morubixaba resolveram se aproximar ainda mais dele, pois aquela cena permanecia inalterada e confusa. Iniciaram uma linguagem de sinais, gesticulando na frente de Yassanan, no intuito de quebrar o transe que tomava conta de seu líder. Yassanan acabou percebendo o que estava promovendo diante de seu povo e avistou a firma destinada a proteger seu filho no chão. Rapidamente, pegou o paramento que, sem perceber, deixara cair. Olhou para os flecheiros e nada disse. Disfarçando seu constrangimento diante deles, respirava fundo. Pisando no solo vermelho da terra seca castigada pelo sol, dirigiu-se até onde já deveria estar: ao lado de Nakoatann.

Yassanan não demorou a retornar para a grande oca e, quando adentrou nela, viu Yaciara ajoelhada a cuidar do pequeno Nakoatann. A querida esposa olhou para trás e, agraciada com a visão de seu amado marido, sorriu dizendo:

— Amor de Yaciara! Nosso curumim está feliz por ver o pai. Veja como pequeno Nakoatann balança as perninhas.

Yassanan tentava disfarçar seu estado de intranquilidade diante da esposa. O morubixaba, apesar de bondoso, era muito orgulhoso e não gostava de comentários sobre sua personalidade. Todavia, Yaciara conhecia bem o esposo e logo percebeu seu estado de espírito.

Ajeitando as pequenas penas acinzentadas que prendiam seu

espesso cabelo liso, a bela nativa se levantou de onde estava e se aproximou do homenzarrão que amava, dizendo brandamente:

— Amor de Yaciara está com rugas na testa, sinal de preocupação... Isso não deixa Yaciara feliz... Não deixa!

Yassanan abraçou sua esposa, quase fazendo-a desaparecer envolta em seus braços musculosos, e disse com a voz grave:

— Amor de Yassanan... Não se preocupe com testa enrugada.

— Mas eu sei que algo maltrata sua paz, como uma nuvem formando chuva em sua mente.

— Yassanan trouxe essa firma feita de ervas. Payé pede que Nakoatann use como proteção.

Yaciara olhou calmamente para o pequeno patuá e, em seguida, colocou-o no pescoço do filho. O pequenino sorriu de satisfação, como se agradecesse o presente do feiticeiro; suas perninhas batiam rapidamente, na típica manifestação dos bebês quando estão alegres. A mãe amorosa colocou-o junto das palhas, ajeitando-o carinhosamente; em seguida, pegou na destra de seu marido, que permanecia demonstrando intranquilidade, e o guiou para fora da oca. Trocaram olhares e seguiram até a pedra-símbolo, deixando Nakoatann com as velhas nativas.

Durante todo o trajeto, o casal não proferiu uma única palavra. Ao chegar ao espaço sagrado e tranquilo, Yassanan encostou-se à grande pedra e procurou se aconchegar, olhando nos olhos de sua amada. A imensa rocha parecia entender seu propósito e o acolheu junto com as brisas vindas do oceano até aquele núcleo isolado da mata.

Yassanan mantinha-se visivelmente preocupado, mas sua esposa sabia como lidar com isso. Yaciara sentou-se com as pernas cruzadas no solo e, lentamente, ajeitando uma pequena pena branca, única junto às acinzentadas que usava presas à sua orelha esquerda, disse delicadamente ao marido:

— É hora de amor de Yaciara dizer o porquê de tanta confusão mental! Por isso, o trouxe para este lugar sagrado e tranquilo: para abrir coração para Yaciara.

Yassanan, como de hábito, respirou fundo. Não mais querendo fugir da realidade que seu estado emocional demonstrava, disse à esposa amada:

— Payé tem mesmo razão... Mulher tem tanta sapiência

quanto homem. Até mais que um homem, pois tem sensibilidade para entender certas coisas que guerreiros não podem ver. Yassanan é um guerreiro bruto que comanda essa aldeia e não nada seria sem Yaciara. Perdoe Yassanan, quando disse que mulher não devia se meter em assuntos de homem.

— Amor de Yaciara... Não tem com que se preocupar... Yaciara nem mais se lembrava disso. Yaciara só tem amor por Yassanan. Nada mais que amor...

— Mas payé me lembrou desse meu destempero, amor de Yassanan...

— Sei que não é isso o motivo de sua aflição! Diga, amor meu, o que o faz ter testa enrugada?

Yassanan afastou-se da imensa pedra em que se apoiara e circundou a bela esposa, que o olhava brandamente. Com os olhos brilhando de ternura por sua amada, disse:

— Nossa terra querida tem intrusos nela! Yassanan não deseja mal de ninguém, mas preocupa-se com essa invasão inoportuna.

— Foi payé que confirmou essa afirmação sua?

— Sim, amor de Yassanan, sim... Sacutira viu intruso andando na mata e correu para contar para payê.

Yaciara levantou-se calmamente. Aproximando-se do marido, fixou seu olhar expressivo nele e pôs os braços no ombro do filho do Grande Pássaro. Em seguida, disse, suspirando:

— No pequeno santuário dos ancestrais, nos pés da grande árvore mestra, querida avó de Yaciara também alertou desses homens de outras terras. Os estrelados falaram através dela. Ela estava diferente, não parecia mais aquela velha matreira que cuidou de Yaciara quando criança, mas sei que era avó querida de Yaciara. A velha sábia disse que na Grande Estrela tudo muda, por isso estava diferente. Avó parecia de outra aldeia, mas sabia de tudo; deixou Yaciara feliz, mas não volta mais para nossa terra, porque os estrelados não mais permitem. Amor de Yacira! Não se preocupe, pois Ariri está com nossa aldeia.

— Yassanan não duvida disso, mas tem receio desses pálidos... Payé esconde coisas de Yassanan. Payé ficou com Sacutira na tenda. Não deixou Yassanan ficar! Por quê? Por quê? Yassanan é cacique! Ele vai fazer de Sacutira um payé e não deixa Yassanan ficar perto?

Yaciara possuía um dom único, inerente a espíritos que, mesmo encarnados em uma realidade como a dela, traziam em seu bojo uma sabedoria que nem o maior dos acadêmicos conseguiria prever. Percebendo a preocupação do marido que tanto amava, trouxe uma serenidade das profundezas de sua alma e disse a ele:

— Amor de Yaciara! Devemos ter calma agora, pois payé sabe o que faz. Yaciara sente muitos iuiucumains rondando a aldeia e desejando promover a discórdia. Yaciara respeita a sua lança, mas não entende que ela seja o acerto para nosso povo. Acredito que, se levantar a lança, o sangue vai correr como rio bravo em nossas terras. Deve ter algum sentido essa visita desses intrusos em nossas terras, senão Ariri não permitiria isso.

— Payé é muito resignado em abrir a verdade e isso preocupa Yassanan. Ele deu uma firma para Nakoatann, e o patuá serve para proteção contra o quê? Contra esses pálidos? Se for contra iucucumains, Yassanan até entende, mas se for contra pálidos, a lança de Yassanan dá conta do recado!!!

Yaciara abraçou forte o marido, tentando acalmá-lo. O morubixaba estava alterado demasiadamente diante de uma invasão em suas terras, algo que ele não admitia. Mesmo assim, a bela nativa, com seus braços delicados, foi lentamente abrandando o desequilíbrio dos sentidos do marido com seus carinhos. Por um tempo considerável, ela foi diminuindo a ira do robusto homem, que tinha como motivação principal desafiar a intromissão daqueles forasteiros. Passaram horas naquele espaço da mata sem que ninguém os importunasse. Yassanan, por fim, se acalmou. Esqueceu um pouco os dissabores que o incomodavam. Envolveu-se por completo com os encantos de sua esposa e seu coração pulsava apaixonado. A beleza de Yaciara o dominava, transformando sua brutalidade em candura. Desejou ainda mais sua esposa e pegou nas mãos dela com muito carinho, levando-a para um canto da mata que somente os dois conheciam. Lá fizeram amor ardentemente por horas, repletos de paixão e de um amor verdadeiro, pouco visto em dias atuais. Depois, descansaram tranquilos em meio às muitas folhas verdes ajeitadas de forma a que ficassem confortáveis. O tempo passou. Sem que percebessem, a tarde ia terminando e a noite dava o ar de sua graça. Olhando para as primeiras estrelas que despontavam no céu, Yassanan, ainda deitado na cama de folhas que os aconchegava, disse à esposa amada, com a voz baixinha, nos ouvidos dela:

— Amor de Yassanan... Somente tu sabes acalmar peso bruto de Yassanan...

A bela nativa abriu os olhos lentamente e, com um brilho que refletia o luar já despontado no céu, disse ao amado marido:

— E somente tu podes me dar tanto amor... Agora, devemos voltar para a oca; nosso pequeno precisa de Yaciara e a aldeia precisa de Yassanan.

O filho do Grande Pássaro levantou-se de onde estava e ajeitou a lança em sua destra. Prendeu os longos cabelos com galhos que estavam esparramados pelo chão e, com a mão esquerda, levantou a esposa sem o menor esforço. Yassanan era mesmo muito robusto, assustava pelos seus gestos, em contraste com a delicadeza de Yaciara; todavia, sempre que tocava sua amada, seu gesto era com fina sutileza, como uma pluma banhada pela leve brisa de uma noite calma de luar.

O casal seguiu tranquilo pelas trilhas daquelas matas exuberantes até a aldeia, ouvindo apenas sons emitidos de alguns animais típicos daqueles núcleos isolados da selva. Estavam amparados pela proteção de Yucuruá, que corria ao redor do casal emitindo de suas mãos pequenos fios tênues esverdeados. Obviamente, não percebiam a presença do elemental, pois o olhar comum não possui tal privilégio de visualização. Entretanto, o encantado promovia um espetáculo à parte, dotado de uma beleza inédita, digno de algo proveniente do Olimpo. O protetor soprava um flato também esverdeado na direção do casal. Dançava de forma inusitada enquanto desempenhava seu ato, apresentando-se envolto em espirais de folhas repelentes de energias deletérias, uma visão simplesmente fantástica, prerrogativa somente daqueles que habitam a dimensão da verdade.

A aldeia estava calma. Todos já haviam se recolhido a suas respectivas tendas, pois já era tarde. O casal, ao adentrar no complexo, deparou-se com o vigia flecheiro ora de plantão. Ao perceber seu grande chefe, ele saudou o morubixaba e o acompanhou até a entrada da oca. Logo que chegou ao seu destino, com um gesto simples, Yassanan solicitou que o vigia retornasse ao posto de guarda. Uma das velhas nativas ainda velava o pequeno Nakoatann, que bateu as perninhas de felicidade ao perceber a presença da mãe. Yassanan observava a cena de amor de sua esposa para com seu herdeiro. Yaciara acomodou o pequeno em seu braço e Yassanan ordenou para que a velha se retirasse da oca. Assim puderam ficar juntos no retiro de seu espaço, ao lado do pequenino que usava o patuá de ervas. Yucuruá seguiu pelas matas, mas deixou ao redor de todas as tendas uma trama esverdeada que funcionava como um denso campo de força, repelente de qualquer influência maléfica.

6

Iicuá, Piacomin e Tituauá

Sopravam alguns ventos úmidos vindos da Grande Serra. Ventos frios, que contrastavam com a brisa vinda do mar, proporcionando uma manhã relativamente fresca. Na aldeia existiam três habitantes inusitados, ladinos jovens que gostavam muito de circundar pelos arredores: Iicuá, Piacomin e Tituauá. Eles eram futuros guerreiros daquela isolada comunidade comandada por Yassanan. Os jovens haviam escutado um barulho estranho nas proximidades, que lhes aguçou a curiosidade. Nenhum deles tinha mais de 12 anos de idade, embora estivessem próximos disso. Três magrelas com as cabeças cobertas pelo corte de cabelo em forma de tigela, que não ultrapassavam um metro e meio cada. Não gostavam de usar tangas; a contragosto, obedeciam às mães e as usavam. Eram muito parecidos fisicamente: pele bem morena, com o toque do urucum, e olhos pintados de preto, querendo imitar os animais que possuíam esse tipo de camuflagem. Habilidosos na arte de deslizar pelas imensas coníferas, foram diretamente ao local de onde se originavam aqueles ruídos inusitados, pois conheciam os sons da floresta e dos animais. Tituauá era o mais esperto; lembrando a rapidez de um esquilo, o jovem subiu no maior dos exemplares dessas coníferas e se escondeu por trás das folhagens principais do vegetal; os outros o acompanharam atentos e interessados. Em sua tanga, o astuto rapaz guardava uma das folhas da cor do ébano, muito utilizada nessas situações de camuflagem; esfregou-a em sua face, imediatamente escurecendo-a por completo. Seus companheiros o imitaram nessa ação típica daquele povo ao se proteger de algo que julgavam ser desconhecido.

Devidamente posicionado, Tituauá afastou um dos galhos que o cobriam, pretendendo ter melhor visibilidade do local a desvendar. Assim, pôde avistar algo que jamais havia presenciado em sua jovem vida, que o deixou boquiaberto. Olhou para seus companheiros e gesticularam entre si freneticamente, consolidando mais uma manifestação de comunicação daquela cultura. A surpresa fez os jovens nativos descerem das árvores bastante intrigados. Por alguns instantes, andaram de um lado para o outro, confusos. Cutucavam-se de forma estranha, com a ponta dos dedos; em seguida, de forma idêntica aos felinos quando espreitam uma presa, embrenharam-se pela densa vegetação que circundava a origem dos sons intrigantes. Enfim, aproximaram-se de um aglomerado de rochas, de onde podiam escutar uma conversa em um idioma desconhecido para eles. Ali permaneceram por um tempo razoável, escondidos, nada entendendo do falatório daqueles homens estranhos. Iicuá resolveu rastejar como se fosse uma cobra por aquele espaço emoldurado de rochas umedecidas e abraçado pela mata fechada. Logo abaixo desse magnífico lugar, havia um declive que terminava em um desfiladeiro. Suspenso entre pesadas rochas, o encantador cenário finalizava no grande rio que cortava aquela terra paradisíaca. Ali, o agrupamento de Calixto descansava, conversando alto, típico de homens rudes. Preparavam a ceia do dia: peixes para saciar a fome.

Não era para menos o espanto dos jovens nativos. Jamais haviam se deparado com homens com tal apresentação. Por isso, por horas não arredaram pé de seus esconderijos, analisando o comportamento daqueles forasteiros. O tempo passava e sequer piscavam. Com a curiosidade aumentando, resolveram se reunir e reforçaram a camuflagem com o que restava das folhas escuras. Tituauá voltou a gesticular, dizendo em voz baixa aos seus companheiros:

— Payé precisa saber que forasteiros estão em nossa terra.

Precisa saber logo!

— Eles são pálidos. São espíritos! — retrucou Iicuá.

— Não, não! São niinbataras! Homens que vêm de terras além do mar — finalizou Piacomin.

Tituauá arregalou os olhos e, em tom de liderança, afirmou aos dois amigos:

— Niinbataras não usam couro cobrindo o corpo, não têm a cara coberta de cabelos, como esses homens estranhos... Niinbataras são homens grandes, têm olhos da cor do ***pokan*** e cabelos cor de fogo. Payé já explicou sobre os niinbataras. Payé disse que eles têm a luz vibrante em volta deles. Estes nada têm; nenhuma luz. Vejam como eles têm sujeira no corpo... Niinbataras não são sujos e não se alimentam de outros seres da natureza. Estes estão queimando peixes.

Com as observações do companheiro, pensaram melhor e concordaram com Tituauá.

— Tituauá vai fazer o quê? — perguntou Iicuá.

— Iicuá fica aqui e Piacomin volta para aldeia. Tituauá vai descer mais um pouco pelas rochas e saber mais desses pálidos com pés imundos.

— Tituauá não deve ir, pode ser perigoso.

— Tituauá sabe o que faz. Agora, vai Piacomin e procura payé. O velho sábio deverá saber o que fazer diante do que encontramos aqui.

Piacomin concordou e seguiu para a tenda do velho feiticeiro. Tituauá, junto com Iiucuá, foi até o mais próximo possível dos forasteiros. Estavam tão cautelosos para não serem percebidos, que nem a audição dos cães poderia escutá-los. Os dois ficaram observando os comandados de Calixto com mais interesse ainda, agora por detrás de um aglomerado de plantas exóticas com imensas folhas avermelhadas. Percebiam armas diferentes em poder daqueles homens em suas bainhas, e um comportamento rude, longe do que estavam acostumados a conviver em sua cultura.

Enquanto o peixe assava na brasa, os portugueses tomavam uma bebida vermelha, que era passada de boca em boca. Riam muito e conversavam alto, mas os nativos não compreendiam o que eles diziam.

A curiosidade dos índios aumentava e eles resolveram chegar ainda mais próximo do bando. Circundaram todo o espaço do acampamento e subiram novamente em uma árvore. Abrigados pela camuflagem, era impossível vê-los. Atentos, eles perceberam a chegada de outro homem, vestido da cabeça aos pés. O recém-chegado nada falava diante da desenfreada conversa de seus comandados. Era Calixto, acompanhado de mais dois homens, que traziam algumas pedras retiradas do rio. Com as pedras sustentaram uma barraca, dando-lhe mais firmeza. Finalizada a estrutura, Calixto chamou todos para uma reunião. Os dois nativos tentavam entender o teor da conversa daqueles homens extremamente vestidos. Um olhava para o outro buscando encontrar uma lógica diante de um idioma desconhecido para eles.

Enfim, Iicuá, com o cenho preocupado, disse para Tituauá:

— Niinbataras esses pálidos não são mesmo... Niinbataras não usam tanto couro cobrindo a pele. Será que não são piruntás?

Com a voz bem baixa, retrucou Tituauá:

— Eu já não disse que esses pálidos não são niinbataras? Por que ainda fala sobre isso? Piruntás! Iicuá está louco? Piruntás são esverdeados como aquela pele que se forma no rio... Esqueça...

— É que...

— Chega! E pare de falar alto. Não sabemos do que esses pálidos são capazes se nos enxergarem aqui. Piacomin já deve estar na aldeia, junto de payé, contando desses pálidos. Já tem tempo que aqui estamos escondidos. Tituauá vai para a aldeia e Iicuá deve vir junto.

Iicuá olha contrariado para seu companheiro e diz:

— Pare de dar ordens para Iicuá. Tituauá não é cacique de Iicuá. Iicuá não deve obedecer Tituauá, que é tão pequeno quanto Iicuá.

Tituauá retruca com suposta autoridade:

— Piacomin obedeceu. Piacomin sabe que Tituauá tinha razão.

— Piacomin é fraco. Iicuá não é.

A discussão fez os pequenos nativos se desentenderem, empurrando um ao outro, iniciando uma luta infantil em cima dos galhos das árvores. A luta se tornou intensa e eles rolaram pelos galhos, tentando um mostrar ser mais forte que o outro. Folhas começam a cair e um dos galhos que os sustentava rompeu-se, indo na direção do acampamento. Iicuá quase despenca de uma altura de cinco metros aproximadamente. Imediatamente é chamada a atenção dos portugueses, que logo empunham suas espadas.

Percebendo o perigo iminente, os dois nativos saltam de galho em galho, procurando um lugar mais seguro; de tão rápidos, desapareceram na imensidão da selva.

Aquele galho rompido da imensa árvore provocou alvoroço nos exploradores. Eles estavam dispostos a matar qualquer coisa que os ameaçasse e estavam prontos para uma investida. Atentos, por um bom tempo permaneceram em posição de combate, empunhando suas armas e observando tudo ao redor.

Diante do silêncio que perdurava, Calixto resolveu pronunciar-se:

— Deve ter sido algum animal selvagem. Não há mais motivo para tanto alarde. Vamos para a nossa ceia e, após o descanso, seguimos para mais próximo ainda da serra.

A desconfiança permanecia; porém, os estrangeiros se acalmaram, voltando aos seus postos.

O Sol começava a mostrar sua força naquela manhã. Seus raios cruzavam as frestas das folhagens e o calor era insuportável. Já distante do aglomerado de rochas, em um ponto mais seguro da mata fechada, os bisbilhoteiros pararam para descansar. Suavam tanto, que parecia terem saído de um rio. Quase não conseguiam falar, com a respiração ofegante, o coração batendo fortemente. Encostaram-se a uma árvore caída e descansaram. Instantes depois, já mais tranquilo, Iicuá, com a mão no ombro do amigo, disse:

— Pálidos são maus! Aquelas rochas penduradas na cintura dos pálidos, as que brilham, são perigosas! Refletem como a lua no mar.

— Tenha calma, Iicuá. Tituauá e Iicuá têm que contar tudo na aldeia. Têm que contar tudo!

Tituauá, descansado, olha para o céu e se prepara para seguir adiante, porém acontece o inesperado. A trilha que eles conheciam como a mais rápida pelo solo deveria ser a mesma que Piacomin teria seguido rumo à aldeia. Todavia, no instante em que os dois jovens resolvem continuar o trajeto, depois da breve parada de descanso, uma figura surpreendente surge diante deles. Os dois jovens engolem em seco ao se depararem com um homem empunhando uma espada ameaçadoramente. Eles pouco entendiam o que acontecia. O ameaçador homem era José, que observava os meninos de forma assustadora. Ele esboçou um sorriso, exibindo seus amarelados e nojentos dentes. Virando sua cabeça vagarosamente, analisava os nativos, passando levemente a língua pelos dentes, ato que lhe dava prazer. Sorriu mais uma vez, sarcasticamente. Afastou-se um pouco e, em seguida, mostrou aos meninos Piacomin amarrado e desacordado no chão. Confusos, os curumins ensaiaram se afastar do malfeitor, mas a ameaça do mais cruel dos exploradores da expedição de Calixto não permitia, pois era como se ele esperasse isso para atacá-los.

O estrangeiro, sem piedade, foi até onde estava caído Piacomin, ergueu-o do solo e o atirou na frente deles. Em seguida, disse:

— Nativos malditos desta terra quente como o fogo! Não estou a perder meu tempo nesta terra selvagem. Pedi a esse preto igual a vós para que me levasse onde está o ouro. Não estão a entender? Esse maldito preto nada respondia e tentou fugir de mim. Parecia ser mudo. Só tremia! Essa maldita tez negra... Querem acabar como esse preto imundo? Creio que não... Oras, então sejam espertos e me levem onde está o ouro... Ouro! Eu... Quero... Ouro...

Tituauá olhou para Iicuá e seus olhos transbordavam de lágrimas, pois viu que Piacomin sangrava com um corte profundo no peito. Sentiu-se culpado, pois por uma ordem sua o companheiro acabou se deparando com José, mesmo sem entender como aquilo havia acontecido.

Enquanto Calixto deixara seu pessoal para retirar algumas pedras do rio, José, por vontade própria, seguira por essa trilha, ao lado das rochas do acampamento, para saber aonde ela terminaria. Sedento pela ganância, ele acreditava que qualquer lugar o conduziria ao desejado ouro. Ele estava entorpecido por esse desejo. Piacomin teve a infelicidade de se deparar com o traste, quando tentava rapidamente chegar à aldeia. Abordado por José, o jovem, amedrontado, tentara fugir, mas José o impedira de seguir adiante, utilizando seu punhal em meio a muitas ameaças e insistindo para que o jovem o conduzisse até onde se encontrava o suposto ouro. Aterrorizado, Piacomin não obedeceu e, friamente, é acertado por uma punhalada do facínora, que em nada valorizava a vida alheia.

As marcas do ferimento do pequeno nativo chocavam. José estava disposto a tudo e mataria se fosse preciso. O momento estava muito complicado. Eram crianças diante de um carrasco entorpecido pela ganância. Na dimensão do espírito, seres trevosos começaram a circundar aquele homem extremamente maldoso. Tais entidades, ligadas ao facínora, apresentavam-se com suas típicas vestes escurecidas, emolduradas por um limo esverdeado. Locomoviam-se lentamente, em um vapor enegrecido, a envolver aquela mente doentia com sugestões maléficas voltadas para o homicídio. Nada podia ser percebido pela visão comum do campo material, porém o espetáculo tétrico se mostrava sinistro em sua essência.

José estava muito agitado pela situação, suava muito e continuava com seu sarcasmo, a secar seu nojento suor com o próprio punhal. Os dois nativos permaneciam inertes, cada vez mais confusos diante da situação sem precedentes. Era como se a mata houvesse se isolado ainda mais de tudo e de todos, tomada pelo cerco angustiante de um Astral abissal que assistia àquelas cenas dolorosas. Os vultos corriam de um lado para o outro voluptuosamente. Eis que uma folha proveniente de uma grande árvore cai e um suspiro quase que derradeiro é dado por Piacomin. Tituauá, desesperado com o que acabava de presenciar, toma coragem e salta como um felino até o companheiro desacordado, no intuito de acudi-lo. A atitude irrita o explorador estrangeiro, que, sentindo-se desafiado, de imediato desfere um violento chute na face do saltador. O golpe foi fatal e o jovem franzino cai desacordado. A plateia do baixo mundo astral assistia àquelas cenas com um prazer idêntico ao das arenas da antiga Roma, gritando como nos tempos dos gladiadores.

Iicuá, apavorado, inicia um cântico que lembrava os pássaros quando presos em gaiolas. José se irrita com a desesperação do nativo e se dirige até o menino com fúria. No trajeto, pisa em Tituauá como se fosse um dejeto e pega Iicuá pelo pescoço, erguendo-o para o alto com seus pesados punhos. O intuito era de sufocá-lo. Iicuá tentava se soltar do malvado, utilizando-se de suas fracas mãos, ao mesmo tempo em que debatia as pernas franzinas desenfreada e inutilmente. Com perversidade incomparável, não respeitando as diferenças físicas entre ele e as crianças, José começa a bater o menino em uma árvore sem qualquer clemência, provocando um sangramento na parte de trás da cabeça de sua vítima. Em meio a essa insólita covardia, o pernicioso homem sorria de gozo, ao ver o pequeno indefeso sendo aniquilado por sua violência desmedida.

Sucumbindo diante da tortura, já quase sem fôlego, Iicuá ia perdendo os sentidos. Suas pernas, enfraquecidas de tanto lutar pela vida, já não tinham mais o mesmo vigor. As mãos pendem para baixo e os olhos viram para cima.

José não imaginava, mas a mata tinha um dono. Um poderoso protetor, do qual surge uma intervenção redentora. Um vento forte começa a soprar direto para aquele ponto isolado da trilha em que estavam os oprimidos jovens. O vendaval trazia junto incontáveis folhas verdes, que formavam uma espiral avassaladora. O evento inesperado demonstrava saber o endereço certo. Mesmo assim, o malfeitor insistia em terminar seu intento, sem soltar Iicuá de suas mãos, desejando ceifar a vida do pequeno. Porém, a colossal espiral veio na direção de José, a girar sem trégua ao redor dele. Do núcleo desse aparatoso fenômeno surge uma aparição admirável, na forma de uma silhueta diáfana, que se firma e vibra intensamente. Era Yucuruá, que vinha em socorro daquelas indefesas crianças.

O esverdeado ser da natureza trazia consigo uma legião de seres idênticos a ele, verdadeiros soldados das matas, vestidos de magníficas folhas de um verde indescritível em sua beleza. A cena mostrava-se simplesmente espetacular para quem pudesse vê-la! O elemental observa calmamente aquela barbárie. Revestido na fantástica espiral de folhas e dotado de um poder capaz de aniquilar aquele estúpido homem, o elemental começa a emitir um forte som de folhas caindo, gesto característico desse ser. Com um enérgico sinal de suas verdes mãos, Yucuruá ordena que seus soldados ateiem chispas de uma forte luz verde-cintilante contra aqueles escabrosos vultos, os mesmos que tentavam patrocinar o fim dos meninos. As chispas purificadoras formam verdadeiras lanças incandescentes que queimam como brasa os espectadores das trevas, acabando por promover uma fuga enlouquecida de toda aquela falange para bem longe dali. Forma-se um halo redentor que envolve os pequenos nativos em feixes balsâmicos, reanimando Tituauá, que parecia morto, e retomando o fôlego a Iicuá.

As cadentes lanças, juntas, formam telas, que, com o poder da ventania, interrompem a tentativa de estrangulamento que José executava contra o indefeso nativo. Piacomin permanecia em estado de letargia, infelizmente, em face do desprendimento das vias encarnadas. Parecia que nada poderia salvá-lo, porém, diante da iminente tragédia, Yucuruá emitiu tênues raios esverdeados diretamente no frontal do jovem, buscando uma reanimação.

Quanto a José, ele pouco entendera daquele vendaval inesperado que o acometia. As muitas folhas que vinham de todas as partes foram envolvendo o malfeitor de tal maneira, que ele nada mais enxergava ao seu redor. José lutava inutilmente para se proteger de tanta poeira e da fúria do vento, que o tratava como um leve papel. Vários troncos se desprendiam das árvores e as trilhas se fecharam, devastando tudo.

José tentava se agarrar ao que podia, mas a violência do vento era inacreditável. Na batalha ferrenha contra as espirais que o sugavam, José parecia não ter chances de se salvar da morte, sendo arremessado para todos os lados pelo vento que soprava vertiginosamente. O cerceamento dificultava sua respiração, tornando o evento desesperador para ele. Suas vias respiratórias encheram-se de poeira, iniciando um sufocamento. Com muita dificuldade, ele conseguiu se livrar, deitando-se no chão e se protegendo dos estilhaços que o atingiam sem trégua. A poeira foi cobrindo todas as trilhas e José acabou soterrado, ficando ali desacordado e muito ferido, apenas com um ponto de entrada de ar para respirar em meio aos destroços.

Yucuruá, senhor daquele espaço, postou-se ao lado de uma rocha como um rei das matas. Naquele instante, seu espectro flutuava ao redor da poeira sufocante em posição de absoluta magnitude. Ele fincara no solo muitas lanças verde-cintilante, concluindo sua intervenção com um gesto simples de sua mão esquerda para seus companheiros esverdeados. Aos poucos, a ventania foi se dissipando e José, soterrado pelos incontáveis galhos e folhas que estavam por toda a parte, desmaiou definitivamente.

Os "folhas" foram até Piacomin, que permanecia inconsciente. O menino estava quase desencarnado por conta da perfuração em seu peito. Os outros curumins também continuavam desmaiados. Yucuruá se aproximou de Piacomin e assoprou um flato verde ao redor do jovem. Um gás esverdeado envolveu o menino, como se o encapasse em energia muito intensa. O poderoso protetor da aldeia se tornara mais evidente em sua configuração e riscara um círculo no solo com os dedos enfolhados. Projetara-se um cone do círculo e o espírito de Piacomin flutuava levemente, com o objetivo de se evitar o desenlace. Seus companheiros verdes promoveram uma corrente vibracional surpreendente e nada negativo poderia rompê-la, devido à intensidade com que ela se expandia.

Aquela frequência magnética junto aos polos da Terra promoveu uma emancipação em Yucuruá fantástica, levando-o a atingir quase três metros de altura. Ele vibrava em um fogo esmeraldino. O majestoso encantado desejava curar o nativo. De suas mãos, ele emitiu no peito de Piacomin seu incandescente fogo esverdeado, ato que fez o espírito do jovem se ajustar novamente no corpo e suspirar vagarosamente.

Os "folhas" assopraram na fronte dos outros meninos outro flato, agora como um pó dourado brilhante, trazendo-os de volta lentamente à consciência. Assim terminou a sensacional mediação. Boa parte daqueles acontecimentos seria retirada da lembrança deles; da visão das espirais de folhas pouco lembrariam, somente recordariam o que fosse necessário.

Piacomin, lentamente, foi reconduzido à sua matéria pelos "folhas" de Yucuruá, tudo no maior carinho. O menino agora estava fora de perigo. Do ferimento causado por José, somente havia um corte, sem maiores problemas. Mesmo parecendo parcial em sua atitude, Yucuruá agira dentro da Lei Maior, como um protetor da aldeia, sem interferir em eventuais ajustes cármicos.

Passado algum tempo da intercessão dos "folhas", Tituauá foi o primeiro a retomar a consciência, levantando-se vagarosamente. Ele estava com ferimentos leves; já Iicuá apresentava hematomas mais aparentes, devido às tentativas de estrangulamento de José e às fortes batidas de sua cabeça na árvore.

Já consciente e com certa dificuldade para se comunicar, Tituauá ajudou Iicuá a se levantar e disse:

— Ariri mandou Yucuruá salvar Tituauá e Iicuá. Yucuruá é muito forte e não permite o mal. Veja como estão as trilhas! E ainda vivo permanece Tituauá. Grande Yucuruá! Obrigado... Não sei como tudo isso aconteceu. Tituauá não consegue se lembrar... Cabeça dói... Acho que desmaiei com o vento de Yucuruá, dono das folhas.

— Iicuá também desmaiou. Iicuá está todo ferido. Doem as costas de Iicuá. Pequenos guerreiros têm problemas agora... Yassanan vai ficar furioso. Difícil de explicar tudo isso... Como Iicuá está e como Tituauá está? Yassanan vai perguntar... Mas Yucuruá nos salvou!

— Pequenos guerreiros não podem manter mentira. Yassanan querer verdade sempre. Aqueles pálidos... Como explicar? Como explicar?!

— Aquele malvado homem de dentes amarelos... Onde está aquele pálido agora? Pálido queria matar guerreiros!

Após a consciência maior do acontecido, os dois observaram todo o aglomerado de entulhos, os restos de galhos e folhas, e puderam avistar a mão esquerda de José pendendo para fora de um dos destroços.

Tituauá arregalou os olhos. Espantado, manifestou-se em seguida:

— Veja, Iicuá! O pálido deve estar morto. Bem que o pálido merece...

E, subindo mais acima das estacas, animado com a outra visão, grita Tituauá:

— Veja, ali está Piacomin! Vem, Iicuá! Ajude Tituauá carregar Piacomin. Piacomin muito ferido. Vem!!!

Trataram rapidamente de tirar os destroços e levantaram o companheiro, que permanecia desacordado. Estavam feridos, mas mesmo assim suportavam a dor para retirar Piacomin daquele lugar. Em seguida, abriram caminho e seguiram para a aldeia para buscar ajuda. Desceram pela mata fechada de forma penosa. Foi complicado o retorno, pois os ferimentos da dupla doíam bastante. Carregar Piacomin deu muito trabalho para os dois meninos e eles revezavam as posições para levá-lo, ora um pelas mãos, ora outro pelas pernas.

Yucuruá escoltou seus protegidos durante todo o penoso trajeto até a aldeia sem que eles percebessem. Logo que os meninos chegaram, o encantado desapareceu na imensidão das matas virgens junto com seus "folhas".

Os flecheiros que habitualmente se postavam na entrada da aldeia, ao avistarem os meninos, correram ao encontro deles preocupados. Tituauá caiu exausto e Iicuá entregou Piacomin para Giyaputuairá, o chefe dos flecheiros. O enorme nativo pegou o menino como se fosse uma pena e correu diretamente para a cabana de Parassuá. A aldeia ficara agitada com a chegada dos meninos. Todos desejavam saber o que havia ocorrido com eles. Yassanan não estava, tinha ido caçar junto com seus principais guerreiros. Rapidamente, três velhas nativas se aproximaram e socorreram Tituauá e Iicuá, levando-os também para a tenda do velho feiticeiro.

Yaciara estava na grande oca. Ela segurava o pequeno Nakoatann nos braços. Com toda a agitação da aldeia, quis saber o que motivava tal alvoroço. Preocupada, se dirigiu até a aglomeração desenfreada e perguntou para a velha Chiacutá:

— Velha! Que acontece na aldeia? Yaciara quer saber o porquê de tanto barulho!

Chiacutá responde com sua típica voz rouca:

— Curumins feridos! Curumins feridos! Não saber por quem. Payé deve cuidar deles e saber quem fez maldades com os pequenos.

Sem entender, franzindo a testa, a esposa de Yassanan disse:

— Segure Nakoatann que Yaciara vai até payé.

A velha obedeceu e colocou o pequeno nos braços. Yaciara seguiu em passos largos até a tenda do velho feiticeiro. Sacutira estava na porta da tenda e, quando a viu, disse eloquente:

— Yaciara não pode entrar agora; payé pediu para que todos ficassem atrás da mangueira.

Contrariada, retrucou ao pupilo de Parassuá:

— Que aconteceu com os pequenos? Esposa de Yassanan deve saber! Sou esposa do morubixaba desta aldeia!

Sacutira olhou para dentro da cabana. Ele desejava saber dos cuidados para com os meninos e afastou as palhas da entrada. Em seguida, respondeu a ela calmamente:

— Tituauá fala que um homem com cabelos na cara fez isto com eles. Ele tem pele pálida e está com outros iguais a ele. Alerta que é mau! E que não são niinbataras.

Yaciara suspira fundo e diz:

— Então, é verdade... Pálidos chegaram à nossa amada terra. Eles vêm de além do grande rio salgado... Como vovó disse...

Sacutira, estranhando, pergunta:

— Já sabia disto?

— Avó de Yaciara já tinha alertado, quando pedi sua luz... Yaciara quer entrar e falar com payé!

— Yaciara tem que esperar payé dar ordem para entrar. Sacutira não pode permitir...

Com olhar de profunda preocupação, a bela nativa pergunta:

— Eles sofrem com ferimentos? São muitos?

— Piacomin, sim; os outros um pouco melhor.

Enquanto os dois conversavam na porta da cabana, o velho feiticeiro pegava ervas aromáticas e as colocava no ferimento de Piacomin, junto com um óleo seboso de cor marrom. Ele proferia mantras em um idioma conhecido apenas por ele, levantando as mãos para o alto, um ato típico da pajelança. Com esse ritual, evocavam-se espíritos viventes das matas, capazes de curar qualquer enfermidade, tamanha a força terapêutica dessas entidades. O velho tinha todos os atributos para canalizar tais contatos. Sabia como fazer isso. Nos dias atuais, pouco se conhece dessa sistemática, no que tange a procedimentos ritualísticos, os quais se perderam no tempo, pois as palavras que eram proferidas pelos ancestrais dos indígenas foram totalmente deturpadas pelas inúmeras influências de outras culturas. Tituauá e Iicuá, sentados em um toco de madeira, apenas observavam a operação, tomando um preparado de ervas oferecido pelo ancião da aldeia.

Yaciara ainda conversava com Sacutira na entrada da cabana, quando, subitamente, o velho surge empunhando seu maracá. Ele sai carrancudo e não fala nada. Abre uma sacola preta e vermelha, tira de dentro dela várias pedras, especiarias e folhas de várias cores e amontoa tudo em um canto perto de um toco de madeira. Pega duas pedras negras e bate uma na outra, soltando-as em cima do aglomerado e provocando faísca. O gesto desencadeia uma fogueira em todo o aglomerado retirado da sacola. Yaciara e Sacutira observavam tudo atentamente.

A fogueira criada pelo pajé se intensifica e um aroma agradável toma conta de toda a aldeia. Parassuá era realmente um mago da alta magia, conhecia muito das leis da natureza e estava projetando no Astral uma imensa corrente ígnea que sugava toda a negatividade de Piacomin e amenizava substancialmente sua dor. Os olhos do velho podiam ver o turbilhão de fogo verde que se formava ao redor de seu pequenino portal dimensional, porém, os outros que estavam lá, nada viam, apenas sentiam a vibração forte vinda das ervas que queimavam. Piacomin suspira aliviado e seus companheiros observam atentos. Instantes depois, o velho retorna para dentro da tenda e conclui:

— Piacomin! As velhas vão te levar para a oca de tratamento, junto à margem do riacho. Ferimento fecha em uma semana. Não tenha medo, pequeno quati.

O velho olha de forma enérgica para Tituauá e Iicuá. Em seguida, finaliza pouco amistoso:

— Podem ir para a oca das velhas; aqui não tem mais nada para pequenos.

Tituauá tenta perguntar ao velho:

— Mas, payé! Os pálidos... Aqueles homens com pelo...

Parassuá, de forma dura, retruca antes que o menino termine sua fala:

— Payé já sabia dos pálidos! Não vai conversar com pequenos sobre os estrangeiros. Curiosidade de curumim quase mata os três. Se não fosse Yucuruá, estariam mortos. Yucuruá não permitiu maldade maior, porque Ariri mandou o protetor da aldeia salvar curumins. Espero que tenham aprendido a lição e deixem de mexerico! Saiam daqui agora! As velhas cuidam de curumins mexeriqueiros; payé tem muito a fazer.

Sem revidar, os pequenos nativos saíram da cabana sem dar um pio e tremendo de medo. As velhas já os esperavam atrás da mangueira, como Parassuá havia determinado. Com a saída deles, Sacutira entrou respeitosamente na tenda e perguntou:

— O que Sacutira deve fazer agora, grande payé?

Sentado em seu toco de madeira, fumando seu cachimbo, o ancião respondeu, calmamente:

— Manda Yaciara entrar.

Respeitosamente, a bela nativa entrou na cabana andando bem devagar e se ajoelhou diante do sábio. O velho a abençoou com um típico cruzamento de seus grossos dedos na testa dela. Sem olhar para Yaciara, com a cabeça abaixada, disse, pitando mais forte o cachimbo:

— Chegou o momento. Acalme Yassanan!

Yaciara olhou para Sacutira e uma lágrima percorreu seu rosto delicado. Parassuá defumou a cabeça da nativa e finalizou:

— A noite vai cair gelada. Iuiucumains vão rondar a nossa terra e os pálidos vão rondar as matas.Yucuruá vai proteger nosso povo. Parassuá foi alertado deste momento. Payé tem pouco tempo neste mundo, por isso tem que ser forte, mãe de Nakoatann.

Yaciara olhava com carinho para o grande sábio, enquanto ele pronunciava aquelas palavras. Seu peito se apertava só de ouvir que ele tinha pouco tempo de vida.

Pitando mais forte, o velho enfatiza:

— Agora tem que voltar; deixa payé só com luz de Ariri.

Parassuá acenou para que Sacutira saísse da vigília. O velho precisava meditar tranquilo.

Yaciara saiu da tenda entristecida e disse para o sucessor de Parassuá:

— Yaciara tem maus pressentimentos... Não sente coração mais com paz. O que Yaciara deve fazer?

O pupilo do pajé respondeu, também preocupado:

— Sacutira fica aqui fora o tempo que for preciso. Obedeça payé, ele sabe o que faz. É quase noite e ele diz que iuiucumains vão rondar as matas. Isso não é bom. Botumbará, o guardião da noite, vai ser invocado por payé, pode ter certeza disto. Ele é senhor das sombras. Com ele, a aldeia vai estar protegida.

— Yaciara sabe disso e acredita na força de Botumbará. Não fique muito tempo aqui no círculo da mangueira. Se payé demorar dentro da tenda, volte para a sua oca.

— Sacutira sabe o tempo que deve demorar aqui.

Yaciara se despede de Sacutira e retorna para a oca principal. Junto com ela vão todos que ali estavam como espectadores. Um simples olhar de Sacutira determinou a retirada dos curiosos. Ninguém mais ficou perto da choupana. Todos se dirigiram até as tendas de tratamentos para saber mais do acontecido com os meninos. As recomendações de Parassuá eram lei naquela aldeia, pois conheciam bem o payé. O desrespeito era punido por Yassanan e isso todos temiam.

Passadas algumas horas da retirada dos curiosos, Parassuá ainda permanecia em seu toco de madeira, pitando seu robusto cachimbo. Sua concentração agora era substancial e de uma maneira diferente da habitual. O pitar era cadenciado e a fumaça saía mais lenta. Para não fugir ao sempre inusitado de seus atos, o velho dos enigmas, com os olhos semicerrados, estava por invocar da dimensão do espírito uma entidade extremamente singular. As pitadas seguiam firmes, convergindo para as mais profundas ligações junto aos seus sentidos. Tal processo acabou por desencadear um fenômeno de efeitos físicos. Aquela fumaça que tomava conta da cabana estabelecera uma densidade vibracional que sugava o ectoplasma do pajé. Aos poucos, se formara um círculo suspenso no ar; de seu núcleo, correntes fluídicas começaram a tomar forma. Surge uma vigorosa figura humana.

O pajé permanecia sem mudar de posição; olhos fechados, concentração profunda, ao seu melhor estilo. A fumaça agia como se tivesse vida própria e tecia no ar um portal dimensional surpreendente. Iniciou-se uma materialização propriamente dita, que se tornou mais evidente ao olhar comum, e um homem de tez extremamente escura, com feições pesadas e robustas, enfim surgiu na dimensão mais densa. Lembrava muito o negro da África Central, com cabelos duros e escuros, olhos amendoados com pupilas pretas que cintilavam, nariz achatado e boca carnuda da mesma cor da face. A insólita aparição possuía em seu dorso vibracional um cruzamento de duas fitas de couro vermelho que levantavam no relevo do seu avantajado peitoral; o seu olhar era intrigante, constrangedor; ele possuía uma respiração pesada, como se estivesse tenso; na grossa cintura, como única vestimenta, o homenzarrão trajava uma tanga vermelha salpicada de palhas; destacavam-se as pernas desnudas, bem grossas e salientes, que terminavam em pés largos e grandes. Sisudo, empunhava um paramento de ferro cintilante; em sua ponta, sobressaíam-se três setas. Envolta em névoa densa, a entidade devidamente materializada fitou seu evocador com certa severidade.

Parassuá larga seu cachimbo e levanta-se de seu toco para dizer respeitosamente:

— Salve! Grande Botumbará!

Botumbará pisa pesado no solo avermelhado daquela velha choupana e respira mais profundamente. Olha os quatro cantos e agacha-se diante do velho. Não parecia em nada um ser amistoso, muito pelo contrário, daria medo a qualquer pessoa a tal aparição. Em seguida, finca no solo seu instrumento imantado em energia azul que parecia estar em curto-circuito e inicia uma conversa incomum com Parassuá:

— Patungê! Patungê! Massun, Meguin, Oman...

Botumbará não falava o idioma dos nativos, apenas uma língua jamais falada na superfície terrestre, conhecida somente pelos iniciados daqueles tempos. As tais expressões eram uma espécie de saudação ao seu evocador, mesmo de forma áspera.

Em perfeita sintonia com a vibratória da entidade, o velho nativo responde com profundo respeito:

— Parassuá agradece tua presença, grande guardião da noite. Aldeia de Parassuá pode sofrer com estrangeiros vindos além do grande rio salgado. Povo de Parassuá precisa de ajuda, Botumbará! Não deixa desgraça tomar conta de terras tranquilas...

O enorme negro da outra dimensão retrucou enfático:

— Ietuê, Aman, ajiedêmin... Nopará! Assien mi!!!

Parassuá curva-se e responde:

— Payé agradece pelas palavras encorajadoras...

Agora mais enérgico nas afirmações, o guardião continuou sua explanação:

— Amatulah, amatulah... Nondiequieri fossan mater... Acreshi, avalim, dematron, josin!

Botumbará expressava, naquele estranho idioma, um alerta ao velho feiticeiro, afirmando que o choque das raças seria inevitável, com a finalidade de ajustar encarnações pregressas:

— Achierê omainzi acan teti masem, josin...

Botumbará concluía com a afirmativa de que o Alto permitia tal evento.

Parassuá o reverenciou respeitosamente após aquelas conclusões e, diante da entidade, postou-se em transe. Por alguns instantes, Botumbará envolveu o velho com a energia azulada proveniente de seu paramento, cujos feixes imantavam-no por completo. Em seguida, sem olhar para trás e encerrando seu contato, retirou-se lentamente da choupana, a volitar de maneira assustadora. Suspenso em névoa, seguiu conduzido por ela de forma sinistra. Passou por Sacutira sem que este o percebesse e adentrou na mata densa. Infeliz do espírito malfazejo e vagante que trombasse com o guardião da noite, pois ele costuma ser implacável com vândalos do Astral que se aproveitam da escuridão da madrugada para seus intentos.

Após seu contato com Botumbará, Parassuá saiu da cabana e acenou para que Sacutira se retirasse do círculo da mangueira. Para ele, a aldeia estava protegida dos ditos iuiucumains. O ato terminava com suas intervenções naquela noite e o velho desejava descansar. Seu discípulo lhe obedeceu prontamente e seguiu caminho rumo à sua oca. A madrugada prometia ser pesada, porém Botumbará estava presente contra qualquer investida de seres sombrios.

Na aldeia todos descansavam em suas ocas. Yaciara nada disse ao esposo dos acontecimentos com os meninos, pois tal assunto ia dar mesmo no que falar. Yassanan chegara tarde com sua caça e a nativa preferiu deixá-lo descansar ao lado do filho, para poder explanar melhor tudo no dia seguinte.

A esposa do morubixaba estava muito preocupada com o desenrolar dos acontecimentos e deitou-se pedindo ajuda à sua avó. Demorou a adormecer; porém, a velha nativa que agora morava no Astral não deixara de ouvi-la em sua prece. Ela solicitara de sua morada sublime a presença de pequenos gnomos para tranquilizar a neta em seu sono. O pedido da iluminada fez com que a oca se enchesse daquelas pequeninas criaturas encantadas. Os minúsculos visitantes do Astral se apresentavam em uma forma que parecia terem banhado a pele em mostarda. Eles tinham olhos vermelhos e grandes, orelhas pontudas e trajavam vestimentas feitas de folhas bem verdes. Talvez mil deles estivessem no ambiente. Eram tão pequenos que não ultrapassavam o tamanho de um polegar. Alguns eram calmos, outros mais ligeiros. Eles colocaram na cabeça de Nakoatann pequenos cordões energéticos prateados; a criança sorria em seu sono tranquilo com a afabilidade que promoviam os encantados. Yaciara também fora envolta pelos mesmos cordões prateados, beneficiando-se da singela intervenção das criaturinhas. Não demoraram em higienizar tudo e serenar a atmosfera presente. Permaneceram na oca por bom tempo, até a alvorada surgir, para depois retornarem para a dimensão em que habitavam.

Naquela noite, a oca ficara abraçada por forte luminosidade. E a avó de Yaciara sorria de júbilo na morada dos estrelados, ao perceber a tranquilidade de seus entes queridos.

Capítulo 7

Iuiucumains

A Lua, coberta pelas muitas nuvens, era a única que tentava trazer alguma luminosidade àquele limite da selva. Todavia, o céu soturno denotava o presságio de que algo não muito bom parecia iminente. Apenas o canto de alguns animais noturnos quebrava o silêncio. Espíritos infaustos, ignorantes do Astral, costumavam vagar sinistramente pelos arredores da mata fechada, quando os níveis vibracionais do espaço lhes eram favoráveis. Mesmo em núcleos isolados, bem próximos da natureza, ou mesmo dentro dela, entidades incautas circulam pelas madrugadas e se acham donas de determinados pontos. Esses vagantes traziam em seu bojo os mais inconsequentes intentos, em uma época em que a ignorância de alguns desencarnados, no que se refere à realidade vivida no Astral, mostrava-se ainda maior, comparando ao que se conhece sobre as questões da espiritualidade atualmente. Alimentavam-se dos fluidos de carniça dos animais em estágio de decomposição e tinham comportamentos animalescos. Para tais criaturas, somente a intervenção do Alto, em futuras encarnações, seria o caminho de salvação diante de uma realidade tão pungente. Os iuiucumains, afirmados pelos nativos dessa época, eram esses seres que habitavam as faixas vibratórias entre a crosta terrestre e os sítios transitórios próximos do que se conhece atualmente como umbral ou zonas purgatórias.

Os iuiucumains se dividiam em grupos. Muitos não tinham noção de seu estágio de consciência, tamanho o seu atraso espiritual. Na grande maioria, eles desencarnavam vítimas de rituais antigos de sacrifício humano, prática comum em alguns povos primitivos das Américas. Carregavam em seus registros deturpados de consciência as inconsequentes promessas de seus magos da baixa magia – aqueles que prometeram a esses infelizes tronos de relevância na espiritualidade, caso oferecessem seu sangue a determinada suposta divindade. Acreditavam que, ao doarem seu sangue aos "deuses" e, consequentemente, as próprias vidas, se tornariam iguais a eles. Muitos enveredaram por esse caminho, sucumbindo em suas tormentas na dimensão espiritual. Havia também aqueles que não tiveram escolha e sacrificados foram pelo fanatismo de conjecturados sacerdotes. Obviamente, no Astral Inferior se concentrou toda uma falange de famigerados, que até hoje transitam na ignorância espiritual, sendo invocados em sessões de baixa magia para os mais diversos fins. São muitos esses agrupamentos das regiões abissais na espiritualidade, que, por milênios, vivem dessas organizações provenientes desses tempos. Quanto às promessas de seus magos, evidentemente não se concretizaram junto à erraticidade, encontrando na esfera da verdade espiritual apenas dor e sofrimento, ao lado de seus próprios precursores.

Como havia alertado o sábio Parassuá, naquela noite os iuiucumains seguiriam em sua ronda habitual buscando o sustento vital. Enquanto transitavam pela escuridão das matas, encontraram José, que permanecia desacordado no local do acidente. Os sinistros marginais circularam por todo o limite dos destroços e avaliaram o cenário em que se encontrava José. Cheiraram todo o desbaratamento na característica animalesca. Sem demora, perceberam, pelos níveis vibratórios do ambiente, que o acidentado pouco prestava. O odor emanado do sangue de José, proveniente de seus ferimentos, instigara ainda mais os delinquentes espectrais, que pulavam pelas ruínas, idênticos às aves de rapina na vil necessidade de abastecerem suas voracidades. Naquele momento, José não mais tinha a seu lado seus obsessores, que haviam sido levados pelos "folhas" para outra dimensão.

Quase a completar 10 horas da intervenção de Yucuruá naquela confluência da selva, o acidentado, aos poucos, foi despertando de seu desfalecimento. Ele jamais poderia imaginar outra plateia funesta ao seu redor, desejando ainda mais sua desdita. Com esforço descomunal, tremulamente, ele foi removendo os entulhos que o envolviam, tentando se evadir. Todavia, a dor dificultava muito o sucesso de suas intenções. Os vários hematomas estavam por muitas partes de seu corpo, deixando-o em frangalhos, muito sujo, enlameado, com a roupa grudada na pele, em situação lastimável.

Voltando à condição de consciência, José olhava ao redor procurando entender o que lhe havia acontecido. Debilmente, levantou-se. Suas lembranças eram muito confusas, não conseguindo identificar uma só causa para o que o levara ao desmaio. Respirou fundo e pensou: "Isso tudo só pode ser coisa do diabo!".

Com dificuldades, José se encostara a uma árvore, percebendo que havia passado algum tempo daquele desastre. Instantes depois, resolveu seguir em frente, tentando encontrar um ponto mais alto. Esforçava-se muito para permanecer de pé, seguindo pelas trilhas que mostravam um ponto no cume do escarpado. Parecia que iria conseguir, mas, subitamente, uma fisgada na virilha o fez gritar de dor. Percebera, também, que seu cotovelo estava ferido: em uma das muitas tentativas de se levantar, um sangramento mais forte se evidenciara naquela região. O odor proveniente de seu sangue voltara a incitar os sedentos espectros, muito interessados em seu plasma vital.

A excitação desses marginais do Astral Inferior proporcionara uma densidade vibracional que tomava suas formas. Surgem configurações voláteis, vibrando como se estivessem dentro de um véu avermelhado, oscilando com a exalação do odor do sangue de José, que, no éter, se propagava e os envolvia por completo; eles possuíam consideráveis narinas salientes, únicos ponto visíveis da aparição, mostrando-se robustas, envoltas em sestra silhueta. Firmes no propósito, excitados cada vez mais pelo sangue que vertia de José, os filostomídeos do baixo mundo astral se aproximaram mais dele, com um andar pavoroso, e iniciaram nele uma sucção dos fluidos vibracionais sanguíneos. Sinistramente, instalaram-se na região do bulbo do infeliz, ato que o enfraqueceu substancialmente. José quase perdeu os sentidos depois do intrépido exercício vampírico. Tais seres, pelo sangue, haviam desencarnado, e por ele desejavam permanecer na dimensão espiritual.

Desvalido de tanta obsessão promovida pelos espectros, José buscava forças no fundo de seu ser e voltava a tentar chegar ao cume do escarpado. Olhava para o céu e procurava a Lua como referência, na tentativa de seguir seu caminho. Contudo, as trilhas estavam muito destroçadas, tornando penoso ainda mais o percurso. Tivera a sensação de estar perdido. A horrorosa companhia permanecia firme. Os espectros continuavam a persegui-lo sinistramente, agraciados pelo sangue que escorria de seus ferimentos. Bordejando em seu trajeto sem rumo, deparara-se com um imenso barranco; por um momento, pensara em se desvencilhar daquele martírio, pois surgira diante de seus olhos um clarão vindo das frestas das árvores. Instigado para seguir em frente e livrar-se daquele beco sem fim, decidira andar pelas pontas do barranco. Esperava ser seu alento naquela terrível situação. Nesse difícil trajeto, subitamente falseou o passo, escorregando em seguida em um aglomerado de folhas úmidas, acabando por rolar até o fim do escarpado e machucar-se ainda mais. Sua perna direita ferira-se e ficara presa entre uma rocha e um pequeno arbusto. Já sem paciência, tomado pela ira, gritara de raiva, quase perdendo a voz em seu desespero. Pelejava para retirar a perna da fresta que a havia prendido. Coberto pela lama úmida, suspirara pela faina. Contudo, não podia desistir de evadir-se dali, em face de sua vida estar em perigo. Aos poucos, retomara o fôlego e levantara-se novamente, abraçado por uma fina garoa, castigando ainda mais o infeliz. O frio da garoa fazia doer ainda mais seus ferimentos; era uma cena deprimente, de causar pena.

Sem desistir, José agarrava-se ao que podia, tentando subir pelo íngreme escarpado, escorregando quase que sequencialmente, patinando pela lama grossa. Fatigado pelo esforço inútil, acabara por despencar novamente, uma queda maior que a anterior, até terminar na margem de um riacho que cortava a mata. Junto à margem desse riacho, José permaneceu estático por um tempo considerável, sem sentidos. Com a respiração enfraquecida e a temperatura baixa por causa do contato com a água fria, quase desencarnara ali mesmo; acompanhado sem trégua pelos seres espectrais que aguardavam o desfecho daquela agonia. Entretanto, para infelicidade daqueles delinquentes do baixo Astral, aos poucos José foi retomando a consciência. Já com os sentidos em ordem, resolveu lavar os ferimentos na água fria do riacho, ato que executou vagarosamente, devido à debilitada condição. Sentia muita dor ao limpar as feridas e chorava com as fisgadas que o maltratavam, além do rigoroso frio que fazia naquela madrugada, que aumentava ainda mais as fortes dores. A plateia do outro mundo permanecia atenta, porém, não estava satisfeita com o que assistia. Tais espectros resolveram afastar-se de José, pois eles detestavam o elemento água; postaram-se um pouco acima das rochas, de cócoras, como verdadeiras aves de rapina a aguardar a desejada presa.

Persistente e quase cianótico de tanto frio, José não desistia de buscar socorro junto aos seus companheiros. Juntou os trapos e seguiu nu pela margem do rio. Caminhava bem devagar, às vezes parando para retomar o fôlego, objetivando chegar o mais rapidamente possível ao acampamento. Por várias vezes perdera o equilíbrio. Seu único medo era que algum animal predador o surpreendesse, como um felino, por exemplo. Por isso transitava pela margem do rio, acreditando que esse caminho seria um pouco mais seguro.

Acima das rochas que emolduravam o riacho estava o acampamento de Calixto. José esforçava-se bastante para chegar o mais próximo possível daquele ponto. Divagando entre a lucidez e a confusão, ele pensava: "Onde estão aqueles malditos negrinhos? Eu quase os matei de tanto espancá-los e eles sumiram! Devem ser filhos do demônio! Aquele vendaval, por certo, é coisa do demônio. Veja como cá estou! Bem que me disseram que nessas terras pactuavam com o diabo. Só pode ser coisa do demônio! Uma pele escura como a daqueles malditos negros".

José permanecia em seus profundos devaneios, quando, subitamente, percebeu, acima das rochas que tentava alcançar, uma fumaça proveniente da fogueira que seu grupo havia acendido naquela noite. A ansiedade em chegar logo ao local tomara-lhe conta por completo. Vestiu a calça que carregava nos braços ainda molhada e amarrou a camisa na cintura. O tremor do frio dificultava tudo naquele instante, mas, mesmo mancando da perna direita, esforçando-se para não cair, subiu em um tronco e gritou como um louco:

— Calixto! Calixto!

Seus gritos ecoavam pela mata adentro, mas não eram suficientes para chamar a atenção de seus companheiros. Sem perder as esperanças, desceu do tronco, caindo e levantando, em luta ferrenha entre a dor e a vontade de ser ouvido. Embrenhou-se pelas trilhas tortuosas da mata, buscando um melhor ponto para ser visto. Necessitava de auxílio. Já os espectros voltaram a se aproximar dele, pois não mais estava perto da água, situação que não mais importunava os vagantes.

José conseguiu chegar até o cume das rochas e respirou fundo, tentando retomar o fôlego. A essa altura, já estava quase congelado pela garoa fria que caía sem trégua. Como se não bastasse tanto sofrimento, fora novamente abraçado por um forte vento vindo da serra. Nesse ponto alto das rochas, local de onde acreditava avistar seus companheiros, acabou por perceber que eles não estavam mais naquele espaço. Aquela visão o irritou profundamente, levando-o a proferir um urro de ódio; ajoelhando-se em total desespero, esmurrava o chão como se tentasse esgotar toda a sua indignação. Diante daquela maldita realidade, José não demorou a perceber a infrutuosidade de seu ato. Sem mais o que fazer e exausto, abraçou as pernas em estado de desesperação. O frio continuava a castigá-lo; trêmulo, amontoou várias folhas que estavam no chão e se cobriu com elas, no intuito de se aquecer; acomodou-se nesse mesmo canto e, sem forças, ali mesmo descansou.

A madrugada estava em seu ápice. Seis daqueles vultos que acompanhavam José desceram das rochas e envolveram o pobre coitado, que permanecia desmaiado de cansaço. Rastejavam como parasitas famintos ao redor dele e sugaram todo o eflúvio do plasma que ainda emanava no éter. Permaneceram ali até saciarem suas necessidades vitais; depois de satisfeitos, deixaram o infeliz em suposta paz.

Os espectros repugnantes volitaram pela escuridão da madrugada até bem próximo da aldeia. A energia dos vagantes agora se apresentava mais intensa, como descargas elétricas que lembravam o Sol em reflexo na água, tudo motivado pela alimentação provinda do plasma sugado de José. Circundaram a aldeia como verdadeiras assombrações. O vento gelado típico da alta madrugada, que ora assobiava assustador, proporcionava aos marginais do baixo mundo astral mais força para concretizar suas intenções. Era intrigante não haver resistência contra esses marginais, o que os deixava desconfiados. Todavia, mesmo não estando muito à vontade, seguiram com a sagacidade que lhes era peculiar. Enquanto reconheciam as imediações, foram estimulados por outra exalação que pairava pelo ar. Um dos sequazes que volitavam em sua forma soturna precisou a origem de tal emanação, que provinha de uma das ocas, mais ao fundo da aldeia. O olhar do facínora ruborizara-se com a percepção e, em torno dele, formou-se um opaco vapor rubro. Evidenciava-se uma excitação eloquente na entidade: a face demonstrara-se aparente na configuração cadavérica. Aquela atração incontrolável para seus instintos primários provocava uma reação forte na densa respiração do explorador da outra dimensão, ato que o motivava a mexer os olhos vagarosamente. Entorpecido, ele lentamente volitara na direção da instigante oca, acompanhado por seus asseclas. A referida oca era a que acolhia Piacomin, ainda debilitado pelo que sofrera recentemente, e a exalação excitante para os espectros era proveniente dos ferimentos do nativo.

Defronte da oca, postaram-se os espectros, avaliando meticulosamente o recinto. Observaram tudo calmamente: as árvores, as frestas, os pontos de fuga e de entrada de portais dimensionais usados pelos espíritos da floresta. Temiam ser surpreendidos por alguma intervenção da guarda espiritual da aldeia. Parecia que nada se apresentaria para ameaçá-los. Obviamente, o cenário não era comum, mas, mesmo assim, continuaram no objetivo, pois o desejo era maior que o receio. Circularam toda a extensão da oca onde se recuperava Piacomin, depositaram nela uma insalubre energia gasosa emitida por suas mãos, contendo insuportável cheiro de mofo. Esse gás formou um cone suspenso no éter, roxo e volátil. Após a dejeção, iniciaram uma linguagem de sinais entendida somente por eles e decidiram adentrar no interior da oca. Já dentro da oca, a configuração da face de um dos espectros se mostrou aparente, com nuances esverdeadas, olhar sisudo e desconfiado. Seus níveis vibracionais se mostravam quase que idênticos aos de um encarnado. Não volitava mais, iniciando um caminhar normal. Logo após, adentraram os outros nas mesmas condições.

No fundo da oca descansava o jovem Piacomin. De imediato, a visão desse jovem nativo excitou ao extremo os maquiavélicos exploradores do baixo mundo. O êxtase daquela visão instigava tanto o grupo, que suas órbitas quase saltavam. Sinistramente, contornaram o menino por completo, em minuciosa averiguação. Densificando ainda mais o padrão vibratório daquele ambiente, como consequências visíveis se tornaram. Densos na manifestação, assim se apresentavam em suas formas: eram seres esqueléticos. Não eram altos e estavam quase nus, cobertos apenas por um pequeno pano marrom, que cobria as partes íntimas; na cabeça, havia cabelos mirrados, míseros fiapos rubros, talvez uma característica das antigas tribos de que faziam parte; a face era algo terrível, carcomida e esverdeada, lembrando múmias com olhos aprofundados de órbitas cadavéricas, contornados por pesada sombra enegrecida; narinas bem abertas e boca com lábios enrugados.

Idêntico a um animal predador, o líder agourento, junto de seus asseclas, começa a inalar o fluido do ferimento de Piacomin emanado do éter. Eles demonstravam, através de suas psicosferas, estranho prazer com aquela atitude. Visão de extrema repugnância, líquidos viscosos e enegrecidos vertiam daquelas narinas carcomidas, situação que tinha como objetivo a renovação de suas energias. Entorpecidos pela expressividade da viciação, entendiam estar absolutos em seus propósitos, como as aves de rapina no papel natural dos decompositores, desejando esgotar toda a vitalidade do menino nativo. Como consequência, Piacomin começa a se sentir mal e chama a atenção da velha Chiacutá que o velava. A velha logo percebe que ali havia uma manifestação maligna perturbando seu assistido. Então, como de praxe em situações como aquela, cobre o menino com folhas de aroeira e sai imediatamente para buscar a ajuda de Parassuá. Arrepiada de tanto pavor, corre até a tenda do pajé. Giyaputuairá se levanta de seu posto e pergunta:

— Aonde velha vai? Noite fria! Deve voltar pra oca!

A velha ignora a advertência do flecheiro e continua o trajeto. Já na entrada da tenda de Parassuá, grita:

— Payé! Payé! Chiacutá chama!

O flecheiro se aproxima dela e pergunta com semblante de preocupação:

— Chiacutá nervosa, por quê? Corre água gelada pela face da velha!

A velha realmente suava frio. Estava transtornada e acaba respondendo com voz trêmula ao homenzarrão:

— Velha sabe! Sente quando mal está na aldeia. Veja o vento como sopra! Os pássaros da noite cantam sua canção. São iuiucumains que querem matar Piacomin. Onde está payé? Onde está!? Chiacutá precisa de payé agora!

O flecheiro guardião tenta acalmar a velha desesperada:

— Tem calma, velha! Nada é maior que flecha dourada de Giyaputuairá! Giyaputuairá vai até oca agora! Se iuiucumains estiverem perturbando Piacomin, atiro flecha dourada neles!

— Será que não entende? Giyaputuairá nem pode ver iuiucumains... São espíritos do sangue ancestral derramado. O sangue dos sacrifícios malditos! Chiacutá percebe! Chiacutá percebe! Sente no corpo o mal. Eles vêm com o mal, estão com o mal e querem sempre o mal.

O flecheiro ficara estático, confuso, sem saber o que dizer. Parassuá não estava mesmo na oca, senão já teria se apresentado diante da velha. Então, ainda mais desesperada, ela resolve voltar para a oca. Preocupada com o jovem Piacomin, deixa o flecheiro falando sozinho. Quase cai, ao tropeçar, em sua desenfreada corrida de retorno. Quando entra na oca, um gélido calafrio percorre todo o seu corpo. Ali estavam mais iuiucumains junto dos que iniciaram aquela investida. O menino, todo molhado de suor, quando vê a velha chegar, levanta uma das mãos e suplica por ajuda. Chiacutá se aflige com o olhar de Piacomin, pois ela tinha muito amor pelo jovem que estava sob seus cuidados. Então, toma a iniciativa e começa a proferir uma antiga reza em seu idioma, postada ao lado de seu assistido. Era uma evocação aos elementais protetores da natureza; mas, antes que a velha continuasse em seu intento, foi surpreendida por uma visita muito bem-vinda: eis que entra na oca o velho pajé, empunhando seu poderoso maracá.

Parassuá vestia seu habitual traje azul-marinho, típico para essas ocasiões. Os sinais reluzentes dessa vestimenta dotavam o pajé de uma energia diferenciada, que dava segurança ao seu povo. Em sua sensibilidade, de imediato sentira a presença dos seres do Astral Inferior, que se encostaram a ele de forma perniciosa, desejando aniquilá-lo. O envolver daquela influência negativa fez balançar os longos cabelos alvos do pajé, que sentira leve torpor incômodo. Respirando fundo e elevando seu maracá para o alto, disse com firmeza o pajé:

— Ariri! Senhor das Estrelas Maiores, proteja nossa aldeia de intrusos da baixa magia!

E reafirma, em seu poder de persuasão:

— Parassuá chama Yucuruá e os "espíritos folhas das matas"!

As palavras proferidas pelo pajé promoveram uma ira desenfreada nos espectros. Eles iniciaram um rodopio enlouquecido por toda a oca. A boca do líder daqueles vampiros astrais expelia uma repulsiva baba enegrecida. Ele desejava exterminar aquele intruso que atrapalhava sua investida. Envolto em rubra névoa proveniente da densidade vibracional que se destacava, o maligno se dirigiu até Parassuá, numa aproximação ameaçadora. O pajé conseguiu vê-lo, mas não se intimidou com sua clarividência. O maligno observava face a face o velho sábio e esboçava um leve sorriso sarcástico, olhando e balançando levemente a cabeça como em análise minuciosa. Lançava um hálito nauseabundo, que ia ao encontro das narinas do velho. Parassuá quase vomitara com aquilo.

Do lado de fora da oca, um barulho parecido com passos em folhas secas fora percebido pelo agrupamento dos vampiros astrais. Atentos, houve um momento de intranquilidade entre eles, sentindo que algo poderia ameaçá-los. Trocaram olhares preocupados pelo indício e converteram-se novamente na condição vaporífera. Ao tentar saírem da oca, foram surpreendidos pela enorme figura de Yucuruá, o protetor da aldeia, junto de seus incontáveis "folhas". O verde-cintilante de várias folhas que envolviam o enorme elemental era no mínimo espetacular. Yucuruá, a cada ato benfazejo que fazia para aquele povo, tornava-se cada vez mais belo em sua apresentação. Entretanto, desta vez, o poderoso encantado reservara uma surpresa àqueles vampiros que incomodavam seus protegidos. Com seu gesto peculiar, solicitou uma presença inusitada: um vento projetado por entre as árvores que contornavam a aldeia fez surgir na forma de uma silhueta masculina algo inesperado para os seres malignos. Era uma ocorrência de movimento vibratório, onde havia um desenho tridimensional na forma de um tridente que se finca no centro da aldeia; o efeito não era percebido pelos encarnados, que permaneciam em sono profundo. Desencadeiam-se descargas irradiantes provindas da fonte luminosa do tridente, que, em consequência, imobilizam imediatamente os espectros. Em seguida, Botumbará surge envolto em uma espiral azulada, sendo evidente somente da cintura para cima. O Guardião retira seu reluzente tridente de onde estava fincado e o direciona até a turba que permanecia letárgica diante do fenômeno, porém consciente do que ocorria. Desesperado, o líder dos espectros emite um som ensurdecedor, que ecoa na dimensão espiritual como um apito estridente, alcançando outras manifestações espirituais que estavam nas proximidades. O intuito era intimidar o Guardião. Entretanto, Botumbará em nada se intimida e finaliza girando três vezes seu potente instrumento, mais uma vez direcionado aos espectros. O ato promove a abertura de um portal dimensional na parte dos fundos da aldeia, idêntico a um buraco negro, que suga violentamente os espectros para o seu interior, junto com tudo de negativo que estava ao redor do núcleo indígena. O processo transporta as entidades para uma dimensão abissal, onde somente a misericórdia do Astral Superior será capaz de resgatá-las de um tormento voraz ao qual serão submetidas. O processo se desenrola rapidamente. Após a aprumada intervenção, forma-se um desenho cristalizado, suspenso no ar, refletindo filetes de raios em um diâmetro de meio metro. Lentamente, o fenômeno vai se dissipando e acaba por fechar o prodigioso portal da mesma forma que surgira, como por encanto. Um agradável aroma silvestre de diversas fragrâncias vai tomando conta de todo o ambiente, provindo de uma qualidade de encantados que emergiam de fendas astrais aos milhares. Com sua peculiar comunicação telepática, o engenhoso Botumbará ordena que esses encantados tragam harmonia a todo o espaço etéreo. A mágica apresentação era deslumbrante: silfos voando com suas levíssimas asas surgiam por toda a parte, pequeninos em tamanho, porém dotados de extraordinária beleza. A face dos "elementais do ar" era muito delicada e de palidez serena, com os cabelos compridos de várias cores que dançavam ao toque do vento que os envolvia; para o pequeno tamanho desses seres magníficos, seus olhos com finas sobrancelhas eram relativamente grandes e com pupilas azuladas em sua maioria, mas alguns tinham tonalidade âmbar; narizes quase que imperceptíveis e pequeninas bocas avermelhadas esboçavam inocentes sorrisos. Um espetáculo estonteante para quem pudesse ver. Eles observavam tudo que estava ao redor do ambiente, deixando uma linda chuva de prata por onde passavam. Assim, trouxeram uma higienização à vibratória densa deixada pelos espectros e a tranquilidade retornou à aldeia.

Chiacutá não conseguia ver os silfos, mas os sentia; depois de tanto recear uma desgraça, agora seu semblante era de tranquilidade. Piacomin estava todo coberto pelas pequenas sílfides; todos os filetes pútridos foram diluídos e o jovem agora respirava com serenidade. A velha sorria e genuflexa agradecia o aniquilamento do mal.

Parassuá, mais uma vez, sabia como agir; atirou ervas aromáticas em todas as ocas da aldeia e acendeu uma fogueira no centro da tribo. Sacutira estava ao seu lado e, juntos, agradeceram a todos os protetores espirituais presentes. Em seguida, Botumbará olhou para Yucuruá, acenou em forma de despedida ao enorme esverdeado e, envolvido em espiral de vento, desapareceu pela mata fechada, encerrando seu trabalho. O amanhecer estava presente e o barulho do fogo que queimava fez o povoado despertar, mas Parassuá não desejava ser interrompido em sua ritualística, de modo que ninguém se atreveu a ir aonde ele estava. Já o conheciam bem para desafiá-lo. A fogueira mudara o padrão vibratório e as sílfides se dispersaram, voltando à dimensão em que habitavam. Ao redor dessa fogueira, o velho proferia suas rezas no característico idioma e Sacutira o acompanhava respeitosamente. Em meio ao seu trabalho, subitamente, o pajé arregala os olhos na direção de seu pupilo e diz eloquente:

— Yucuruá fala para payé! O pálido que trouxe o mal para os pequenos está quase morto na mata ao lado do rio. Tutuamanayê traz aviso também para Sacutira! A sua mãe quer que vá até o rio que desce a serra, veja o pálido e o banhe com a água que está na choupana de payé.

Sacutira, indignado, retruca à ordem:

— Não pode ser! Como Tutuamanayê pede a Sacutira para ajudar quem maltratou pequenos flecheiros? Sacutira não quer fazer isso!

— Não tem do que querer, Sacutira! A mãe do vento tem motivos para me dar essa ordem.

— Mas, payé...

O velho olha enérgico para Sacutira. Entretanto, algo de beleza singular ocorre: acima da cabeça do pajé, surgem minúsculas criaturas ígneas que o sobrevoam de forma não menos encantadora que as sílfides. Ali se projetava uma legião de salamandras, as elementais do fogo, que deixavam chispas cadentes suspensas no ar durante uma exibição espetacular. Emergidas da fogueira que o pajé havia acendido no centro da aldeia, as radiosas criaturas eram milhares de fragmentos incandescentes que iam se desprendendo daquele fogaréu e dissipando bacilos, miasmas e energias deletérias deixadas pelos espectros que haviam assombrado aquele limite da aldeia. Fenômeno característico, um espetáculo à parte, somente visto por um olhar transcendental. Todavia, dando continuidade aos seus propósitos e não desejando qualquer contestação, Parassuá acena em sua maneira característica, indicando a seu pupilo que o seguisse até a tenda.

Sacutira atende à designação e vai até a tenda, porém contrariado. Na tenda de Parassuá, o aspirante a pajé pega o recipiente de barro em que o velho preparava os compostos com diversos ingredientes. Nesse pote, o pajé guardava um preparado especial de ervas. Nesses compostos, de que somente Parassuá detinha o conhecimento das aplicações, estava a água que seria usada para banhar José. De posse do elixir, Sacutira coloca-o em uma sacola de couro e segue até onde José deveria estar desfalecido. Sacutira em nada entendia aquela ordem e pensava nela intensamente durante o trajeto. Fora andando pela margem do rio, a matutar profundamente. Surpreendido por um aglomerado de rochas, bem próximo do penhasco da onça, título atribuído pelos próprios nativos, Sacutira avistou um homem branco debruçado sobre uma das rochas, aparentemente desacordado. Sua curiosidade o conduziu até mais perto do infeliz, que denotava estar muito ferido. Embora com receio de se aproximar, seguiu seus instintos. O rio corria forte naquela manhã, reflexo de uma madrugada fria, condição que proporcionava tal fenômeno natural. Sacutira teve de atravessá-lo em toda a sua extensão até chegar próximo a José. Próximo ao acidentado, o nativo o observa minuciosamente, estranhado demasiadamente com a pele branca daquele homem. Tentando despertá-lo, joga água do rio, com os pés, no homem. O acidentado não esboça qualquer manifestação de consciência. Os ferimentos de José estavam bem expostos e sua temperatura estava muito baixa.

Acreditando não ser normal, Sacutira fala para si mesmo:

— Este pálido tem muitas chagas... E esta pele... Não deve ser desse mundo. Sacutira acha que pálido vai morrer. Será que este pálido já está morto? Não, não deve ser... Payé disse que estes pálidos viriam... Será que são deste mundo? Ou de outras terras além do rio salgado? Deve haver mais pálidos iguais a este. Sacutira não vai ajudar este pálido! Vejo o mal nele. Sinto o mal! Sacutira não vai obedecer payé, isso não está certo! Sacutira vai voltar e dizer que não encontrou nada. Sacutira vai voltar! Sacutira vai...

Envolvido em sua eloquente concentração, ao se virar para retornar à aldeia o jovem dá de encontro com Parassuá e toma um enorme susto, que quase o faz desmaiar. Frente a frente com seu mestre, quase perde a fala. Até esboça explicar-se, mas era muita intimidação frente ao semblante de intensa reprovação do pajé.

Parassuá estava nervoso. Indignado, o pajé empurra Sacutira. Aproximando-se de José, passa seu maracá ornamentado com penas multicoloridas em todo o corpo do decaído; em seguida, de olhos fechados, respira fundo em profunda concentração. Sacutira não sabia ao certo o que fazer, pois estava morrendo de vergonha diante de sua atitude de desrespeito. O velho ignorava o pupilo e demonstrava estar em outra dimensão em pungente transe. Findado o inusitado momento metafísico, o pajé abre os olhos, volta à condição normal e se manifesta de forma expressiva ao seu pupilo:

— Sacutira não aprende nada que payé ensina! Nada! Nada! Nada! Escute bem: para ser um payé de verdade, tem que ter desprendimento das coisas grosseiras... Tem que ter sabedoria... Sacutira não tem sabedoria. Sacutira precisa saber mais, mas muito mais... Não pode substituir Parassuá, porque mostra ser comum. Primeira prova que payé dá pra Sacutira, Sacutira age como comum... Payé já havia dito deste contato com os pálidos. Payé já sabia! Essa é a prova que os pálidos viriam e esse pálido é um deles. E vai mais outra coisa que Sacutira não entende: Yucuruá foi trazido por payé para nosso mundo, porque payé sabe como cuidar de um elemental. Payé usa elemental no bem. E o que Sacutira sabe? E o que Sacutira faz? Veja como Yucuruá fala com payé. Yucuruá disse de pálido. Yucuruá nasceu no bem. Payé tem proteção de Yucuruá, porque usa elemental da forma certa! Yucuruá deu lição em pálido, por isso payé já sabia desse pálido. Yucuruá protege a aldeia. Yucuruá não permitiu maldade com pequenos guerreiros, Tituauá, Iicuá e Piacomin! E o que Sacutira faria se payé não estivesse aqui? Sacutira seria comum e usaria elementais de forma comum, com parcialidade ou interesse próprio? Payé já não tem mais certeza em Sacutira... Yucuruá vai deixar a aldeia quando payé partir para as estrelas e isso preocupa esse velho... Sacutira saberia como cuidar de seu povo sem a presença de payé? Ou esse velho deve procurar outro substituto? A natureza tem muitos mistérios, Sacutira! O olho do ignorante só vê a matéria. Talvez Sacutira seja melhor como flecheiro. Sacutira decepciona muito payé com pensamento comum, sendo comum...

O aspirante a pajé derramava lágrimas de opróbrio, depois de toda aquela explanação de seu mestre. Agora havia entendido a dimensão de sua responsabilidade para com seu povo. Com a voz embargada, diz ao seu iniciador:

— Grande payé... Oh! Grande payé. Sacutira vai explodir de tanta vergonha... Sacutira nem sabe como iniciar um pedido de perdão, mas Sacutira vai tentar... Perdoa Sacutira, que é estúpido sim! É honra para Sacutira continuar trabalho de payé, honra demais! Mas Sacutira ainda não tem a mesma sabedoria de Parassuá, o grande senhor da verdade... Sacutira sente vergonha e é sincero que Sacutira diz agora... Sacutira suplica perdão!

Olhando nos olhos do jovem iniciado, com veemência enfatiza o pajé:

— Então, Sacutira deve seguir amanhã para a Grande Serra, se quiser ser um verdadeiro payé. Os animais vão te acompanhar nessa viagem, pois eles sabem que Sacutira é um iniciado. Sacutira terá algumas provas. Para ser payé, tem que enfrentar a tempestade sem se queixar, o fogo sem se queimar, a água sem se molhar e a terra sem se ferir. Ariri, sim, te guiará! Terá que encontrar a caverna onde payé esteve da última vez que fez viagem até lá. Se achá-la, voltará outro em grandeza! Payé sabe que Sacutira viu o mal nesse pálido desacordado, mas Sacutira fraquejou e decisão foi de um comum. E um payé não pode ser comum! Payé consegue ver nuvem cinza na cabeça desse pálido. Sacutira precisa saber enxergar além da matéria também. A montanha vai ensinar como enxergar. O Senhor Águia vai te mostrar, como mostrou para Parassuá... Agora, chega de prosa e que não se perca mais tempo com tolice. Despeje essa água que Sacutira trouxe no corpo do pálido desacordado!

O pupilo de Parassuá obedece à ordem com dedicação e despeja toda aquela composição aquosa no desacordado. Em seguida, Sacutira se afasta dele e Parassuá retira de um de seus bolsos um óleo amarelado. Com a ponta de seu indicador direito, o pajé passa esse óleo na testa de José, que esboça um pequeno sinal de despertar; põe as mãos nas orelhas do desacordado e profere algumas palavras naquele usual idioma ancestral. José volta a adormecer profundamente, agora menos impressionante na fisionomia. O velho finaliza pegando ervas que também trazia nos bolsos e as salpica em todos os ferimentos do seu assistido.

Terminada a assistência, agora mais calmo, Parassuá afirma ao seu afilhado:

— Agora Parassuá e Sacutira devem voltar para a aldeia. Esse pálido tem resgates nessas terras e payé vai falar com ele na hora certa! Seu povo procura por ele e se o infeliz ficasse aqui sozinho, sem auxílio, de certo morreria. Yassanan já deve ter chegado de sua viagem e payé tem que falar com ele.

Sacutira, antes de acompanhá-lo, pergunta respeitosamente:

— Pálido vai ficar aqui? Não seria melhor deixar pálido mais acima das rochas? Para não sofrer com o frio da água que nasce na montanha?

— Não. Pálido já foi tratado e não vai mais morrer. A erva passada é quente e junto com esse preparado vai esquentar o corpo do pálido. Antes de a Lua surgir no céu, esse pálido desperta. Já pedi para Brucuiú ficar aqui até pálido acordar. Brucuiú não vai deixar nenhum animal importuná-lo, enquanto pálido estiver adormecido.

Após aquelas afirmativas do velho pajé, eis que surge acima das rochas uma estranha entidade. O magricelo ser não ultrapassava meio metro de altura e trajava uma tanga de couro marrom, tendo como principal característica uma crispada pele branca, com manchas que lembravam sujeira, e mirrados pelos em alguns pontos do ordinário corpo; impressionante aparição, com uma face abominável, que conotava ser hostil: em desenho oval, começava nos avermelhados cabelos curtos com fios voltados para baixo. Também chamavam a atenção seus grandes olhos, que não possuíam pupila; uma cútis que se salientava pelo nariz aquilino e, abaixo, uma boca pequena semiaberta, tudo sustentado por um fino pescoço. Raquíticos braços terminavam em mãos com dedos e unhas compridas, um estreito peito, uma barriga aprofundada, esqueléticas pernas sustentadas por salientes joelhos e pés de unhas compridas e pontiagudas finalizavam aquela apresentação insólita. A criatura se postou na posição de cócoras e ficou a observar calmamente o pajé que o havia evocado para seus propósitos.

Em sua clarividência, Parassuá podia visualizar perfeitamente a criatura. O pajé estava habituado aos elementais e apreciava o que via. Inteirado dos procedimentos a seguir, telepaticamente arremata a atividade daquela manhã, dizendo ao incomum ser da outra dimensão em idioma ancestral: "Payé agradece a presença de Brucuiú, que vem velar este assolado estrangeiro".

A entidade não esboçava sentimentos. Não era algo comum para ela; sobretudo, congratulava-se com o velho em mensagens mentais. De maneira surpreendente, um sinal vibrante se forma no éter, como uma corrente suspensa e pulsante. Uma linguagem somente compreendida entre os iniciados de cultos ancestrais fora a arte da comunicação entre ambos. Poucos foram os sacerdotes que sabiam como evocar tais seres do Astral. Parassuá detinha esse poder, pois, em seu largo conhecimento de remotos vernáculos, o macauam, vocábulo vindo do idioma sagrado Abanheenga, a primeira língua falada pelos homens das mais antigas eras, compunha essa ilustre comunicação.

O jovem Sacutira ainda estava envolvido por sua instabilidade emocional e não tinha condições de enxergar a criatura suspensa acima das rochas. Entretanto, experimentava algo novo em sua sensibilidade e percebia uma presença astral próxima.

O ancião indica com um gesto peculiar de sua destra o retorno para a aldeia. Durante o trajeto, recomenda ao deslumbrado aprendiz:

— Não diga a ninguém sobre esse pálido. Povo das matas ainda não tem preparo para muitas coisas. Aldeia sempre viveu isolada e payé precisa fortalecer esse povo.

Sacutira olha respeitosamente para seu mestre e, com a cabeça abaixada, responde:

— Não se preocupe, grande payé; Sacutira não vai abrir a boca de forma desordenada. Sacutira precisa aprender muito ainda de tantos mistérios.

O velho o olha pensativo e finaliza:

— Agora, vamos. Esse pálido não saberá que payé e Sacutira estiveram aqui. Não perceberá nada do que aqui foi feito para ele. Quando acordar, em sua grande ignorância acreditará que melhorou por si só. Pálido tem muito a aprender nestas terras, vai depender dele. Payé nada mais tem a fazer aqui.

Sacutira, timidamente, faz uma pergunta:

— Payé não ficou surpreso com aquele estrangeiro pálido?

— Payé não se surpreende com a diferença.

— Mas mesmo quando nunca tenha visto nada igual?

— Quem disse que payé nunca viu? Payé já viu muitas

coisas. Payé viaja no mundo dos espíritos. Mas payé já foi muito curumim em crenças, muito curumim... O tempo ensina as coisas. Payé sente que devia ajudar aquele bruto. Com visão de guerreiro devia matar o pálido, porque fez mal a curumins, mas agir igual fica ainda mais bruto que ele. A viagem à montanha vai mudar sentimento de guerreiro que ainda vive na veia de Sacutira. Será grande prova para saber se realmente deseja ser payé. Payé sabe que foi duro com Sacutira, porque payé não tem muito tempo neste mundo e precisa logo de sucessor para povo das matas.

— Sacutira entende payé e vai seguir recomendação com dedicação. Mas Sacutira tem pressentimento ruim daquele pálido. Sacutira ainda não é como payé, mas Sacutira sente o mal no ar.

Parassuá, mais tranquilo com a visão de seu pupilo, prossegue:

— Sacutira começa a usar o sentido certo agora e payé fica feliz em ver. Payé sabe que aquele pálido é mau. O espírito retorna para a carne muitas vezes; este vem de outras estrelas... Já foi banido delas, agora caiu aqui em nossa terra. Mas Senhor Águia, enviado de Ariri, disse para payé do contato com esses estrangeiros e payé nada podia interferir. Povo das matas tem que ter força para vencer essa necessidade.

— Sacutira não quer ser entendido mal, mas o pálido tem muita afinidade com iuiucumains, não tem?

— Payé entende sua preocupação. Payé entende... O espírito dele é muito pesado. É como rocha bruta. Payé sabe que esse pálido tem ligação com um tipo de iuiucumain diferente do que conhecemos aqui na terra verde.

— Como assim, payé? Sacutira confuso...

— Quando pálidos atracaram em nossas terras, esses espíritos revoltados vieram com eles e até vagaram junto. Os próprios iuiucumains não permitem intrusos e expulsaram esses estúpidos.

— Mas como sabe disso?

— Experiência de velho payé, que, mesmo nada vendo, sente quase tudo.

— E onde estão estes espíritos de iuiucumains brancos? Eles não podem voltar?

— Em nossas terras, não. Só se pálido voltar para a terra dele, aí talvez voltem a importuná-lo por lá. Yucuruá também não permite em nossa aldeia nenhum espírito trevoso de outra terra. E vagar pela mata, os espíritos das florestas anulam esses infelizes.

— E eles vão para onde?

— Para mundos da escuridão, onde somente estrelados podem resgatá-los, caso seja permitido, é claro... Pálido desconhece natureza, por isso até o trevoso dele é ignorante.

— Como Sacutira poderá saber tanto quanto payé sabe?

— Payé tem vivência, mas dessa vez foi luz de estrelados que disse na mente de payé. Payé nem conhecia esse pálido, muito menos de sua força e herança. Payé vai saber mais dele na tenda quando pitar o cachimbo. Lá, payé vai buscar esclarecimento que ainda falta na mente.

Seguiram os dois de volta à aldeia, não mais conversando sobre assunto algum. Sacutira agora entendia melhor seu mestre e esperaria maiores esclarecimentos dele no momento oportuno. Enquanto isso, a criatura evocada pelo pajé permanecia na mesma posição e mexia levemente a cabeça, com o olhar fixo em seu protegido, a velá-lo contra qualquer intruso, seja de qualquer natureza. Mistérios de uma época que as mentes atuais não mais concebem.

Capítulo 8

No reino das águas doces

Em futuro ainda distante, o homem poderá entender o universo do mundo dito fantástico. Essa transição, sem que a maioria dos habitantes do planeta perceba, já vem ocorrendo. As sucessivas alterações planetárias são as provas disso, sendo, ao longo da história da humanidade, fator predominante na edificação das culturas. Dessa forma, o outrora fantástico tornar-se-á comum, lembrando os tempos vividos pelos povos primitivos, que compreendiam as significativas ligações entre todas as formas de vida. Conexões da grande trama da vida, a considerar um belo domínio compreendido como o reino das águas doces.

Muitas horas depois da intervenção de Parassuá, José lentamente foi despertando do baque que havia sofrido. Confuso, o português tentava recompor suas forças se contorcendo de um lado para o outro, de modo que seus sentidos vagarosamente iam se ajustando. Observando aquele manifesto de José, como um raio, a criatura que o velava dissipou-se em seguida, pois a missão para a qual havia sido designada estava cumprida.

Já com os sentidos em ordem, José observa seus ferimentos e percebe algo estranho neles. Nas marcas havia um princípio de cicatrização que o acidentado não conseguia compreender como acontecia. Curioso, leva ao nariz um de seus braços e o percebe untado por um óleo com forte odor de ervas. Espantado, pergunta a si mesmo: "Que raio de óleo fedido é este, a curar meus ferimentos?".

José não sabia ao certo por quanto tempo permanecera desacordado. Observando o céu, percebeu o sinal de crepúsculo daquele dia. Sentindo repulsa pela emanação daquele composto em seu corpo, resolveu seguir caminho pela margem do vigoroso rio, pensando muito em sua situação. José estava irado com Calixto, que não o procurara desde seu sumiço. Articulava, mais uma vez, se vingar do comandante.

Após percorrer um longo percurso, o vagante resolveu parar para se limpar. Desejava retirar aquele óleo que o incomodava muito junto com o seu suor e o fez despejando bastante água nos ferimentos. Ao finalizar o asseio, sentou-se em uma pedra para novo descanso e mais divagações.

Nesse dia, de modo incomum, o rio estava brando e a noite que desabrochava trazia uma temperatura agradável. José observava aquela paisagem magnífica, que o encantava, deslumbrado. Os raios do luar iluminavam toda a extensão do rio, deixando um rastro brilhante como prata reluzente, emoldurado pela densa vegetação que se perdia na vastidão das montanhas, onde esse magnífico rio nascia. Fazendo parte do aprazível cenário, uma leve brisa trazia a sua graça com um perfume típico das matas; as folhas das árvores pouco se moviam, proporcionando uma sensação de deleite. José passava a se interessar por todo aquele conjunto de elementos visuais à sua disposição. Pensativo e ainda sentado na margem branda das águas, ele pegou um pequeno graveto e, calmamente, começou a cutucar o solo, fazendo círculos sem sentido algum. Aquele ato despretensioso iniciara uma viagem até então nunca experimentada pelo grosso homem. Por um bom tempo, divagou ainda em seus mais profundos pensamentos, mexendo com o pequeno pedaço de pau nas bordas de areia. Passara a escutar apenas o som da correnteza e a conectar-se com suas profundas digressões. Numa quimera, envolvera-se, sem que percebesse, junto àquelas forças da natureza. Não houve como se furtar a um inesperado transe que tomara conta de seus sentidos, fazendo-o desligar-se de tudo que o cercava.

Parassuá, ao salpicá-lo com ervas e óleos aromáticos, envolvera o famigerado português com uma energia capaz de trazer seres viventes da outra dimensão, da qual, em dias atuais, poucos saberiam entender a essência. Aquele encantamento arquitetado pelo velho sábio havia proporcionado uma sensação de prazer jamais experimentada por um homem embrutecido como José. A aura do bruto agora emanava um efeito suave que ultrapassava as dimensões. Essa influência ia tomando consistência e não demoraria a dar resultados impressionantes. Incontrolável em seu processo, o devoluto homem acaba tomado por um êxtase que culminaria em aquecer todo o seu corpo, instigando-o a se despir e levando-o a uma hipnose propagada pelo fenômeno. Imobilizado, suas pupilas dilataram-se por força do encanto e seus olhos se mantiveram fixos no centro do rio, onde pulsava a inebriante luz do luar. Sem dúvida, era o presságio de que algo radioso estava por surgir naquela sucessão de surpreendentes experiências.

José permanecia inerte, quando, subitamente, surge um perfume agradabilíssimo no ambiente, de aroma desconhecido, marcante e altamente sedutor. Desnorteado, acaba seguindo para dentro do rio, tentando chegar mais perto daquela vislumbrante força. A potencialidade do fenômeno não cessava e ia aumentando sua expressividade. Surpreendentemente, um doce canto feminino começa a percutir, demonstrando ter sua origem onde a exuberante luz brilhava. Era uma melodia tão tocante, que o condicionou para os mais profundos sentimentos de entrega, em estado de fascinação ingovernável e de passividade, mas de domínio para quem celebrava o cântico conquistador. Com quase metade de seu corpo coberta pela água, José é impactado por algo ainda mais inesperado. Nada mais ouvia, somente aquele encantador tom harmônico que o seduzia vigorosamente. A intensidade do magnetismo produz no centro do rio um halo que lentamente começa a configurar uma forma humana; ao redor desta, havia um vapor envolvente representado por uma aura azulada. Durante a metamorfose, a fascinante melodia aumentava consideravelmente sua amplitude. A sutil transmutação toma conta de toda a extensão do rio e uma espiral aquosa projeta-se vagarosamente do halo, definindo melhor as formas da aparição humana, demonstrando a silhueta de uma figura feminina esbelta. Um espetáculo acontecia diante dos olhos de José, atos que levam alguns instantes para se consolidar, culminando com o surgimento de uma mulher maravilhosa emergindo das águas.

A aparição trazia um corpo escultural, que levaria qualquer homem à perdição pela beleza estonteante que possuía aquela mulher provinda das águas. Seu conjunto começava em um rosto moreno, levemente oval, angelical, de traços inocentes, que tinha como principal característica os olhos expressivos com sobrancelhas escuras e grossas; um delicado nariz aquilino; uma carnuda boca vermelha sustentada por um pescoço delgado, emoldurado por longos e lisos cabelos negros que chegavam até a cintura; o peito desnudo era deslumbrante, com seios perfeitos, ornamentados por um pequeno colar de coloridas pedras preciosas; destacavam-se delicados braços que terminavam em finas mãos enfeitadas com anéis de safira e pulseiras de algas verdes e azuladas; cintura afinada, perfeição digna de uma Afrodite, onde se prendia apenas uma folha esverdeada de alga que cobria levemente suas sedutoras partes íntimas; pernas torneadas, ligadas a delicados pés que finalizavam a deslumbrante figura, que reluzia sob o efeito do luar. À medida que a beldade saía das águas, ia deixando de ser uma extensão do rio, seguindo até a beirada. Já na fímbria, estava idêntica a uma mulher encarnada. Aparvalhado, José continuava olhando para aquela mulher de forma semelhante às coisas divinas. O que ele não compreendia era que em sua frente apresentava-se uma ninfa, que agora acenava para que seu subjugado se aproximasse dela – e ele obedece. A sedutora criatura das águas levanta sua destra e toca com sua mão espalmada no peito dele. Um brilho surge da mão da encantada, que faz seu dominado sentir um prazer indescritível. Naquele instante, José a desejava mais do que tudo, mas, ao fazer menção de abraçá-la, é interceptado imediatamente. Um bloqueio vibracional impedia seu intento. Estranhamente, aquela criatura deixava evidente uma intenção hesitante, não transparecendo interesse de que ele pudesse realmente possuí-la.

Dando sequência à sua imposição imperativa, a ninfa eleva suas mãos para o alto e imediatamente folhas começaram a surgir e tampar as partes íntimas de José. Entretanto, havia algo em José que era incontinente: seu hálito insuportável. Os dentes do infeliz estavam em condição terrível. Calmamente, a bela retira de uma de suas pulseiras de algas um tipo de goma esverdeada; apertando a massa mucilaginosa, um líquido acaba por verter. Em seguida, pinga três gotas da substância extraída na boca de seu assistido, que permanecia estático. De imediato, uma transformação se processa naquela boca estragada: aquele fétido hálito desaparece e seus dentes denotam uma limpeza jamais vista.

Astuciosamente, a mulher resolve se acomodar na margem do rio e deita suas pernas levemente para o lado, bem na característica das sereias, ondinas e ninfas. Docilmente, começa a pentear suas volumosas madeixas, olhando de forma ainda mais sedutora para o estúpido. Esse ritual durou alguns minutos, não deixando possibilidades para que ele se evadisse daquela atração; sem resistência aos encantos, José sai da água e se acomoda ao lado dela.

No momento de seu acondicionamento, um lapso de consciência surge e José pergunta, com a voz trêmula diante do encantamento:

— Quem és tu, mulher dos sonhos de qualquer homem? Saíste deste rio como uma deusa? Estarei eu a sonhar com tanta beleza?

A ninfa nada respondia. Continuava a pentear seus cabelos e a olhar sedutoramente para o enfeitiçado homem. José esboça a intenção de se aproximar dela novamente, porém a força invisível volta a impedir sua ação. Isso começa a incomodá-lo profundamente, pois seus instintos o dominavam por completo, no desejo incontrolável de possuí-la. Irritado, começa a lutar para se desvencilhar daquela força repelente que o impedia de tocá-la, enquanto ela continua serena, como se nada estivesse acontecendo de anormal.

José se pôs a gritar:

— Deixe-me possuí-la! Deixe-me possuí-la! Eu não aguento mais esse desejo!

No intuito de talvez enlouquecê-lo ainda mais em seu sítio de força, a conquistadora melodia volta a ecoar. José se debate muito, até que retorna ao anterior estado de letargia. Em seguida, a misteriosa criatura se levanta e rompe a barreira vibratória que repelia seu assistido. Ardilosamente, volta a tocar no peito dele e processa uma imposição de obediência total por ela. José suspira e é conduzido a um estado de quem se encontra como que transportado para fora de si e do mundo, por efeito de exaltação mística ou de sentimentos muito intensos de alegria e prazer. A ninfa pega nas mãos do estúpido e o transporta para onde o luar mais brilhava, no mesmo ponto em que a encantada havia surgido para este mundo. Lentamente, a água vai cobrindo todo o corpo do vencido homem. Em seus mistérios, aquela criatura estava determinada a transportá-lo para seus domínios. Totalmente assediado pelo avassalador cântico mavioso, José sorria de satisfação e elevava os braços, suplicando ainda por tocá-la, já dentro de uma espiral, para onde ela o conduzia. Curvado entre as centelhas do turbilhão que ascendia pelo encanto da ninfa, José nada mais enxergava, senão ela. Sua compreensão era governada por aquela magia que o sugestionava para que seguisse adentro das águas. Ele a via nua, acenando para que se aproximasse dela, e ia cada vez mais adentro. Obedecia, ia acalorado, buscando alcançá-la, mas inúteis eram seus esforços de aproximação. Parecia impossível chegar perto da beldade, levando-o a um estado de enlouquecimento promovido por aquele canto alucinante. Depois de tanto tentar, entra em desespero, pois sem que percebesse já estava abaixo das águas a se afogar.

Sorrateiramente, a ardil criatura das águas doces vai se afastando daquele sorvedouro criado por ela, até desaparecer no fundo do rio de forma misteriosa. José definitivamente estava numa armadilha planejada para sua morte. Chegar até a superfície parecia-lhe inatingível, devido à ninfa o ter conduzido para uma profundidade muito grande e de ele estar envolto por uma vibração intransponível. Desesperadamente, o português luta por sua vida, tentando nadar para o cume, guiado pelo feixe da luz do luar que entrava por entre as águas. Arraigado a essa visão, pretendia se salvar. O intrigante era que quanto mais nadava, mais distante parecia estar da superfície. Ele olhava para aqueles feixes luminosos e ficava mais aflito, pois não alcançava o topo. Em um lapso de consciência, numa fração de segundos pensou: "Que loucura é essa que estou a viver aqui, no fundo deste rio? Que criatura era aquela a levar-me a esta loucura?". Pelo tempo da imersão, suas forças caminhavam para a fadiga. O fôlego não mais suportava e a água começava a entrar em seus pulmões, suscitando ser eminente seu fim.

Enquanto isso, na aldeia do povo das matas, como de hábito, o velho pajé cortava um graveto para ser usado em seus apetrechos, quando uma estranha sensação súbita toma conta dele. Parassuá se levanta e fecha os olhos em concentração. Em seguida, tem a visão de José no fundo do rio e observa que, ao lado dele, estava uma criatura das águas, aguardando por seu desfecho trágico. Imediatamente, o velho sai da tenda e vai até próximo da trilha que conduzia à pedra-símbolo. Sem perder tempo, profere suas rezas e o fiel Yucuruá surge de imediato para atendê-lo. O exuberante esverdeado entende o teor da solicitação de seu evocador e segue até o rio de onde procedia a visão de Parassuá.

Como um corpo irradiante, Yucuruá não demorou a chegar ao destino estabelecido; suspenso sobre as águas, o elemental ordena que a criatura do rio emergisse de onde estava, usando uma linguagem própria desses seres. O sorvedouro novamente se processa diante do imenso esverdeado, em apresentação ímpar. Deste, a bela mulher do rio surge e se posta como extensão da água, a esperar pelo sentido daquela reunião para a qual fora solicitada. Sem delongas, Yucuruá gesticula para a ninfa, objetivando seu intento. Ela compreende rapidamente a mensagem; em seguida, a encantada mergulha com destino ao fundo do rio. Naquela profundidade em que José se encontrava, sua situação era terrível; ele estava desacordado, pois sofrera uma parada cardíaca. Demonstrando um comportamento diferente do anterior em relação ao seu subjugado, sem hesitar a ninfa o pega pelos braços e o suspende até a superfície, junto à beirada do rio.

O afogamento de José levava Yucuruá a observá-lo atenciosamente; sua decisão tinha de ser imediata, pois o infeliz iniciava o processo de desprendimento do corpo físico. O esverdeado, não admitindo aquela situação, resolve espalmar suas mãos no peito do desfalecido e ordena que a ninfa o ressuscite. Essa comunicação entre os elementais se processava rapidamente.

Em seus mistérios, a incógnita figura feminina se ajoelha ao lado do agora moribundo. Em seguida, de maneira surpreendente, ela inicia um procedimento único: com sua destra introduzida na boca de José, ela suga toda a água que havia entrado nos pulmões dele; era como se a mão da encantada fosse extensão da própria água, processo indolor e fantástico. Enquanto a ninfa efetuava a singela intervenção, Yucuruá permanecia com as mãos no peito do assistido para impedir o desenlace, com uma vibração azulada pulsante. Retirada toda a água ingerida por José, por alguns instantes seus sinais vitais permaneceram inalterados e seus interventores da outra dimensão aguardavam uma reação do infeliz. Repentinamente, o assistido vem a tossir da forma habitual, quando uma pessoa retorna de parada cardíaca por falta de oxigenação. Yucuruá agora estava mais tranquilo, porém o esverdeado olhava enérgico para a sedutora criatura das águas, em sinal de reprovação aos seus encantos. Entretanto, a ninfa não se manifesta diante da severidade de Yucuruá; para ela pouco importa tal censura. Contudo, o esverdeado deixaria ali seu recado de maneira resoluta: com uma espiral incrível criada por ele, dentro desse prodígio, arremessa vigorosamente a encantada para dentro do rio, demonstrando sua supremacia naqueles nichos. Em seguida, retorna para a aldeia, deixando no rastro muitas folhas verdes. Na tenda, finaliza seu trabalho, dando a notícia para o velho pajé e desaparece, como um cometa, na direção da mata fechada.

Percebendo algo estranho naquela noite, Parassuá acaba surpreendido por Sacutira. O aprendiz de pajé pergunta preocupado ao seu mestre:

— Que faz payé aqui junto à pedra-símbolo?

Parassuá respira fundo e responde:

— Sacutira não deve se preocupar com nada. Sacutira tem que descansar para amanhã seguir viagem com destino à montanha.

— Mas Sacutira percebe preocupação vendo testa riscada de payé.

Não tendo como se evadir, o velho resolve falar ao seu pupilo:

— O pálido... Outra vez o pálido...

— Pálido! Mas o que pálido fez desta vez? Brucuiú não estava com o pálido?

— Brucuiú fez seu trabalho certo. Payé confia em Brucuiú.

— Sacutira, então, não consegue entender...

O pajé olha para seu pupilo e afirma:

— Pálido foi levado por uma uiara para dentro do grande rio.

— Como payé soube disso?

— Quando cortava graveto na tenda, payé teve uma visão.

— E que payé fez?

— Pediu para Yucuruá tratar do caso.

— E uiara? Por que uiara fez isso?

— Payé não sabe ao certo... Algumas uiaras costumam fazer isso com homens maus, para torná-los escravos. Uiaras não são más, mas têm seus mistérios.

— E pálido está aonde agora?

— Com essa uiara.

— Com uiara?

— Sim, com uiara. Agora, uiara decide o destino de pálido. Payé nada mais pode fazer. Yucuruá levou mensagem de payé para uiara, por isso uiara retirou pálido do rio. Foi o que Yucuruá disse. Payé não conhece todas as uiaras. Payé não sabe como essa uiara pode decidir... Destino de pálido está na mão dessa criatura do rio.

Sacutira refletiu com as afirmações de seu pajé e nada mais perguntou.

Finalizando, o velho aconselhou:

— Agora, Sacutira deve descansar, por motivo de viagem importante.

O pupilo de Parassuá obedece às ordens dele e vai para a tenda. Para não ser diferente do habitual, o sábio assopra um pó branco na pedra como medida de proteção contra influências embusteiras do Astral; em seguida, também retorna para sua tenda, onde daria continuidade às manipulações de seus instrumentos.

Enquanto isso, na beirada do rio, José, aos poucos, ia retomando os sentidos; vinha junto um imenso mal-estar, devido ao reflexo deixado pelo afogamento. Atônito, o português se virava de um lado para o outro, tentando reorganizar seus pensamentos; sua visão permanecia turva e não conseguia definir as formas dos vultos que via. Passado algum tempo, lentamente, os focos foram se ajustando. Nisso, podia perceber, não muito distante, a silhueta de alguém que o velava. Na medida em que esses focos se tornavam mais claros, um espanto inevitável se consolidava nele. Por ser uma pessoa muito ignorante para entender o que se passava, da convergência visual que ia se definindo aos poucos, ele se postara sem se levantar de onde estava; instantes depois, o bronco tentou considerar: "Que absurdo é isto!". A nova situação fez José esfregar os olhos para conjecturar o que presenciava novamente, pois a mesma misteriosa mulher atravessava o rio em sua direção. "E agora, o que aconteceria com ele?", perguntava-se intimamente.

Durante o percurso sobre as águas, a mulher do rio fitava seu influenciado, visando a estabelecer com ele um novo sentido de contato; delicadamente, ela voltava a tomar conta do ambiente. Ao chegar defronte de José, incognoscível, ela permanecia a observá-lo serena, apenas com o vento balançando brandamente seus cabelos, ainda mais deslumbrante que na primeira vez, envolta em um azul cintilante como parte de sua aura. Sua superlativa beleza dominava tudo ao seu redor; um encanto possessivo, que atraía pequenos animais da floresta, peixes que nadavam uma dança cerimonial, insetos de rara beleza, como borboletas multicoloridas... A singela luz emanada por ela transformava todo aquele panorama em imagem magnífica.

José admirava com deleite aquele inédito espetáculo visual, quando, de forma estranha, a protagonista se afasta de tudo e volta a caminhar pelas águas. Acanhada, ela posta-se cabisbaixa, como se estivesse divagando profundamente, a demonstrar certa melancolia. Aquela expressão da beldade intrigou José. No momento em que ela levantou o rosto para voltar a observá-lo, José timidamente olhou para a ninfa, esboçando leve sorriso. Mesmo assim, o comportamento dela não se alterava: permanecia mansa, caminhando, a observá-lo vez em quando.

Guiado pela curiosidade, com a voz trêmula, José pergunta à enigmática mulher:

— Por Deus! Quem és tu?

Todavia, o indecifrável persistia. Ela nada respondia e permanecia a fitá-lo, apenas com um leve traço de seu sorriso encantador. Mas, em meio aos encantos dominadores dela, José começa a se incomodar com os devaneios da moça do rio e resolve se levantar dali. Ele desejava terminar com aquele marasmo. Ao perceber a intenção de seu influenciado, de súbito a ninfa salta como se fosse uma felina e, com os braços junto à pedra que sustentava o português, ela o atrapalha em seu deslocamento. José tenta afastá-la de seu peito, mas não conseguia seguir adiante com sua intenção, devido àquela mesma energia repelente utilizada pela ninfa em sua primeira investida. Insistindo em se evadir daquele incômodo, o português vai se arrastando para trás como se fosse um caranguejo, enquanto a ninfa persistia em segui-lo em seus movimentos, com seus longos cabelos a roçar no rosto daquele que desejava encantar. E não menos fatal, seu inebriante perfume continuava causando um enlevo arrebatador.

José continuava se arrastando para trás, até terminar num tronco que ficava junto aos arbustos, em um ponto acima da margem do rio. Não havia mais para onde ir; então, ele cessa o arrastar e sobe no vegetal até ficar em pé. A beldade continuava quase colada no corpo dele, olho no olho. Aquela situação deixa de ser um enredo encantador e passa para algo assombroso, pois o atordoado português já não sabia ao certo o que fazer: ora a desejava, ora sentia medo dela.

Não suportando mais aqueles sortilégios, José toma coragem e afirma veementemente à sua influenciadora:

— Oras! Cá estou diante de um demônio das águas... Deste modo, vais-me enlouquecer, mulher misteriosa. Tu não és deste mundo... Não és mesmo! Não dizes uma só palavra! O que queres de mim? Por pouco não me mataste neste rio! Agora, cá estás a me seduzir por mais uma vez, assombração!

Aquela atitude impulsiva de José produziu um impacto na bela moça do rio. Após as ofensas dele, eis que um silêncio mórbido passa a fazer parte daquele lugar, até então paradisíaco. Em seguida, a enigmática ninfa se afasta de seu influenciado lentamente, criando certa expectativa. O afastamento dela faz os animais se arredarem dali, as belas borboletas retiram-se para a mata e, indubitavelmente, o ambiente se modifica por completo. A percepção daquilo provoca receio no tosco homem e um calafrio se manifesta de seus pés até a cabeça.

A ninfa retorna ao rio e abaixa novamente a cabeça, em

profundo abatimento. Em seguida, ela inicia um cântico altamente depressivo, de uma melancolia compulsiva. A tristeza dela era algo contagiante. Tudo parecia perecer diante de uma dor inexplicável que emanava de sua melodia. Em meio a essa energia deprimente, como se o domínio da mística mulher se expandisse além do rio, tudo se torna um denso espaço de lamúrias; a lua se escondeu sob as nuvens do céu, o ar ficou rarefeito, chorosas as folhas caíam das árvores, tudo como se a natureza compartilhasse do sofrimento dela. Aquele estado afetivo caracterizado por profunda tristeza e desencanto geral leva José a iniciar um incontido choro, sem entender de onde vinha tamanho sofrimento; era uma dor provinda de sua alma. A devastação provocada pelo magnetismo vigoroso do cântico da ninfa ia aglutinando no mental de seu subjugado um tormento capaz de levá-lo à loucura. Por um tempo considerável daquela madrugada esse cenário se manteve. Com isso, José despenca no chão tomado por uma sensação de intensidade idêntica a um sofrimento de desgraça, decepção, morte de um ente querido, de desgosto exacerbado.

Aquele efeito entorpecente da melodia não cessava, exaurindo as forças do infeliz submetido a ela. Não suportando mais o infortúnio, José, ainda caído no chão, levanta os braços de forma a suplicar o desfecho daquela penosa realidade que o consumia. Soluçando, em pranto, pelo fim do desgraçado contexto, desmaia de tanto esgotamento.

Ao perceber a consumição de seu subjugado, a ninfa emite um som idêntico a um apito estridente; a ressonância do eco vibra em frequência ensurdecedora, chamando a atenção de entidades vagantes da floresta que surgem por detrás das árvores. Emergem, também, outras ninfas, que se postam em vários pontos do rio. Nesse instante, a correnteza, antes branda, se agita e aves sombrias começam a sobrevoar o lugar de forma sinistra. O rio agitado se eleva em sua margem e cobre José com suas águas, atirando-o para acima das rochas. Nesse ponto, o homem termina mais uma vez desacordado.

A ninfa ainda teve tempo para mais uma investida. Sentada em cima de uma pedra, sopra uma folha amarelada que vai até o peito de José; a singela folha fixa-se nele e um leve despertar ocorre no confuso homem. Nesse instante, ainda um pouco embaralhado em sua compreensão, José levanta a cabeça e vê a linda mulher olhando para ele tristemente. Aquela situação perdura alguns minutos. Em seguida, a beldade se levanta da pedra e emite um som sereno com esta denominação:

— Auêim, M'okan! — e mergulha como um peixe nas águas do rio.

No horizonte, viam-se os primeiros sinais do alvorecer. Os espectros vagantes se deslocam aos seus sítios trevosos, incomodados com a luz que surgia. Os animais soturnos também vão para as suas moradas e as outras ninfas submergem rumo às profundezas do rio.

José observa aquela estranha folha amarelada postada em seu peito; vagarosamente a retira, percebendo uma marca semicircular deixada como uma queimadura no local. Como estava muito esgotado, volta a dormir, segurando a folha em sua mão direita. O rio ficara novamente calmo. Não havia qualquer vestígio das insólitas manifestações daquela madrugada. Um pouco abaixo de onde estava José, apenas uma anta tomava água na margem do rio e alguns passarinhos cantavam como habitualmente fazem todas as manhãs. Sobretudo, aquela frase da ninfa ficara na mente de José, que, antes de adormecer, pergunta a si mesmo: "O que significa Auêim, M'okan?".

Capítulo 9

O portal das uiaras

— Aiiiiiiiiiiiiiiii!!! O que é isto? Arrrrrrrrrrrrr! Oras, pois, que estúpida ave é essa? Vou matar-te, animal maldito! — gritava José, ao ser despertado subitamente.

José retornava de um sono pesado, vítima de exaustão pela longa madrugada que havia enfrentado. Com o bater do bico de uma ave de rapina no pequeno ferimento de sua testa, o português reorganizava seus sentidos. O susto fora grande. Ele estava esquisito, cabelos amarrotados, um olho mais aberto que o outro e uma fisionomia totalmente desordenada; mas aos poucos se revitalizava.

Com a mão no corte da testa, tentando amenizar a tolerável dor, o português se levanta de onde estava e ressalta veementemente:

— Que rapsódia infernal estive a experimentar nesta noite, oras... Idêntico a uma embriaguez pelo melhor dos runs. É de arrepiar... Vai me enlouquecer esta terra selvagem, por certo. Tenho que encontrar logo esse maldito ouro e seguir de imediato para Inglaterra ou França. Não estou a suportar mais essas agruras dum mundo primitivo.

Minutos após ter enfatizado bem suas pretensões naquelas terras, em meio à sua inquietação surge um torpor no português, causando-lhe um inesperado contratempo; a sensação abrupta o faz levar as mãos ao peito, onde ele nota uma queimadura estranha em relevo. Instigado pela curiosidade, José passa várias vezes seus dedos na pequena saliência semicircular, tentando entender como aquilo havia surgido em seu tórax: uma inusitada tatuagem. Instantes após a surpresa da percepção, de forma um pouco desastrada, ele berra:

— Que raio de queimadura é esta? E em meia-lua está esse desenho?

José respira fundo, embasbacado com aquilo e afirma, tomado por sua perplexidade:

— Diabos! Então, não estive a sonhar... Que lugar é este que cá estou a viver neste mundo desconhecido? Quais mais surpresas estão por vir? Estou a não acreditar mais no que posso tocar, ou olhar, ou mesmo a presenciar! Nunca estive a pensar em tais coisas!

Avivado diante dos fatos, José procurava reorganizar sua compreensão; entretanto, era difícil negar que todas aquelas experiências estavam sendo demais para ele. Atraído pela imantação daquele lugar, em cadência incontrolável e ainda com a mão sobre o peito, ele observa hipnotizado aquele misterioso rio: Como se fosse uma visão cinematográfica, tomado por uma força mística poderosa, José recorda todos os fabulosos acontecimentos da madrugada anterior, esforçando-se para acreditar em suas próprias lembranças. Configurava as sucessivas visões, agora não mais se furtando do que representava aquele lugar, envolvido pela magia que transcendia o entendimento comum.

— Ninguém, em sã consciência, vai acreditar numa história desta! Muito menos vinda dum bandido como eu. De certo, eu, naquela estúpida corte de D. João III, nada sou. Contudo, aqueles malfazejos nobres a me pagar muito terão pelo que estou a experimentar nesta terra... Ah! Isso é certo!

Avarento como de hábito, o lusitano teve de ser tolhido de seus desvios para embarcar em insólita viagem introspectiva, por onde permaneceu por algum tempo, em condição alucinógena. O magnetismo do lugar promovera tal efeito. Com o olhar fixo no centro das águas do rio, era conduzido para as lembranças de uma encantadora mulher. As recordações mexiam com seus desejos mais íntimos, porém havia também sensações de estranha repulsa.

Tentando voltar a si, José chacoalha a cabeça e aborta a consecução das visões; respira fundo e se observa no reflexo do rio. Admirado com o que via, notava substanciais mudanças em seu corpo: ao tocar sua face, surpreso percebia nela uma singela maciez, antes áspera como uma lixa; nota, também, uma maiúscula transformação nos dentes, agora firmes e fortes, antes deploráveis em sua apresentação. A diferença era latente. E ele, encantado com sua transformação, volta a visualizar seu reflexo na margem do rio; pega um pouco da água ribeirinha, umedece os cabelos em gesto de rara vaidade, sentindo-os perfeitamente sedosos. Maravilhado, observa minuciosamente as mãos, como se fossem uma obra de arte, agora asseadas, condição antes inconcebível. Não menos surpreendente, os ferimentos provocados pela estafante jornada tinham desaparecido de seu corpo, restando apenas um pequeno corte na testa para estragar a acalentada metamorfose.

Mas o explorador precisava seguir seu destino, mesmo apreciando a grande mudança ocorrida. Junto à margem daquele indecifrável lugar, olhou para o alto, viu o Sol ainda forte e decidiu seguir caminho. Acima de uma rocha ainda estavam suas roupas, agora secas pelo calor escaldante do astro-rei. O transformado homem vestiu-se calmamente, a preparar-se para ir à procura de seus companheiros de jornada. Ele sorria com as satisfatórias mudanças, quando uma estranha brisa toca em sua face de forma suspeita. Aquele vento brando e intermitente trazia um perfume balsâmico, o mesmo que o entorpecera na intrigante madrugada anterior. Imediatamente, sua tranquilidade desapareceu. José volta a ficar apreensivo, sem saber o que fazer, e a observar o fenômeno por toda a extensão do rio. Atento, apenas escutava o barulho da correnteza do rio que quebrava o silêncio do ambiente.

Tomando coragem, José diz sem saber para quem:

— Devo estar a ficar louco. É certeza que sim. Não posso mais permanecer aqui, vou-me embora agora!

Logo no início de sua caminhada, eis que repentinamente uma voz serena, sem origem definida, profere um nome de um poder desconhecido:

— Auêim...

— O quê?

Com os cabelos arrepiados, José grita:

— Não! Não! Não! Assombração, deixe-me em paz! Deixe-me em paz! Não!!!

Mas a serenada voz insistia em sua chamada, como se distante dali fosse proferida:

— Auêim... Auêim... Auêim...

José coloca as mãos nos ouvidos, no intuito de impedir que escutasse aquela chamada sobrenatural. Desesperado, começa a correr pela beirada do rio, tentando se evadir da influência que persistia em atormentá-lo. Corria aflito. Em determinado ponto do rio, adentrou pela mata. Cipós, braços de árvores, folhas de todos os tamanhos iam batendo em seu rosto durante a enlouquecida fuga. Sem rumo na desenfreada escapatória, inopinadamente o desembestado português acaba se deparando com uma bela cachoeira: O paradisíaco lugar era abraçado pela densa mata e recheado de rochas limosas, com uma extensão considerável de água doce; em seu cume, uma belíssima cascata trazia uma queda d'água que lembrava o véu de uma noiva. Mais uma vez, o misterioso poder da floresta prevalecia e dominava o explorador.

Nesse ponto magnífico da floresta, encostado a uma árvore, José busca retomar o fôlego, quando a voz ressurge sem ele saber de onde vinha:

— Auêim...

José grita, irado:

— Maldita perseguição!

O português olha para toda aquela natureza revoltado. Ele pergunta, sem saber a quem, novamente, totalmente molhado pelos respingos da nervosa cascata:

— O que é isto que me assombra? Oh! Não desejo morrer neste local sem dono! Criaturas do inferno, me deixem em paz!

Com as mãos para o alto, ele berra eloquente:

— O que queres de mim?

A voz continuava da mesma forma, persistente, naquela chamada obsessiva:

— Auuuêêêimmmmmmmmmm!

José olhava para todos os cantos, tentando encontrar

quem o obsediava. E, aos berros, desafia:

— Apareça logo! Se quiser me matar, pois então faça logo, assombração! Não pode ser! Isso não está acontecendo... Vou subir numa árvore e tentar ver o mar; assim, poderei encontrar os outros e sumir daqui.

A chamada da misteriosa voz não cedia; sua entonação, vinda de longe, era sua principal característica. O explorador, alucinado para se livrar daquela arrebatadora influência que o acometia, elege uma exuberante árvore e tenta subir nela para se localizar. Ele acreditava que se visse o mar poderia seguir rumo à praia e se livrar daquela perturbação. Tentando, inutilmente, subir no imenso vegetal, acaba desistindo, por não conseguir alcançar sua extremidade.

Estranhamente, a perturbadora voz para sua chamada; levando isso em consideração, José retoma o fôlego e segue caminho pela mata, todavia, sem ter sucesso na tentativa de passar pela densa vegetação. Para tal, seria necessário um facão para cortar a vegetação e abrir trilhas. Preocupado e sem alternativas, ele retorna para a margem da cachoeira e continua na marcha por esse percurso. Mais tarde, após ter andado por horas, percebe estar perdido naquela imensidão verdejante.

Em determinado momento, pensou, muito preocupado com seu destino:

— Não sei mais para onde ir... Estaria prestes a morrer neste lugar? Não posso crer... Nossas caravelas nem devem ter registro, poucos na metrópole devem saber que estamos aqui. Não confio em Calixto... Mesmo depois de ele ter apresentado o documento de embarcação expedido pelo rei. Por que nem temos um padre conosco, como as outras missões o têm? Também, como seria, se a maioria de nós outros está condenada pela lei. Eu mesmo estou...

Após pensar mais um pouco, José continua em seu raciocínio:

— Esta beleza deve ter seu preço. Fui amaldiçoado pela minha própria insensatez a morrer aqui, sem chances nenhuma de salvação. Sem ouro... Sem nada... Aqueles malditos nem sequer estão a me procurar. Devem estar mesmo querendo minha morte. Malditos!

José observa o final da tarde e sua preocupação aumenta. Ele não poderia ficar ali naquele lugar se lamentando, pois uma presa fácil seria aos predadores noturnos. Pensa mais um pouco e resolve voltar pela mesma trilha, na esperança de encontrar uma saída que o levasse até a praia. Logo escurece e ele decide ficar próximo à beirada da cascata, que lhe parece oferecer maior segurança. A lua, mais uma vez, trazia sua exuberante beleza e iluminava toda a extensão daquele sublime espaço na selva. Não estava tão branda a temperatura naquela noite e um friozinho era trazido junto com o balanço das árvores. Sem mais o que fazer naquele momento, José arranca algumas folhas grandes de um imenso vegetal próximo de onde estava e se cobre com elas. Confortável, observa o reflexo da luz do luar sobre a água provinda da bela cascata.

Por um instante, ele se pergunta:

— Será que sairá dessa água uma mulher como a daquele rio? Bem que poderia mesmo aparecer... Desta vez, eu estaria preparado a não me deixar levar pelo encanto dela.

Pensando em seus companheiros da expedição, disse:

— Quando a conversar ficávamos com nós outros sobre as viagens no mar, sempre entendia que aquelas histórias de sereias eram coisas do excesso de rum ou do vinho. Sereias no rio, na cachoeira, ainda ninguém havia me contado. Contudo, como é mesmo o nome dessas criaturas provindas de rios? Meu avô que as denominava... Não consigo me recordar... Não são sereias. Não! Se não estou a me enganar, seriam as narfs. Pois bem, isso pouco importa agora.

Lembrava-se dos pequenos nativos:

— Devo estar aqui por maldição daqueles negrinhos... Também, quase os matei... Oras, pois... Depois! Aquela ventania que destruiu tudo naquela trilha, inclusive quase a mim aniquilou! Como aquilo? Minha fuga até o rio também não teve sentido... Como fui parar lá? Que lugar é esse? Depois meus ferimentos desapareceram.

Sem parar nas lembranças, dizia eloquente:

— E aquela narf do rio me levando quase à loucura? Lembrei-me! Não é narf, é ninfa. E agora cá estou neste ponto sem saber onde... Culpa daquela voz sedutora. Mas seria bom se algo saísse dessa água, por Deus, seria mesmo...

Antes que José terminasse aquela retórica explanação para si mesmo, mais uma surpresa o infeliz teria de experimentar. Acima de onde ele descansava e observava a beleza das águas vindas da cascata, uma presença não muito amistosa surgira bem atrás dele. Inopinadamente, um enorme exemplar de onça-pintada, ao descer para tomar água, se deparara com um intruso em seu habitat. José deu um salto, temendo o pior, por estar a uma distância do felino de não mais de cinco metros. Os olhos cor de âmbar do animal denotavam a proeminência de seu domínio e, com um passo de sua pata direita para frente, a onça abria levemente a boca, com um rugido que indicava estar pronta para o ataque.

Visando a se proteger do perigo iminente, José procura o punhal e percebe não mais estar com a arma. Completamente vulnerável, o português foi andando vagarosamente para trás, no intuito de se afastar da ameaça. Seu coração agora batia em disparada. À medida que José se afastava da beirada, para dentro da correnteza, o predador, no passo típico dos felinos, o acompanhava, parando apenas na borda do regato. Desse ponto a onça não se atreveu a seguir mais. Tomado pela apreensão, o português ansiava pela desistência do visitante inesperado, quando, subitamente, com um salto vigoroso, o animal selvagem atingiu a outra parte das quedas d'água e por lá saciou sua sede. Poucos minutos depois, adentrou pela mata, desaparecendo.

Mesmo depois de um bom tempo do sumiço da onça, José permanecia dentro da água. Quase não mais sentia os dedos dos pés pela temperatura excessivamente fria, mas seu medo o prendia ali. Não suportando mais, já bem incomodado com aquelas sensações promovidas pela gélida corrente das águas, ele teve de sair. Lentamente e com dificuldade caminhou até a beirada. Encostando-se a uma pedra, com o cenho pesado de dor, tentou minimizar a dor, fazendo massagens nas pernas e nos pés. Retirou as roupas molhadas e envolveu-se nas folhas secas que havia selecionado para se aquecer. Tremia como vara verde e não conseguia melhorar aquela situação drástica que o levava para uma cianose.

Com a voz trêmula, reclamava dolorosamente:

— Aiii... Como meus pés estão a doer... Eu preciso sair daqui, mesmo que não consiga nenhum ouro, eu preciso sair desse lugar... Aiiii... Não consigo sentir meus pés... Com medo do felino, por muito tempo fiquei na água... Arrrrrr, que frio... Eu não aguento mais... Preciso me aquecer... Mas, como? Quem escutará meu pedido de socorro neste lugar? Aiii... Aiii... Aaaiii...

A hipotermia tomara conta de José; o infeliz não suportava mais a dor e suas extremidades estavam bastante roxas. Próximo a essas cascatas virgens dentro das matas, quase sempre as temperaturas caem muito durante a noite e a madrugada, devido à inversão térmica que ocorre na natureza nesses núcleos. Pelo longo tempo submerso na água corrente, José estava sofrendo bastante com a queda de sua circulação sanguínea em suas extremidades.

— Ai, ai, ai!!! — Continuava a lamentação do debilitado homem castigado pela cianose.

Embora inacreditável, naquele istmo paradisíaco, dentro da densidade daquela mata, outra experiência ao desventurado viajante do Velho Continente se sucederia. José permanecia deitado à borda da correnteza na posição fetal, suplicando por um socorro que parecia impossível; todavia, mais uma vez, sob o reflexo do luar, um contorno espiralado começava a se formar no centro do regato, que agora amansava suas águas. Os feixes da espiral que girava brandamente sobre a superfície, de forma homogênea, iam projetando extraordinariamente um cilindro aquoso que emergia das águas; a fantástica execução do fenômeno configurava, em seu interior, uma silhueta feminina que emergia dele. Consequentemente, formara-se um chafariz natural, de onde se revelava, mais uma vez, esplendorosamente, uma belíssima mulher nua e esbelta, com a tez bem amorenada, com delicada face oval e olhos proporcionais ao tamanho do rosto; com sobrancelhas grossas, nariz característico dos nativos desta terra e linda boca vermelha e carnuda; toda essa beleza era emoldurada por espessos cabelos lisos e negros, que iam até os pés, personificando uma beleza quase que indescritível. A lindíssima mulher, em sua peculiar pureza, dirigira-se até José. Durante o pequeno trajeto da musa, outras muitas ondinas surgiram por toda a extensão daquele paraíso, metade mulher, metade peixe, e se postaram sobre as pedras, observando sua diva.

Defronte do malfadado homem que tremia compulsivamente na beira do regato, a estonteante musa se agacha diante dele e vibra um lindo azul-cintilante nele; a redentora interferência faz com que José levante o rosto, surpreendendo-se mais uma vez com a nova mulher que o acudia. Procurando reconfortá-lo daquele sofrimento, a socorrista toca nas têmporas dele e o aquece completamente, reorganizando toda a sua debilitada circulação sanguínea. Em poucos minutos, José estava revigorado.

Terminada a salvadora intervenção, ela permaneceu agachada a observá-lo por alguns instantes. Tendo certeza da retomada consciencial de José, a musa murmura nos ouvidos dele uma palavra desconhecida; de seu hálito puro emanava um perfume parecido com hortelã. Após isso, ela se levanta e retorna serena para as águas, quando, então, José se manifesta, tentando impedi-la de seguir:

— Senhora! Senhora das águas! Por favor, não vá! Fique mais um pouco...

Após aquela chamada, a belíssima morena se volta e, com um leve sorriso, senta na superfície das águas, flutuando literalmente, como se não existisse gravidade. Nesse momento, José percebe um cordão prateado na testa dela, como único paramento, dotado de brilho augusto. Mantendo seu sorriso juvenil, a encantadora mulher passava a mão sob a água e olhava para José de maneira pura.

Foi quando ele disse:

— Oh! Meu Pai... De novo, não... Que mulher maravilhosa... Tu és diferente da outra... Tua beleza é tão pura... Eu pensei que morreria desta vez, mas tu me salvaste... Tenho cá procurado ouro, mas estou a ver que mais belo que o ouro é a tua beleza... Não vá, princesa da fonte, não vá!

A musa continuava a sorrir para José, deixando-o sem ação. Ela seduziria qualquer homem, tamanha a sua beleza.

Não satisfeito, o português pergunta:

— Tu falas algum idioma?

O olhar penetrante dela continuava da mesma maneira, sendo que a resposta à pergunta não viera.

Mesmo assim, José insiste:

— Posso aproximar-me? Ou melhor, fique mais para a beirada, já que estas águas são tão frias.

Parecendo ter compreendido o pedido de José, a musa vem lentamente até onde ele estava e se senta bem próximo a ele. Celebrando a magia daquele reino, o português estava tomado pelo encanto daquela mulher maravilhosa à sua frente. Desta vez era diferente, pois não se sentia hipnotizado, mas sim encantado, como se estivesse diante de uma deusa.

Sem nada dizer um ao outro, permaneceram trocando olhares por um tempo sem ter como precisar. Era como se o tempo estivesse parado para José. Sem intimidação, admirando-a, ele pega nas mãos da bela e a toca carinhosamente, completamente apaixonado pela simetria daquela aparição inexplicável, num sentimento incontrolável de total entrega.

Quebrando o silêncio, ele se manifesta como jamais havia se comportado em sua vida desvirtuada:

— Minha princesa da fonte... Tu és mesmo real? Sempre fui um homem pervertido, mas agora não consigo desejá-la com lascívia, mesmo diante de tua nudez encantadora. Seria capaz de tudo para tê-la comigo para sempre, até trocar minha inveterada vida infame pelo teu amor... Nesta única vez que a vejo, já me foste capaz de enamorar-me por ti... Eu estou a sentir-te em todo meu ser! Para mim, tu és real, entretanto, saíste duma fonte, como pode ser tal coisa? Oh, meu Deus... Não quero entender que estou a enlouquecer... Não quero que seja uma manifestação de minha imaginação... Diz que não és! Diz, beleza angelical!

A musa olhava para José de uma maneira tão envolvente, que a cada minuto que passava seu coração mais se apaixonava por ela. José sentia algo maior do que se conhece pelos sentimentos comuns, uma adequação além das dimensões materiais. Para caracterizar o momento, aquela queda d'água ficou ainda mais repleta de ondinas e ninfas, num cenário concernente às coisas fantásticas. Mais do que enamorado, ele sentia a maciez da pele da musa ao tocar nas mãos dela; era real demais, não poderia estar vivendo um sonho.

Com os olhos ardentes de amor, perguntou mais uma vez a ela:

— Eu ouvi um chamado desconhecido antes de tua aparição. Poderias me dizer o que significa *auêim*?

A musa olhou diretamente para a fronte de José e, telepaticamente, respondeu à pergunta. Ela segurava nas mãos dele; era um momento de rara beleza transcendental. O português conseguia se comunicar com ela e regozijava-se da satisfação que experimentava. Dessa forma, o interessado teve a sua resposta:

— Então, este nome é o da ninfa do rio... Ela não queria me matar? Foram os meus maus instintos que me levaram ao fascínio? Eu fui salvo por elementais da natureza? Elementais? O que é isto?

Ela mira seu olhar novamente na fronte de José e ele volta a escutá-la mentalmente. Em seguida, ele elucida:

— São habitantes de outras dimensões. Um mundo paralelo bem próximo do mundo material... Entendi... E eles são muitos?

Toda vez que perguntava, o procedimento era o mesmo. E a resposta vinha em seguida:

— São milhões de seres que atuam nos elementos da natureza... Alguns em evolução, outros muito evoluídos... E eu fui salvo por um grande e respeitado ser destes...

Dando sequência, a musa aperta forte a mão de José e esclarece mais algumas coisas para ele, como nomes, tempo, espaço. Durante essa sessão, o tempo foi um pouco maior.

Com um brilho satisfeito no olhar, ele afirma:

— Então, eu estou num reino virginal de Yaras! Criaturas das águas doces, fontes, rios, cascatas, cachoeiras etc... Mas, eu quero amar-te! Por que não posso, minha princesa?

A musa esboça uma tristeza até então não manifestada por ela. Em seguida, no mesmo procedimento das comunicações, José tinha a resposta, retrucando:

— Se tenho que morrer para este mundo? Que eu morra, então! O que desejo é ficar contigo... Acredito ter encontrado o tesouro que procurava e nada mais me interessa...

Sem controle de sua paixão, não esmorece em implorar:

— Princesa! Por favor, deixa-me ir contigo. Encontrei minha razão de existir. Sempre vivi como se fora um verme. Minha vida nunca teve sentido algum, somente me envolvia com coisas escusas; um bem para a humanidade será minha partida.

A musa voltou a sorrir. José pôde tocar no rosto delicado dela e desejava muito beijá-la. Ele se encostou a uma árvore e a deslumbrante mulher deitou-se em seu colo, a acariciar seus cabelos. O bálsamo do perfume dela era tocante e por toda a madrugada permaneceram se acariciando apaixonadamente.

Quando os primeiros sinais do alvorecer surgiam no horizonte, a musa levantou-se do colo de José em sua habitual serenidade e lhe deu um beijo carinhoso na testa. Olhando nos olhos do apaixonado, a linda mulher levemente passou as mãos no rosto de quem havia totalmente encantado, para, em seguida, lavar-lhe a face com um líquido trazido por uma ondina tão bela quanto ela. A transparente composição ainda mais benefícios traria para a pele do antes embrutecido homem, deixando-a ainda mais aveludada.

José sentia seu hálito adocicado e desejava beijá-la nos lábios. Ele atrevera-se a isso, mas a ondina que trouxe o líquido não permitiu a finalização de sua intenção, elevando na frente dele um instrumento dourado, idêntico a um bastão, de forma ostensiva.

Envolta em um azulado brilho, a bela foi adentrando as águas rumo à cascata, quando, desesperado, ele grita, tentando impedi-la:

— Não!!! Não vás... Sem ti, não suportarei um só minuto neste mundo...

Com uma pequena pausa em seu trajeto, ainda de costas para ele, telepaticamente ela respondeu:

— Tu já és meu, para sempre...

Em seguida, a bela mergulha nas formosas torrentes fluviais e desaparece junto com todas as suas fantásticas companheiras. Paralisado com a visão do mergulho de sua amada, por alguns instantes José não se mexeu, tentando acreditar. Quando tomou consciência do ocorrido, entrou em pânico por ter permitido a partida dela e começou a gritar em total desespero. Ele suplicava que ela retornasse a seus braços. Enlouquecido, mergulhou na água, a procurá-la por toda a extensão da correnteza vinda da cachoeira, mas não encontrou um rastro sequer de seu amor.

Exausto, retornou para a beirada. Aos prantos, disse como se ela pudesse ouvi-lo:

— Princesa! Não me deixes aqui... Por favor... Eu te amo! Não me deixes aqui...

José arrancava a areia molhada do chão e a esmurrava, tentando descarregar sua indignação. Por horas, continuou com esse comportamento inútil, até que, sem forças, desmaiou de cansaço e dormiu até o anoitecer.

Logo no início da noite um temporal despencou e José acordou assustado com o pequeno dilúvio. Percebeu um abrigo em uma gruta e por lá ficou até passar a tempestade, olhando para a cascata na esperança de que sua deusa emergisse das águas. Mas, a bela não veio desta vez...

O homem apaixonado caíra em profunda melancolia. Durante três dias, o português permaneceu no anseio do retorno da beldade provinda das fontes. No curso do dia dormia; quando a noite chegava, ele ficava observando toda a extensão das correntezas fluviais; ao amanhecer, voltava a se deitar, deprimido pelo não regresso de seu amor. Nem fome sentia dentro daquela gruta, levantando apenas para tomar água e fazer suas necessidades fisiológicas.

Na quarta manhã, após a espera inútil de uma nova aparição das belas mulheres das águas, José resolveu sair daquela gruta. Por mais uma vez, ele havia passado toda a madrugada em claro e estava muito fraco, pois continuava sem se alimentar, apenas tomando água. A fraqueza e a ausência de alimentos sólidos provocaram nele uma forte diarreia, a complicar ainda mais sua situação, ocasionando desidratação. Em consequência de seu estado emocional e da desnutrição daqueles dias, já havia perdido seis quilos. Não tinha condições físicas para seguir adiante e desejou a morte.

O encanto de um elemental das águas, quando provido da intensidade à qual José fora submetido, quase sempre é fatal, algo que nos dias atuais é difícil de compreender, devido às muitas deturpações sofridas referentes a esse gênero da Criação.

Com pouca resistência, José retornou para a gruta e acabou desmaiando. Ele estava imundo, devido à forte desidratação, e com um quadro clínico terrível, prestes a desencarnar. Entretanto, passado um tempo considerável após o desmaio dele, um movimento no ar trouxe várias folhas verdes, que foram se juntando na entrada da gruta. Forma-se, então, a colossal silhueta masculina de Yucuruá. O esverdeado observa a condição precária de José e percebe que o desprendimento de seu corpo era iminente.

Yucuruá saiu da gruta e entoou um cântico na direção da cascata, com a mão direita em forma de concha ao lado de sua boca. Palavras desconhecidas, em um dialeto conhecido pelos ancestrais ameríndios: "Sustakiiaummm mikiiiiimmmm". Por várias vezes proferiu esse dizer, até que a bela musa se projetasse da cachoeira.

A beleza daquela criatura era realmente marcante, estando ainda mais bela que na apresentação anterior. Ela vinha deslizando sobre a superfície das águas e se aproximou de Yucuruá. Mentalmente se comunicaram por algum tempo, em meio a trocas de filamentos azulados. Não demorou muito para todo o complexo aquático ficar forrado de seres das águas.

Diferentemente da ocasião anterior no rio, desta vez Yucuruá não foi enérgico com essa bela mulher das fontes. Apenas conversara com a senhora das águas em vibrações brandas, pois ele desejava saber o que acontecia com o moribundo caído na gruta. Para espanto do protetor da aldeia, a musa dizia amar aquele energúmeno e que desejava levá-lo para seu domínio, enfatizando tal sentimento aos prantos.

Yucuruá obtemperou para a nativa das fontes que algo dessa natureza seria impossível, pois aquele homem era marcado por muitos débitos em vidas pregressas e jamais poderia ser admitido em um sítio sagrado, caso desencarnasse. E em se concretizando o desprendimento, de certo seria levado pelos iuiucumains. Decepcionada, a lindeza da face daquela ninfa foi marcada por uma melancolia difícil de descrever, talvez algo inerente apenas aos seres das dimensões paralelas, aqueles que já entendem a razão dos sentimentos. Seu amor pelo marginal era tão grande, que mesmo tomada de contagiante tristeza, ela saiu da águas e se dirigiu até seu encantado amor. De suas mãos jorrava água, com a qual ela foi limpando todo o corpo do minguado homem que desejava ter em seu domínio. Aquele procedimento fenomenal higienizou o infeliz, que fedia muito. Em seguida, sentada com as pernas de lado, característica desses seres, ajeitou a cabeça de José e o colocou em seu colo, tudo supervisionado por Yucuruá. Calmamente, foi passando a destra na testa de seu amado, não demorando a revigorá-lo por completo. Retomada a consciência, o português abriu os olhos e viu sua deusa a confortá-lo carinhosamente. Ele sorriu de satisfação com aquela visão maravilhosa e disse cheio de amor:

— Princesa... Enfim, tu voltaste para mim... Não me deixes mais só, meu amor...

A pureza daquela mulher era superlativa, mas seu pouco contato com o mundo carnal era evidente. Desenvolvera um sentimento digno das ninfas por um homem ainda em desvantagem. Um amor cândido, inocente, incontestável, de conformidade às evocações poéticas do romantismo clássico, que o mundo atual não consegue conceber sem ridicularizá-lo como lenda. Assim se criaram muitos dos contos dos povos primitivos; para eles, eram normais tais experiências junto aos mundos paralelos.

Acariciando seu amado na face, a musa diz a ele, mentalmente, muito entristecida:

— Devo partir para meu reino. Tu vais ficar bem e não deves te lembrar de mim. Não desejo que sofras mais por mim... Confesso que te deixei aqui para que minguasse até tua morte carnal, para que eu pudesse levar-te comigo, mas...

Após essa última frase, dita com lágrimas copiosas, ela olha para Yucuruá como sendo ele o culpado de seu desterro.

José, esforçando-se para se manifestar, disse:

— Não... Eu não... Não vou me esquecer de ti, jamais... Eu vou te dizer: é porque não vou deixar-te ir... Mas, se tiveres mesmo que ir... Leva-me contigo, por Deus... Leva-me contigo...

Yucuruá olha para a bela e, em seguida, se transforma na espiral de folhas, dissipando-se entre as árvores. A bela tinha de terminar seu martírio e, mais uma vez na habitual forma de se comunicar, concluiu ao seu amado:

— Não posso mais ficar aqui contigo. Recebe em teu coração meu amor eterno, para que um dia possamos estar juntos... Agora, dorme, meu amor... Dorme...

José tenta impedir a ação de sua amada, mas, como estava muito debilitado, adormece com um simples toque dela em seus olhos. Em seguida, a senhora das águas assopra de seu hálito perfumado um vapor esverdeado que o vitaliza completamente. A intervenção visava a alimentá-lo, já que há dias ele não o fazia. Para finalizar, ela o beija na testa delicadamente, toca seus lábios nos dele, deixando nele sua pureza registrada em alma e matéria.

Ela tinha mesmo de partir, mas antes que deixasse a gruta, a bela murmura nos ouvidos de seu amado um estranho nome, para que ficasse gravado nele intimamente:

— Yamaninnaan...

Mais um dia estava terminando naquele paraíso intocado. A belíssima senhora das fontes se levanta e segue para fora da gruta. Antes de sair do abrigo de seu amado, por mais uma vez o fita taciturna, para logo após adentrar nas águas e desaparecer na fonte, junto com toda a confraria do reino das águas doces.

Capítulo 10

A Aldeia da Serra

Enquanto José estava perdido em consequência de seus desatinos, dias se passaram em forte empreitada da armada de Calixto dentro da mata. As investidas do grupo explorador não cessavam. No início, até procuraram pelo desaparecido, contudo, após uma semana do sumiço dele, já haviam perdido as esperanças de encontrá-lo.

Durante o decorrer da diligência pelas matas, Manoel resolveu comentar com um dos companheiros sobre o desaparecimento de José. Calixto, percebendo aquela futrica, não se conteve em sua indignação, pois era latente que não gostava do desaparecido. Interrompendo de forma taxativa os criadores de uma provável intriga, desferiu-lhes um olhar de reprovação intimidante.

Aproveitando a intimidação, o comandante interrompe o trajeto já em um ponto bem próximo da serra e ressalta de maneira expressiva aos seus subalternos:

— Manoel e todos que cá estão! Prestem bem atenção! Há dias nós outros procuramos o "dentes podres", sem que tenhamos obtido sucesso algum. Não vamos mais nos preocupar com o falsário daqui pra frente. E isto serve para todos aqui. Eu cá não desejava baixa em meu comando, mas daquele... Mui bem... Creio não me fazer falta alguma nesta missão. O mancebo estava sempre à margem de tudo e eu, na qualidade de comandante desta chusma, não gosto desse tipo de comportamento. Isto mui aborrecido me deixa. E aquele desprezível deve ter sido devorado por algum animal predador por conta de sua sovinice.

Calixto olha diretamente para Manoel e pergunta ao seu subalterno:

— Quantos dias ele está desaparecido?

— Uma semana, senhor! — Responde Manoel enfático.

Calixto carrega a fisionomia, coça a barba, olha para todos os seus comandados e encerra a conversa sobre José. Em seguida, respira fundo e continua sua explanação em assunto de seu interesse:

— Agora, vamos ao que interessa nesta expedição. Observem todos ali no ápice daquela frondosa serra! Além de mui bela, vejam que há uma fumaça de origem desconhecida em seu cume. Perceberam? Pois bem, onde há fumaça, sempre há fogo... E fogo não se acende só, não é mesmo?

Experiente em bandeiras, o comandante, apontando para outro ponto da mata, continuou suas observações:

— Observem acima daquela fenda entre as rochas e as árvores! Vejam que existe uma confluência. Aquilo me faz acreditar ser o caminho rumo ao nascedouro desta porção de vapor resultante de algo em chamas. Creio que são selvagens os autores deste fumacê. Portanto, concentração! E preparem os arcabuzes para qualquer surpresa.

Concomitantemente à chegada dos exploradores, distraído pela tranquilidade daquele sítio dentro da selva, Giyaputuairá segurava sua enorme lança na posição de sentinela da aldeia. Extremamente competente em seu oficio de guardião, em um ponto privilegiado que dava condições de visualizar a chegada de qualquer desconhecido em sua jurisdição, em uma extremidade acima da colina, o hábil guerreiro é surpreendido por estranha movimentação a pouco mais de 200 metros abaixo das rochas. O imprevisto o faz aumentar a atenção naquela atividade, fincando a lança no solo e se posicionando para atirar sua flecha, caso houvesse necessidade. O guardião se manteve cauteloso pelo tempo que se processava aquela estranha marcha, até que pôde enxergar com clareza um grupo de homens surgindo do abundante complexo verdejante daqueles relevos.

De imediato se apavorou com aquilo que avistava, fechando e abrindo inúmeras vezes os olhos para ter certeza das imagens. Tomado pelo assombro da chegada daqueles forasteiros que vinham na direção da colina, Giyaputuairá deixa cair suas armas no chão de maneira bem desengonçada. O nativo não sabia se se levantava ou se agachava, tornando a cena cômica; não sabia se pegava as armas caídas ou continuava olhando para o vão divisório entre a mata e a serra. Com a curiosidade aumentando substancialmente, acabou por esquecer as armas e fixar os olhos nos intrusos que se aproximavam cada vez mais.

Giyaputuairá, reorganizando sua compreensão, pega do chão todas as armas, contudo, sem tirar os olhos dos recém-chegados. Ligeiramente, sobe em uma árvore para ter melhores condições de visualizá-los e aguarda os acontecimentos. Paradoxalmente à cultura do prestativo guerreiro, as vestimentas, as barbas enormes daqueles homens, as armas desconhecidas que eles carregavam, denotavam algo que fugia a todos os padrões que o flecheiro tinha noção de existir.

A caravana de Calixto transcorria em marcha firme. Eles já estavam prestes a adentrar pelo talude que conduziria à pedra-símbolo da aldeia. Entretanto, aquela admirável extensão fundamentada dentro da mata proporcionaria mais uma excepcional manifestação de seus habitantes mais ilustres: Inesperadamente, surge como prestidigitação nada menos que uma ameaçadora onça-pintada bem na frente dos expedicionários. O intrépido felino urra agressivamente para o grupo, a levantar suas espessas patas de afiadas garras contra eles. A aparição daquele animal extremamente perigoso não lhes deixou alternativa: recuaram. Diante do perigo iminente, Calixto pede calma ao seu grupo apenas com um simples gesto. Ele não desejava assustar o predador e, lentamente, todos foram andando para trás com seus arcabuzes engatilhados contra o bicho. Entretanto, ainda ocorreria outra surpresa aos emboscados clandestinos, que, preocupados com a presença da onça, não perceberam um segundo predador: uma harpia, que sobrevoava o recinto ameaçadoramente. Em categórica cilada, esse exuberante exemplar dos falconídeos promove um voo rasante contra os invasores, deixando-os completamente acuados.

Intimidante, estabelecia sua imponência e não cessava seus ataques de forma exaltada, atingindo-os com golpes violentos. Como um raio, ia para o alto e, onipotente, rasgava o ar na direção daqueles homens desprevenidos. O acometimento do vigoroso animal acabou por causar ferimentos consideráveis em todo o grupo, que partiu para o contra-ataque.

Visando a se defender, postou-se o agrupamento explorador logo atrás de uma vegetação circunscrita. Irado, Calixto autoriza o ataque contra aquela oposição desenfreada e vários disparos são desferidos contra a ave e a onça. No entanto, parecia impossível alvejá-los, devido à capacidade de esses animais se evadirem.

Incitado pelo desenrolar da confusão, Giyaputuairá desceu da árvore e, desvairado, correu para a aldeia, à procura de seu morubixaba. Yassanan, naquele momento, não se encontrava em sua oca, contudo, aqueles tiros estimularam um tumulto no povoado, culminando no interesse dos habitantes em saber a origem daqueles disparos. Atordoado ao extremo, correndo enlouquecido por todas as ocas, o flecheiro perguntava a todos da aldeia pelo morubixaba, mas ninguém tinha conhecimento do paradeiro do chefe dos nativos. Até o momento em que sua angústia foi minimizada: Yassanan chegava de um passeio com sua esposa. O morubixaba, vendo aquele tumulto em sua aldeia, se inflama de nervosismo. Yaciara se afasta em sinal de preocupação e, diante daquela agitação, o chefe do povo da mata se manifesta autoritário:

— O que está acontecendo nesta taba? Por Ariri, fiquem quietos! Yassanan não aguenta mais esse barulho ensurdecedor!

Ao avistar o morubixaba, Giyaputuairá vai ao encontro dele e tenta contar a extraordinária notícia ao seu chefe, mas as muitas dificuldades em se expressar impedem a comunicação, tamanho seu estado de assombro diante da situação.

Yassanan olha para o flecheiro ainda mais irritadiço e aguarda que ele recupere a organização dos sentidos. Instantes depois, o guerreiro recupera o fôlego e se manifesta ainda afoito:

— Yassanan! Filho do Grande Pássaro! Tem intrusos pálidos na colina. Esses pálidos têm cabelos na cara e armas pontudas que cospem fogo. Atiraram desse fogo contra uiraçu. Também cuspiram fogo contra o jaguar que veio proteger a taba.

Aquela notícia ferveu ainda mais a cabeça do morubixaba. Agitado, soltou suas tranças, que desceram como cascatas até abaixo dos ombros; com os olhos centrados no atabalhoado guerreiro, afirmou:

— Então esses pálidos enfim chegaram...

Giyaputuairá estranhou a receptividade à notícia por ele reportada, perguntando confuso ao morubixaba:

— O que Yassanan quer dizer com isso? Yassanan tinha conhecimento desses intrusos?

— Yassanan não tem tempo para explicação agora, grande guerreiro. Junte os flecheiros e leve Yassanan até onde estão os intrusos.

Giyaputuairá reuniu imediatamente seus parceiros, algo em torno de 30 nativos bem armados com arcos, flechas e lanças, e seguiu para onde havia avistado os portugueses. O regimento do morubixaba não demorou a chegar até o ponto de sentinela da aldeia, movido pela impulsão guerreira do sangue jê de seu líder. Lá puderam visualizar facilmente os homens de Calixto, ainda em posição de combate, preocupados com aquele enigmático falcão que permanecia sobrevoando-os circularmente e de forma ostensiva.

Destemido, Yassanan desceu pelas trilhas até a entrada da atalaia para despontar com sua retaguarda composta de seus 30 guerreiros, cinco atrás dele e 25 flecheiros que se postaram nas árvores prontos para atirar. Em rápida descida, o líder dos nativos surgiu dando um salto por dentro da escarpa que ficava na divisa das matas para a atalaia e fincou veemente sua lança no solo, já defronte aos invasores de seus domínios. Aquela atitude era típica em casos de guerra nessa cultura. Em seguida, cruzou seus musculosos braços atrás da lança por ele fincada e olhou arrogante para todos os clandestinos.

Yassanan, sem ter a mínima noção do perigo que enfrentava, pois estava sob a mira dos perigosos arcabuzes, retirou de um bornal preso em sua cintura uma tinta preta e rapidamente a passou em todo o seu rosto. Em seguida, atirou para trás a pequena sacola e os cinco guarda-costas, usando da mesma tintura, também pintaram suas faces. Atordoados com aquela tresloucada chegada dos nativos, nenhum dos expedicionários disse uma só palavra, somente observavam atentos aquela hostil abordagem, engatilhando suas armas.

Calixto já havia tido muitas experiências com povos de outras culturas em suas múltiplas viagens. A ocasião era de cautela e sua vivência seria primordial naquele momento. Percebendo a hostilidade do líder dos nativos, com um gesto brando de sua destra, arguto, ele primeiramente solicita a seus homens que abaixem as armas. Em seguida, com um passo à frente, evidenciando sua posição de comando, reverencia o líder oponente curvando a cabeça e arrastando a perna direita para trás em sinal de respeito. Entretanto, nada daquilo adiantava diante da aversão dos nativos aos clandestinos. Yassanan permanecia muito incomodado com a presença daqueles estranhos em suas terras.

Como o cumprimento de Calixto não mudara a receptividade do líder nativo em relação aos intrusos, a situação requeria outra estratégia do expedicionário. Calixto, então, faz um sinal de espera com as mãos para o morubixaba e pega uma sacola que um de seus comandados carregava. Com um sorriso muito sem graça, ele retira de seu interior pequenos objetos, como espelhos, lâminas, pentes, quinquilharias, e mostra tudo, tentando chamar a atenção do homenzarrão de pele avermelhada. Yassanan não arredava o pé de onde estava, deixando Calixto completamente desorientado. O nativo não se interessava por absolutamente nada que lhe era exibido como oferta.

A aldeia de Yassanan, sem sombra de dúvida, teria sido uma etnia completamente diferente do que se conhece sobre as culturas nativas do Atlântico Meridional. Devido à forte influência ancestral, muito bem conjurada por Parassuá e seus antecessores milenares, nesse povoado do qual confluem nações tupis como a jê nada se assemelha ao que se conhece convencionalmente. Tais aspectos peculiares tornam impossíveis trocas de objetos fúteis por um contato amistoso. Essa aldeia não vivia no litoral, portanto, estava à margem dos conflitos entre tupis e tapuias que ocorriam de forma crônica naquela época. Apesar de os tupis-guaranis considerarem todos os povos viventes nas serras e nos agrestes como seus inimigos, estes não faziam parte desse contexto. Tratava-se de um povoado que preferia o isolamento para justamente preservar sua herança cultural. Apesar de extremamente místicos, não possuíam uma cultura rudimentar como a maioria da coletividade nativa daquele tempo. Eram de uma cultura mais civilizada, situação que em muito dificultaria o contato com essa expedição. Sobretudo, o maior desafio de Parassuá sempre fora controlar o ímpeto de Yassanan. O morubixaba era um grande líder e não admitia intromissão em seus domínios. Devido à proveniência de uma aldeia jê, Yassanan era quase indomável e seu espírito guerreiro permanecia sempre latente.

Diante dessa situação, Calixto estava embaraçado com a aspereza do morubixaba. No entanto, o viajado comandante era sempre muito arrojado. Calmamente, ele se aproximara mais um pouco do avermelhado nativo, pronunciando com perspicácia:

— Mui bem, ilustríssimo caudilho deste povo! Se vós pudésseis entender meu idioma, eu vos peço, por favor, dar-me-íeis um sinal? São estas minhas respeitosas palavras...

Yassanan nada compreendera daquela enunciação, pois o idioma era incógnito para ele. Enquanto Calixto olhava de um lado para o outro, tentando disfarçar sua hesitação, o morubixaba conservava o semblante denso, olhar rígido e amistosidade zero para com o clandestino.

Calixto não tinha como não se incomodar com aqueles 25 homens com setas apontadas para seu grupo, tendo em vista não estar progredindo nas tentativas de contato. Rapidamente, elaborava novas estratégias em seus pensamentos. Ele tinha de encontrar uma saída, pois, muito embora possuíssem armas de fogo, seus comandados poderiam morrer pelas setas daqueles nativos. Resolveu insistir mais uma vez na demonstração das quinquilharias, mas o morubixaba não demonstrava qualquer possibilidade de entendimento entre eles. A cada minuto que passava, mais complicada ficava aquela situação.

Para piorar ainda mais aquela indisposição entre as etnias, Yassanan resolve se pronunciar conforme sua cultura em circunstâncias dessa natureza. O nativo olha enojado para Calixto, empunha sua lança com mais firmeza e, em voz gutural, pronuncia uma frase completamente desconhecida aos exploradores:

— Atimãn abá! [*Saiam destas terras!*]

Pela primeira vez, Calixto estava realmente tenso. Tentando manter o controle, acenou para seu grupo no intuito de deixar claro que estavam diante da possibilidade de um embate.

O homenzarrão avermelhado não desejava mesmo parar por aí. O espírito de guerra tomava conta dele naquele momento, contrariando todos os ensinamentos de seu pajé. Enaltecendo sua rebeldia, o nativo retira sua lança do solo e a ergue para o alto com as duas mãos. Em seguida, profere o nome de um antigo guerreiro de sua etnia com um expressivo grito:

— Maret-khamaknian!

Aquele ofensivo berro aguçou todo o regimento nativo, fazendo-os repetir sem parar:

— Maret-khamaknian! Maret-khamaknian! Maret-khamaknian! Maret-khamaknian!

Os gritos de guerra já tomavam uma dimensão de êxtase para os nativos, quando, para não fugir aos enigmas daquelas terras, um vento forte corta as frondosas árvores e termina com aquela desenfreada exaltação. Em seguida, todos olham atentos para o escarpado, inclusive os invasores, percebendo que um senhor de idade avançada descia com certa dificuldade pelo íngreme espaço, acompanhado por um jovem que lhe segurava as mãos com muito respeito. Naquele momento, Yassanan calou-se e quis se aproximar do ancião que já estava próximo do vão divisório, mas foi bruscamente interceptado pelo velho recém-chegado com gestos típicos de quem desejava distância.

Já no palco dos entraves, o ancião ajeitou seus embranquecidos cabelos e, retomado o fôlego, disse, enervado, para o morubixaba:

— Aguiye! [*Basta!*]

Após a crítica contra seu mais ilustre guerreiro, o pajé, empunhando seu maracá, vira a cabeça para Calixto e olha bem firme para ele: Em seguida, em gestos fáceis de entender, solicita que os invasores abaixem as armas. Calixto atende ao pedido do velho e aguarda que os flecheiros façam o mesmo. O pai daquele povo nativo balança seu instrumento para cima e para baixo e os guerreiros descem suas setas. Ninguém melhor que Parassuá para tomar as rédeas do iminente conflito, e ele sabia como domar seu povo.

Fincando seu maracá no solo, aquele velho de longos cabelos

brancos abraça seu instrumento e ordena que Sacutira se afaste dele. Olha para Calixto de maneira pouco amistosa e, defronte ao clandestino, se agacha e faz com o dedo indicador um círculo no solo. Nesse círculo desenha alguns pontos que definiam as pessoas e as divide em dois grupos. Com aqueles sinais, caprichosamente vai ilustrando sua explanação. Um desses sinais tinha a direção do oceano, demonstrando que os expedicionários deveriam seguir em retirada daquelas terras, rumo à praia.

Entendendo o propósito da grafia, Calixto tenta se manifestar de forma contrária. Ele esboça discordância em relação àquela enunciação, mas é bruscamente interceptado de forma negativa por Parassuá. O pajé não permitia que ele se pronunciasse e, ainda agachado, aguardava que os invasores entendessem e obedecessem.

Calixto não podia perder o controle; mesmo com vontade de fuzilar o velho, ele tinha de se conter.

Todavia, para evitar maiores consequências para sua missão, o lusitano enfim acena ao seu grupo para que sigam em retirada. Sua contrariedade era latente, mas o experiente corsário não desejava, naquele momento, maiores problemas.

Entretanto, antes de a caravana de Calixto se afastar dos nativos, o ancião muda de estratégia. O enigmático senhor daquele povo da mata se levanta e faz uma pergunta a Calixto no idioma tupi-guarani:

— Ahaarõ abá? [*Espero quem?*]

Evidentemente que Calixto não compreendera o dialeto, mas, sorrateiro, ele tenta se comunicar com o velho:

— Vós quereis me perguntar algo, senhor? Creio que vossa pergunta seja donde nós outros viemos. Perdoai-me, se não for este o seu significado... Caro ancião deste povo que desconheço as origens! Tenho dificuldades de compreensão de vosso idioma...

Agora quem não entendera nada fora Parassuá.

Fervilhando no palco dos acontecimentos, Yassanan permanecia muito incomodado com aquela situação, que parecia não mais ter um desfecho. O morubixaba torcia por um deslize dos invasores, pois teria aí a justificativa para atacá-los, sem interferência do mestre xamã. No entanto, sabia ser impossível um acontecimento dessa natureza, enquanto Parassuá continuasse agindo daquela maneira.

Dando prosseguimento ao diálogo que se tornara oportuno, Calixto continuava balançando seus braços no intuito de estreitar a comunicação com o cardeal dos nativos. A ressaltada gesticulação dele denotava que seu grupo teria vindo além daquelas singulares matas; carismático, girava as mãos em círculos contundentes, descrevendo um lugar muito distante dali, com a sutileza de um mestre naquela matéria. Todavia, mesmo com todos os esforços, pareciam inúteis para os nativos as insistentes explanações do comandante dos clandestinos.

O entroncamento étnico havia amenizado. Após ter passado o impacto inicial causado pelos intrusos, Parassuá agora estava um pouco mais tranquilo. O velho entendia ter controlado a situação e procurava acentuar o equilíbrio. Calixto até chegou a pensar que estava sendo bem-vindo, mas não era bem esta a estratégia do pajé.

Examinando minuciosamente o contexto sem que ninguém percebesse, Parassuá esboça uma suposta cordialidade. Batendo firme no peito, em gesto característico, ele diz:

— Haihu aryi, Parassuá! [***Eu, avô, Parassuá!***]

Sem perder tempo, Calixto percebe que aquele momento lhe era favorável e também se apresenta, apontando para si mesmo:

— Calixto! Eu sou Calixto de Sousa Aguiar. Comandante dessa armada lusitana! E viemos para cá em paz.

Parassuá se cala e fixa seu olhar no clandestino novamente, como se embarcasse em profundo transe. O velho fica estático, distante dos padrões conhecidos pelos lusitanos. Todos se calam reverentes. Momentos de desconfortável silêncio prevaleceram naquele núcleo agreste, incomodando mais uma vez Yassanan com aquela nova interferência de seu pajé.

Terminada a compulsória inércia, o indecifrável nativo de madeixas embranquecidas retorna à consciência e repete a última palavra dita pelo comandante da armada, quebrando toda a gelidez do primeiro contato:

— Paz...

Calixto, com conveniente perspicácia, diz ao pajé:

— Sim. Paz... Nós outros viemos em paz para esta bela terra.

Mesmo sem dominar o idioma dos clandestinos, Parassuá

não era tolo para não perceber as intenções de Calixto com aquelas apresentações.

Sua sensibilidade aguçada enxergava muito além da compreensão comum, facilmente visualizando toda a malícia que ali lhe era ocultada. Ninguém dali podia avistar a dimensão espiritual, entretanto, o colossal espírito esverdeado cobria o velho completamente, bem detrás dele, como se fosse uma imensa capa energética protetora. Yucuruá jamais desamparava seus protegidos. Sacutira ainda não podia enxergá-lo, no entanto, o futuro pajé conseguia sentir a presença do elemental e se jubilava com tal sensação.

À margem de todo o esforço do velho em transformar aquele encontro cultural em um ato pacífico, Yassanan não modificava sua posição. O morubixaba tinha a sua belicosidade à flor da pele e aguardava que tudo aquilo acabasse logo. Estava agitado, inconformado com a amistosidade de seu pajé e apertava sua lança com avidez, desejando atacar aqueles brancos invasores.

Hábil, Parassuá continuava com seu prodígio quanto às situações extremas. Levantando a cabeça para o céu, o ancião mira o olhar na formosa harpia que permanecia por perto. Com sua incomparável capacidade de comunicação com os animais, inerente aos xamãs, ele grita para o falconídeo, identificando-o com um nome:

— Gwyrá!

A exuberante ave, que não havia parado de sobrevoar o lugar até então, emite seu característico pio, voa até o velho e pousa em seu ombro, exibindo sua beleza para todos ali presentes.

Com aquele animal magnífico em seu ombro, Parassuá novamente se agacha, no intuito de demonstrar mais alguma coisa. Ele pega um graveto e volta a desenhar para Calixto inteligíveis detalhes cartográficos; mesmo sem recursos, reinicia outra explanação. A maneira singular de se expressar, os movimentos, a fisionomia, representavam uma comunicação tão evidente como se fosse falada. Não obstante o propósito de sua manifestação, claramente era demonstrado que os viajantes haviam passado no trajeto por outra tribo. Tratava-se de um povo também nativo que habitava a costa litorânea. Em pausas entre os desenhos e os expressivos gestos minuciosamente representados, o velho ilustrava que esse povo caiçara era agressivo e belicoso.

Calixto manteve-se atento durante toda a explanação, compreendendo perfeitamente a linguagem representativa do pajé.

Terminada a incisiva encenação do senhor do povo da mata, a ave bate suas enormes asas e voa até a mais alta das coníferas. Parassuá ergue-se junto e afirma, em tupi-guarani, apontando para o desenho de um guerreiro que ele havia traçado. Rudemente, ele diz:

— Mbyás! Mbyás!

Tentando demonstrar o entendimento da mensagem, Calixto declara ao pajé:

— Vós quereis nos alertar que cá existem outros? Dais-me a impressão que estes são hostis!

Persuasivo, Parassuá levanta seu indicador para Calixto em sinal de alerta. Em seguida, apaga tudo que havia desenhado com as mãos e continua sua efusiva explanação em outro traçado.

Não leva muito tempo para evidenciar seu raciocínio. O ancião desenhara a caravana de Calixto, indicando-o no desenho. Categoricamente, ele aponta para o comandante, demonstra que o grupo dele deve retornar para a praia imediatamente e finaliza levantando-se e fincando o maracá novamente no solo.

Aquela alternativa, mais uma vez, não agradava a Calixto. Ele olha para o alto da serra e percebe o crepúsculo do dia já bem próximo. Pensando rápido, o comandante vai ao solo e tenta desenhar uma ilustração para convencer o velho da permanência de sua expedição no local. Enquanto desenha, gesticula bastante, tentando ser convincente.

Ao terminar a pretensiosa atitude, com uma pergunta em seu idioma, Calixto conclui seu intento:

— Senhor! Nós outros podemos pousar esta noite em vossas terras? O anoitecer já está próximo e a floresta é mui perigosa neste período... Vós entendestes minha pergunta?

Os guerreiros nativos se olharam confusos com toda aquela conversa que parecia não ter mais fim. Por sua vez, eles tinham compreendido a intenção da pergunta de Calixto.

Parassuá não perdia o equilíbrio e observava toda a extensão daquele ponto verdoengo, apertando mais uma vez seu instrumento mágico, visando a entrar em concentração. Respira fundo, sente o cheiro forte da mata e canaliza sua ligação com sua ancestralidade. Seus olhos começam a ir de um lado para o outro, em sentido amplo de mudança de padrão vibratório. Instantes depois, sua visão se condensa no éter e Yucuruá é nitidamente avistado em sua frente. Ao lado do gigante esverdeado surgia, opulente, uma legião de espíritos silvestres em mavioso encanto. Entidades antiquíssimas, dos tempos em que o planeta iniciara sua jornada evolutiva – nada do que se tem compreensão atualmente –, se apresentavam céleres. Alguns deles produziam eflúvios escarlates que vibravam junto com o furor dos feixes esmeraldinos de Yucuruá; outros cintilavam como magnificentes cristais. Jubilado com aquela radiosa presença transcendental, o velho alcançara o que precisava saber naquele instante, retomando paulatinamente seus sentidos mais densos. Em pensamento agradece complacente aos donos daquele complexo natural e retoma sua atenção para o confronto que gerenciava com maestria.

Ajeitando os longos fios de cabelos brancos para trás, Parassuá se dirige até Yassanan e Giyaputuairá. Em seguida, com a destra espalmada, o velho toca simultaneamente no peito de cada um deles e lhes diz em idioma ancestral:

— Batancuruê aon miibitiacá. Ijiacutuaria lokiti. [*Tenham calma!*]

O morubixaba e o guerreiro se olharam ligeiros ao ouvirem aquela ordem; do idioma pouco haviam compreendido, mas na essência entendiam a natureza da mensagem.

Parassuá, mais uma vez, se aproxima de Calixto. Defronte ao corsário, diz com firmeza:

— Paz.

Aquela estranha palavra faz Yassanan se afastar de seu conselheiro. Parassuá, bem ao lado de Calixto, empunhando firme seu cajado, acena para que o estrangeiro o acompanhe, indicando que suba pelo talude. Calixto pede que seus subordinados aguardem seu retorno e segue junto do pajé. Atrás deles seguem todos os guerreiros, menos os cinco comandados de Giyaputuairá, que ficam a postos acima da entrada do vão divisório entre a serra e as trilhas, vigiando toda a armada de Calixto. Nesse ínterim, os portugueses resolveram descansar, não perdendo a atenção nos nativos.

Com a ajuda de Sacutira, Parassuá logo chegou ao cume, aguardando a chegada de Calixto, que vinha escoltado pelos guerreiros. Acenou mais uma vez, indicando a trilha que conduzia à pedra-símbolo, e todos seguiram naquela direção. No espaço sagrado para aquela etnia, Calixto buscava compreender a real intenção daquele enigmático homem. Seu semblante de preocupação mostrava claramente que seu destino estava nas mãos de um velho nativo.

Defronte à pedra, Parassuá solicita que Sacutira forneça sua sacola de apetrechos, sendo atendido prontamente pelo jovem. O velho retira folhas de dentro da sacola e as despeja no solo. Após aquele ato desconhecido para o estrangeiro, Parassuá se vira e retira mais folhas da sacola, atirando-as nos pés de Calixto. O português permanecia estático, sem contestar absolutamente nada daquele estranho ritual.

Daquele ponto em que estava situada a pedra-símbolo, podia-se avistar uma saliência entre as diversas trilhas que conduziam a uma abertura dentro da selva. Segundo Parassuá, há muitas luas, aquele espaço achatado dentro da mata fechada teria sido feito por uma visita dos estrelados que haviam descido de um pássaro que emitia luzes, uma história fantástica, idêntica às muitas contadas pelo ancião da aldeia, que eram respeitadas por todo o seu povo.

Parassuá solicita a aproximação do estrangeiro, que vem sob a escolta de dois guerreiros pouco amistosos, um de cada lado. Com o cajado, o pajé acena, indicando o inusitado espaço esculpido por uma tecnologia surpreendente para aquela época. O velho olha de rabicho para o português e, com o olhar, define que poderiam pousar ali naquela noite. Mais tranquilo, Calixto entende a comunicação e agradece a suposta cordialidade com um leve arrastar da perna esquerda para trás.

Com o andar cansado, Parassuá vai até Yassanan e coloca a mão no ombro dele, dizendo em seu idioma:

— Filho do Grande Pássaro! Eis o momento demonstrado por Ariri a este velho em muitos sonhos... Os pálidos chegaram a nossas terras.

Muito preocupado, o homenzarrão pergunta:

— O que Yassanan deve fazer?

Gesticulando com rapidez, o ancião pede a aproximação de Giyaputuairá, que lhe obedece prontamente. Entre os dois maiores guerreiros da aldeia, o sábio nativo diz:

— Leve os estrangeiros para o pouso dos estrelados. Na alvorada, estrangeiros devem partir. Agora, Parassuá deve retornar para sua choupana. Trabalho de Parassuá se encerra.

— Payé! Não é perigoso permitir que esses estrangeiros repousem tão próximos de nossa taba? Estrangeiros empunham armas que cospem fogo. Se fossem de paz, não trariam armas. Temo pelo nosso povo, payé...

— Não tema, grande Yassanan. Yucuruá não permitirá que molestem nosso povo. O esverdeado cobre povo da mata.

Calixto observava a conversa entre o morubixaba e o pajé sem entender uma só palavra daquele dialeto. Sobretudo, não se atrevia a intervir enquanto permaneciam decidindo o desfecho daquele contato. Firmado o entendimento entre os comandantes do povo serrano, Parassuá se dirige até Calixto e despede-se dele com o cruzamento dos seus braços batidos três vezes ao seu peito. Em seguida, apoiando-se no ombro de Sacutira, volta para sua choupana, sem olhar para trás, banhado por um leve vento.

Yassanan tinha de obedecer ao seu mestre. Ele olha com o cenho pesado para Calixto. Estava demasiadamente contrariado com a presença daquele homem barbado em suas terras. Com sua lança, o nativo indica para que o português siga pela trilha designada pelo pajé, enquanto Giyaputuairá vai até o encontro dos outros estrangeiros.

Calixto tenta reprimir a investida do morubixaba, pois estava sem seus companheiros. Entretanto, com muita hostilidade, Yassanan toca sua lança nas costas de Calixto, empurrando-o para a trilha. Por um momento, o explorador pensou em pegar seu arcabuz e descarregá-lo em seu oponente; contudo, conteve-se.

Giyaputuairá, ao chegar com seus flecheiros ao local em que os portugueses aguardavam, indica para que o acompanhem, mas há resistência à sua solicitação, devido ao agrupamento não saber o que havia acontecido com o comandante deles. Giyaputuairá se irrita com isso e pede a um de seus acompanhantes para comunicar a resistência a Yassanan.

Agora, parecia ser inevitável um embate. Entretanto, com a chegada do morubixaba ao vão divisório, junto do flecheiro que levou a mensagem e de Calixto, os ânimos se acalmaram.

Sem que se dessem conta do crepúsculo, devido à grande dificuldade de entendimento das etnias, que demandara um tempo considerável, por fim, a noite chegara. E não podia ser diferente a dificuldade do trânsito naquele núcleo silvícola. Conhecedor daquelas terras como a palma de sua mão, Yassanan conduziu os estrangeiros até o lugar designado para repouso pelo ancião da aldeia. O sangue do morubixaba fervia de repulsa por aqueles homens brancos, mas sempre obedecia a seu pajé sem contestação. Ali, a lei era ditada por Parassuá. Calixto até tentou se comunicar com o líder nativo durante o trajeto, contudo, se rendeu diante da intransponível antipatia.

Yassanan para repentinamente em um ponto entre enormes cipós e finca sua lança novamente no solo. Com a destra, indica o espaço para descanso dos estrangeiros e todos se dirigem até o local. Atrás dele postavam-se todos os seus guerreiros. Não desejando mais permanecer naquele lugar, o líder retira a lança fincada e acena para seu grupo, determinando o momento da retirada. Entretanto, ainda houve tempo para mais uma olhada aos estrangeiros. Ele observa minuciosamente aquelas pessoas, no intuito de gravar bem a fisionomia delas. Depois, segue para a aldeia sem olhar para trás, em pesados passos, acompanhado de seus fiéis guerreiros.

Ligeiro, Yassanan não demora a alcançar o cume das trilhas, onde é surpreendido pela presença de uma pessoa muito especial: sua bela esposa. Ela estava preocupada com toda aquela agitação na aldeia e tenta se aproximar do companheiro de forma carinhosa. Todavia, a contrariedade daquele a quem ela dedicava seu amor estava à flor da pele. Sem interromper seu trajeto, ele só olha de lado para sua esposa e prossegue, seguindo até a grande oca. Lá, o embrutecido nativo se deita numa esteira e larga de sua lança.

Sem sucesso na tentativa de alcançar seu companheiro enquanto ele se dirigia até a oca, Yaciara prima por manter a tranquilidade em sua família. Logo que adentrara na oca, percebera o problema. Serena, ela insiste em acalmar o enervado esposo, deitando-se ao lado dele calmamente. Yassanan estava suado, com um brilho melado em sua pele, motivado por um estresse intrigante. Ao lado da esteira havia uma folha de bananeira, que Yaciara usa para secar aquele suor que lembrava um estado febril. Yassanan parecia estar em transe.

Repentinamente, o morubixaba dá um salto de gato, jogando a folha de bananeira longe. Fica genuflexo do lado da esteira e esmurra com violência o chão avermelhado da oca por três vezes. Yaciara se assusta com o surto e se afasta dele. Os olhos da delicada nativa transbordam em lágrimas, quando Yassanan finalmente percebe que seu desatino assustara sua esposa. Perdido, ele coça a cabeça, respira fundo e retorna para a esteira, olhando pesaroso para a esposa. Sem graça, o homenzarrão se manifesta:

— Amor de Yassanan! Desculpa estupidez... Fica perto de Yassanan...

Yaciara enxuga as lágrimas e retira o saiote de penas que cobria suas partes íntimas, ficando totalmente nua. Em seguida, caminha até a esteira onde está o esposo e se deita ao lado dele novamente, segurando sua cabeça com o braço direito, para ficar confortável, enquanto o fita com carinho.

Em meio às carícias no rosto do seu amado, ela se pronuncia com ternura:

— Amor de Yaciara! Os nossos ancestrais não vão nos desamparar... Yassanan sabe disso... Não há o que temer... Yacira sente a presença de muitos protetores cobrindo nossa aldeia. Ariri vela povo da mata. Yaciara não cansa de dizer... Yaciara ama muito Yassanan, o guerreiro mais forte dessas matas. E, aconteça o que acontecer, Yaciara sempre estará com amado Yassanan...

Não havia como resistir a tanta ternura. Yassanan olha para aquela bela mulher que o fitava com um brilho indescritível no olhar. Apesar de sua brutalidade, o morubixaba tem a felicidade de ser agraciado por alguém tão virtuoso e seu coração acaba por se abrandar. Ele a deita em seu robusto peitoral e, tentando conter a força de sua voz, diz à delicada companheira:

— Povo da mata está sendo invadido, amor de Yassanan! São pálidos de cabelo na cara. Yassanan não gosta deles. Como Yassanan pode lidar com o desconhecido? Esses pálidos usam armas que cospem fogo! Yaciara sabe que em nossa taba tem muitos curumins! Yassanan não deseja que pálidos cheguem perto de nossos curumins. Se Yassanan tiver certeza que foi algum desses pálidos que machucou Piacomin, Yassanan não perdoará, e lança de Yassanan vai ser manchada de sangue!

Procurando controlar o ímpeto do companheiro, Yaciara afirma:

— Yaciara já sabia... Minha velha alertou... Sempre que Yaciara procura alento na grande árvore, velha me conforta... Lá, sinto paz; mesmo percebendo mudança nas palavras daquela velha que cuidou de Yaciara, lá, sinto paz. Velha disse que nas estrelas tudo é diferente. Que fica sabendo das coisas. Velha diz que estes "cabeludos da cara" têm que ter contato com nosso povo. Yaciara acredita nela, na sapiência dela. Payé conta histórias antigas de nossos ancestrais que hoje vivem nas estrelas. Como payé sabe de tanta coisa? Yaciara entende que são estrelados que ditam essas histórias para payé. Por isso, velha também tem razão quando disse que "cabeludos da cara" têm que vir até nossa terra. Porque velha hoje é uma estrelada. Se forem pálidos, ou na cor de nossa pele, isto não importa! O que importa é que esses estrangeiros já estão aqui em nossa terra amada. E Yaciara não quer pensar no pior. Nem amor de Yaciara deve pensar no pior. Manjuruê está de ronda. Ele é um grande guerreiro que usa a lança prateada e vai nos proteger junto de Yucuruá. Yaciara sente a presença dele aqui em nossa taba. Manjuruê é irmão de Yucuruá; lembra quando payé nos contou dele? Do esverdeado da lança de prata?

— Yassanan lembra.

Levantando vagarosamente a cabeça para falar olhando bem nos olhos de seu amado, a linda nativa diz:

— Amor de Yaciara! Quero que descanse em nossa palha. Yaciara não deseja ver seu amor com ruga na testa.

Com sua peculiar delicadeza, numa visão encantadora de sua nudez, a nativa se levantou e foi até uma gamela que estava ao lado de Nakoatann, que dormia como um anjo. Da gamela ela retira umas ervas que boiavam em um líquido marrom viscoso e as macera em cima de um pedaço de couro. Enquanto isso, Yassanan permanecia deitado, olhando para o teto da oca e divagando em profundos pensamentos.

Yaciara junta todo o seu preparado em um recipiente de barro e leva até onde está seu companheiro. Em seguida, ela se ajoelha calmamente, bem próxima a ele, iniciando uma massagem com as ervas maceradas, da testa aos pés de Yassanan. O procedimento leva alguns minutos, tranquilizando o guerreiro de amor puro, dedicadamente ela encerra a balsâmica intervenção.

Compreensiva das preocupações de seu companheiro, Yaciara deita ao lado de seu amado e diz com a voz baixinha:

— Vovó querida! Peça aos estrelados que nos protejam... Yaciara também se preocupa muito, mas tem que acalmar o guerreiro maior desta taba. É função de esposa cuidar de seu companheiro, mesmo com coração apertado.

Em seguida, a delicada esposa de Yassanan se perde na tranquilidade do momento e também adormece, segurando o seio do coração.

Os espíritos da natureza se faziam presentes e o imenso Manjuruê estava rondando a aldeia. Muito parecido com Yucuruá na apresentação, este era mais brusco, um guerreiro nascido e criado em seu plano astral, evocado apenas em ocasiões especiais e tendo como principal característica dizimar energias grosseiras. Parassuá, em sua tenda, meditava profundamente, dando firmes baforadas em seu cachimbo, ciente das preocupações de seu morubixaba. O velho demoraria muito a descansar naquela noite; suas energias estavam direcionadas aos mistérios que transcendiam ao entendimento comum.

Concomitantemente, o exausto grupo de Calixto se ajeitava no breu daquela enigmática selva, no espaço cedido pelo ancião do povo da mata. Naquela noite, nem o luar se fazia presente e a madrugada prometia ser bastante fria. Havia uma escuridão descomunal devido à ausência da lua. Devidamente alojados, acamparam tranquilos sem interferência de qualquer nativo. Entretanto, um espectador inusitado dava o ar de sua graça: a harpia das montanhas, símbolo da ancestralidade da aldeia de Parassuá. O falconiforme vigiava aqueles homens com olhar penetrante, de uma imensa conífera, a mais alta de todas.

Capítulo 11

O Círculo da Pedra Sagrada

Naquela extensão verdejante onde habitava o povo das serras, tudo que o consciente comum tentasse decifrar ali não seria possível, pois predominava o considerado extraordinário entre as belas serras da mata atlântica. Um paraíso, um elo perdido, onde mundos se entrelaçavam com naturalidade incontestável. Desse panorama nasceram muitas lendas, mitos, contos fantásticos. Entretanto... Seriam mesmo fantásticas essas tantas histórias contadas pelo universo folclórico? Vale afirmar que a existência dos seres elementais, segundo os sábios do pretérito, tornava clara, inteligível, a dinâmica universal. Desde os primórdios se admitia o mundo formado pelos quatros elementos básicos: terra, água, ar e fogo, simbiose perfeita no equilíbrio de tudo.

Por séculos, a ciência tradicional vem estudando a respeito da constituição da matéria, todavia, essa ciência nunca aceitaria a existência de seres espirituais de outras dimensões, nem sequer abriria campo para estudá-los. A importância de se salientar tais tópicos, que, atualmente, são enquadrados como imaginários, vem caracterizar o natural da convivência entre os elementais nas civilizações do passado. Nossos antepassados compreendiam perfeitamente como se processava a natureza. Para esses povos primitivos nada havia de fantástico. Eles se comunicavam com as dimensões paralelas de forma natural e sem qualquer problema, explicando-se, assim, a origem da sabedoria entre os mais velhos dessas etnias, uma sapiência construída de geração para geração durante milênios.

Os xamãs – os pajés – eram e ainda são doutores dessa ciência milenar. Magistas por excelência, eles estabeleceram uma classificação dos elementais do ponto de vista desses elementos, definindo-os como forças da natureza ou conjuntos de energia. Em muitas partes do mundo essa condição era muito bem definida. Para cada elemento existe uma entidade correspondente, desempenhando tarefas muito importantes, essenciais para a vida no mundo. Pela intermediação dos elementais e de sua influência direta nos elementos é que chegam às mãos da humanidade ervas, frutos, flores, oxigênio, água e tudo que a ciência oficial denomina forças da natureza ou resultados naturais.

As civilizações da Antiguidade contaram suas experiências com esses seres magníficos, deixando-nos um legado admirável. Lamentavelmente, muito desse maravilhoso legado foi deturpado através dos séculos pela mesquinhez das religiões ditas "oficiais", que institucionalizaram como ridículo tudo aquilo que não pertencesse aos seus avarentos interesses, com investidas violentas contra aqueles que não obedecessem a seus insanos "valores". No entanto, as boas raízes sempre sobressaem à adversidade quando são de qualidade, e a sabedoria desses tempos emerge em tempos atuais para quem deseja provar delas. As lendas e histórias denominadas 'folclore' apenas encobertam uma verdade do mundo astral, com maior ou menor grau de intensidade em sua constância.

Especificamente no período histórico em que ocorreram as grandes navegações, o inevitável choque de culturas adversas culminou por descortinar muito do que se conhece dessas culturas da costa litorânea e do agreste da mata atlântica. Experiências riquíssimas foram vivenciadas por algumas expedições, que tiveram o privilégio de se relacionar com determinadas nações.

Há de se considerar que a maior das desavenças dessa época foi a usurpação das riquezas dos nativos, a estabelecer muitas divergências e interesses contrários. Entretanto, no caso do povo das serras, pertencente ao círculo de Parassuá, tais circunstâncias fugiram a esse contexto. Calixto e seus exploradores não esperavam se deparar com uma nação daquele cabedal, justamente essa expedição que somente visava a auferir vantagens.

A organização do sacerdote nativo dava subsídios a seu povo para qualquer situação inusitada, não por um poder bélico, mas por uma potencializada proteção transcendental que a visão comum dificilmente entenderia. Para Parassuá, lidar com os elementais era hábito, sendo esta a maior de suas forças contra aqueles avarentos estrangeiros. Sobretudo, não eram apenas com os elementais seus relacionamentos transcendentais; sua conjunção com o mundo astral era simplesmente marcante.

Indubitavelmente, na noite da chegada dos estrangeiros ao núcleo do povo da Serra, o mundo paralelo ainda mais se fazia presente para suplantar a tensão instaurada no complexo. Ao redor da aldeia, sentinelas esverdeadas em suas formas cintilantes, falangeiros de Yucuruá, circundavam todos os nichos firmados pelo sacerdote. O momento inspirava cautela e Giyaputuairá ordenara aos seus flecheiros uma custódia máxima. Não se furtando a seus mistérios, Parassuá também se manteve em vigília dentro de sua choupana, agraciado pela proteção dos homens-folhas que transitavam pela aldeia naquele período noturno.

A madrugada tinha se consolidado fria, com uma névoa molhada que perdurara até os primeiros sinais do romper da aurora, deixando a vegetação úmida e uma sensação gélida no ambiente. Em sua choupana, Parassuá finalizava todas as providências para seu novo encontro com Calixto, pelo qual ele esperava há anos em seus instintos. As velhas da aldeia costumavam acordar bem cedo, porém, naquela manhã, estranhamente, nenhuma delas havia surgido por entre as ocas. Apenas a sensitiva Chiacutá havia percebido a presença dos falangeiros esverdeados do plano astral. Sentada defronte a uma gamela cheia de ervas de diversos tipos, a velha queimava tudo que preparava, girando as mãos que seguravam as folhas em fervorosas rezas invocadoras por proteção.

Com os primeiros sinais do alvorecer, Parassuá, preparado para sua investida junto aos estrangeiros, vestiu, como de hábito para essas ocasiões, seu traje de couro com as típicas costuras de sinais que evidenciavam sua condição sacerdotal.

Posicionou várias penas acinzentadas nos dois lados da cabeça, empunhou firme seu maracá e partiu confiante. Logo que perceberam o pajé saindo de sua pequena fortaleza, os dedicados flecheiros deixaram seus postos rumo a um descanso merecido. No entanto, um pouco antes de seguir seu caminho rumo ao local em que pousavam os estrangeiros, o velho fixou seriamente seu olhar diante de todo o complexo onde vivia seu povo e novamente seus instintos deram mostra: a testa do ancião enrugou-se em estado de atenção; cenho bem pesado, a fitar toda a extensão da aldeia em um giro de 180 graus; com as pupilas dilatadas, ele delineava seus domínios numa visão que somente seus sentidos poderiam enxergar. Não demorou em se sintonizar numa frequência desconhecida ao entendimento comum e tocou levemente com seu indicador direito o próprio peito. O ato o ajustou num intervalo de tempo entre o físico e o etéreo, conduzindo seus sentidos de percepção para uma energia translúcida que tomava formas como as de cristais quadriculados. A energia vinha cadenciada na direção dele, surgida inexplicavelmente de uma rocha ao lado da entrada da aldeia. Em estado de harmonia com tais fenômenos, o pajé sentiu um calafrio que percorria todo o seu corpo. Gotas de suor brotaram de sua testa. A diáfana projeção configurou uma imagem tridimensional de grande intensidade, que refletia uma espécie de radiação incomum, emitindo feixes diretos ao corpo do pajé, que ocasionaram um solavanco em consequência do impacto. O sacerdote chacoalhava como se fosse uma vara de bambu, com os braços abertos, cabelos em ritmo de brisa, a potencializar-se da extraordinária imantação.

Vitalizado pelos canais transcendentais, Parassuá seguiu para o acampamento dos estrangeiros. Logo que chegou à região destinada aos homens brancos, percebeu tudo bem calmo. Os ibéricos ainda permaneciam dormindo. O velho elevou seus olhos para o alto e avistou a bela harpia ainda velando os viajantes. Belíssima, ela mantinha-se firme como uma rocha, a sugerir uma estátua de primeira grandeza, digna dos grandes escultores romanos, a evidenciar sua graça acima de uma frondosa conífera. Ao perceber a chegada do ancião dos nativos, com seu característico modo de olhar na direção do recém-chegado, bateu suas robustas asas e deixou o posto em que permanecera por toda aquela madrugada.

Entretanto, não podia ser de outra maneira. Com uma fisionomia que esboçava total satisfação, devido à mostra do símbolo de sua aldeia, o velho se manifestou com um aceno:

— Parassuá agradece a uiraçu! Que Ariri abençoe uiraçu por toda tua proteção ao povo da mata! O céu é teu, grande pássaro! Vai descansar em tua venerável montanha.

Em sinal de agradecimento àquelas palavras, a harpia emitiu seu marcante pio e seguiu para a Grande Serra, concluindo assim seu trabalho.

Daquela fisionomia de satisfação, subitamente, Parassuá se torna novamente sério. Como um felino, ele sobe vigorosamente em uma rocha, na encosta íngreme, contrariando sua idade avançada, e começa a emitir um cântico incomum, que parecia ser de pássaros silvestres:

— Purrrrrrrrr! Perrrrrrrrr! Pauriiiiiiiaurrrrrrrrrrr!

Parassuá repetia aquele tom sem parar, até que um dos homens de Calixto desperta com aquele barulho anormal. Surpreendido com a presença do velho nativo, que trajava uma indumentária estranha ao seu entendimento, o explorador vai até seu comandante e o acorda com um toque no ombro:

— Capitão! Aquele velho estúpido está a emitir sons estranhos acima dum penedo. Deve ser mesmo um insano, pois se porta como um pássaro em sua cantoria. Em minha terra isto seria loucura! Veja com seus próprios olhos!

Calixto ainda se sentia muito cansado, contudo, foi se levantando vagarosamente de seu leito improvisado, ao mesmo tempo em que observava o velho a emitir aqueles sons. Instantes depois, sem tirar o olho da mostra do nativo, disse atento:

— Este velho parece desejar se comunicar com alguém... Oras... Aonde quer chegar com esta cena maluca?

Calixto vestiu seus trajes mais leves, sem tirar a atenção do velho, e ordenou o seguinte ao seu comandado:

— Acorda os demais, pero sem alvoroço! Este velho maluco me parece estar só, todavia preciso me certificar disto! Que raios de cantoria são estas? Está a me irritar...

Como estavam acampados ao lado de trilhas tortuosas,

Calixto teve certa dificuldade para se aproximar de Parassuá. Quando chegou mais perto do nativo, o comandante se apoiou, encostando o braço direito em uma árvore umedecida pelo sereno da madrugada. Desse ponto não mais ousou seguir adiante. Manteve-se em silêncio, assistindo à exibição indecifrável daquele homem, enquanto todos os seus comandados ficavam à espreita para qualquer situação inesperada. Repentinamente, o velho interrompe seu cântico e olha como uma águia para Calixto. Aquela atitude inesperada assusta o estrangeiro. Ele se afasta um pouco para trás, procurando organizar sua compreensão diante daquela exibição. Naquele momento, todos os estrangeiros já haviam acordado.

Célere com aquela exposição, Parassuá já começava a incomodar Calixto, quando, de repente, o velho para seu estridente canto e salta como um felino da pedra que o sustentava. Ele cai agachado em uma trilha cheia de folhas secas e parece estar tomado pelo espírito de um animal selvagem. Seus olhos mexiam-se de um lado para o outro como um lobo à espreita. O salto do velho deixou Calixto espantado. Em seguida, o nativo se posta ereto, levanta seu maracá e vai para defronte do estrangeiro. Calixto não sabia ao certo o que fazer naquele momento, contudo, o comandante ainda conseguiu dar um sinal de soslaio para Manoel, que o entendeu e rapidamente sinaliza para o grupo se situar em estado de alerta. De imediato, empunham seus arcabuzes e avançam para ficarem mais próximos dos líderes adversos.

Difícil de compreender quais eram suas reais intenções, devido a não dar nenhum sinal para isso. Parassuá recua e mira os olhos para o alto da árvore mais alta daquela mata. O velho respira fundo. Encantadoramente, surgem novos integrantes para aquele lugar isolado. As coníferas são tomadas por uma plateia incomum para os europeus: uma infinidade de aves exóticas que despontam oferecendo um espetáculo de cores, a emitirem uma sinfonia de sons característicos a cada espécie. O pajé regozija-se com a presença delas e as enaltece com o elevar do seu maracá por diversas vezes. Havia ali uma quantidade difícil de mensurar de passeriformes, muitos já extintos em dias atuais.

A expedição de Calixto se via admirada com o espetáculo. Aqueles corsários jamais haviam visto algo semelhante em suas terras, embora naqueles tempos a Europa ainda gozasse da bênção de sua natureza.

Para consolidar ainda mais o poder de Parassuá, do topo de uma das suntuosas coníferas uma belíssima arara-azul batee as asas e, em voo panorâmico, pousa tranquila no ombro do velho, abrilhantando ainda mais aquele espetáculo. Comum naqueles tempos, o exemplar dos psitacídeos possuía grande porte, dotado de bico alto recurvado e cauda longa.

Com a aproximação da bela arara, a sinfonia cessa e Parassuá, com o dedo indicador em seu peito, olhando nos olhos de Calixto, diz eloquente:

— Payé!

Calixto, tentando se comunicar com o velho, responde:

— Vós quereis me dizer ser este o vosso nome, senhor?

Parassuá não dominava o idioma de Calixto, mesmo assim o nativo conseguia entender a pergunta do estrangeiro, e balançava a cabeça em sinal de negativa. Prosseguindo em sua tentativa de comunicação, ele indica a Calixto que o acompanhe em uma trilha. Contudo, por gestos firmes que foram facilmente compreendidos pelo comandante luso, o velho evidencia que ninguém os acompanhe. Não tendo alternativa, Calixto concorda com o nativo, passando momentaneamente o comando a Manoel.

Pronto para seguir caminho, Parassuá dá um toque carinhoso na cabeça da bela arara, que deixa o ombro do nativo, voando para a árvore mais robusta. Em seguida, o pajé sinaliza ao visitante, marchando ambos pelas trilhas sinuosas repletas de cipós. Nesse trajeto havia muitas plantas lenhosas e trepadeiras, comum nas matas tropicais, com ramos delgados e flexíveis, que se fixam por meios de acúleos, de gavinhas, que se enrolam aos caules de ramos e arbustos. Os referidos apêndices filiformes dificultavam tanto o caminho que Calixto começa a se arrepender por ter dado vazão às inconsequentes intenções daquele velho.

Aquele exercício inusitado se prolongou por um período razoável. Calixto se esforçava para se manter próximo do pajé, preocupado com a possibilidade de se perder naquela densa mata. Após muito andar e já molhado de suor, escorando-se em uma árvore, Calixto intercepta aquela marcha desenfreada e pergunta ao nativo:

— Senhor! Para onde me levais? Não creio que neste lugar haja algo prestável... Não suporto mais este mistério! Se não me esclarecerdes vossos intentos, por aqui eu fico, pois não tem sentido algum caminhar por cá! De certo, vamos nos perder ou acabar sendo devorados por algum animal selvagem.

Parassuá ainda caminhava firme. Ao escutar a interrogativa do estrangeiro, resolveu parar. O ancião tinha mesmo como objetivo levá-lo a um lugar diferenciado, antes que Yassanan soubesse de sua ausência. Rendido, o pajé encosta seu maracá no solo e respira fundo, ainda de costas para o estrangeiro. Calixto aguardava uma explicação convincente. Não tendo como prosseguir, o nativo se manifesta com firmeza:

— Mbyás!

Franzindo a testa pela falta de entendimento daquela palavra, Calixto objeta:

— Perdoai-me... Mib... Mib... O quê!?

Parassuá cruza os braços. Um pouco enervado, replica:

— Mbyás!!! Saytucu ye nan mbyás!!!

Calixto continuava sem entender e treplica:

— Não consigo compreender... O senhor... Não poderia então desenhar? Algo por gestos ou figuras? Senão, não conseguiremos chegar a um contento...

Parassuá faz um sinal de espera e risca no solo um ponto. Neste, figuras que representavam pessoas. Não foi difícil entender que se tratava de uma tribo. Em seguida, de forma rudimentar, ele mostra que as figuras humanas de seu desenho vão sendo atingidas por flechas, em um forte combate, por meio de uma encenação de gestos bem peculiares. Agora Calixto entendia que se tratava de um combate entre tribos e que o velho demonstrava singelamente que os tais mbyás eram as tribos afastadas das serras, teoricamente perigosas. Como os desenhos eram simples, não havia dificuldade para entendê-los.

Um pouco mais interessado na explanação, Calixto não hesita em perguntar:

— Senhor! Compreendo... Agora, pero... O que isto tem a ver com esta marcha dentro desta mata intransitável?

Parassuá balança a cabeça de forma nervosa, fecha os olhos e se concentra em algo, como se desejasse traduzir aquelas palavras do interpelante. Calixto o observa atento. Instantes depois, o nativo coloca a palma de sua destra no peito de Calixto e responde:

— Mbyás! Perigo para homem pálido! Segue payé e não tenha receio!

Calixto fica atônito com tais palavras, pois aquele homem, de uma cultura completamente estranha à sua, profere frases bem claras em seu idioma. Por conta do espanto, volta a objetar:

— O senhor fala meu idioma!? Por que não dissestes antes? Encurtaria tanto mistério e todo este desgaste inútil...

— Payé não fala teu idioma! Quem fala através de payé é Jiacutuan.

— Jia... Jia... O quê?

— Jiacutuan, um guerreiro que veio para nossa terra há muitas luas. Sempre que precisar ter comunicação com o povo da Serra, Jiacutuan irá encostar-se a Parassuá. Ele pertenceu a meu povo e agora vive perto de Ariri. Jiacutuan conhece tuas letras e vai traduzir tudo o que for preciso. Jiacutuan não é espírito da floresta. Jiacutuan é como povo da Serra. Na verdade, Jiacutuan já foi uma vez como tu. Numa das vidas de Jiacutuan, Jiacutuan foi branco.

Parassuá dá uma pausa e prossegue:

— Jiacutuan já conhece bem nossas terras. Jiacutuan teria vindo para nossa terra muito antes de teu povo, há muitas e muitas luas atrás, na ocasião como um fenício. São tantas luas atrás, sendo difícil de contar... Mas isto não importa agora! Não há tempo a perder, homem de pele enevoada. Tu vens a esta terra não por acaso, por isto tens de acompanhar este velho, que, aparentemente, acreditas ser um estúpido. Tu já viveste nesta terra e vais saber mais! Agora, te acalma e vem com este velho.

Balançando a cabeça em sinal de discordância, Calixto retruca:

— O quê? Fenício!? Tu estás a me dizer que fenícios já vieram a estas terras?

— Sim. Eles aportaram operações exploradoras com muita rapidez e conheceram, em pouco tempo, todo a costa litorânea.

— Senhor! Talvez estejas enganado... Esta história de fenício já é demais... E tem mais! Eu jamais estive nestas terras, muito menos conheço este... este... Jiaicutuaiaian, bem, nem sei dizer este nome. E vamos acabar logo com isto! Estou com receio de seguir adentro destas matas e ser devorado por qualquer animal. Meus homens não estão aqui e devo retornar ao acampamento.

Calixto vira-se para retornar, quando é surpreendido por uma revelação do velho nativo:

— Pele enevoada! Tu tens que me ouvir! Lembra-te de Marcos de Alencar, teu fiel companheiro de infância:

Aquele homem desatinado, acostumado às piores situações da vida, que apenas havia conhecido as falcatruas, a ganância, a avareza, jamais poderia se esquecer daquele nome. Calixto fora criado por um fidalgo; um homem de posses que o levara para o seu convívio para fazer companhia a um filho doente. Nem sequer sabia sua origem. Aos cinco anos, trazido à bela propriedade de Dom Carlos de Alcântara, por onde permanecera até completar 15 anos, fez companhia a um rapaz acometido pela paralisia infantil. Teriam sido seus melhores anos de sua vida, quando o pouco de conhecimento que possuía havia sido passado por aquela tão frágil companhia.

Embasbacado, Calixto enrubesceu a fisionomia e se postou defronte do homem que pronunciava aquele nome. Coração palpitante, ao mesmo tempo em que tentava colocar em ordem seu raciocínio. Parassuá, apesar da interferência de uma entidade, estava consciente do que se passava e não se amedrontava diante da situação.

Passados alguns minutos, em meio à sua perplexidade, Calixto se manifestou, tentando se escorar em uma árvore envolta em cipós:

— Homem desta terra estranha! Quem és tu? Que magia possuis? Que demônio te acompanha neste momento? Tu estás a me insuflar a loucura? Não permitirei que consigas tal feito. Desta terra, somente desejo ouro ou pedras preciosas. Não atravessei este mar cheio de perigos para participar de atos com manifestações demoníacas.

Sem se afligir, o nativo respondeu:

— Não estás diante de nenhum espírito maligno — afirmou a entidade pela psicofonia de Parassuá —. Vieste a esta terra para dar continuidade àquilo que já havia sido estabelecido na Estrela Mãe. Entretanto, pele enevoada, por mais uma vez a sucumbir estás em teus propósitos. Esse jovem branco, que hoje vive na Estrela Mãe, pediu para Jiacutuan dar-te este recado. Lá, ele agora anda e tem pernas fortes, enquanto que tu, sem que percebas, cometes muitos erros e pelas próprias pernas vais tropeçar.

Com as mãos na cabeça, Calixto disse:

— Isto não pode ser verdade... Como sabes da existência dessa pessoa?

— Não falas neste momento com este velho, mas sim com Jiacutuan!

— Oras, para com esta imbecilidade! O que eu vejo em minha frente é um velho feiticeiro e nada mais...

Parassuá vira os olhos para o alto e, com a voz mais grave, diz ao estrangeiro:

— A lei é a lei. Tu pediste para que isto acontecesse aqui, pele enevoada! Poderia ser mais tranquila tua experiência...

Ao término daquelas palavras proferidas pela boca de Parassuá, um incontrolável calafrio se fez presente em Calixto. O viajante do velho continente não conseguia mais ter domínio de si e seus olhos não definiam mais onde estava: Com olhos centrados, pôde ver, logo atrás do velho nativo, um homem de pele avermelhada, com cerca de uns dois metros de altura; cabelos negros e lisos que iam até os ombros, com uma fita branca fixada na testa; rosto típico da etnia do povo da Serra, com sobrancelhas grossas, nariz proporcional ao desenho da face, bocas carnudas, braços avantajados, peitoral robusto, ornamentado por um colar de dentes de animais e uma tanga branca que quase sumia diante das pernas musculosas.

Aquela aparição tão real desmontou o equilíbrio de Calixto, que se virou para trás, tentando retornar a si. Ao voltar sua atenção para o velho nativo, na segunda piscada de seus olhos o vulto extraordinário desapareceu e o viajante estava novamente posto em seu próprio destino.

— Não posso crer — disse o estrangeiro — Que magia é esta?

— A magia da existência do Universo — respondeu o velho influenciado pela entidade —. Nada acaba com o fim da existência carnal. Tu és um espírito ainda mais antigo que Jiacutuan. Jiacutuan apareceu para ti na última forma que viveu em nossa terra. Jiacutuan é descendente da ilha que o mar cobriu...

— O que vi foi um nativo que conhece meu idioma e fala através deste velho feiticeiro! Que loucura é esta?

— Afirmo-te: Jiacutuan já viveu aqui e já foi letrado na tua terra, como um fenício. Sobretudo, Jiacutuan é descendente da terra que o mar cobriu; isto há muitas e muitas luas e nesta forma que tu o viste em teu campo mental.

— Eu devo estar louco... Pero, não consigo ficar sem perguntar: Que apresentação é esta? Preferes ser como um silvícola em teu mundo, ao invés de um letrado como dizes que fostes?

— Na Estrela Mãe não se valorizam muito estes documentos da Terra, a não ser os adquiridos pela sabedoria das experiências.

— Pero ainda não consigo saber como conheceste Marquito.

Esclarecendo, respondeu o velho:

— Espírito antigo que transitou em muitos mundos. Vem desde os tempos dos exilados da Estrela Mãe. Fez parte da antiga Suméria, da Mesopotâmia, do Egito e da Macedônia. No império bizantino foi um dos guerreiros daquele reinado para terminar na Península Ibérica, a depurar o que ainda lhe faltava em reminiscências de outras existências.

Coçando a cabeça com fervor, esbravejou Calixto:

— Como alguém pode correr por tantas vidas? E como eu posso discutir um assunto destes com um velho nada civilizado, dizendo falar através de um fantasma?

— Tu não falaste com este velho, falaste com Jiacutuan, que já foi Sabir, Hanmussein, Nomanmietirtl. E agora te serve deste momento, haja vista que teu rei pouco se importa contigo. Vieste para esta terra sem qualquer seguro. Ninguém sai nestas condições. Não percebes isto?

— Tu trocas de vida como trocas de roupa, hein? Agora, disseste tais nomes, a querer afirmar tuas vivências? Nisto não vou mais perder meu tempo. E quanto à minha vinda a esta terra, eu sou um corsário! Por isto adquiri meu respeito.

— Que respeito tu acreditas possuir? Vivias de ilusões...

Todavia, isto não tem tanta importância neste momento. O que realmente importa é quão preocupante será o futuro, devo dizer-te... Não há mais como interferir! Esta terra será muito explorada por muitas nações e isto será inevitável.

— Isto é loucura... Devo estar envolvido por um demônio qualquer...

— Entende! Não vieste a esta terra para exploração. Ao te furtar de teu destino, tua sorte não haverá de ser generosa...

— Que destino é este?

— Vem com Jiacutuan e te será mostrado o que precisas saber. Falta muito pouco para entenderes.

— Esquece! Vou parar com esta maluquice de estar a me comunicar com um espírito. Já experimentei tais mostras. Na França, conheci um homem que se dizia adivinho; ele também se metia a saber da vida das pessoas e acabou por ser queimado em praça pública. Também tive a oportunidade de conhecer povos ciganos e estes também fazem destas cousas, como a de descobrir por supostos meios sobrenaturais da vida das pessoas, portanto, não vou continuar com estas insanidades.

— Tu não estavas errado em dizer que para cá vieste à procura de ouro. Vale dizer que o ouro que vieste buscar não é exatamente o ouro conhecido dos homens, mas um ouro ainda mais valioso.

— Em minha terra, só existe valor para quem detém influências, senão não se passa de apenas vassalos fétidos para a servidão. Estou cá à procura de minhas riquezas e não medirei esforços para tal. Creio que somente nestas terras não se dão os valores das preciosidades do mundo.

O velho arregalou os olhos e prosseguiu com a conversa:

— Mui bem! Observa esta trilha que conflui junto àquele desfiladeiro. Pois bem, lá está o teu destino. Tu tens uma encruzilhada a ser definida como um caminho, idêntica àquele desfiladeiro. Este velho está por ser um instrumento para tal revelação e tu insistes em me caracterizar como um demônio criado por tua cultura. Esta terra, por milênios, permaneceu intocada, o paraíso descrito pelos poetas. De certo, permanecerão muitas cousas preservadas, será necessário, contudo o mundo se expandirá. Daqui será preparado o berço para a implantação da nova era, um palco de acontecimentos que surgirão por volta de uns 400 anos terrestres. E nesta encruzilhada aflui tua decisão.

Calixto abortara todos os seus questionamentos para observar aquele homem que insistia naquela conversa, avessa ao que lhe parecia sensato. Sua observação fora profunda e instigante. Ele lutava contra seus instintos, pois não queria se deixar levar por aquilo que lhe parecia ser um absurdo. Ora entendia estar alucinado, ora tentava acreditar no que ouvia. Sem perceberem, instaurou-se no local um silêncio gélido que parecia não ter mais fim, tamanho o suspense. Estar situado dentro de uma mata fechada, com um velho teoricamente atrasado em cultura, que se portava como um adivinho, deixava Calixto tresloucado. Assim, ele acaba por se perguntar intimamente: "O que fazer em meio a esta quimera?".

Embaralhado pela desordem de muitas suposições, o explorador resolveu indagar ao velho incorporado:

— Velho! Se sabeis tanto de mim, então me adiantai o que existe naquela trilha aonde insiste em me levar. E por que antes desta prosa toda desenhou uma guerra entre tribos? Vós percebeis a incoerência?

Parassuá era um homem que estava acima de sua época; sempre muito esperto, enquanto ainda permanecia tomado pela irradiação da entidade aproveitava para aprender aquele idioma desconhecido para ele. Dotado de uma percepção incomparável, naquele instante, para responder à pergunta capciosa do estrangeiro, na figura apenas do pajé ele se manifestou, afastando de si um pouco a irradiação da entidade:

— Homem branco! Parassuá um pouco já aprendeu de teu idioma e percebe intenção cavilosa no questionar. Payé não pode esperar muito com preâmbulos, payé necessita aprender rápido. Portanto, o que interessa agora é missão de payé! No fim desta trilha, pele enevoada, como Jiacutuan te intitula, respostas encontrarás.

Parassuá parou por um momento; procurava encontrar mais palavras que concluíssem seu raciocínio, pois lhe faltava o domínio do vernáculo. Dessa forma, houve necessidade novamente da aproximação da entidade. Sustentado nesse aparato, ele prosseguiu:

— Pele enevoada! Mbyás! Teus inimigos de outras vidas.

Mbyás, guerreiros atrozes que trazem perigo à tua jornada na terra das serras. A ti e ao delgado branco, o desajustado que conheceu as uiaras.

— Delgado branco!!!??? Quem é este delgado branco?

Parassuá calou-se e se aprumou tranquilo perto de um cipó. Após instantes de profunda reflexão, o sábio velho iniciou uma história um tanto inusitada para aquele estrangeiro, mais uma vez sob a influência de Jiacutuan:

— Muitas luas passaram; muitas luas grandes, para payé hoje contar esta história... Memória enfraqueceria, caso payé tentasse contar as tantas luas que foram... Memória enfraqueceria... Ancestrais de payé mantiveram tradição, de herança para herança; ancestrais contaram tudo para o povo da Serra, consolidando nossa união. Tupã, criador e governador do mundo, e Ariri, patriarca do povo da Serra, são nossos maiores tesouros. Estas serras guardam o legado do povo de payé; missão deste velho é preservar o maior bem que deixaram nossos pais. Parassuá sempre soube da responsabilidade que carregava, desde a mais tenra idade. Espíritos da natureza sempre acompanharam o caminho de Parassuá, por isto Parassuá não pode falhar, pois seres da natureza são donos destes caminhos... Talvez o que Parassuá venha explanar agora seja muito distante de teu entendimento, pele enevoada... Teus anseios hoje são por poderes que somente a riqueza da Terra valoriza. Parassuá vai obedecer aos estrelados e tentar explicar... Mui bem... Tu contas teu tempo por uma contagem que cultura de Parassuá desconhece. Povo de Parassuá olha para o céu e conta as estrelas, observa os corpos celestes, seus desenhos, desta maneira é que povo da mata situa-se no tempo. Parassuá se refere às luas, especificamente as luas grandes, como passagens temporais... Presta atenção, pele enevoada! Parassuá não brinca como um curumim, presta atenção! Vós já viveste nesta terra e por cá deixastes tua marca, registros de luas distantes... Parassuá tenta contar que nesta mesma terra que vós estais a pisar agora, igaras, todas vindas além das águas salgadas, por cá desembarcaram para expandir seus interesses por diversas trocas. Aqueles viajantes eram habilidosos no trato com o povo que já vivia em nossas terras. Trouxeram conhecimento e foram tratados como deuses pelos antigos. Jiacutuan explica na mente de Parassuá que estes fatos aconteceram no que se refere em seu tempo por volta de 2.500 anos atrás. Parassuá pouco entende desta contagem, mas compreende serem muitas luas. Por muitas terras passaram tais viajantes; estes vinham sem soldados, sem hostilidade. Montaram aldeias de relacionamento nestes pontos, principalmente nas margens dos rios, onde atracaram igaras. Estes exploradores tinham muito interesse por nossas riquezas, idênticas a que vós admirais tanto, como a do metal solar. Mais tarde outros chegaram; estes eram um pouco diferentes na cor da pele, mais gananciosos, belicosos e embrenharam-se em empreitadas por filões maiores do metal cobiçado. Os primeiros que atracaram denominaram-se fenícios, os posteriores de núbios, segundo nossos antigos contaram; payé pouco entende destes povos. Muitas foram as histórias contadas aos nossos ancestrais por estes imigrantes, principalmente que descendiam duma terra onde as águas inundaram. Ancestrais de Parassuá associaram com suas origens estas mesmas inundações. Insistiam em relatos que afirmavam que nossos pioneiros tiveram que atravessar o grande mar, todos em igaras, para chegar até as areias mansas. Tais contatos acabaram por desenvolver amizades e muitas trocas aconteceram. Porém, imigrantes sempre desejavam levar vantagens nas trocas e, com seus valores distorcidos, trocavam objetos fúteis por inúmeras riquezas de nossa terra. Interessados em expandir interesses comerciais nestas bandas, estrangeiros migraram para as montanhas e serras; encontraram outras tabas; no agreste efetuaram mais trocas, desta vez com tapuios. Tapuios são ancestrais de Yassanan, morubixaba atual do povo da mata. Payé salienta, segundo tradição conta, no princípio das expedições imigrantes tudo parecia ser pacífico; mas, com a passagem das luas, a ganância veio a tomar conta das bandeiras estrangeiras... Influenciados pelo estrangeirismo incompatível com os costumes nativos, uma das tribos, a mais antiga delas, começa a se perder por interesses de terras e o desejo de aumentar seus domínios diante das outras tribos. Obviamente, este comportamento geraria desentendimentos terríveis e tal cenário perdura desde então. Estes antigos, os tupinambás, travaram com os agrestes tapuios sangrentas batalhas. Povos nativos eram arraigados nas crenças consideradas divinas, situação que muito entristece Parassuá, pois hoje algumas nações estão distantes desse tempo. Aos poucos, aqueles viajantes foram diminuindo suas viagens para nossas terras e payé não sabe ao certo o porquê desta mudança de comportamento. A consequência dos isolamentos atrasou muito a evolução destas tribos, principalmente as mais resistentes em buscar a paz. Da ignorância herdada do equívoco da ganância ainda se observam muitas nações a considerar aqueles imigrantes do passado como deuses. No entanto, em contrapartida, também há de se visualizar nações que os caracterizam como inimigos dos deuses. Culturas construídas dentro dum problema crônico de convivência, onde tribos se tornaram inimigas e mui sangue foi derramado por uma estupidez histórica. Luas seguiram. O povo de Parassuá preferiu se isolar destas guerras, através dos ensinamentos dos antigos payés que mantinham vivo tudo que os estrelados deixaram de legado. Parassuá é desta nação, a que descende de um tempo sem males, anterior a tudo isto. Povo de Parassuá é herança dos tupis, dos mbyás, dos tapuios, dos nativos ancestrais, dos imigrantes que iniciaram a grande jornada da vida, isto há cerca de 11.000 anos correntes, como se conta na tua cultura. Povo de Parassuá é uma nação à margem do mal das guerras, que não se iludiu pelo conto da migração para Yvy Marã e'ÿ, a Terra sem Males. Povo de Parassuá descende de uma terra sem mal; mbyás não querem acreditar nisto. Mbyás querem seguir rumo a esta terra e vão ser capturados pelos maus pálidos e se tornar escravos deles. Parassuá luta para que povo da Serra não fique igual às tribos litorâneas que vivem em guerras crônicas. Algumas tribos esqueceram que têm esta mesma origem; tribos equivocadas; quando derrotam seus inimigos nas batalhas, comem a carne deles como recompensa descabida da ignorância. Infelizmente, tupinambás alimentam este costume atrasado, que nasce dum sentimento hostil não pertencente às nossas origens. Não se sabe ao certo como surgiram estas insanidades comportamentais, talvez da influência de espíritos sombrios, como os iuiucumains, pois Parassuá crê que os imigrantes do passado não tenham ensinado isto aos tupinambás ou a qualquer outra nação nativa destas terras. Tupinambás acreditam que, ao comer a carne do inimigo, herdarão dele sua coragem e ficarão mais fortes por isto. Já nas tribos vencidas, acredita-se ser uma honraria a devorr o capturado pelos inimigos, entendendo como importante o interesse do oponente em se beneficiar da bravura adversária. Portanto, não se devoram os fracos vencidos nas batalhas, somente os corajosos. Povo de Parassuá repudia este costume; nossos sábios payés sempre ensinaram o respeito ao semelhante, definindo isto como erro crasso. Entretanto, não significa que povo da Serra seja fraco. Temos os nossos hábeis flecheiros que estão sempre de prontidão a defender nossas terras. Giyaputuairá comanda estes flecheiros! O que Parassuá prega é não promover a guerra. Contudo, o maior desafio deste payé foi controlar o ímpeto de Yassanan... Em Yassanan corre um sangue guerreiro, sangue tapuio, que não aceita os desmandos tupinambás. Não são todos os tupinambás que agem desta forma, existem alguns que ainda guardam os costumes ancestrais. Tupinambás são os mais antigos destas terras e merecem muito de nosso respeito. Por fim, Parassuá não deseja derramamento de sangue em nossa terra.

O velho fez uma pequena pausa. Em seguida, prosseguiu:

— Parassuá explica melhor! Os viajantes das nações que vivem em tuas terras e próximo delas, que vêm em massa a investir expedições por cá, não são os primeiros a chegar em Pindorama. Como payé afirma, há muitas luas grandes, de teu continente longínquo outras embarcações estiveram aqui. Parassuá tem incumbência de trazer serenidade a este momento, pois tempo de Parassuá está por terminar neste mundo... E é preciso concluir o que está estabelecido pelos estrelados, a revelar-te que numa daquelas igaras do passado, com lemes sobressalentes, as primeiras que atracaram nestas terras, tu fazias parte da maior delas, pele enevoada! Isto mesmo, tu estavas numa delas... Parassuá teve que guardar este segredo de seu povo por tanto tempo, porque não era permitido contar antes... Agora, Parassuá cumpriu sua missão ancestral junto aos sábios estrelados. Através dum sonho, quando ainda era um curumim, Parassuá teve a revelação de todo este contexto narrado para ti.

Doravante, Parassuá vai explicar tudo isto a povo amado.

Tomado pelo interesse da narrativa de Parassuá, Calixto estampava uma fisionomia de total espanto. Uma força incontrolável percorria todos os seus sentidos. Mesmo se ele quisesse contestar tudo aquilo, algo dentro dele o impedia. Ele balançava a cabeça na tentativa de dissimular, mas era inútil. Sua curiosidade era maior.

— Agora, vem, pele enevoada, é necessário seguir! — finalizou o velho com firmeza.

Calixto insistia em dissimular:

— Não sei se devo... Tudo por cá está fora do sensato. Se fosse mais crédulo pelas escrituras, diria serem teus propósitos atos demoníacos! No entanto, tenho cá minhas dúvidas... Tu contas uma história sem juízo. Nunca foi ventilado em minhas terras um conto destes, que em outras embarcações do passado distante por cá estiveram outros viajantes. Fenícios, então? Os fenícios são comerciantes do Mediterrâneo... Não consigo crer...

Em meio a essas interrogativas, Parassuá o interrompe, pois a entidade já se cansava de tantas explicações:

— É este o teu entendimento? Jiacutuan não é um escravo à tua disposição para esperar tua boa vontade. Jiacutuan não te faz nenhum favor! Lembra-te disto, pele enevoada! Jiacutuan me informa estar cansado de devaneios culturais. Em tuas terras, estupidez religiosa mata inocentes. Em tuas terras, são queimados inocentes pelo interesse de poder religioso. Por isto, guardas receio no teu coração, porque acreditas estar a te comunicar com um demônio. Jiacutuan não tem paciência para ignorâncias de valores descabidos. Em Tupiretana [*terra onde moram os tupis*] não existem estes demônios criados pelo branco alucinado, portanto, se esta for tua conclusão, Parassuá segue caminho sem mais importunar-te.

— Tu já estiveste em minhas terras?

— Parassuá não. Jiacutuan, sim.

— Está bem... Está bem... Vou tentar entender a cousa. Como que é? Jia, Jia, ou melhor, espírito que se comunica através deste velho... É difícil, pero vou me esforçar... Tu afirmaste que eu tenho cousas nestas terras, não é mesmo? Mencionaste assuntos inquisidores, pelo qual pouco me interesso, pois detesto a Igreja. Eu receio, sim, os demônios, não quem os enaltece, cousa que fazem mui bem aqueles malditos clérigos. Aprendi isto com o fidalgo que me criou. Pero estou mui admirado por algumas revelações, principalmente a de Marcos, meu companheiro infantil, filho de meu pai adotivo. Isto, realmente, foi uma indicação estupenda. Entretanto, os demônios não se referem apenas às religiões dominantes; já tive oportunidades de presenciar cousas inexplicáveis nas muitas viagens que fiz. Tu podes, sim, ser um espírito maldito que pretende me enlouquecer. Como podes afirmar já ter estado na Península Ibérica?

— Ignorante! Tu és mui desprovido de conhecimentos. Explicar-te como viaja um espírito seria perda de tempo. Não é minha missão, nem tampouco a do pajé, portanto, existem cousas que tua consciência não terá como conceber neste momento. Pois bem! Tentar correr mais que os pingos da chuva de nada valerá... Então, volta até os teus, tão perdidos quanto tu, pois nada mais tenho a efetivar aqui.

— Estás a desistir, suposto ser da outra dimensão?

— Ironia aqui não é bem-vinda! Toma cuidado com tua língua, pele enevoada!

— Não estou a ser irônico. Objetivo, talvez. Rendo-me! Acompanhar-te-ei até onde desejas que eu vá. Não aguento mais esta cousa. A propósito: quem é o tal delgado branco, ao qual tu te referiste no início de nossa prosa?

— Acertada a tua decisão quanto ao caminho, pele enevoada. Contudo, sem precipitação em mais esclarecimentos; tudo em seu tempo, no momento apropriado, tu saberás mais sobre o delgado.

Aliviado, respirou Parassuá após as afirmativas de Calixto. Naquele instante, findava-se a incorporação de Jiacutuan. A entidade se dissipou dentro de uma espiral nebulosa, a deixar juntos aqueles homens de culturas tão adversas. Em seguida, o velho olhou para o ibérico. Facilmente compreenderam o real propósito do momento. Seguiram, então, por um trecho ainda mais alcantilado que o inicial.

Naquele ponto ermo da mata, eis que surge outra entidade, não menos conhecida do velho nativo, o esverdeado Yucuruá. Ele apresentava-se ainda mais colossal, numa força vibracional incomensurável, dando sustentação aos seus protegidos por adentrarem um terreno extremamente especial. Aquela área tinha seus donos; núcleos que exigiam respeito e reverência aos seus mandatários. Não seria possível o trânsito naquele espaço sem a proteção de Yucuruá.

A influência do exuberante elemental, em meio aos embates de energias que vinham na direção dele através de multicoloridas chispas, não era perceptível ao olhar terreno. Entretanto, as folhas vibravam de maneira bem peculiar, fenômeno facilmente percebido pela sensibilidade do pajé, algo difícil de descrever em simples palavras, tamanho o fascínio que causava aquele condão.

Calixto observava estranhado aquele evento; mostrava-se temeroso, perguntando ao companheiro de trilha:

— Senhor! Já que podemos nos comunicar melhor agora, por que as folhas desta trilha estão a tremer por onde passamos? Oras... Estão a me causar arrepios tais ventos! Urrrrr!!!

Parassuá, sem pausar seus passos, respondeu ao companheiro, mais uma vez sob a influência do intérprete espiritual:

— Parassuá tem proteção de Yucuruá. Sem Yucuruá não seria possível adentrar nos domínios de Pacunsi.

Apoquentado, o ibérico volta a perguntar:

— Yucuruá! Pacunsi! Céus... Que são estas cousas? Nomes, manifestos, quimeras?

Com olhar de reprovação, retruca-lhe o pajé:

— Yucuruá é o maior espírito das folhas. Um Sentido Vegetal. Yucuruá é o dono das serras. Yucuruá protege nosso povo de todos os males. Força de Yucuruá é mais forte neste ponto da mata. Aqui, Yucuruá é indestrutível, pois absorveu a energia da terra. Há muitas luas, Pacunsi é o dono desta vegetação e ninguém pode entrar em seu campo sem permissão. Pacunsi cá está antes da chegada dos primeiros estrelados. Pacunsi cuidou dos estrelados que caíram nestas terras quando foram expulsos da Estrela Mãe. Estrelados choraram muito, chegaram sem forma física, só com consciência espiritual. Pacunsi absorveu o mal dos caídos das estrelas. Com isto, tiveram corpo de novo e uma nova oportunidade de viver. Pacunsi tem muito poder! Contrariado, pode transformar payé e pele enevoada em pó. Pacunsi não tem forma. Pacunsi é o espírito do pó; o próprio pó das matas. Habita na poeira. Yucuruá já tomou as providências.

Alguns metros à frente daquela impactante sensação sentida por Calixto, outros aspectos se apresentavam no meio daquela selva que parecia não ter mais fim. Calixto observava imensas árvores contorcidas, que o intimidavam ainda mais.

Subitamente, o velho aborta sua caminhada e fecha os olhos. De forma estranha, ele permanece concentrado por um tempo considerável. Calixto começa a se irritar com aquilo, pois nada entendia daquele comportamento. Já cansado de tanto esperar, tenta se aproximar do velho, quando é surpreendido com um solavanco dele. O nativo abre os olhos, acena para seu acompanhante e, a passos largos, continua a caminhada. Naquele instante, pensou Calixto: "Este velho é mesmo maluco".

Sem olhar para trás, Parassuá dizia para seu acompanhante:

— Pele enevoada! Nós outros já saímos do campo de Pacunsi. Yucuruá afirmou, enquanto Parassuá meditava. Agora estamos no campo de M'Boi Auá. M'Boi Auá vive nos rastros e domina os seres rastejantes. Sua forma é de uma grande serpente. M'Boi Auá é ainda mais poderoso que Pacunsi. Yucuruá também já tomou providências, senão as serpentes já teriam nos atacado. Olhe pra riba, pele enevoada!

Apreensivo, Calixto obedece à sugestão do pajé e timidamente levanta a cabeça. De imediato, aborta a caminhada. Seus olhos ficam estáticos; corpo arrepiado dos pés à cabeça. Acima dele estavam incontáveis e gigantescas serpentes, que o observavam de maneira ameaçadora. Aterrorizado, o ibérico se manifesta com a voz trêmula:

— Senhor... Nós outros por cá morreremos. Estes animais são mui perigosos. Veja as presas! De certo são peçonhentas...

— Estamos quase no fim. Não pares agora. As serpentes não vão atacar enquanto Yucuruá estiver por perto. Não te preocupes, pele enevoada. Não te preocupes.

Muito contrariado, Calixto seguia atrás do pajé, olhando para todos os lados. O ibérico tinha uma sensação de eternidade naquele trajeto. Seu suor corria como uma cachoeira por todo o corpo. Sua camisa estava grudada como se tivesse saído de um rio. O homem já não tinha coragem nem de afastar os cipós do caminho, com receio de que algum daqueles répteis o atacasse. O fato de estar desarmado o incomodava ainda mais, causando-lhe insegurança total, pois o sibilar daquelas enormes cobras era realmente aterrorizante.

Enquanto caminhava preocupado com sua sorte perante aqueles animais, Calixto não se dera conta de que havia chegado ao final das instigantes trilhas. Naquele local, cingido por suntuosas árvores e vegetação muito densa, Parassuá se virou diante do estrangeiro e balançou a cabeça, demonstrando certa tranquilidade.

Calixto respirou fundo, assim que constatou que os temíveis répteis estavam distantes dele. Tentando demonstrar certa tranquilidade, após enxugar o suor do rosto, pôs-se a observar um pequeno círculo, em meio à encorpada floresta, que impedia a entrada da luz do sol. Ao solo desse lugar se avistavam muitas folhas secas e uma rocha que se dividia em duas partes. Muitas interrogações queimavam na cabeça do estrangeiro, sem que ele pudesse se furtar a isso. Percebendo a perturbação de seu acompanhante defronte da exuberante rocha, Parassuá se postou, mais uma vez, de forma enigmática; aproximou-se e tocou no peito de Calixto com a destra espalmada. Calixto, ao seu modo, esforçava-se por compreender o comportamento do nativo.

Demonstrando serenidade, o pajé se manifestou:

— Pele enevoada! Parassuá o felicita por ter vindo até aqui, mesmo com confusão mental que demonstra. Jiacutuan agora se aproximar ainda mais deste velho. É preciso; assim, Jiacutuan vai poder falar novamente no seu idioma com clareza.

Parassuá cumprimenta seu acompanhante com os três toques alternados dos ombros e prossegue, sob a forte influência da entidade referida:

— Este local é sagrado, pele enevoada! Vós tereis que tocar na pedra antiga dos maraxás, a que está na vossa frente. Maraxás são seres mais antigos que a divisão dos continentes, dos tempos que a Terra era dividida apenas por um grande rio. Muitos milênios atrás... Vossa consciência não consegue conceber tal situação. Prestai atenção! Com apenas um toque nesta pedra, vosso olho do centro, o da testa, vai se abrir em plenitude. Assim, pele enevoada vai enxergar além dos raios;

além da matéria; além do comum; além do explicável... Esta pedra se chama Itatinga, pele enevoada! Em Itatinga, vós viajareis pelo tempo.

Não podia ser diferente a estranheza do estrangeiro; dúvidas eram dominantes. Assim, ele pergunta:

— Viajar? Como viajar? Viajar para onde? Pero, que lugar é este? Uma pedra...

Com a voz ainda mais serena, o pajé justificou de forma convincente:

— Toca na Itatinga, pele enevoada, toca! Não temas. Sente sua essência primária.

Dominado por uma força incontrolável, Calixto lentamente estendeu sua destra na direção da imponente rocha. Naquele instante, um homem cheio de desconfiança fechava os olhos, sentindo-se agraciado por algo que ainda não conseguia compreender. Havia algo diferente demais, uma energia inerente aos campos vibracionais daqueles núcleos germinados no coração da mata, que o abraçou de maneira estimulante, em uma espiral translúcida que o cobria por completo. Calixto sorria satisfeito como jamais fora nesta existência. Ele tremeu ao toque dos cordões energéticos, visualizados apenas à luz da dimensão sutil. Parassuá acompanhava tranquilo toda a manifestação do fenômeno. Momentos depois, perdendo a noção sensorial, o corsário embarcava em uma viagem jamais esperada em sua vida.

Tocado pelos fios bidimensionais, Parassuá fecha os olhos e ressalta:

— Parassuá entende Ariri... Parassuá firme nesta missão junto ao povo das matas. Ariri sempre dizia em sonhos de Parassuá: "Tu também és das estrelas! Entenderás no momento certo!". Agora, Parassuá compreende tudo! Da chegada dos pálidos... Desta terra abençoada... E da responsabilidade que Parassuá tanto sentia no peito...

O velho concentrara-se em seu propósito. Ele estava mais do que nunca ciente de seu papel dentro da comunidade que comandava. Não se tratava de um atributo comum a sua investida junto a Calixto. Era de vital importância para aquele momento histórico. Parassuá consolidava a relevância de seu trabalho e tocava também a velha Itatinga. Do toque transladara para a memória daquele lugar, como um pássaro que conhece perfeitamente como retornar ao seu ninho. Imediatamente, enxergava-se como se fora um imenso falcão, em esplendorosa cor azul-marinho. Os olhos da ave observavam expressivamente todo o seu passado em registros desenhados em voo panorâmico. Seus dotes xamânicos afloraram como nunca. A ave pousa em uma colina, onde a cor amarelada do horizonte afirmava um crepúsculo iminente. Nessa colina havia um espaço emoldurado por rochas, uma espécie de retiro espiritual, onde se reuniam tranquilamente algumas pessoas. O viajante desdobrado percebia nesse campo, ainda na configuração de um falcão, um grupo de homens de acordo com sua etnia que se postavam sentados em um círculo, com vestimentas um pouco diferenciadas de seu tempo. Todos eram muito parecidos no visual: robustos, altos, cabelos compridos, lisos e negros, pele avermelhada, com peitos desnudos e calças de couro cru. Conversavam ao redor de uma fogueira. Um deles, um belo homem de rosto quadrado, sobrancelhas grossas, olhos amendoados, nariz típico da etnia, boca carnuda, emoldurada por espessa cabeleira a balançar com uma brisa oriunda de um pôr do sol magnífico, vai em direção àquele significativo falcão. Nesse anfitrião destaca-se uma singela pena branca com a ponta amarronzada sustentada em sua orelha esquerda; tiras de couro entrelaçadas nos avantajados bíceps e uma calça com desenhos de flechas e machados bordados por costuras também de couro. Estava descalço.

Com expressividade no olhar, ele se manifesta ao viajor na forma de falcão:

— Enfim, chegaste ao teu verdadeiro lar... Para tal, vieste na tua melhor forma... Como um uiraçu... Há tempos tu foste preparado; seja bem-vindo, meu caro irmão! Sou Ariri, pai destas terras! Congratulo-te pela dedicação e presteza deste propósito. Como percebes, sou como tu. Não sou divino. Não há lógica em mitificar meu nome. Toda esta intuição de trazer o branco para cá teve sentido. Agora, tens muito a fazer... Leva este branco para a aldeia; contudo, antes o faz beber do líquido das folhas vermelhas que está ao lado da Itatinga. E também leva estas folhas para os outros brancos. Eles devem beber para não transmitirem doenças desconhecidas ao teu povo. Doenças que passam pelo ar, pela fala, pela respiração. Doenças que matam, por causa da falta de imunidades. Povos das serras desconhecem a cura dessas moléstias e tuas rezas não serão eficazes contra elas. Somente a folha vermelha tem um dispositivo que barra as influências dos seres que o olho não vê. Assim, todos os nativos estarão protegidos e imunizados.

Com um assopro de Ariri, o falcão retorna à forma de Parassuá. Em seguida, o estrelado continua:

— Parassuá! Presta bem atenção! Chega de mitos e de crenças infundadas. Tu, um dia, estarás aqui como Ariri. Os nativos têm de entender da realidade. Então, não mais te sacrifiques por dogmas que de nada têm valor para o mundo da verdade. Há algo que Ariri precisa fazer-te recordar! Lembras-te que tu já tiveste um grande amor? O amor duma mulher! O amor perdido? O amor que tu disseste ser impossível? O amor que tu sacrificaste por tais dogmas milenares que precisam cair? Não há motivo desta separação! O que se criou como regra no passado foi deturpada pelos teus antecessores. Muitas nações têm criado mitos sem fundamento. Ariri diz que voltes para o teu amor e o assumas! Se meu nome é tão forte entre os teus, diz que foi minha a indicação. Ariri sabe que dogmas travam tudo, todavia nada faz sentido. Tens a minha bênção!

Ariri olha para a Itatinga, onde Calixto entrava em seus mais longínquos registros, e finaliza:

— Parassuá! O branco voltará do transe em profundo relaxamento, porém com imantações que não compreenderá. Leva-o para a aldeia, mas não te esqueças da recomendação das folhas vermelhas. Isto tem de ser imediato. Repito: imediato. Lembra-te! Só poderão adentrar na aldeia aqueles que provarem da folha vermelha, sob pena de dizimarem teu povo. Agora, volta para a Itatinga e retoma tua forma carnal, pois lá o desregrado te espera inconsciente, envolto nas benesses dessa experiência.

Logo após a última frase proferida pelo estrelado, o pajé, já consciente, se encontrava ao lado de Calixto. Percebia-se, por meio do olfato, um perfume agradável que tomava conta do ambiente. Lentamente, o corsário ia piscando os olhos e retomando os sentidos. Olhando para o velho nativo e com uma disposição jamais experimentada, Calixto revela sua experiência:

— Senhor... Que lugar é este? Jamais havia experimentado tal prazer. Sinto-me regojizado. Higienizado. Renovado. Uma sensação que não consigo precisar. Vós tendes um talento que desconheço, pero agradeço por tudo, se é que podeis me compreender.

Jiacutuan traduzia as frases de Calixto rapidamente em sua mente. Embora não falassem o mesmo idioma, naquele momento era possível uma comunicação sem problemas. Sem delongas, o velho se dirigiu até as folhas vermelhas, obedecendo às recomendações efusivas de seu mentor espiritual, extraiu dela o líquido e o ofereceu para Calixto. Tudo preparado em cima de outra folha, para que não houvesse desperdício. Sem resistência, o ibérico tomou do elixir com certa satisfação. Como medida intuitiva, o intérprete espiritual mentalmente elucidava para Calixto o que significava aquilo, que tranquilamente absorvia a comunicação extrassensorial.

Parassuá retirara mais folhas vermelhas para levá-las consigo. O intérprete, mais uma vez, explicava para Calixto o que deveria ser feito com as demais folhas. Calixto compreende e respeita. Antes de retornarem, o velho pajé se abaixa em profunda reverência àquele lugar sagrado, agradecendo ao seu grande mestre espiritual pelas revelações. Com apenas um olhar para o estrangeiro, concluiu seu trabalho no Círculo da Pedra Sagrada.

Parassuá olha para a trilha e acena para que o estrangeiro o acompanhe. Entretanto, antes de iniciar o retorno, Calixto toca no ombro do velho e diz:

— Obrigado, meu caro senhor... Não sei se compreendes o que digo, pero quero agradecer pela experiência irretocável vivida neste lugar. Minha avareza tem sido minha desdita... Tenho receio de meus homens... Não creio que entenderão o que significam estes campos benditos...

Parassuá, com o auxilio de Jiacutuan, entendia as palavras de Calixto. De retorno, o intérprete espiritual concluía telepaticamente ao estrangeiro: "Segue o pajé! Indica ao teu povo que bebam das folhas avermelhadas. Estagia o possível nestas terras e não macula mais a tua existência".

Parassuá sorriu com a esperança de uma reformulação naquele homem. Seguiram viagem, com Parassuá indo à frente de Calixto pelas tortuosas trilhas. Envergonhado pelas inúmeras desconfianças que nutrira por aquele homem silvícola, Calixto retornou ao seu acampamento sem dizer uma só palavra. Defronte ao acampamento, o pajé deixou as folhas com Calixto e, por meio da linguagem de sinais, revelou que deveriam todos tomar do extraído sumo. Calixto concorda e admite atender ao recomendado.

O velho, com um graveto, desenha no solo sua aldeia. Com os sinais estava convidando Calixto a visitá-lo em sua choupana. Na medida do possível, Jiacutuan intermediava os entendimentos, para que nada fosse perdido. Com os três habituais toques ombro a ombro se despediram e Calixto seguiu empunhando as folhas, ciente de que teria muito a explicar aos seus comandados. Já o velho seguiu rapidamente para sua aldeia, pois lá iria ter muito trabalho para preparar Yassanan em relação à visita dos estrangeiros. Sobretudo, Parassuá ainda sentia forte influência da Itatinga. Em sua mente, um processo inusitado se desenvolvia como um filme que se apresentava. Inúmeras revelações vinham à tona, sem que pudesse controlá-las. O ancião recebia um contingente de informações futurísticas que mudariam completamente seus conceitos.

❀ ❀ ❀

Calixto fora recepcionado por Manoel, que estava ansioso para saber o que o velho tinha para mostrar dentro daquelas trilhas. Ganância à flor da pele, o corsário queria saber se havia ouro aonde o tinham levado. O comandante o acalmou e, sentado em um toco, contou toda a experiência aos seus subordinados, inclusive que deveriam tomar o sumo daquelas folhas e o porquê da exigência.

Após a longa explanação, Manoel, indignado, disse:

— Capitão! Não estou a compreender aonde quereis chegar... Vós afirmais que não desejais mais explorar estas terras? Que temos que voltar para Portugal? Sem nada? Pobres? Mendigos? Desculpai-me, pero não retornarei de mãos a abanar! Nós outros para cá viemos à busca de riquezas, oras, pois! Vós deveis estar enfeitiçado pelo silvícola e não vou permitir isto!

— Acalma-te, Manoel! Existem revelações que não podemos nos furtar delas. O velho a chama de Itatinga e vou levar-te até esta rocha para que possas entender o que digo. No alvorecer, nós outros iremos até a aldeia dos nativos. Eu acertei isto com o velho. Agora, vem comigo! Vou te levar até a rocha encantada.

— Esperai, capitão! Vou pegar meu arcabuz.

— Está bem.

Manoel, empunhando o arcabuz, acompanhou seu comandante até o inusitado destino. Por horas andaram pelas trilhas; sem encontrar o desejado lugar aonde Parassuá o havia conduzido. Subiram e desceram os estreitos tortuosos e nada de chegar ao espaço da grande rocha. Irritado com o que acontecia, Calixto disse ao companheiro:

— Oras, pois!!! Não pode ser... Eu tenho certeza que passei por estes espaços e não compreendo tais sumiços... Era no final desta trilha o destino e o que vemos são apenas mui árvores... E nada daquele círculo... Manoel, acredita! Não estou louco! Estive cá com o velho nativo e vi minha vida refletida quando toquei na instigante pedra. Tu sabes o quanto sou mercenário e não teria mudado de opinião, se não fosse tão real o que vivenciei por cá.

O malicioso companheiro não hesita em envenenar ainda mais a ocasião, com olhar e fala repugnantes:

— É feitiço, senhor! Feitiço! Estes povos são feiticeiros e têm demônios que os acobertam. O senhor está endemoniado pelo mal daquele velho.

Inconformado com as deduções, Calixto enfatiza:

— Não... Não... Não... Era tudo muito real... Entrei num cenário que me via nele. Tudo em épocas distantes, como se eu fosse outra pessoa, num outro corpo, num outro tempo, entendes?

— É feitiçaria! Feitiçaria braba, senhor! Vamos obrigar aquele velho a dizer onde está o ouro, pois é isto que realmente nos interessa; estupramos as nativas e depois matamos todos estes ignaros. São selvagens que não servem para nada, senhor!

Ainda mais irritado com a estupidez de seu imediato, Calixto diz enojado:

— Chega de prosa inútil! Vamos voltar ao acampamento, antes que anoiteça e um animal selvagem nos ataque.

Pensando em voz alta, o corsário diz:

— Deve ter uma explicação lógica para isto. Amanhã, vou procurar saber com o velho tudo que este lugar tem de mistérios.

Com um pouquinho mais de veneno, Manoel incita:

— Ainda acredito que seja obra do demônio!

— Cala-te, Manoel! Tu falas fezes em demasia. Vamos para o acampamento e não quero mais falar sobre isto.

Os corsários retornaram para as barracas improvisadas naquela mata. Sem demora, ajeitaram as trouxas e se prepararam para o jantar. Alguns pequenos quatis caçados seriam servidos. Calixto não queria mais tocar no assunto da pedra, porém todos olhavam desconfiados para o comandante enquanto ceiavam. Ele ignorava quaisquer questionamentos sobre suas decisões.

Na madrugada, enquanto o grupo descansava, Calixto ouviu uma voz que dizia mansamente em sua mente:

— A Itatinga não é para todos, pele enevoada! Não é para qualquer um... Vós entendeis?

Atordoado, o comandante desperta suando e olha para todos os cantos do acampamento. Ameaça pegar seu arcabuz, mas desiste. Não vê ninguém, senão os de seu grupo dormindo. Ainda queimavam as brasas em que assaram a caça. Por algum tempo, Calixto fixara seu olhar no carvão. Cansado em demasia, deita-se novamente. Olhando para o céu, adormece, ciente de que alguém do bem havia lhe dado aquele proveitoso recado.

Capítulo 12

O profetismo

Parassuá aspirou profundamente a fragrância purificante da relva, sentindo a brisa vivificante em seu rosto de traços envelhecidos, deixando fugir um profundo suspiro. Junto à pedra-símbolo, contemplou toda a aldeia com olhar atencioso, a admirar ainda mais aquele lugar de vegetação das mais variadas. Ao longe, a massa de serras que se perdiam no poder da visão, belíssima, trazia os primeiros sinais da manhã. Divagando em sua meditação, o pajé manteve-se dessa forma durante algum tempo. Depois, virou-se lentamente e da posição em que estava, defronte à pedra-símbolo, fitou as ocas, onde seu povo permanecia acomodado e seguro. Tinha orgulho de seus seguidores, da terra de clima ameno, da água fresca e abundante, da caça de enorme variedade, do solo fértil e dos frutos variados sempre à disposição. Não desejava que seu povo sofresse, fosse por qualquer motivo, por isso ali estava acalentando-se no poder de seus ancestrais, precursores de toda a história daquela irretocada nação tupi.

O sábio nativo atirou os longos cabelos brancos para trás, olhou mais uma vez para a Grande Serra e, genuflexo, iniciou uma expressiva oração:

— Tupã! Que vós estejais sempre entre o povo de Parassuá e nos inspireis para trazer sempre paz e prosperidade à nossa raça, a grande raça Nhengatu.

Enquanto se mantinha firme nas fervorosas orações, uma pessoa o observava, respeitosamente, encostado a uma árvore: Yassanan. Por seu pajé, o grande chefe dos serranos jamais deixara de alimentar a mais profunda admiração. Anos passavam e a disposição emocional pelo ancião não mudava. Entretanto, para não fugir à sua capacidade de enxergar além do palpável, mais uma vez, de forma surpreendente, mesmo estando de olhos fechados, Parassuá sabia da presença de seu morubixaba. Singelo, disse-lhe:

— Yassanan, filho do Grande Pássaro! Aproxima-te deste velho. Yassanan já compreende das rezas de payé, portanto, não faz sentido ficares aí parado...

Sem graça, o morubixaba respondeu com uma pergunta:

— Como payé sabia que Yassanan estava aqui? Yassanan tratou de não fazer nenhum barulho... Payé é mesmo sempre surpreendente.

— Ah... Ah... Ah... Isto não importa agora. Porém, payé tem algo a dizer: Foi oportuna tua chegada neste momento em que payé ora para Tupã. Payé tem trabalhado duro junto ao núcleo de Ariri, o grande pai destas terras. E payé esteve no Círculo da Pedra Sagrada.

Como não poderia ser diferente, estupefato, Yassanan volta a perguntar:

— Como? No Círculo da Pedra Sagrada?

— Sim, grande Yassanan. Mas não há motivo para tanta perplexidade. Existem motivos para a ida de payé até lá.

— Mas, payé! Yassanan sempre quis ir para o Círculo Sagrado e payé jamais levou Yassanan... Por que payé deixou Yassanan mais uma vez sem conhecer a mística Itatinga?

— Payé gostaria muito de poder levar Yassanan até a Itatinga, mas nem tudo depende da vontade de payé... Para que Yassanan possa tocar na Itatinga, é necessário um convite dos Pais da Terra, ou um propósito oriundo de outras existências. Compreendes, Yassanan?

O morubixaba mostrava-se muito decepcionado; contudo, a maior das decepções ainda estava por vir:

— Payé tem novas e importantes revelações. Revelações que o cacique deste povo serrano precisa saber! É que payé esteve na Itatinga com o estrangeiro, o de pelos na cara.

— O quê!? — pergunta o morubixaba esbravejando —. Como payé pôde levar aquele estrangeiro para o lugar sagrado dos ancestrais? Não acredito... Diga que é brincadeira, payé, diga!

— Não, Yassanan! Payé não brinca com coisa séria. Desde curumim, payé tem contido nas lembranças a vinda de estrangeiros para Tupiretana. Isto sempre foi mui claro para payé, antes de tudo, antes mesmo de ser payé. Payé já disse sobre isto noutras ocasiões. Quanto às razões desta imigração? Isto cabe somente a Tupã explicar. Vão mui além da compreensão terrena. São situações necessárias para o futuro deste mundo. Entretanto, os ensinamentos não param aí! Ariri mostrou a payé a grande força da transformação; que povo de payé não deve mitificar tudo. Deve existir coerência nas crenças. Fez payé entender o conjunto de fatos, de ações, de obras que se sucedem no tempo e evoluem, marcando uma diferença entre o estágio inicial e o estágio conclusivo. Hoje Ariri vive num mundo que nossa crença entende como divino. Não digo estar incorreta esta doutrina, porém não é totalmente verdadeira. Ariri vive num espaço superior, isto é claro, mas já foi como payé e Yassanan e evoluiu em todos os sentidos. Ariri deixa evidente que Tupiretana é uma “terra abençoada”... Que povo Nhengatu pode chegar até seu mundo: a Terra sem Males... Estas informações foram mui rápidas. Ao toque na Itatinga, as percepções se sucederam de forma precisa na mente deste velho. Informações expressas acima do que era visível entre o tempo e o espaço. É tão singelo! Fica mesmo tudo dentro da mente de payé. É maravilhoso. Uma mostra que Ariri quis destacar na viagem de payé como um uiraçu...

— Mas o que payé quer dizer sobre esta Terra sem Males? Isto não é coisa de mbyá?

— Aí é que está o ápice desta questão, Yassanan... Payé foi mui além do comum. Do que parece ser intocável... Xamanismo! As coisas não são simples mitos, ou seja, relatos simbólicos, passados de geração em geração dentro de um povo, que narram e explicam a origem de determinado fenômeno, ser vivo, acidente geográfico ou costume. Tradição, sim! Devaneio, não! Em alguns casos, contar histórias pode bagunçar a ligação com a realidade. Principalmente quando quem as conta inventa e inventa e inventa. Daí surgem as ilusões. Imagine nas histórias antigas... Na outra dimensão foi possível perceber quais são nossas limitações e o que se perdeu ao longo das luas que passaram. Os pais-da-terra eram sábios e deixaram um legado incontestável aos seus sucessores. O incrível era que enquanto payé levava o pálido para sua essência, indiretamente a mente de payé absorvia todo este conhecimento de forma simultânea. Yassanan não tem ideia da limitação da matéria. Na Itatinga, foi possível entender ainda mais as deturpações que vêm sendo contadas de geração em geração. Por isto Ariri tem acompanhado payé desde curumim e soube o momento certo de intensificar estas verdades. Neste contexto foi providencial compreender as diferenças. Diferenças cruciais, como: para os pálidos, os nativos destas terras são considerados como selvagens e muitos nativos agem mesmo como tais. Justamente pela desfiguração relativa ao que ancestrais ensinaram à nossa raça. Veja que algumas nações de Tupiretana sacrificam seus inimigos, os vencidos nas batalhas, pois acreditam estar a sugar sua bravura. Absurdo este comportamento, não? Quem poderia ter ensinado tamanha insanidade? Com certeza não veio da sabedoria ancestral. Somente duma alucinação provinda de payés ignorantes é que surgem estas coisas... Histórias imprudentes que fazem parte dos costumes das nações Nhengatu. Para que Yassanan tenha uma ideia, antes do voo do uiraçu, payé acreditava que o pai desta terra fosse como Tupã, ou melhor, quase Tupã. E payé se enganava! Tinha resquícios de crenças anteriores. Não que Maracassu, o payé que preparou Parassuá, estivesse errado quando ensinava a tradição... É a forma pela qual se transmite o costume que deve ser revista. O isolamento causa mesmo restrições. Maracassu, como a maioria dos payés, era muito fechado e, apesar das grandes qualidades que tinha, pertencia a este conjunto. Ariri teve paciência e revelou tudo na lua certa. Talvez outros payés não tenham a mesma felicidade de ter Ariri tão próximo, como Parassuá tem, por isto perdem-se em crendices. A herança tupi, guarani, jê é uma só... O resto é mera presunção. A cultura de Tupiretana é pujante e perde-se na sequência das luas grandes. Serranos não conseguem mais amistosidade com os tupinambás, por exemplo! Payé tem de preservar serranos com toda esta fonte de conhecimento. Payé foi um abençoado em ter podido assimilar toda esta fantástica fortuna ancestral. A grande chave é a Tupiretana de todos os nativos! É triste constatar que muitas nações estão perdidas nas cegueiras arraigadas e repletas de exageros. Até os mais antigos falham nestes sentidos. A Terra sem Males não é somente um relato que pertença aos mbyás e Ariri demonstrou claramente a este velho.

Parando por um breve instante em suas elucidações, bem seguro, Parassuá prosseguiu veemente:

— Quanto ao estrangeiro, Jiacutuan deu-lhe um nome: "Pele enevoada" foi o designativo. E num passado distante, este pálido já esteve em Tupiretana... Imagine só!

Balançando a cabeça e com um olhar de profunda perplexidade, Yassanan não se conformava com o que seu mestre dizia. E indagou:

— Yassanan não consegue compreender... O forasteiro de cabelos na cara já esteve em Tupiretana? Yassanan não consegue compreender...

Com uma erudição incomum para aqueles tempos, Parassuá esclarecia:

— Entenderá, Yassanan, entenderá! Não se preocupe com o que pálidos pensam dos nativos. Pálidos são muito mais selvagens que qualquer outra raça no mundo. Matam por nada. Divertem-se com a desgraça alheia. Devastam tudo. Será um grande desafio para tupis e guaranis o contato com peles brancas. O maior desafio destas terras, desde a chegada dos viajantes da terra que Paraná [*mar*] engoliu... Mas não se preocupe, Yassanan! A Aldeia da Serra está mui bem amparada. Payé tem mui auxílio... Payé conseguiu se comunicar no idioma estrangeiro através de Jiacutuan e conseguiu entender o quanto são avarentos! É da cultura dos pálidos a sovinice. Pálidos são medidos pelo ter, nunca pelo ser... Tudo para pálidos depende de trocas, muitas vezes usurpadas. E ancestrais querem resguardar a Aldeia da Serra da influência estrangeira.

Houve outra pausa no diálogo. Yassanan passava a destra em sua cabeleira, a demonstrar sinais de profunda desconfiança. Parassuá olhou para o alto. No cume de uma conífera, defronte à pedra-símbolo, eis que surgia um uiraçu de coroa branca, que pousava tranquilo. O olhar do animal era dotado de um brilho cristalino.

Com seus dotes xamânicos, o velho se alegra com a célebre presença, esboça singelo sorriso e prossegue, tomado por interferências de outras matrizes:

— Agora, Payé não tem mais dúvidas das transformações que acontecerão em Tupiretana. Pálidos serão responsáveis pelos atrozes interesses por estas terras. Outras nações nativas não terão a mesma sorte, porque vivem no atraso, na deturpação dos verdadeiros ensinamentos. Atrasados no saber sofrerão em consequência dos contatos com brancos. Haverá grandes e massacrantes embates. Será muito triste, Yassanan... Muito triste...

Yassanan pergunta interessado:

— Como sabes disto? Foi Ariri que revelou?

— Sim, Yassanan. Sobretudo, a grande resposta é que a Aldeia da Serra tem proteção. Ariri tranquilizou payé com isto. Vai-se longe na Pedra Sagrada! Na Itatinga se sente mais do que se enxerga... É difícil explicar apenas com palavras. Como uiraçu, payé via lindas paisagens, mas dentro das imagens estavam os registros, as revelações, através das nuvens que a mente absorvia. Payé estava numa estrada para a Terra sem Males... Um mundo intangível no estado bruto. Não é crendice! Payé viu esta terra! Payé foi lá pelas nuvens da Itatinga. Assim é um verdadeiro xamã, Yassanan! Naquela noite, ainda mais evidentes ficaram intuições que payé sentia... Payé via tudo como numa mostra real. As nuvens na mente demonstravam todos os propósitos. A essência Nhengatu! Nuvens mostraram mais... Da essência de um povo para o descenso do povo. As igaras trouxeram pebas [*brancos*]. E, acredite, Yassanan! Muitos nativos receberão estes pebas como nhandé-jaras [*deuses*]. Payé não quis detalhar ao estrangeiro estes registros, não era o momento. Portanto, há de se tomar muito cuidado com os pálidos. Este será, como payé disse, o grande desafio de todos os nativos de Tupiretana. Preservar os serranos é dever e uma prioridade de payé. E payé vai lutar para evitar a dor, porque viu como um uiraçu o futuro destas terras... Antes de seguir para o exílio na

Grande Serra, este velho vai trabalhar duro.

Após uma ligeira pausa, o ancião retorna ao vaticínio:

— No entanto, havia outras categorias... Outros credos que também estavam corrompidos. Num campo pessoal que marca bem a atual vida deste payé... É, Yassanan... Payé chorou muito por dentro já... Este velho estúpido deixou um amor para trás, por conta de poluídos costumes...

Não escondendo a curiosidade, o morubixaba pergunta:

— Um amor? Payé amou alguém?

— Payé ainda ama... Nunca deixou de amar... E tão logo termine a faina aqui, payé irá levar amor para a Grande Serra. E lá payé a desposará como deveria ter feito ainda jovem... Claro! Se este amor ainda aceitar...

Por alguns instantes, aquele singular homem viajou em seus mais profundos sentimentos; suspirou entristecido e, após refazer-se das melancólicas decisões do passado, prosseguiu a explanação com um olhar estiolado:

— Payé tem de continuar com compromissos assumidos. Não pode se demover com sentimentos antigos. Não neste momento.

Passando a destra em uma das penas acinzentadas que insistia em cair, sem preâmbulos o velho retornou ao profetismo:

— Payé tem de arrumar um jeito de visitar Ropodju Kunhan.

O morubixaba, por conta de outra surpresa, interroga:

— O payé dos mbyás? Pra quê?

— Algumas das revelações devem ser discutidas com Kunhan, porque Kunhan é desvairado. Suas alucinações precisam ser eliminadas. Kunhan pode levar seu povo ao desastre. A ancestralidade dos mbyás, bem como a dos tupis, dos guaranis, sempre contou da terra do além-paraná como uma terra sem doenças, sem dores, uma terra feliz. No entanto, Kunhan está confundindo tudo e entorpecendo seu povo. Seu povo não tem escolha e vive como "almas que vagueiam a horas mortas". Isto não está certo! Os nativos de Tupiretana são herdeiros do saber dos maraxás, daqueles que sobreviveram à grande inundação; portanto, não fazem sentido alucinações descabidas. A narrativa transmitida pela tradição é autêntica. Infelizmente, alguns payés vêm contando a seu modo. Payés, tamois, tuxauás, morubixabas, contam, segundo interesses, absurdos inconsequentes, cuja autenticidade não se pode comprovar. A mente de Kunhan envereda neste sentido. Kunhan está a provocar delírios em seu povo e sua exposição alegórica da Terra sem Males não conjumina com o que Ariri apresentou. Kunhan precisa buscar seu "animal de poder" e viajar na busca de sua identidade, na dimensão da verdade, como fez Parassuá na Itatinga. Seu profetismo equivoca-se em demasia, pois há muito conheço sua tese sobre Yvy Marã e'ÿ. E Parassuá fará o que for possível para o bem de todas as nações de Tupiretana. Payé vai orar forte para Yucuruá interceder neste caso. Não há nada mais puro, nada mais notável, que o espírito esverdeado em toda a extensão do verde serrano... Payé pedirá para o espírito esverdeado levar mensagem não só aos mbyás, mas para todos os nativos de Tupiretana. Yucuruá agirá nas mentes dos payés. Parassuá sabe que muitos não perceberão a anunciação, por causa da poluição mental. Entretanto, payé não pode se furtar da sua grande incumbência. Payé serrano deve cuidar de todos os nativos de Tupiretana, sem pretensões, nas rezas mais profundas, junto a todos os espíritos da natureza. Nacões que insistirem na resistência, poluídas em seus costumes, sofrerão justamente por conta destas insensatezas. O belo místico sempre prevalecerá em nossas terras, bem como a sabedoria dos ancestrais, mas, infelizmente, os insanos mancharão a essência primeva. Não se define Yvy Marã e'ÿ como um objetivo apenas dos mbyás, mas não há dúvida que seja este o lugar em que se pensa a divinização da pessoa na sua versão mais radical, isto é, quando se define efetivamente um lugar de vida imortal. Payé já entendeu que a morte não se torna um objetivo de desejo ou aposta no que estaria além dela. Payé diria agora com maior ênfase: não se deve divinizar a pessoa que morre. Segundo Ariri, a divinização, ao contrário, abole a morte, ou seja, os que alcançam plenamente a condição imortal fazem-no sem morrer... Ao falar de Yvy Marã e'ÿ, ou Para Guaxu Rovai [*Terra Eterna Divina ou terra do outro lado do "mar grande"*], conclui-se que quem vai para lá segue limpo e viverá nela, não volta com corpo, diferente de quem vai para a Aldeia de Luison [*criatura da mitologia guarani, detentora do poder sobre a morte*]: nesta se vai e volta com outro corpo. Já a tradição mbyá conta de uma passagem para a Terra sem Males feita por Nhanderu, especialmente para seus filhos e filhas eleitos, ou seja, os próprios mbyás, descrita como "ida com corpo", onde quem atravessou para o "outro lado da água grande" sempre o fez sem abandonar o corpo nesta Terra, isto é, sem morrer. Acepção incoerente! Daí começam os erros de interpretação dos contos. Em geral, comenta-se desta passagem como algo que só seria possível aos "preparados" que possuem uma conduta apropriada, que não se alimentam de comidas impuras; sendo necessárias grandes rezas e cânticos às formas de obtenção de poderes e saberes. Contavam os ancestrais que, para se chegar ao outro lado do Paraná, era preciso ter um poder peculiar; uma capacidade de "atravessar a água" e chegar até "aquela cidade feita por Nanderu para os eleitos", uma terra que ficaria no fim, para onde vai com o corpo atual. Mas a referência a "este corpo" é muito mais ampla e necessita sabedoria para entendê-la. Não devem existir alucinações descabidas. O ato "sem morrer" ou "não morrer" significa deixar claro o vínculo entre continuar "erguida" a pessoa e a passagem para a terra divina; de quem chega à condição de sempre existir, de imortal, de evolução, de ascensão. Essa afirmativa é altamente deturpada pelos nossos conterrâneos, sem mencionar as inúmeras histórias sobre um fatídico fim do mundo que aterrorizam os seguidores destes payés... Em suma, a concepção fundamental que deriva esta crença no aguyjê [*bem-venturança*] corresponde ao objetivo existencial. De maneira concreta como felicidade no mundo sobrenatural, que todos almejam alcançar sem antes morrer e cuja obtenção depende principalmente de atitudes, prescrições religiosas e morais. Uma representação originária e propriamente dita, mítica, de "ilha da felicidade" no meio do longínquo Paraná. Para se alcançar esta ilha, é preciso se mover a uma vida de comunhão espiritual e para atingir esta imortalidade, cabem as atitudes edificantes. A travessia a Yvy Marã e'ÿ refere-se a um horizonte entre a brevidade da vida terrena e a eternidade da vida maior, perspectiva que compreenderia a consciência do limite desta "vida imperfeita", longe do "pessimismo" desenfreado sobre o mundo carnal, ora profetizado pelos guaranis, que causa delírio a muitas nações de Tupiretana.

Depois de todo aquele arrazoado sobre um assunto tão sério, Parassuá respira fundo. Em seguida, finca seu maracá no centro das terras vermelhas da pedra-símbolo. Instantes depois avança nas predições:

— Yassanan, nem tudo são contos ou mitos! Eis que surgirá, indubitavelmente, um novo ciclo... O ciclo do mal. Um ciclo da exploração de nossas terras e de nosso povo... Um legado de ajustes existenciais... Ajustes de outras eras, de outras vidas... Tempos difíceis para a querida Tupiretana... No entanto, os espíritos da natureza não abandonarão os tupis-guaranis. A Terra sem Males, para nossa cultura, permanecerá intacta dentro destas serras por mui luas. Aqui não haverá nenhuma demanda contrária. Payé promoverá a aldeia para o caminho junto a esta dimensão. Aquele que for merecedor chegará à Terra sem Males. A terra prometida pelos antigos. Isto payé pode prometer.

Yassanan escutava aquela preleção um tanto apreensivo. Porém, não deixara de ser participativo. Com a mão no queixo, o morubixaba assevera:

— Payé! Será providencial o acompanhamento dos guerreiros serranos na visita aos mbyás!

— Não, Yassanan! Esta visita será feita sem guerreiros. Payé irá estudar como fazê-la para que não haja problemas. Payé irá em paz até a Boca da Mata, a atual terra mbyá. Talvez payé leve Yassanan junto, mas ainda não tem certeza. O espírito esverdeado já partiu para anunciar a boa-nova aos líderes que puderem ouvi-lo e irá com este encargo aldeia por aldeia. Agora, payé quer que Yassanan retorne para a oca central. Vá até Yaciara e avisa tua companheira que talvez estejas com payé nesta visita aos mbyás. Dá esta notícia sem alardes!

— Tem certeza disto, payé?

— Payé não vacila. Vá e segue as instruções da profecia. Mas, antes de seguir, leva contigo estas folhas avermelhadas!

O velho ajeita as referidas folhas. Elas estavam bem ao lado dele e as fornece ao morubixaba. Em seguida, prossegue na recomendação:

— Não te esqueças de entregá-las a Yaciara. Explica que estas folhas precisam ser tomadas como um remédio imediatamente. Dá o sumo a Nakoatann. Pede também para que Chiacutá prepare a bebida vermelha e a forneça para toda a aldeia.

Todos, sem exceção, deverão tomá-la. A velha entenderá o significado deste pedido.

O morubixaba faz várias perguntas:

— A bebida vermelha da folha pesada? Não é para combater doenças perigosas?

Sem interromper a arrumação dos punhados de folhas pesadas, o velho responde:

— Sim, as folhas imunizarão todo o povo serrano.

— Imunizar Aldeia da Serra? Imunizar de quê?

— Não te preocupes com os porquês, grande Yassanan. Payé sabe do futuro, não porque é melhor que qualquer outro nativo. É trabalho de payé cuidar de Aldeia da Serra, somente isto! Está tudo na mente de payé, como repetidamente disse. O Círculo Sagrado trouxe estas inspirações. O acesso da Itatinga representa uma bênção para nós outros. Serranos devem se prevenir contra moléstias que desconhecem. A bebida vermelha será o antídoto contra doenças de pebas. A imunidade não se dará apenas pela bebida. As aldeias de Tupiretana que acreditarem nisso se beneficiarão do bloqueio do mal. Conseguirão se isolar das devastações dos pálidos maldosos. Terão suas terras preservadas... As ações da exploração nefasta não os atingirão. Muitas luas seguirão sem que o mal os alcance... Tupã é justo! Não significa que existam escolhidos. Existe, sim, uma fé contra o ciclo do mal! E espero firme que o espírito esverdeado consiga êxito em sua empreitada.

Segurando ainda mais forte seu inseparável maracá, o velho por hora concluía:

— Chega de prosa por enquanto, filho do Grande Pássaro! Agora, payé tem de ir até o acampamento dos pálidos e firmar outro propósito.

— Yassanan vai junto com payé!

— Não. Yassanan já tem muito o que fazer na Aldeia da Serra.

— Mas... payé...

— Segue, Yassanan! Segue! E sem contestações. Yassanan nem imagina o quanto payé já fez sem a presença do morubixaba. Vá!

Yassanan retornou para a aldeia e rapidamente tomou as providências. O morubixaba seguiu rigorosamente todas as orientações de seu pajé e explanou para a sua esposa a conversa na pedra-símbolo. Levou as folhas para a velha Chiacutá e ela logo entendeu o propósito. Por fim, aguardou o regresso de seu mestre.

Parassuá, ao mesmo tempo, saiu do espaço da pedra-símbolo e embrenhou-se mata adentro. Contrariamente ao que havia conversado com Yassanan, não se dirigiu ao acampamento dos estrangeiros. O velho parecia ter outros planos e se dirigiu para um ponto de difícil acesso na floresta. Seu destino parecia não ser um local distante do marco zero da aldeia. No entanto, o que realmente queria fazer Parassuá? Pois a dificuldade extrema que encontrava em transitar naquele local parecia não fazer sentido... A degradação do relevo, em função dos agentes responsáveis pela acumulação de materiais arrancados daquela topografia, causada por uma recente erosão, formava um conjunto de poeira densa. Não fugindo aos seus enigmas, o velho sorri ao chegar aonde queria. Ele estava satisfeito; pela sua fisionomia, o velho esboçava que aquele espaço era ideal para seus intentos.

Defronte a um escarpado, o pajé se pronuncia desenvolto. Com as mãos alçadas para o alto, em forma de evocação, ele clama repetidamente:

— Pacunsi! Espírito da poeira! Pacunsi! Espírito da poeira! Pacunsi! Espírito da poeira!

E dessa forma seguia nas evocações. Quando da vigésima sétima vez proferida a evocação, principia-se um fenômeno diferenciado dos anteriores: uma espiralada forma poeirenta é emersa dos escombros erodidos, impactante mostra de magia, que faz surgir uma extravagente silhueta masculina com mais de dois metros e meio de altura, numa formação que girava em velocidade descomunal. A centrifugação do fenômeno mostrava-se incontrolada e, aos poucos, se definia diante do evocador.

Parassuá tinha dificuldade para se manter em pé diante da portentosa apresentação. Com o braço direito procurava se proteger da potência do pequeno tornado. Com a cabeça abaixada, foi tentando se afastar do local à procura de um abrigo, mas não encontrou alento. Sua dificuldade em respirar se tornou preocupante. Não conseguia abrir os olhos. Receou ter sido um grande erro procurar o mais velho dos elementais da floresta. Em sua mente, pedia perdão o tempo todo. Entretanto, o ímpeto da ventaneira não cessava e foi se tornando insustentável a situação. Termina caído nos escombros. Prevendo um desfecho trágico, o encantado diminui substancialmente sua voracidade, pois estava soterrando o xamã. Prenuncia-se um momento de perigo de morte e a forma edificada pela poeira se posta diante do quase aniquilado.

Todavia, aquele mestre xamã era realmente singular em seus propósitos. Nunca poderia se considerar desamparado. Inexplicavelmente, múltiplos filetes esverdeados provenientes das folhas começam a despontar. O efeito mágico parte o solo e abre uma clareira. A interferência faz os destroços saltarem para o alto e assim se torna possível ao xamã voltar a respirar.

Parassuá estava no meio de um vão na terra e permaneceu desacordado por algum tempo. Entretanto, os filetes esverdeados processavam um refazimento em seus pulmões. Aportou um exército de espíritos das folhas naquele ambiente. Mais um espetáculo promovido pelos comandados de Yucuruá. O protetor dos serranos se apresentou veemente e não aprovava o que presenciava. Intenso, enérgico, Yucuruá pisava forte, enquanto incontáveis folhas verdes de várias tonalidades o envolviam. Sua radiação monocromática cobriu o éter, acalmando o arrebatamento do espírito das poeiras.

Yucuruá potencializara sua autoridade naquelas estâncias. Assoprara seu hálito purificante no ambiente e retirara todo o pó sufocante que pairava no ar. Seu tutelado, aos poucos, foi retomando a consciência. Em seguida, o elemental edificado nas poeiras foi girando como um cometa e reduziu seu tamanho, até desaparecer por completo.

Ainda deitado, Parassuá olha para o colossal espírito esverdeado e se sente envergonhado diante da situação. Yucuruá estava postado na frente da clareira; não emitia ruído algo, somente era percebido um forte perfume de eucalipto que ele sempre soltava quando contrariado. Sua vibração era de evidente reprovação. E o pajé entendia perfeitamente que havia cometido um descuido. A falange verde se intensificara nas imediações. Quando isso ocorria, não havia como qualquer espírito ameaçador perambular por perto. Era uma intensa higienização, que se marcava pelos fragmentos que se desprendiam da luminosidade verdosa de seus componentes.

Projetando um laço hermético verde-cintilante de sua destra, Yucuruá arremessou o fluido em seu tutelado. O ato levantou o xamã do fosso como se ele fosse uma pena. Assim, refeito das consequências das evocações, Parassuá esperava uma reprimenda de seu guia. No entanto, o elemental se expressara com uma efluência diferenciada, ao tocar sua destra na testa do nativo. Dessa forma, era elucidado tudo sobre aquele evento. Parassuá permaneceu em transe por alguns instantes, até que despertou, sem mais qualquer entidade no lugar.

Parassuá olha para o recinto e suspira desolado. Em seguida, pensa em voz alta:

— Payé aprendeu com espírito esverdeado mais uma vez... Um xamã tem de saber o momento certo para evocar os angas [*fenômeno físico ou entidade sobrenatural*]. O toque de Yucuruá mostra tudo. Parassuá pede desculpas e não deve atrapalhar ação de Yucuruá. É ânsia de proteger Tupiretana... Parassuá é estúpido! Podia ter morrido e não terminar missão...

Parassuá não queria mais permanecer naquele lugar. Ajeitava seu maracá para se retirar, quando é surpreendido por uma poeira que vem bem na direção de seus olhos. De imediato, aquilo lhe causa evidente desconforto. Com dificuldade, esfrega os olhos no intuito de recobrar a visão. Não consegue. A poeira pesada machuca seus olhos. Foi andando de olhos fechados, por causa daquele imenso estorvo. A poeira entrava pelas narinas e começava a irritar, causando-lhe fortes e incontroláveis espirros. A garganta coçava de forma exacerbada. Saiu correndo pelas trilhas, à procura de conforto. Inutilmente, tentava abrir os olhos para se situar. Chegou, com muita dificuldade, na aldeia, onde só encontrou sossego em sua choupana.

Dentro da casa de reza, com os olhos avermelhados por conta da irritação, disse o velho:

— Poeira do tempo! És de Pacunsi, ancestral destas matas! Encerro qualquer intenção em teus domínios. Segue até teu núcleo. Tua morada. Teu domínio. Em nome de todos os senhores destes tempos, Parassuá solicita teu retorno ao teu elemento. E te pede perdão pela negligência!

Após a fervorosa reza no centro de sua choupana, Parassuá risca signos ancestrais na terra avermelhada, utilizando um pedaço de pedra consagrada. Os sinais grafados remetiam a uma época em que os xamãs traziam à tona seus maiores poderes. Não se demora a formar uma confluência fluídica no ambiente e apresenta-se materializado, via ectoplasma abundante, o espírito das poeiras.

A característica voz ventilada marcava o ponto máximo do recém-chegado, aparição que causaria temor a qualquer pessoa menos preparada. Em um idioma compreendido somente por iniciados xamânicos, enfim se comunicaram os adversos dimensionais:

— Não temas, humano... Tens valor!

Parassuá, muito concentrado, argumenta ao espírito das poeiras:

— Parassuá procurou Pacunsi por amor a Tupiretana. Somente por Tupiretana! Nada tem de outros interesses... Só desejo que as forças da natureza protejam a raça Nhengatu. Este, sim, é o grande interesse! Como Parassuá tem informações que esta será a última experiência na carne, Parassuá teme o futuro dos tupiretanos.

Naquele momento, várias formas plasmadas de animais se apresentaram na choupana. O ectoplasma se tornava a matéria-prima do acontecimento. O efeito xamânico se lançava célere em todos os níveis astrais, dando sustentação ao velho.

A entidade percebia tudo e, com sua voz ainda mais ventilada, se pronunciava pouco amistosa:

— Espírito das poeiras só transforma em pó antes do tempo o que for necessário... Pacunsi já tem teu recado... Porém, Pacunsi ainda não definiu se haverá punição por tua evocação!

A estranha atitude do elemental levava Parassuá a tomar algumas providências. Desta forma, o xamã produzia sua proeminência: uma onça plasmada via pensamento circundava toda a casa de reza, visão inerente aos que conhecem bem a beleza da tradição xamânica. Em seguida, ao fundo, projetava-se uma exuberante queda d'água, e a onça se postava acima de uma rocha e olhava ameaçadora para a entidade. A sensação era de que a pequena choupana tinha quadruplicado em seu tamanho. Parassuá podia ouvir claramente o rugido do felino e o barulho da queda das cascatas. Havia também o som de outros componentes naturais que engrandeciam a mostra telepática, um cenário vibracional, essência da autenticidade mística com representações do seu panteão, a se expandir além dos limites da aldeia.

A evidente ameaça do elemental potencializava a presença dos "animais de poder" de Parassuá. Tais formas alicerçavam uma proteção diferenciada perante a situação. O xamã interagia com essas estruturas plasmadas. Diante dessa decorrência, o espírito das poeiras resolve mudar seu aspecto: a entidade reduz seu tamanho até se tornar quase que imperceptível.

Após a metamorfose, do ponto de poeira suspenso no ar, o espírito das poeiras fala em tom grave:

— O jaguar lançado por tua mente é a tua força. O animal é nervoso... Quer comandar a situação como expressão de poder! Não existe fraqueza! A cascata é a segurança; a firmeza e a fé! Se todos de tua raça fossem como tu és!

Por um momento, o elemental pausa suas elucidações. A choupana é revestida de poeira sufocante e Parassuá é obrigado a segurar o fôlego para não sofrer uma asfixia. Na verdade, a entidade o estava analisando minuciosamente. Após breve silêncio, do ponto suspenso no ar ejeta-se um novo rodopio e é retomada a comunicação:

— Humano! Tua raça não vai acabar... Por incontáveis luas jamais deparei com um humano como tu... O que conseguiste é inédito... A desafiar estás! Esta carne depreciativa que reveste o teu espírito não é compatível com os conhecimentos que carregas! Quem és tu? A quem atribuis o poder de manipular as formas?

Parassuá observava a configuração poeirenta, entendendo estar no domínio da situação. O nativo reverencia respeitosamente o espírito das poeiras e não se sente mais desconfortável. Já o elemental parecia concordar com as intenções do xamã e se retirava lentamente da choupana na forma de um vulto. Do lado de fora, a entidade circundou a pequena casa de reza, dando uma impressão de desfecho. Estaria o ser de outra dimensão contemplando o xamã? Parassuá passaria a ter mais um poder transcendental? Nem tanto! Pois, o que não se esperava era uma mudança drástica na suposta impressão.

Para espanto do velho, formava-se outro ponto de poeira

suspenso no ar. Era como um vetor que segmentava a entidade. Processa-se uma nova massa sufocante e o espírito adentra novamente a choupana na condição de um pequeno tornado. O prodígio implicava um movimento vibratório aterrador. Considerando que as estruturas da pequena edificação não eram afetadas em absolutamente nada, situação que chamava a atenção, pois de alguma forma havia uma influência que preservava a casa de reza.

A chamada casa de reza, espaço consagrado de Parassuá, era mesmo uma unidade nociva para o elemental; aquele poderoso ambiente causava ao espírito forte desordenação e repugnância. A imensa estrutura convencionada das poeiras não suportava os efeitos repelentes e se evade da choupana. No lado de fora, cresce aterradora e enuvia toda a área. Não houve como evitar um estardalhaço no povoado. A aldeia se postou em alerta e seus habitantes saíram de suas ocas para tentar entender o que se passava. No alvoroço, as crianças amedrontadas procuravam suas mães aos berros. E os flecheiros se colocaram a postos para um possível combate.

O vento desenhava uma corrente cinzenta ao redor das malocas, representação iconográfica de um halo pulsante; visão apavorante aos serranos. Parassuá, a compartilhar com seus “animais de poder”, resolveu sair da casa de reza. Diante do tumulto, o xamã acenou para que seu povo se tranquilizasse, no intuito de deixar claro que tinha o domínio das circunstâncias. No entanto, o semblante de medo estava estampado na face dos serranos.

Convicto, o xamã empunha o inseparável maracá e, de olhos centrados no fenômeno, observa as correntes eólicas que insistiam por rodear a aldeia. Aquilo definitivamente o aborrecia. Sua detalhada avaliação o instigava a tomar outra atitude. Com as duas mãos a segurar seu instrumento de poder, ele adentra os limites da manifestação e exerce expressiva investida. Firma suas faculdades paranormais a visar contragolpes. E, por meio de palavras ancestrais, logra fim daquele malefício.

No estratagema, Parassuá balançava a cabeça em movimentos alternados, sem deixar de fixar seu olhar no centro do turbilhão, que era ligado às correntes poeirentas. Avivaram-se as formas plasmadas de "animais de poder". Elas corriam, sem que fossem percebidas pela visão comum. Surge na frente do xamã uma moldura vibratória a representar os quatro elementos planetários. A configuração energética envolve o nativo como um escudo defensivo. Espantosamente, o céu tomava um aspecto de iminente tempestade. E não havia um só serrano que não estivesse olhando para aquele céu plúmbeo. Yaciara desesperou-se. Com o filho no colo, a nativa correu para a choupana do seu pajé; Giyaputuairá a impediu que seguisse, obrigando-a a voltar para a oca, devido à ventania que se encorpava. Nem Yassanan pôde ultrapassar o líder dos flecheiros, pois aquela atitude visava a assegurar a família do cacique.

As massas acinzentadas formadas pela densidade das correntes poeirentas eram arremessadas nos serranos. Muitos tinham imensa dificuldade em respirar. Vale lembrar que nenhum habitante percebia as infusões astrais, somente a consequência dos fenômenos. Alguns animais relapsos que caminhavam por perto tiveram de procurar abrigo.

O segmento da espiral ligada às correntes eólicas tomou proporções titânicas. Tal fluxo girava como um furacão. E os serranos entraram em desespero generalizado, a acreditar em um apocalipse.

Parassuá permanecia ereto defronte à sua choupana; cabelos voaçantes com o poder da agitação poeirenta que o acometia. Parecia estar plantado naquele ponto. Por se tratar de uma pessoa de idade avançada, difícil acreditar como não era arremessado para longe dali. De onde ele retirava vigor para suportar aquilo? O velho mantinha-se firme em suas fervorosas rezas. E as frases proferidas por ele desencadeavam filetes translúcidos, que o ligavam aos "animais de poder", protegido pelo magnífico quadrado vibracional, a deixá-lo inatingível.

Sustentado por um desses animais plasmados, uma exuberante águia postada atrás de seu ponto de força, o xamã permanecia ávido em seu desígnio, a suportar audaciosamente o ser da outra dimensão por quase uma hora. Os efusivos contragolpes, habilidosamente proporcionados pelas influências xamânicas, resultavam na irritabilidade do elemental. A cólera da entidade fê-la se desprender do turbilhão e se dirigir voraz até o xamã. Naquele instante, a tensão da aldeia foi preocupante. No entanto, o nativo permanecia em seu ponto e sua boca continuava a balbuciar rezas.

Como última cartada, o opressor resolve assoprar um volume considerável de massa poeirenta no desafiante, mas o inquebrantável "quadrado de quatro elementos" barra a ofensiva e a entidade, enfim, opta por desistir dos embates. Ela se afasta da choupana e retorna ao turbilhão como um raio de poeira.

Parassuá eleva novamente o maracá e movimenta a cabeça por três vezes, quase sugado pela força de aspiração promovida pelo retorno da entidade ao turbilhão. Em seu núcleo vetorial, o titã de poeira permanecia inerte. Já o xamã aguardava uma sinalização da entidade, visando a definitivamente acabar com aquela exaustiva batalha. Por fim, a densa poeira acinzentada lentamente se dispersa. O nativo acompanha a dissipação calmamente. O elemental se torna diminuto e embrenha-se pela mata, rumo ao local em que havia sido evocado.

Esgotado, o velho se ajoelha e coloca as mãos na terra avermelhada. Naquela posição, ainda encontrava forças para agradecer a ajuda dos ancestrais contra o espírito das poeiras. Ao perceber a fadiga do pajé, Yassanan corre até o velho e o levanta com seus robustos braços. Em seguida, o conduz até uma pedra e nela o aconchega.

O céu começa a se abrir. Os serranos, ao perceberem a dissipação do fenômeno, começam a sair de suas malocas. Todos queriam saber como estava o pajé. Giyaputuairá impede o alvoroço e pede aos seus flecheiros que controlem o povoado. Mesmo assim, uma plateia se forma na entrada da aldeia, de onde observavam o morubixaba conversando com o líder serrano.

A coçar a cabeça, Yassanan questiona tudo aquilo:

— Payé! O que aconteceu aqui? Yassanan deixou payé depois da prosa sobre a Pedra Sagrada e, em seguida, quase que um furacão acaba com tudo... Aquilo não era uma força comum... Era o quê?

Exaurido de suas forças, mas refeito em seu fôlego, o pajé responde ao questionamento:

— Filho do Grande Pássaro! Teu payé cometeu uma insanidade... Payé deseja tanto preservar raça Nhengatu que foi buscar alento em Pacunsi...

— Pacunsi!? Então era Pacunsi, o espírito das poeiras?

— Sim... Pacunsi...

— Mas, payé! Ancestrais sempre disseram que este espírito é dual. Que é difícil controlá-lo. Payé poderia ter virado pó; afinal, pelo que Yassanan sabe, este espírito é propenso a reduzir ao pó quem o apoquenta!

— Payé sabe disto e pede perdão a Yassanan... A cólera de Pacunsi fê-lo assoprar seu hálito em payé... E payé nem sabe como ainda está vivo...

— Payé está vivo, porque Tupã assim deseja. Pacunsi não pode mais que Tupã. Yassanan desafia este espírito poeirento com a lança! Ninguém se atreve a fazer mal a querido Parassuá. Yassanan não permite, mesmo que tenha que morrer pelo payé dos serranos.

— Acalma-te, Yassanan... Acalma-te! Yassanan não tem noção do poder deste espírito... Payé lutou com todas as forças da pajelança contra os efeitos deste elemental... Nem sei se Pacunsi entendeu a intenção de payé. Por um momento, até que payé acreditou nisto, mas a inteligência dele não é igual à terrena... Parece que Pacunsi não gosta muito dos carnados... O que payé tem de fazer agora é pedir perdão pelo perigo que correram...

— Payé não precisa pedir perdão a ninguém! Yassanan sabe que tudo que payé quer é sempre fazer o bem. Principalmente ao povo Nhengatu. Yassanan somente pede mais cautela a payé... Porque é amado e aldeia precisa mui de payé... Tome cuidado.

— Payé agradece mui a Yassanan. Rende-se à compreensão. Mas este velho precisa mesmo é descansar agora... Pede a Sacutira para terminar as rezas no centro da aldeia. E acalma o povoado.

— Não te preocupes, payé! Yassanan já entendeu. Vá repousar.

O morubixaba seguiu até o centro da aldeia e fincou sua lança no solo. Palestrou com poucas palavras e tranquilizou seu povo. Em seguida, postou-se ao lado de sua esposa e filho. Sacutira queimou algumas ervas, conforme Parassuá havia solicitado, e rezou pela aldeia.

O velho se dirigiu vagarosamente até a choupana e adentrou nela. Depois disso, ninguém mais se atreveu a incomodá-lo. Lá, teve seu descanso merecido. Por três dias não saiu nem para suas necessidades básicas. Era como se estivesse hibernado.

No alvorecer do quarto dia de seu sossego, o velho acordou bem cedo. E disse:

— Payé tem que ir até acampamento dos pálidos.

Porém, o velho estava muito preocupado. Ele havia dormido por três dias e receava que os estrangeiros não estivessem mais por lá. Chamou por Yassanan. O morubixaba imediatamente o atendeu. Foram junto com mais cinco flecheiros até o talude destinado aos ibéricos. Ao chegarem ao lugar, perceberam que os estrangeiros haviam debandado dali. Não havia mais qualquer vestígio deles. Isso intrigou o pajé. Em seguida, retornaram à aldeia. Parassuá foi de imediato à casa de reza, para requisitar uma luz ao espírito esverdeado.

Horas depois, o pajé deu um sinal. Ele tinha um apito feito com sementes que produzia um som estridente. Dentro da choupana, ele aciona esse estranho instrumento. O ruído era uma indicação de que o morubixaba estava sendo solicitado à sua presença.

Yassanan chega logo. E, afastando a cortina de palhas, pergunta respeitosamente:

— Payé silvou toque de guerra? Yassanan não compreende...

A pitar seu cachimbo preferido, o velho esclarece ao morubixaba:

— Payé silvou o toque de guerra, sim! Mas não te preocupes, Yassanan. Não é uma guerra sangrenta. Enquanto for payé deste povo amado, este velho estará sempre de prontidão à segurança de nós outros. Payé tem algumas predições que foram demonstradas nos três dias de reclusão e é por isto que chama por Yassanan. Não tem sido fácil suportar tanta informação do Astral. Mas este velho tem feito o possível... Pede aos flecheiros que cuidem das mulheres. Payé não quer nenhuma serrana a andar pelas matas só, até que os pálidos apareçam. Pálidos não têm respeito por mulheres de pele avermelhada. Payé teme que possam ser violentadas.

O morubixaba, após aquela informação, se inflou de ódio e bradou:

— O quê? Estes malditos estrangeiros sonham violentar mulheres da aldeia? Desculpa, grande payé, pelo qual Yassanan só tem respeito para manifestar, mas Yassanan não vai permitir isto! Yassanan mata! Mata! Mata!

Sem sair da posição em que estava, o velho continuou:

— Tá! Tá! Tá! Pare com isto, Yassanan! Pálidos são perigosos. Suas armas cospem fogo e são mais eficazes que nossas setas. Por conta disto que payé foi até a Pedra Sagrada. E até com Pacunsi payé se meteu... Acalma-te, grande chefe... É preciso ter sabedoria nesta lua. Payé não vai durar muitas luas. Yassanan sabe disto e Sacutira ainda é muito inexperiente. Portanto, payé confia em Yassanan, entendes?

— Yassanan vai se esforçar para entender. Mas se algum pálido se atrever...

— Respira fundo, Yassanan... Se não, vai ficar difícil continuar prosa.

Após interromper a ira do morubixaba, o velho se levanta e prossegue, mesmo diante da indignação dele:

— Yassanan! Tupiretana nunca mais será a mesma. As luas seguirão em constantes mudanças. Preocupação existe, mas é preciso lutar. Uma luta diferente. Veja que maravilha é ter a Aldeia da Serra vigiada pelos homens-folhas. A herança dos ancestrais possibilitou a presença destes espíritos puros sempre em nosso meio. Outras aldeias não têm esta mesma sorte... É que nossa cultura não foi deturpada. É a mesma há muitas luas. Pode ser que nesta imensa Tupiretana existam outros que carreguem os verdadeiros ensinamentos. Estes talvez tenham também uma luz como a serrana. Mas quais destas aldeias próximas têm acesso a um Círculo da Pedra Sagrada? Qual, Yassanan?

— Yassanan desconhece...

— Aldeia da Serra tem outra maneira de guerrear, Yassanan... Povo da Serra não come inimigos vencidos. Quem ensinou isto? Quem? Que Tupã tenha misericórdia destes espíritos... Pois bem... Mas falemos nós outros do que importa! Há muitas revelações... Dentre elas, a revelação que haverá uma limpeza neste mundo. Será muito lenta, mas passará por um exaustivo saneamento. Muitos espíritos que encarnavam aqui não pararam com a selvageria. Vão e voltam à carne e fazem as mesmas coisas... Agora retornarão com outras atribuições. Terão que aprender com a dor, porque as luas imperdíveis na consciência fizeram com que outros sofressem. Tupiretana será palco de muitas e muitas transformações, Yassanan...

O pajé senta novamente em um toco de madeira. Yassanan se aproxima mais e ele continua:

— Filho do Grande Pássaro! Não foi perdida a ira de Pacunsi. Payé sabe que não. Neste momento, a casa de reza está cercada dos homens-folhas. Espíritos esverdeados garantem que o desejo de proteger serranos foi compreendido. E afirmam que payé pode retornar à Grande Serra para última iniciação. Portanto, payé segue esta tarde para desvendar segredo do lobo-guará. O mesmo que acompanhou payé na última viagem. É preciso, Yassanan...

— Mas payé vai deixar a aldeia desamparada!

— Não, Yassanan. Homens-folhas afirmam que payé pode ir sem se preocupar. Payé precisa desvendar o que o lobo fala pelo olho, para depois procurar por mbyá Kunhan.

— Mas... E os pálidos?

— Payé já disse que não foi perdida a comunicação deste velho com Pacunsi. Payé não enrola na palha. Apesar do líder dos pálidos ter absorvido a luz da Pedra Sagrada, seus comandados ainda vertem avareza. Flecheiros em posição nesta noite, pois no anoitecer payé já não estará mais por cá. Payé não deve se demorar na Grande Serra. Diga para Sacutira ficar aqui até retorno de payé. Por ora é só.

Yassanan despediu-se de seu pajé aos três toques alternados nos ombros; em seguida, o velho colocou a palma da mão em seu peito: uma forma de bênção. O morubixaba saiu muito preocupado da choupana e ordenou aos seguranças da aldeia as recomendações de Parassuá.

Sacutira chegou logo à casa de reza. Parassuá já estava pronto para a sua viagem antes do anoitecer. O velho estava paramentado de sua vestimenta xamânica. Despediu-se do pajerama e partiu. Ao adentrar na primeira trilha que conduzia à Grande Serra, foi recepcionado pelo acintoso lobo-guará. O animal olhou para o xamã com um brilho prateado difícil de suportar em sua intensidade. O velho o cumprimentou sorrindo. O canídeo entendia o propósito e o escoltou pelo matagal estreito, à beira de rios e arroios, até a entrada da Grande Serra.

Capítulo 13

A investida dos ibéricos

Parassuá seguiu para a Grande Serra. Estava longe de seus conterrâneos havia cinco dias. Durante esse período, Yassanan circundara as cercanias todo o tempo, atento, preparado para quaisquer que fossem as circunstâncias. Atendendo às recomendações de seu pajé, ele havia postado os flecheiros ao redor de todo o complexo, porém nada de anormal ocorrera até então. Embora não confiasse muito em Sacutira, o morubixaba o procurou para uma conversa na choupana do velho. Ao adentrar no recinto, de forma rude ele perguntou ao aspirante a pajé:

— Pajerama! O que tem feito na casa de reza na ausência de payé? Yassanan não vê Sacutira fazer nada, senão se esconder nesta choupana!

Não muito satisfeito com a abordagem de seu morubixaba, o pajerama respondeu:

— Yassanan nada entende! Sacutira reza forte para Ariri. Por isto, pouco vê a presença deste pajerama no terrão. Pajerama não está à toa, se é isto que pensas! Começa a aceitar que Sacutira não é um estúpido! Se payé quer que Sacutira continue o trabalho dele, é porque Sacutira merece esta atribuição! Sacutira percebeu que Yassanan não gostou desta escolha.

O morubixaba, apertando a inseparável lança, respondeu:

— Yassanan nada tem contra Sacutira. Yassanan só não

consegue ter segurança na tua capacidade ainda. Se payé acredita que podes te tornar um payé, o velho deve ter razão. Payé não falha. No entanto, Payé alertou cuidados. Morubixaba teme pelo povo serrano e não percebe presença protetora aqui. Se acontecer alguma coisa inesperada, o que pajerama vai fazer?

— Morubixaba tem perseguição contra Sacutira. Sacutira não gosta disto. Nesta casa de reza Sacutira tem autoridade! E foi o payé destes serranos quem delegou isto! Com todo o respeito que merece Yassanan, este pajerama pede para que deixes Sacutira trabalhar em paz... Por favor, sai da choupana!

Yassanan mastigava a própria saliva; estava contrariado demais. No momento de sua saída da choupana, os pés largos do morubixaba pisaram forte na terra avermelhada, deixando uma marca latente no solo.

Mas, antes de seguir, Yassanan passou as mãos em sua cabeleira e disse pouco amistoso ao pajerama:

— Yassanan espera que saibas o que estás fazendo... Yassanan não quer nem pensar em falhas.

O morubixaba virou as costas para Sacutira e saiu da choupana inquieto. Ele retornaria à oca principal. Era evidente que não estava adotando a ideia de Sacutira substituir Parassuá.

O pajerama, tentando não se afetar com tais aborrecimentos, assiduamente, em suas rezas, se dedicava a pedir a proteção da aldeia. Dentro da choupana, ele se envolvia nas mais profundas meditações. Respeitosamente, não se sentava no toco de madeira de Parassuá. Tinha o próprio. E neste, devidamente acomodado, baforava todo o recinto com um cachimbo feito pelo seu mestre, tentando colocar em prática tudo que havia aprendido.

Apesar dos dissabores entre Sacutira e Yassanan, aquele dia percorreu tranquilo. O morubixaba se recolheu em sua oca e, confiante em Giyaputuairá, logo adormeceu. Naquela madrugada, nenhuma surpresa relevante. Estava tudo calmo; quase não se ouviam os habituais animais noturnos; apenas o apito dos grilos que teimavam em diminuir aquela estabilidade.

Antes de partir para a Grande Serra, Parassuá ficara relativamente preocupado com a debandada dos estrangeiros; no entanto, ele não podia se furtar a esta viagem. O lobo-guará tinha um propósito para o xamã. Todavia, era evidente que havia uma razão para a dispersão dos ibéricos. Concomitantemente às revelações proféticas do pajé, os exploradores retornavam para a praia, devido a uma mudança nos planos de Calixto. Eles seguiram sem alarde, por consequência de uma ordem do comandante.

No assentamento praiano, Calixto iria comunicar a seu grupo as tais modificações. Em meio à forte estranheza da turba, ele explanou com riqueza de detalhes toda a experiência vivida ao lado de Parassuá. O comandante ficara fascinado com o velho nativo, mas como explicar isso a cerca de 90 homens avarentos?

As intenções de Calixto já não se mostravam mais engajadas em lesar ou explorar os nativos. Era nítida a metamorfose ocorrida no homem antes talhado para a exploração de terras. Após um discurso longo por uma mudança de planos, obviamente houve as esperadas controvérsias. A maioria não concordou com as mudanças repentinas de rumo. E Manoel encetava um motim.

Manoel conseguiu chamar a atenção dos corsários para si durante aquela semana. Aos poucos, foi envenenando todos com a ideia de que Calixto estaria endemoniado e que o velho nativo era o responsável pelo suposto enfeitiçamento. Calixto era velhaco e logo percebeu o descontentamento do grupo. Cauteloso, foi tentando conduzir a situação desfavorável da melhor maneira possível.

A marcante experiência da Pedra Sagrada levara Calixto a uma introspecção jamais experimentada por ele. Pretendia refletir melhor sobre sua vida e enquanto não tivesse uma opinião conclusiva sobre aquelas provas, não permitiria que seu grupo adentrasse nas matas rumo às serras. Suas ordens foram muito difíceis para serem digeridas entre os avarentos.

Manoel não poupava esforços pela dissolução do poder de seu comandante. Astuto, havia elaborado um plano. Na manhã do sétimo dia depois do retorno à praia, Calixto quis retornar à sua caravela. O comandante desejava escrever uma carta sobre a terra nova e em sua escrivaninha se sentiria mais confortável. Manoel aproveitou o ensejo para agir. O insano articulou um ardiloso esquema junto com os companheiros que compartilhavam da insurreição. Prepararam, então, uma emboscada.

No trajeto rumo à caravela, efetuado em pequeno bote,

Calixto divagava sobre a carta informativa que desejaria levar ao rei e, obviamente, estava muito distraído. O comandante, ao desembarcar do bote, de imediato subiu tranquilamente a escada rumo à parte superior da caravela, sem se dar conta de que havia uma ameaça iminente contra ele. No nível acima dos pisos da nau, Calixto, surpreendentemente, se deparou com quase todos os seus homens a mirarem os arcabuzes nele. Atônito com aquela cena abrupta, pouco pôde compreender o que pretendiam seus subordinados; entretanto, ao respirar profundamente e ajustar as ideias, ele percebeu alguém muito satisfeito com sua chegada: Manoel. O líder dos amotinados sorria com sarcasmo, bem acomodado ao lado do timão.

Calixto, descompassado, gritou, tomado pela irritação:

— Oras, pois! O que significa isto?

Com um leve sorriso denotando perversidade, Manoel deu dois passos à frente e respondeu ao comandante acuado:

— Não deixaremos que o demônio tome conta de teus pensamentos. Tu vais ficar rendido por cá, enquanto saquearemos aqueles malditos silvícolas.

Naquele instante, os olhares desregrados daquelas pessoas mostravam-se terrivelmente evidenciados. Ninguém retrocedeu nas ameaças. Um deles, um caolho pestilento com uma pele imunda, vestes grudadas no corpo, lambia seu punhal de forma ameaçadora, denotando que usaria seu instrumento em qualquer situação.

Calixto, mais irritado ainda com a insubordinação, retrucou, ao indício do motim, sem se dar conta do perigo que corria:

— Seu verme maldito! Tu és mui macilento, Manoel! Eu devia ter sido mais esperto contigo... Como te atreves a me desafiar?

— Cala-te, gordo podre! Nós outros não estamos cá para passeios... Tu sabes que se voltarmos pobres para Lisboa seremos enforcados. Eu até sonhei que seria possível regressar, no entanto é utopia acreditar nisto! E quem tu pensas que é? Sei de tuas podridões e já não são de hoje... Acreditavas que esta turba iria respeitar-te? Obedecer-te? Pensei que fosses mais esperto diante das artimanhas dos corsários... Entretanto, mais me parece um amador... O que queremos é ouro! Não falas estúpidas... Destes ouvido para um feiticeiro, oras, pois! Não dá mais para aguentar estas tolices. Nestas terras existem riquezas e através de tuas imbecilidades até agora só perdemos tempo. A prosa de um velho nativo foi suficiente para ludibriar-te. Chega! Porém... Às vezes tenho cá minhas dúvidas em relação a ti. Haja vista este teu comportamento... É... Talvez não exista nenhum demônio mesmo... O que vejo, sim, é um tolo diante de mim. Nós outros vamos nos dividir e desbravar estas terras. Já definimos a estratégia. Uma parte explorará acima das serras, outra mais ao centro, e as restantes farão sul e norte da costa. Chega de perdas com o tempo!

Calixto estava colérico diante da insubordinação. Ele ameaçou partir para cima dos amotinados, mas foi de imediato interceptado por três deles. Os amotinados esfregam sua face no piso da embarcação de forma humilhante; em seguida, amarram suas mãos e seus pés. O corsário que estava junto dele no bote era o único que não sabia do motim; um desavisado, que tomou um violento chute no rosto e, desacordado, foi atirado ao mar, para, sem chances de salvação, morrer afogado.

A esbravejar contra Manoel, Calixto tentava intimidá-lo com seus argumentos:

— Manoel, seu maldito! Eu vou te matar e jogar teus restos aos abutres.

E não poderia ser diferente... Irônico, o líder do motim respondeu com uma pergunta:

— Pois é... É preciso me explicar: como irás fazer isto? Oras... Tu servirás de alimento, gordo podre... E diria que os animais marítimos se fartarão desta iguaria, não é mesmo? Agora, chega mesmo de prosas... Estou cansado disto! Atirem-no ao mar! Pois nós outros teremos mui trabalho com aqueles selvagens e não há de se perder mais tempo com picuinhas idiotas.

Os rebelados atenderam às ordens de Manoel e preparavam o homicídio. Enlouquecidamente, Calixto tentava se desvencilhar dos braços daqueles facínoras traidores. O comandante era um homem forte; mesmo amarrado, estava dando muito trabalho aos insubordinados. Ele se debatia no intuito de afastá-los e tomou muitas bordoadas por conta disso. Mas, enfraquecido pelo empenho em se desvencilhar dos agressores, sem mais oferecer resistência, foi arremessado ao mar.

Encostados nos corrimões da embarcação, os insubordinados se deliciavam com o sofrimento do náufrago, que tentava permanecer acima das águas. Era uma luta ferrenha. Devido a suas mãos e os pés estarem amarrados, era impossível se safar daquele desfecho trágico. E as reações foram dimunuindo... Calixto foi afundando... Até desparecer da visão dos corsários por completo.

Uma garbosa gargalhada foi proferida como sinfonia pelos rebeldes. Mais do que satisfeito com a catástrofe, Manoel se postava como um novo comandante:

— Não teremos mais que responder a nenhum imbecil. Nós outros não somos mais apenas meros corsários; a partir de agora, somos piratas do mar! Devastadores! Vamos ficar ricos! E já! Vamos acabar com aqueles malditos silvícolas e obrigá-los a nos mostrar onde está o ouro. É isto que interessa! Aproveitem das mulheres escurinhas como quiserem. Não se preocupem com nada, porque selvagens não possuem alma. E dá para fazer uma boa festinha com estas negrinhas... Não é mesmo? Claro que sim... São como animais a serem abatidos. Pois bem, vamos, companheiros! Não há mais tempo a perder. Cada grupo siga pela capitania definida em nossa reunião; as estratégias, nós outros já estabelecemos, portanto, nos encontraremos neste mesmo acampamento dentro de no máximo cinco dias.

Sedentos pela sovinice, os exploradores embarcaram nos botes e partiram rumo à Aldeia da Serra e aos outros destinos, acompanhados de uma corja de espíritos imundos afinados com eles. Enquanto seguiam os destemperados aventureiros para o ataque contra os nativos, no fundo das águas Calixto mantinha seu último fio de vida. Pressionado pela submersão, ele ainda conseguia abrir os olhos e observar a superfície já distante. Sentiu seu fim. Via o reflexo do Sol que adentrava como feixes de luz. Apesar da desgraça, a cena era muito bonita. O iminente afogamento ia levando sua consciência... No entanto, para não contrariar os encantos daquele lugar distinto da explicação racional, despontava espetaculosamente uma belíssima mulher branca, metade peixe, metade humana, vindo ao encontro do submerso, que caminhava para a morte. O inusitado ser dos mares possuía um rosto angélico, com brilhantes olhos azuis como safiras, adornados por grossas sobrancelhas douradas, nariz aquilino e uma carnuda boca vermelha, emoldurados por dourados cabelos compridos que bailavam com o balanço das águas. Exibia lindos seios desnudos e ornamentava-se com uma singela estrela-do-mar presa em sua testa. Ao chegar bem perto do quase afogado, ela o observou minuciosamente. Em meio aos reflexos vindos da superfície, que a deixavam ainda mais linda, a insólita aparição pegou o infeliz pelos braços e o carregou rapidamente até a margem. Cuidadosamente, ela o aconchegou acima de uma rocha e desamarrou os pés e as mãos do quase afogado com um sopro azulado. Uma atitude mágica. Percebia-se agradável perfume de alfazema, provindo do hálito da encantada no instante do sopro. A intervenção socorrista fez Calixto imediatamente tossir e vomitar todo o excesso de água que havia ingerido. Uma expiração de vida lhe era proporcionada... Lentamente, sua consciência foi sendo retomada e Calixto se deparou com a mais encantadora visão de sua vida: uma linda sereia.

Mesmo com as ordens de consciência um pouco fora do compasso, Calixto observava o rosto angelical da mulher que o salvara da morte, tocado por uma sensação indescritível. Ele tentou se levantar para entender melhor o que ocorria, mas foi impedido pela loura encantadora. A sereia o interceptara com um leve toque no peito dele. O ato o deixava manso como uma pena.

Em seguida, a sereia acariciou o rosto do socorrido com um magnetismo que o conduzia à passividade. Tudo sem proferir uma só palavra. Os toques dela promoviam higienizantes sucções de miasmas, que eram levadas às profundezas do mar por pequenas criaturas disformes, invisíveis ao olhar comum, uma espécie de lixeiros astrais. Já em estado de sonolência, Calixto pouco percebia o bem que recebia da encantada, permanecendo um tempo considerável naquela condição.

Após o asseio, a sereia iniciou uma maneira peculiar de comunicação com seu assistido. Sem mexer os lábios, ela dizia as seguintes frases: "Não era ainda o seu momento de partir..." "Quando eu retornar ao fundo do mar, vós tereis esquecido esta experiência.".

Um pouco mais lúcido e após compreender as frases direcionadas à sua mente, o socorrido se manifestou:

— Estou diante duma sereia... Então, existem mesmo as sereias? E eu fui salvo por uma delas... Oh! Como és linda... Como tu és linda! Linda! Linda! Linda... Permite-me ficar contigo? Este marujo vai para onde tu quiseres... Faz o que quiseres comigo... A sensação que tenho neste momento... Deus! Não existe nada que se compare... Minha vida poderia acabar aqui, pois, depois da aprazível emoção que meu coração absorve... Nada mais me parece igualar... Esta terra é mesmo abençoada... Embora eu esteja ainda no mar! Eu estou a me referir a esta atmosfera insólita... Que lugar é este, meu Deus?

Após o elogio, a sereia sorriu, exibindo seus lindos dentes perolados. Em seguida, ela mergulhou e pavoneou com ostentação suas barbatanas. Calixto estava definitivamente extasiado com aquela exibição surreal. Instantes depois, ela ainda mais bela retornava à superfície e se ajeitava em uma rocha contígua. Em outra mostra mágica, nas mãos dela surgia um pente de ossos de peixes. Vaidosa e sedutora, o ente fantástico do mar lentamente se penteava a mirar Calixto, exalando seu concernente perfume e deixando o ibérico arrebatado em seu deslumbramento.

A representação da sereia sentada naquela rocha era uma obra de arte digna de uma pinacoteca. E, à medida que ela passava o pente em suas madeixas douradas, Calixto se rendia ainda mais à sua beleza estonteante. Realmente, é difícil resistir ao encanto das sereias, ondinas, ninfas, narfs, ou iaras...

Faltava ainda a marca registrada desses seres mágicos: um canto. A sereia resolveu emitir seu cântico peculiar, a ecoar com enlevo naquela extensão ilusionista, sendo na vida de Calixto o mais real possível. Embora todas as sereias cantassem, esta tinha uma maneira especial de processar sua melodia. E Calixto nada mais enxergava diante do encantamento... Nada mais ouvia... Somente o canto da sereia... Com os olhos centrados na fascinante mulher, ele ainda encontrara uma razão para perguntar algo:

— Tens um nome?

Em meio ao harmonioso cântico que o dominava, Calixto percebia um nome que se misturava entre a melodia:

— Janaína...

A suavidade da sereia e a doçura no cantar mudavam a percepção do contexto dimensional e, como se transportado para outra matriz, Calixto percebia um cenário paradisíaco ao seu redor, onde somente existiam os dois: ele e a encantada. Um reflexo dourado nas águas emoldurava a imagem da sereia que incidia em sua mente como uma dádiva. Os olhos azuis dela brilhavam generosos, cativantes, delicados... Sem precisar tempo e espaço, prostrou-se aos encantos da paisagem inédita. Suas pupilas se dilataram hipnotizadas. O cântico relaxante foi enuviando sua visão e um sono incontrolável o dominou completamente.

❁ ❁ ❁

Familiarizados com alguns trechos da floresta, os ibéricos que haviam postulado a capitania serrana não demoraram a chegar às proximidades da Aldeia da Serra. Manoel comandava esse grupo e seus planos estavam bem definidos, pois ele desejava ser rápido na conclusão da estratégia. A ordem era matar qualquer um que tentasse atrapalhar a investida. Armados até os dentes, os facínoras cercaram a aldeia, prontos para a invasão, porém, ainda um pouco distantes, para não serem percebidos pelos flecheiros.

O tranquilo espaço de areia grossa amarronzada, águas mansas e rasas, ornamentado por singela vegetação de diversos tons esverdeados, com muitas folhas caídas a boiar na superfície, estaria em risco de perder aquele sossego até então inquebrantável. Esse recanto ao lado da pedra-símbolo tinha uma pequena cascata; rochas pouco banhadas pelo Sol, cobertas de musgos que terminavam em um riacho límpido como cristal. Dali se retirava a água que sustentava o povoado. Havia uma mulher nua, como todos daquele núcleo, ajoelhada à beira do riacho. Seu nome era Guapiara, uma nativa esguia de rosto afilado, olhos pequenos de pupilas amendoadas, sobrancelhas negras volumosas, nariz comprido e protuberante, boca larga da cor da pele amorenada, que, calmamente, lavava seus compridos cabelos negros como o ébano nas águas límpidas. Não era tão bela como Yaciara, mas era delicada e muito desejada pelos nativos da aldeia. Tinha apenas 17 anos e era muito querida de Parassuá.

Guapiara estava distraída em seu banho. Ela não percebia e muito menos imaginaria estar sendo observada por alguém. Os flecheiros rondavam a outra parte da paliçada e o setor estava desguarnecido de sentinelas. Os ibéricos eram os observadores da jovem absorta. Há meses estavam sem contato com o sexo feminino e aquela beleza juvenil os instigava. Cinco deles observavam a nudez da nativa com olhos saltados de desejo. O pestilento era o pior deles. Como um tarado, minuciosamente a fitava com seus olhos avermelhados, de órbitas saltadas idênticas às de lulas. Sem piscar, passava as mãos cascudas nos cabelos ensebados; vez em quando, coçava o enorme nariz, repleto de pelos a brotar das narinas, numa impressão repulsiva. Manoel se aproximou dos asseclas observadores e se interessou de imediato pela beleza da nativa. Sorrindo maliciosamente, disse aos companheiros:

— Hummm... Vejam só o que nós outros temos por cá... Uma bela selvagem nua... Deliciosa...

Manoel abria e fechava a boca a exibir seus nojentos dentes amarelados. Ali era difícil definir quem era o pior deles, tamanha a repugnância daquele grupo. Lambendo os beiços, Manoel prosseguiu com suas intenções libidinosas:

— Camaradas! Devo salientar que esta escurinha aí é minha... Tenho direitos, pois foi minha a ideia desta revolta. Não há com que vos preocupar. Existem outras macacas no povoado, portanto, não faltará fêmea para sastifazer vossas necessidades. Temos armas de fogo! Desta forma, já sabem o que fazer. Agora, me deixem demonstrar como se caça uma macaquinha no cio...

O pestilento não gostou muito da decisão de Manoel e, segurando o braço dele, disse em tom agressivo:

— Manoel! Quem és tu para me dar ordens? Eu quero a preta! Estava cá antes de ti, portanto, quem vai caçar em outro canto és tu!

Inconformado com a ofensiva, Manoel empurrou o pestilento e retrucou:

— Seu verme! Não me insulte. Esta macaca aí é minha, sim! Homens também gostam de macacas! Principalmente uma como esta...

— Poderemos pegá-la juntos, sem guerra... E fazer uma festinha... O que pensas?

— Não divido fêmeas, mesmo sendo uma macaca. Tem outras pretas no povoado, arranja a tua, seu estúpido! Agora, vê se me larga, antes que eu te faça engolir o fogo deste arcabuz. Não tenho nariz suficiente para sentir o teu fedor, que exala como uma fossa imunda! Sai de perto de mim!

O pestilento se afastou contrariado. Manoel o mediu com um olhar enojado e prosseguiu em suas intenções. Como um predador, o facínora desceu lentamente pela vegetação que emoldurava as beiradas. Ardiloso, foi se infiltrando na vegetação e preparando uma cilada para a jovem indefesa. Os companheiros observavam a ação, instigados pelo desejo voluptuoso do desajustado. Guapiara permanecia de costas para onde estavam os malfeitores que articulavam seu mal. Manoel, por um instante, parou seu percurso para vislumbrar como atacaria a moça.

Em um momento de vacilo, Manoel escorregou e fez barulho entre os galhos retorcidos. Assustada, Guapiara percebeu o movimento estranho atrás do aglomerado de galhos e, de imediato, levantou-se atenta. Decidida a retornar para a trilha da pedra-símbolo, trêmula, tentou seguir, mas foi surpreendida pelo bandido, que a impediu de prosseguir.

Diante daquele homem desconhecido, surgido inesperadamente em sua frente, Guapiara não sabia como proceder. Ela cruzara os braços, tentando esconder seus seios; balançava a cabeça em negativas à medida que ele se aproximava dela; seu coração palpitava rápido, de tanto medo; atônita, não conseguia emitir uma só palavra. Foi se afastando para trás e terminou acuada nas pedras cobertas de musgos. Tomado pela excitação, Manoel se aproximava cada vez mais da nativa, com forte expressão de tara, até obstruí-la com seus dois braços, impedindo qualquer possibilidade de fuga. Sem se importar com o temor de Guapiara, Manoel se manifestou lubricamente:

— Não há motivo para temores... Não te preocupes com nada... Fica quieta e não grites! Vais gostar do que tenho a oferecer-te... É... Tens um belo corpo para uma macaquinha... Aqui, nestas terras, existem muitas macacas gostosas...

Como se fora um animal na busca de acasalamento, repentinamente Manoel avançou para cima da nativa e, com violência, tampou a boca da nativa com sua destra. Guapiara estava desesperada e se debatia numa defensiva inútil, enquanto o facínora retirava um lenço imundo de seu bolso. Com o pano, ele a amordaçou, fazendo os espectadores se deliciarem com a cena constrangedora.

Dominando-a facilmente, o desvairado convoca seus companheiros:

— Camaradas! Pois é... Penso ter mudado de ideia... Nós outros poderemos compartilhar destes prazeres juntos... Esta carne é mui boa... Tem para todos. Ajudem-me, então, nesta festança! Não desejo ser um egoísta...

A mudança das intenções promoveu uma forte gargalhada entre eles. Os cinco homens desceram e se postaram ao redor da vítima com fisionomias excitadas. Manoel atirou Guapiara com violência ao solo e, em seguida, foi retirando as calças lentamente. Enquanto se despia, ele olhava para ela como um perfeito depravado, divertindo-se com o pânico que ela estampava em seu semblante. Nu, o facínora dá sinal aos companheiros para segurá-la. Com rapidez, eles a empurram e prendem as mãos e pernas dela ao solo.

Com os sinais evidenciados de sua excitação, Manoel solicita aos perversos comparsas:

— Abram as pernas da macaca! Segurem-na com firmeza. Eu serei o primeiro a profanar esta delícia; pelo menos isto eu tenho o direito; depois, façam o que quiserem com ela.

Os comparsas atendem aos pedidos de Manoel. E o facínora iniciava a violação, repugnantemente a bulinar a jovem:

— Hmmm... Que coisinha agradável... Vem cá! Deixa-me cheirar este pescoçinho... Hmmm... Hmmm... Hummm... Até que a macaca cheira bem! Tem um cheirinho de ervas... Agora, vamos ver o resto! Para sentir melhor, eu preciso utilizar minha língua... Então... Deixa-me sentir o gosto de tua pele, macaquinha... Hmmm... Hmmm... Hmmm... Que saborosa...

Guapiara chorava copiosamente, de tanto asco que sentia. Estava prestes a sofrer um terrível estupro e nada podia fazer para se defender. O criminoso se preparava para consumar a violência sexual e recebia a aprovação de seus cúmplices. Prosseguindo em sua insanidade, ele se deita por cima dela; intensificando nojentas lambidas pelo rosto, pescoço e todo o corpo da indefesa. A turba se inflamava de desejos ao participar daquilo e várias entidades sexualizadas dançavam em torno dos malfeitores. Eram espíritos imundos que não pertenciam a estas terras, corjas das regiões inferiores do Astral que há muito tempo acompanhavam aqueles piratas.

Tomada por um estresse avassalador, Guapiara foi perdendo os sentidos; todavia, antes de se consolidar sua inconsciência, a nativa teve uma visão redentora: por detrás dos malfeitores, ela via algo como um anjo salvador, que surgia em uma forma majestosa esverdeada, enorme, que a faz sentir um acalento amparador. Mesmo conturbada, a jovem sorriu ao perceber a aparição.

O pestilento, obviamente sem perceber a presença protetora, teve a capacidade de dizer:

— Vai que a preta está a gostar das bulinações! Ela está a sorrir antes mesmo da consumação... Imagine depois! He! He! He!

Yucuruá estava presente para, mais uma vez, dar sustentação aos serranos. Os cinco flecheiros intuitivamente haviam sido alertados pelo espírito esverdeado e seguiram para o extremo da paliçada, especificamente onde estava Guapiara. Tomados pela lascívia, os piratas não perceberam a chegada dos guardas serranos. E o espanto dos vigilantes foi imensurável. Giyaputuairá, ao avistar a mulher indefesa naquela terrível condição, imediatamente levantou a maior das flechas de seu bodoque e atirou a seta de forma certeira nas costas do estuprador. Manoel, antes mesmo de consumar o ato sexual, caiu inerte em cima da nativa. O alvo não resistiu ao golpe e morreu em seguida, pois a seta perfurara seu coração.

Surpreendidos pela investida dos flecheiros, os comparsas de Manoel não tiveram outra opção e procuraram se proteger das setas ameaçadoras. Todavia, o grupo de Giyaputuairá estava mesmo determinado em aniquilar aqueles invasores. Para obter uma melhor posição de combate, os flecheiros subiram nas árvores com uma prática invejável. Ali empregaram uma expressiva ofensiva contra os inimigos estrangeiros, com várias flechas arremessadas na direção deles, atingindo os abrigos vegetais com muito perigo. Tentando um contra-ataque, os piratas, com seus arcabuzes, revidavam, atirando vigorosamente contra as coníferas. Entretanto, a capacidade daqueles nativos de se evadirem dos revides, saltando dos galhos, tornava impossível atingi-los.

Enfurecido com o término de sua munição, o pestilento bradou enrouquecido, a esmurrar o ar:

— Malditos pretos! Malditos! Eu vou matá-los com minhas próprias mãos!

O pestilento, empunhando seu arcabuz, saiu enlouquecido na direção de um dos flecheiros. Ele era rápido e queria atingir o nativo com um golpe de coronhada. Como um felino, conseguia com êxito se esquivar das setas que vinham fervorosas em sua direção, pulando, saltando, rolando, dando cambalhotas. Instigado pelas entidades enegrecidas que estavam sempre junto dele, o pestilento foi tomando força e subiu na árvore onde estava o flecheiro que ele desejava acertar. No mais robusto dos galhos, os combatentes se postaram um diante do outro. E o flecheiro também não tinha mais flecha.

Percebendo que seu inimigo não dispunha mais de munição, o pirata sorriu e disse com sarcasmo a Pajunkuntê, um nativo esguio típico de sua etnia, considerado um dos melhores vigilantes da aldeia:

— E agora, preto imundo? Qual é teu plano? Acabaram tuas setas malditas? Oh! Que peninha... Os macacos ficaram bravos, porque íamos fazer uma festinha com uma das pretinhas deles? Que maldade de nossa parte, não é mesmo?

Secando o ensebado suor de sua testa, ele prosseguiu:

— Oras, pois, esta preta aí é mui gostosa. Não te preocupes! Nós outros não somos tão ruins... Tu vais ver como se faz com as fêmeas... Nós outros vamos violar todas, sem exceção, e depois acabaremos com as vossas raças. E espero que tenhas ouro! Senão, teu fim será ainda mais doloroso.

O pestilento levantara o arcabuz e ia para cima de seu oponente. Pronto para acertar a coronhada no nativo, o desajustado é surpreendido por uma seta certeira em sua testa e mais duas nas costas. Arremessos fatais. Ele até tenta se escorar no tronco, mas sua atitude não surte efeito. Perverso até nos últimos instantes de vida, o moribundo conseguiu tempo para olhar sinistramente para o flecheiro. Ele sorria maledicento e parecia não se importar com a morte, enquanto de sua boca começava a brotar sangue por conta de uma hemorragia que se consolidava. Em seguida, seus olhos se viraram para cima e o ibérico despencou sem vida no chão duro. Aliviado, Pajunkuntê, observando toda a dimensão do cenário de guerra, viu Giyaputuairá em um galho extremo. Em sinal de agradecimento pelo arremesso certeiro, acenou ao chefe dos vigilantes.

Os disparos dos arcabuzes chamaram a atenção dos outros ibéricos que transitavam pelas cercanias. Eles se juntaram aos seus companheiros e intensificaram o combate aos nativos. À exceção de Calixto e do afogado, todos os invasores conflitavam com os serranos naquele momento. Tiros e flechadas se entrelaçavam, a chamar a atenção de toda a Aldeia da Serra. A ira dos estrangeiros aumentava, por não conseguirem atingir os nativos e já haver baixas entre eles.

As nativas trataram de proteger os curumins e levaram as crianças para as ocas do fundo. A preocupação maior era assegurar a integridade de Nakoatann. Yaciara, que nunca se separava de seu primogênito, ajoelhava-se e rezava firme para sua avó trazer alento ao seu povo. O que Yaciara desejava era ir para seu santuário, mas estava terminantemente proibida de sair da aldeia pelo seu marido.

Yassanan foi comunicado da invasão por um dos flecheiros. O morubixaba reuniu imediatamente todos os seus lanceiros no centro da aldeia, um contingente de 40 homens, e proferiu as coordenadas que ele pretendia executar em relação ao combate. Os guerreiros passaram, rapidamente, tintas pretas e vermelhas nas faces e partiram para o ataque. Empunhando suas enormes lanças, dispersaram-se pelo matagal, com a habilidade própria desses nativos. Sem demora, estavam nos pontos estratégicos para a defesa da aldeia, atrás de arbustos, de árvores, rochas, barrancos, devidamente disfarçados, cada qual com sua camuflagem específica.

O semblante de Yassanan era de muita fúria. Atrás dos fossos da pedra-símbolo, local que ele selecionara como trincheira, o morubixaba avistava Guapiara, deitada, em desespero, no meio do fogo cruzado. Ele tinha de pensar rápido numa solução e se levantou da vala imediatamente. Um dos invasores percebeu o robusto nativo numa posição de alvo e mirou seu arcabuz na direção dele. Um tiro foi desferido no morubixaba e, por muito pouco, não o acertou. No entanto, os planos do morubixaba guerreiro já estavam definidos. Yassanan saltou como se fora um primata na direção da árvore contígua; ligeiro, empunhou um dos cipós com sua destra e, com considerável impulso, atirou-se rumo ao local em que estava Guapiara. Enquanto desenrolava seu salto, Yassanan teve tempo de, com a mão esquerda, arremessar sua lança contra aquele que havia tentado matá-lo. O potente instrumento alvejara certeiro o coração de seu oponente, ceifando-lhe a vida. Yassanan pisara na margem do riacho e não soltava o cipó. Naquele instante, não havia tempo para pensar em nada, ele tinha de ser muito rápido em sua ação. Como um raio, empurrou com os pés o morto que ainda estava por cima de Guapiara, pegou-a pela cintura, deu forte impulso e saltou de volta para os fossos da pedra-símbolo. Toda a investida fora feita em meio ao fogo cruzado.

Com sucesso, chegaram à vala protetora. Yassanan coloca Guapiara em segurança e se agacha na trincheira improvisada. Atordoada, a nativa abraça as pernas, em posição fetal, prestes a entrar em estado de choque. Preocupado com a jovem, o morubixaba perguntou:

— Guapiara está bem agora?

A nativa se virava de um lado para o outro e não respondia à pergunta. Ela somente emitia um ruído estridente de choro.

— Yassanan não tem tempo para manhas! — disse, enérgico, o morubixaba —. Fica calma agora. Flecheiros e lanceiros vão acabar com estes pálidos malditos. Não saias daqui, enquanto Yassanan não voltar.

Ao perceber que o morubixaba a deixaria só, a nativa arregalou os olhos e gritou, aos prantos:

— Não! Não! Não! Não deixa Guapiara só! Guapiara tem medo. Guapiara tem medo. Pálidos queriam abusar do corpo de Guapiara. Não, não, não... Não deixa Guapiara!

— O quê!? Estes malditos queriam violar Guapiara? Yassanan vai arrancar a pele destes pálidos e oferecer aos urubus.

Yassanan sentia que pálidos trariam o mal. Sentia! Sentia! Sentia! Payé estava errado! Yassanan devia ter tomado uma decisão naquele momento que os pálidos chegaram. Instinto de Yassanan não falha. Yassanan tinha que ter expulsado todos estes estrangeiros.

O morubixaba deu uma pausa repentina e olhou meticuloso para a jovem. Em seguida, perguntou indignado:

— Mas, os pálidos conseguiram violar Guapiara?

Timidamente, a nativa respondeu:

— Não. Não... Yucuruá chamou os flecheiros para salvar Guapiara... Guapiara sabe que foi Yucuruá... Guapiara viu a luz do espírito verde... Yucuruá! Yucuruá! Yucuruá!

C om um suspiro de alívio, ela prosseguiu:

— Se os pálidos tivessem conseguido violar Guapiara... Guapiara não desejaria mais viver...

— Rrrrrrrrrrr!!! Malditos! Malditos! Malditos! Por que payé levou o cacique branco para a Pedra Sagrada? Payé estava errado! Agora as decisões são de Yassanan. E Yassanan não vai permitir que nada perturbe o bem-estar do povo serrano.

Guapiara se levanta e segura o musculoso braço de Yassanan. Trêmula, suplica ao morubixaba:

— Por favor, não deixa Guapiara só. Por favor...

— Yassanan não pode mais perder tempo com Guapiara. Yassanan vai lutar e acabar com estes estrangeiros agora!

Surpreendentemente, alguém chegava por dentro do matagal, logo atrás da vala onde estavam Yassanan e Guapiara. Quem chegava interrompia a conversa e chamava a atenção da jovem desesperada:

— Guapiara! Guapiara! Olha para cá, atrás do mato! Chega de choramingos. É Yaciara que está aqui. Sai daí e vem depressa junto com Yaciara para a aldeia.

Yassanan, ao ver a esposa, vociferou:

— Yaciara!!! O que faz aqui?

— Amor de Yaciara... Não fica bravo... Instintos disseram que Guapiara corria perigo... Não te preocupes... Yaciara sabe se cuidar e vai levar Guapiara com segurança para a aldeia.

— E Nakoatann? Yaciara deixou Nakoatann só?

— Nakoatann está em segurança com Chiacutá.

— Oras! Aquela velha não consegue cuidar nem do próprio nariz... Quanto mais do futuro cacique!

— Amor de Yaciara... Calma... Yucuruá não vai deixar o mal adentrar na Aldeia da Serra. Não faças tanto alarde... Vou levar Guapiara para junto dos lanceiros que ficaram na aldeia. Fica tranquilo. E toma cuidado com os pálidos!

Yaciara adentrou na vala e puxou Guapiara pelo braço. Demonstrando pouca paciência com a jovem, ela finalizou:

— Vamos embora daqui! Vem com Yaciara agora! Vem, Guapiara! Não há tempo para choramingos.

Sem olhar para trás, as nativas seguiram rapidamente pelo matagal rumo à aldeia. Sem a presença das mulheres, Yassanan ficou mais tranquilo. O morubixabba confiava na determinação da esposa pela proteção das mulheres da aldeia.

Sem mais nada que desviasse sua atenção da guerra, Yassanan se voltou para o conflito novamente. Sedento por vingança, ele resolveu retirar sua lança cravada no corpo do inimigo morto. E fez isso com o mesmo cipó que utilizara para salvar Guapiara, mais uma vez com grande habilidade de impulso.

De posse de sua lança, o homenzarrão, com o peito insuflado, bradou o tradicional grito de guerra:

— Maret-Khamaknian!!!

O berro mexeu fortemente com sua infantaria. Flecheiros e lanceiros, instigados pelo furor de seu líder, partiram para cima da turba invasora com efusiva determinação, pulando de galho em galho, promovendo um bombardeio com suas lanças e flechas. Formou-se, rapidamente, um cenário de guerra. Para os estrangeiros, parecia não existir uma saída contra aquele ataque; tentavam revidar, atirando com seus arcabuzes; no entanto, não conseguiam alvejá-los, devido à grande destreza que possuíam os silvícolas em se evadir dos tiros. Outro fator complicador para os ibéricos era a lentidão exigida para se carregar uma arma de fogo naquela época. Isso facilitava ainda mais a ofensiva dos tupis. Combatê-los na espada também seria impossível, pois os nativos dominavam aquelas matas; a cada tentativa de contra-ataque dos europeus, outra flecha vinha certeira, e mais uma baixa era consumada.

O despotismo dos exploradores não diminuía nem em uma

situação desfavorável como a que enfrentavam. João Costa, integrante da empresa ibérica, apesar da indumentária, era um homem de boa aparência: com quase dois metros de altura, tinha cabelos lisos, compridos e negros, em um rosto largo e bem definido, de sobrancelhas grossas, olhos verdes, nariz aquilino, boca larga, barba grossa cerrada. Vestia uma surrada camisa, que não se definia mais em sua cor, e uma calça preta, típica dos corsários, presa a um cinturão de ferro, punhais nas bainhas, uma bota de couro de cano longo, sendo o único que conseguia não incomodar tanto pela falta de tino comum aos seus companheiros. Destoando daqueles desajustados e maltratados piratas, era de uma família tradicional em Portugal, mas havia cometido um grave erro de conduta em sua vida. Como alferes, uma ilustre profissão na época, havia se envolvido amorosamente com uma condessa; por consequência, foi encarcerado em uma masmorra, pois o conde, ao saber da traição de sua esposa, devido à influência que possuía, ordenou ao capitão das milícias que ceifasse a vida do jovem.

Na época, Calixto estava recrutando pessoas para sua empresa de exploração e condenados do reino seriam uma possibilidade atrativa para ele. O corsário teve acesso a um carcereiro corrupto, quando João estava prestes a ser enforcado. Esse carcereiro vendera o alferes para Calixto por algumas moedas, indicando em seguida aos responsáveis pela execução do condenado uma fuga inexplicável. Dessa forma, João Costa havia terminado nesse destino, junto daqueles sujeitos desafortunados. Embora fosse o único a não pertencer à estirpe de bandidos execráveis, estava contaminado pela avareza ao trair quem o havia resgatado da morte: Calixto.

Com sua experiência em milícias, João Costa percebia a desvantagem que sofriam perante os nativos, enquanto seus companheiros se atiravam atabalhoados em combate e terminavam facilmente alvejados. Restavam poucos ainda vivos e o ex-alferes tinha de tomar alguma atitude, senão, morrer seria uma questão de tempo. Já não havia munição e talvez a única saída fosse se render.

João Costa decidiu chamar seus companheiros para uma conversa no meio do fogo cruzado. Escolheram um lugar menos aberto, logo atrás de um barranco salpicado por vegetação rasteira, onde tentavam se proteger dos arremessos das armas dos nativos. O ex-alferes, então, sugeriu a seguinte estratégia:

— Camaradas! Os nativos estão em vantagem contra nós outros. Eles têm muitas setas e nossas armas estão apagadas. Não há mais pólvora! Podemos tentar uma negociação; afinal, eles são silvícolas e não devem possuir muitos conhecimentos.

Um dos corsários se adiantou para responder à sugestão de João. Era Couto, um magrelo que habitualmente usava um lenço vermelho na cabeça e que causava repugnância pelos olhos fundos que exibia em seu rosto cadavérico, de nariz protuberante cheio de verrugas e boca pequena com apenas dois dentes amarelados. De tanta sujeira, esse sujeito mal se definia no que vestia. De forma irritada, ele retrucou:

— Oras, pois... Estás a propor o quê? Deixa-me tentar entender... Pensas que nós outros devamos negociar com estes selvagens? Tu estás louco! Eles vão nos devorar num banquete! Esta gente deve se alimentar de carne humana. Vê a cor da pele deles! Não te alertaram sobre tribos que comem pedaços humanos nesta ilha? Estes malditos queimados são demônios.

Trindade, outro componente dos invasores, era um homem descorado e marcado pelas cicatrizes em seu corpo raquítico; ele perdera a conta de quantas delas possuía. O indivíduo trajava-se idêntico aos seus companheiros, porém estava enlameado; sua cabeça, também envolta em um lenço vermelho, era grande, com cabelos mirrados; uma face ovalada, com bochechas salientes e um nariz torto por conta de muitas vezes ter sido quebrado nas brigas em que se envolvia; a boca exibia a mais impressionante de suas cicatrizes: um profundo corte, que descia até o queixo fino; para aumentar a sua feiura, tragicamente havia perdido o olho esquerdo em uma dessas estúpidas brigas por mulheres em uma birosca em Portugal. Ele também não concordava com a proposta de João Costa e se manifestou com voz grave, a segurar firme seu punhal:

— Ara! Quantos de nós ainda cá estamos a viver? Estes malditos selvagens aniquilaram todos os nossos companheiros... E foram ligeiros nisto! Nunca vi cousa igual. Foi um massacre sem precedentes. Veja o bando de cadáveres caídos por todo este lugar! Cadáveres nossos, devo dizer! São os nossos patrícios mortos... Não devíamos ter dado ouvidos para aquele imbecil do Manoel... Traímos nosso capitão e olha só o que nos aconteceu! Estamos encurralados... Poucos sobraram... Pelas minhas contas, apenas seis sobreviventes estão nesta vala enlameada. E minha carcaça não vai terminar na pança destes malditos selvagens. Sei que nas caravelas ainda temos pólvora! Portanto, eu voltarei por estas trilhas até a praia e me abastecerei de munição, para depois sumir daqui. Cá não existe nenhum ouro... Não me permitirei perder mais tempo neste lugar.

João replicou:

— Trindade! Como sairás daqui sem ser visto pelos nativos? Eles estão a nos vigiar nos troncos mais altos, à espreita, para nos acertar como se fôssemos presas...

Trindade bufava de raiva por estar acuado, mas ressaltava seus objetivos:

— Não atravessei a imensidão do mar para terminar morto, mui menos como um verme, nesta terra. Prestem atenção! Eu tenho um plano. Observem aqueles troncos maiores que levam até as trilhas! Por detrás deles a mata se fecha. Nós outros poderemos seguir por lá, mata adentro. Temos nossos facões e com eles cortaremos a vegetação, patente que bem devagar. Se rastejarmos por este capim alto, os selvagens não nos notarão. Penso ser nossa chance de sair daqui com vida.

João, não convencido, disse:

— Não creio que seja possível... Os nativos têm uma visão privilegiada das árvores. Com certeza, nos perceberão neste trajeto...

Olhando para seus companheiros, Trindade retrucou à controvérsia com firmeza:

— Alferes! Então, fique aqui e morra... Chegamos cá a acreditar que venceríamos estes selvagens. Sei que os subestimamos. Entretanto, não há tempo para discutir este erro agora. Quando criança, eu era esperto em me esconder. Se não fosse o rum que tomou conta do viver, eu não teria tantas cicatrizes em meu corpo... E, por cá, neste momento, não tenho álcool a circular em meu sangue, portanto, se tiver que me portar como uma cobra, a me rastejar, a me esconder neste mato, eu assim me postarei!

E, confiante em sua capacidade, Trindade agitou os outros:

— Então! Quem vem comigo?

Leal, Cunha e Sabrosa eram os outros sobreviventes. Possuíam características idênticas aos companheiros: vestimentas de piratas, com camisas de golas longas — branca, vermelha e azul respectivamente — e calças pretas com botas compridas de couro. Leal era branco, bem magro, de 39 anos de idade e um metro e setenta de altura; rosto afilado envolto por um cabelo ensebado e bem comprido, olhos azuis com sobrancelhas grossas e negras, nariz comprido, boca quase sem lábios, barbas longas, queixo fino e enorme. Cunha aparentava mais idade, mas não contava mais do que 45 anos; era o menor deles em estatura e não atingia mais de um metro e sessenta de altura; careca, pele queimada do Sol, rosto arredondado, olhos expressivos e azulados, nariz grosso e cheio de marcas de acne e uma enorme e fétida barba ruiva que mal deixava ver sua boca. Sabrosa tinha 42 anos de idade e era, talvez, o mais fino dos expedicionários; bem branco, com um metro e oitenta e cinco de altura; olhos pequenos e castanhos, sobrancelhas finas da mesma tonalidade dos olhos, nariz aquilino, boca bem desenhada de lábios vermelhos, porém ressecados pelo condicionamento da viagem; cabelos lisos e médios que cobriam as orelhas relativamente grandes; postura polida, apesar de sua situação desfavorável, e era o único que não se furtava a cortar a barba. No entanto, esse indivíduo carregava um passado sórdido. Ele estava nessa expedição apenas para cumprir uma determinação de Calixto referente a conhecimentos médicos, pois o comandante tinha preocupação com viagens longas, sem alguém que conhecesse medicina. Sabrosa enlouquecera enquanto cientista e fora condenado por se utilizar de humanos para experiências sobre curas de doenças. Estava acima dos padrões de conhecimento da época, mas com uma evidente psicopatia. Com métodos nada nobres teria sacrificado muitas pessoas, na maioria mulheres, retirando órgãos e membros de suas vítimas, tendo em vista sua psicose; atraía pessoas de pouca instrução com promessas de trabalho, dinheiro, dentre outras coisas; em seguida, as entorpecia e depois as esquartejava; por causa da denúncia de um conde, foi sentenciado à morte. Ele chega a essa empresa também pela negociação de Calixto junto ao carcereiro corrupto.

Os três ouviram a sugestão de Trindade e não objetaram a intenção dele. Todavia, a desconfiança de João Costa não era infundada. Pajunkuntê estava firme na observação dos invasores de suas terras e dispunha de visão privilegiada no alto de uma palmeira.

Ao perceber o deslocamento dos ibéricos pela vegetação rasteira, o flecheiro colocou a destra na boca e emitiu um som idêntico ao de um pássaro silvestre:

— Auiii!

O ruído foi interpretado imediatamente por Giyaputuairá como sendo a fuga dos intrusos; com um dos braços, o líder flecheiro deu um sinal aos seus companheiros e os nativos saltaram de seus postos. Os guerreiros preparavam seus arcos e suas flechas para aniquilarem os remanescentes brancos, quando, subitamente, um som agudo ecoou naquele campo de batalha. O intrépido barulho denotava um berro de animal de grande porte e tirava a atenção dos nativos. Estranhados com aquilo, os guerreiros recuaram na ofensiva e abaixaram os bodoques. Ao virarem as cabeças para trás, perceberam a presença de Sacutira logo acima de um aclive. O recém-chegado trazia um instrumento inusitado em sua boca. O objeto era um osso de um animal, ora responsável pelo estridente ruído. Yassanan cingiu a testa e fincou sua pesada lança no solo com irritabilidade, evidenciando toda a sua contrariedade diante da interferência do noviço, enquanto os invasores aproveitavam para fugir.

O último que seguiu na fuga foi João Costa, logo atrás dos concordados de Trindade, mesmo sem acreditar que o plano teria êxito. Os invasores passaram rapidamente pelo espaço em que deveriam rastejar e, sem resistência alguma dos nativos, imediatamente adentraram pela mata, afoitos, sem olhar para trás, em disparada rumo à praia. Obviamente, se não fosse a chegada redentora de Sacutira, os ibéricos não teriam alcançado sucesso na retirada.

Os olhos de Yassanan fervilhavam de raiva e estavam avermelhados. Em três expressivos pulos, o morubixaba se aproximou de Sacutira e bradou diante dele com os braços abertos:

— Que pretendes com esta atitude? Por insanidade de Sacutira os pálidos escaparam.

O pajerama abaixou o objeto e respondeu ao irritadiço morubixaba:

— Yassanan! Acalma-te.

— Acalmar? Arrrrrrr!!! Yassanan não aguenta mais interferências de Sacutira. Pálidos tentaram violentar Guapiara. Sacutira sabe disto!? Sabe? De certo que não... Os espíritos esverdeados que salvaram Guapiara, avisando aos guerreiros, enquanto Sacutira devia estar dormindo na choupana do velho... Quando payé voltar, Yassanan vai pedir para rever posição de pajerama.

— Sacutira não vai mais discutir com Yassanan. Já chega de mortes aqui. Tupiretana não é terra do sangue jorrado. Parassuá nunca ensinou isto a ninguém. Sacutira desconhece Yassanan... Sacutira enxerga ao redor de Yassanan uma multidão de iuiucumains. O mal tomou conta daqui... Yassanan insiste em classificar este pajerama como estúpido. Yassanan se engana... Sacutira não vai permitir que iuiucumains tomem conta de serranos, mesmo que tenha que lutar contra intolerância de morubixaba.

— Sacutira! Yassanan não tem que dar escutas às tuas ideias. Yassanan é tuxauá de Aldeia da Serra. Yassanan não aprova Sacutira como um futuro pajé. Saiba disto! Depois que payé partir para as estrelas, este morubixaba não o reconhecerá como pajé.

O noviço respirou fundo e ressaltou:

— Espírito esverdeado avisou guerreiros para salvar Guapiara, mas Yucuruá não queria este massacre em Tupiretana. Sangue tapuio de Yassanan que construiu este cemitério de pebas.

— Sacutira queria o quê? Que Yassanan deixasse pálidos queimarem serranos com armas que cospem fogo? Diga, Sacutira! E ainda é capaz de dizer que sou posto de iuiucumains...

— Sacutira acredita nos protetores da aldeia. Sacutira já foi flecheiro, por isto sabe o que diz. Sacutira nada tem contra Yassanan. Quando payé regressar, não te preocupes; Sacutira partirá da aldeia.

— Yassanan nunca erra no campo da honra! Lança de Yassanan é fonte de proteção para povo de Yassanan. Tenho sangue tapuio mesmo e não me furto de origens, noviço!

— Sacutira teme futuro de Yassanan enquanto continuar a pensar com revolta.

O chefe dos serranos retornou até onde havia fincado sua

lança, retirou-a do solo, acenou para seus guerreiros a indicar que o acompanhassem e disse ao noviço:

— Yassanan teme futuro de Sacutira enquanto interferir na posição de um morubixaba. Sim! Yassanan espera que estejas certo, porque se pálidos voltarem aqui e algo acontecer de ruim com qualquer serrano, nem Parassuá vai proteger Sacutira de punição!

Após a ameaça eloquente ao pajerama, os guerreiros acompanharam o morubixaba sem contestação. Depois da retirada do esquadrão serrano, Sacutira pôde observar a enorme quantidade de cadáveres brancos depositados por toda a parte. Sua visão potencializada podia perceber as muitas entidades trevosas que acompanhavam o desencarne daqueles infelizes piratas. O noviço estava bem sintonizado com a clarividência que havia finalmente conseguido dominar. Ele avaliava os muitos buracos negros que se abriam no Astral, para onde eram carregados os espíritos dos piratas no desenlace carnal. Um cenário tétrico que o sensibilizou bastante.

Vultos surgiam pelas frestas projetadas e não demoraram a conduzir os recém-desencarnados ainda inconscientes. Atrás de Sacutira despontou o colossal espírito esverdeado, dando sustentação ao jovem para que nada o importunasse durante aquele processo. Após a finalização do recolhimento dos piratas, um vento forte começou a balançar as árvores de forma assustadora. Com suas mãos, Sacutira teve de proteger os olhos da voracidade do vendaval. A manifestação súbita envolvera o local e formara uma teia maciça de poeira sufocante, rapidamente cobrindo todos os cadáveres. Instantes depois, não havia sinal do massacre, somente um lençol de areia ao redor, longe de qualquer suspeita de um soterramento de corpos.

Sem a sanha dos ventos, apenas diante de um espectro poeirento acima da areia, uma voz metálica se manifestou na mente do noviço:

— Agora, volta à casa de reza! Não há mais nada a fazer aqui. Estes corpos se tornarão pó. Os sombrios já levaram os espíritos que animavam estes corpos para um núcleo a fim. Nos charcos das baixas escalas do Astral, eles terão seus acertos. Não houve privilégios. Não te enredes nestes questionamentos.

A guerra é consequência da insensatez, porém teu povo não podia ser violado. Nenhum de teu povo caiu aqui. Habitantes da natureza não permitiriam esta mácula. Para alguns, o desencarne é o melhor caminho... Nem tudo do tapuio está errado!

O pajerama suspirou e, de olhos fechados, perguntou à voz comunicante:

— Pacunsi! Houve excessos dos guerreiros serranos?

— Se houve, não cabe a ti julgar. O acaso não existe...

— Obrigado, potente espírito das poeiras.

Sacutira abriu os olhos e deu mais uma olhadela no local. Admirou o poder de Pacunsi e agradeceu a Yucuruá por tudo. Obedecendo ao poderoso espírito das poeiras, retornou à choupana, ciente de que seu trabalho estava correto perante os ensinamentos de seu pajé.

Quase uma hora depois, os ibéricos chegavam à praia, exauridos em suas forças pela fuga desenfreada, e se jogaram na areia no intuito de retomar o fôlego.

Após o descanso, com o fôlego retomado, Trindade disse, ainda deitado:

— Perceberam como eu detinha a razão? A ficar naquele lugar, de certo morreríamos... Oras, sumiram os botes que estavam atracados... Podem existir outras tribos de selvagens por cá... Talvez seja esta a razão do sumiço do bote, portanto, vamos a nado para a caravela imediatamente. Descansamos nesta noite e na aurora partiremos desta maldita ilha.

Ninguém se opôs à sugestão de Trindade e os seis sobreviventes nadaram até a nau ancorada. Repousaram tranquilos. Entretanto, a sensação do estrategista da fuga não estava incorreta. Realmente existiam tribos litorâneas que habitavam aquela costa. E eram muitas estas nações. Uma delas havia percebido a presença da caravela.

Capítulo 14

Os mbyás da Boca da Mata

As nações guarani somam, aproximadamente, 30 mil pessoas em território brasileiro. Ocupam o litoral dos estados de Espírito Santo, Rio de Janeiro, São Paulo, Paraná, Santa Catarina e Rio Grande do Sul, além de áreas na Argentina, Paraguai e Bolívia. No Brasil, os guaranis se dividem em três subgrupos: guarani-kaiwá, guarani-nhandeva e guarani-mbyá. Os kaiwás estão distribuídos em um território que ocupa a região fronteiriça no Mato Grosso do Sul e no Paraguai oriental. Os nhandevas ocupam território mais ao sul, em áreas limítrofes de Mato Grosso, Paraná e Paraguai, e, ainda, no interior e litoral de São Paulo. Os mbyás ocupam território localizado na parte central do Paraguai oriental, que se estende, hoje, pelo norte da Argentina (província de Missiones), estado do Rio Grande do Sul e litoral de Santa Catarina, Paraná, São Paulo, Rio de Janeiro, Maranhão, Tocantins, Mato Grosso, Pará e Espírito Santo. Constituem um dos principais pontos do modo de ser específico guarani, que buscava conscientemente seu ***rekobá***, impulsionados por pajés que orientavam as andanças. Esses indivíduos detinham um poder religioso, que, não raro, coincidia com a autoridade civil e política. Tais pregações baseavam-se na questão do mal. Acreditavam que o mundo se tornara muito ruim, portanto, não deveriam permanecer nele por mais tempo, devendo abandoná-lo para se instalarem em uma terra onde o mal estaria ausente. O principal motivo que teria levado esses pajés ao profetismo, sob o mito Nhandéva de Guyrapoty, seria um iminente e catastrófico apocalipse, do qual somente se salvariam caso trilhassem o caminho para uma terra sem mal situada no além-mar do nascente. A convicção filosófica desses nativos baseava-se no princípio da terra "nova e fresca", ou seja, a Terra sem Males. Tal comportamento criou um fanatismo desenfreado, uma obsessão coletiva. Parassuá sabia disso; inclusive, da crença dos mbyás, e sua preocupação era imensa nesse sentido, pois ele entendia que tal conceito estava deturpado.

Nas redondezas da Aldeia da Serra havia uma tribo pertencente ao tronco ancestral dos guaranis, que era a maior preocupação de Parassuá. Essa aldeia cultuava em demasia a crença na Terra sem Males. Seu pajé, Ropodju Kunhan, um nativo respeitadíssimo entre os seus, em contrapartida à difícil convivência com outros povos, insistia por afirmar em seus ritos que o mundo seria aniquilado por juruas. Segundo a tradição, os juruas seriam homens que viriam de terras distantes e trariam consigo o mal. Baseados nessas hipóteses, a certeza do contato entre estrangeiros e essa tribo seria eminentemente trágica. A Terra sem Males estava para os guaranis como a Terra de Canaã estava para os hebreus no Velho Testamento. Por séculos, algumas dessas nações alimentaram a lendária história. A maior expressão do fanatismo que alimentava a crença pelo suposto paraíso vinha de Ropodju Kunhan. Seus devaneios haviam incutido em toda a sua tribo um alucinante comportamento, calcado em suas deturpadas histórias de que os juruas deveriam ser exterminados quando fossem encontrados. Toda a tribo aceitava com convicção profunda, sem justificativas racionais, tudo que esse soberano afirmava.

Bem próximo desse povoado mbyá, José ainda perambulava à procura de um alento para sua situação desditosa. Não se dava conta do que havia acontecido, em consequência de suas experiências junto às ninfas. Seu contato com o reino das águas doces fora algo que mudaria substancialmente sua vida. Ao mesmo tempo em que seus companheiros haviam chegado até o povo serrano, o desajustado rondava a floresta sem rumo algum.

Enquanto Calixto entendera melhor sua existência ao lado de Parassuá, José era conduzido pelo destino para outras surpreendentes provas. José não se recuperara do encantamento promovido pela ninfa. Suas nuanças de sanidade e insanidade eram constantes. Por dias se maculara com a referida situação.

À margem do rio que rasgava aquelas serras, José se ajoelhara pelo cansaço de dias de caminhada. Naquele momento, ele fugia um pouco de seu estado de letargia consciencial, para tentar esboçar alguma compreensão. Ainda melancólico se manifestava:

— Princesa! Princesa... Princesa... Princesa... Minha princesa... Onde estais?

Estas eram as insistentes súplicas de um homem acometido por um vento de paixão incontrolável. Um dolorido manifesto que ecoava pelas matas, deixando como marca um sofrimento diferente, somente vivido por vítimas de encantamentos. A potencialidade deixada pela ninfa girava sem tréguas. Desesperado, José não conseguia se evadir das águas correntes que dominavam seus mais profundos sentimentos, em meio a um halo perfumado, percebido somente na dimensão sutil. Com seus olhos inchados pelo padecimento, o infeliz chorava como uma criança perdida, a faltar-lhe o fôlego. Quando levantava o rosto, via-se diante da exuberante cascata, morada de sua deusa, a sentir o perfume dela, como sensação de um enganoso acalento.

José deveria esquecer toda a experiência com a senhora das fontes. Não era para ficar qualquer lembrança daqueles dias, mas o amor da bela não permitia que ele a esquecesse. A beldade havia implantado seu encanto no seu sentido mais veemente, mesmo contrariando Yucuruá, no instante do beijo de despedida.

Diziam os ancestrais que uma ninfa jamais poderia pronunciar seu nome para um mortal; tal atitude seria sinal de um encantamento eterno.

— Yamaninnaan... Yamaninnaan... Yamaninnaan... — Eis a voz serena em seu canto entorpecente.

Sem mais resistir àquela situação, com as mãos para o alto, José bradava:

— Minha princesa, volta! Não posso mais suportar tal dor.

Tua ausência há de ser meu desterro... Como sinto tua falta... Volta... Volta... A escutar a tua voz permaneço... A enlouquecer de certo caminharei... Por favor... Por favor... Não! Não! Não! Não quero sentir esta incontrolável tristeza. Não aguento tanta dor... Quero rasgar meu peito, para quem sabe me livrar desta dor maldita que me assola sem tréguas... É tudo tão desesperador... Se Deus existe, por favor, acabe com minha vida agora! Ah... Esta maldita dor... Esta maldita dor!... Oh! Deus... Oh! Deus... O que está acontecendo comigo? Ai... Ai... Ai...

José, prostrado, a buscar forças que o levassem para um asilo, quase se afogou nas águas da beirada. Repentinamente, surgiu por detrás das rochas um vulto que lembrava um homem pequeno. A inusitada presença, *a priori*, não era percebida pelo ibérico. O homenzinho se aprumava atrás de uma árvore e observava a patética cena do pirata. Havia interesse pelo desditoso e o vulto resolveu se aproximar mais, porém com certo receio.

Ao levantar a cabeça na tentativa de enxugar as lágrimas, José percebeu a presença do intruso que o observava. Mais atordoado ainda, o ibérico interpelou o recém-chegado:

— Quem está a se esconder de mim? Este aí mesmo detrás da árvore? Não tenho medo de mais nada, portanto, diga logo quem é!

Timidamente, o homenzinho foi saindo de onde estava; na medida em que a luz do Sol batia em seu rosto, uma criatura realmente estranha se apresentava. Extremamente magra, a coisa possuía uma cabeça com poucos cabelos avermelhados, pele viscosa de tom acinzentado, uma testa saliente, sem sobrancelhas, olhos profusos, desproporcionais ao seu rosto, um nariz achatado com aberturas consideráveis; abaixo, uma boca sem lábios, com dentes escurecidos que o homenzinho exibia volta e meia, percebidos pelas tentativas de sorriso que delineava; tinha no máximo um metro de altura e trajava apenas uma tanga amarronzada de fios. O aspecto seboso daquela coisa chegava a causar repulsa.

Com voz enrouquecida, a aparição respondeu ao apelo de José:

— Tu tens que sair daqui, humano...

Em tom de irritação, José retrucara:

— Como tu sabes meu idioma, cousa imunda? Com este aspecto maldito, deves ser algum demônio destas terras, aliás, mais um demônio, que, de certo, estas terras estão cheias deles... Mais alucinações a me assolar, algo que já se tornara comum por cá...

— Não... Não sou a referida criatura que mencionaste... Tenho motivos para apresentar-me nesta forma. O que posso dizer-te agora é que sou um deva e venho cá socorrer-te...

— Deva!? Tu és mui feio, isto sim... Deves feder!

Lentamente, o homenzinho foi se aproximando. Defronte do perturbado homem, disse:

— Comovido pela tua dor, vim te ajudar... Falo teu idioma e muitos outros, se tu queres saber... Tu estás sob a influência de um encanto provindo das fontes... Vais perder a vida carnal, se permaneceres por estes campos... As ninfas não são maléficas... Teus desejos que te envenenam... A ninfa já higienizou todas as crostas de teu espírito... Sinal que ela muito te aprecia... Ninfas não se preocupam com as dimensões... Quando amam, seus encantos são avassaladores... Aproveita, humano desvirtuado! Não há mais doenças em espírito e nem em teu corpo carnal... Tu não carregas mais em teu sangue os micro-organismos vetores de moléstias... E não transmitirás mais nenhuma disfunção a ninguém... O que está a fazer-te mal são teus próprios instintos.

Tentando ajustar melhor o raciocínio, José argumentou:

— Anão! O que estás a me dizer? Este lugar é um...

Interrompendo os insolentes questionamentos daquele desajustado, a criatura, de forma eloquente, afirmou:

— Humano! As fontes cristalinas te encantaram... São mesmo mui belos aqueles seres das minas, não tenho como negar... Porém, tu deves seguir pela margem oposta do rio e não repetir mais o nome dela... Assim, poderás se furtar de seus instintos sexuados negativos... As ninfas amam de forma diferente da dos humanos... O amor delas é muito verdadeiro, não é efêmero... As ninfas não admitem perdas... Se não fosse a interferência do esverdeado, tu já estarias no fundo destas águas, preso num mundo antagônico, até que um deva, por misericórdia, te resgatasse, pois tu jamais poderias ser merecedor de viver numa morada das hespéridas... O contato com seres das minas não é para qualquer um... A única forma de purificação foi através da beleza da ninfa, tamanha tuas impropriedades...

— Olha aqui, anão! Por minha princesa, eu faço qualquer cousa. Nada se iguala àquela beleza. Nada mais me interessa, somente ela. Portanto, não desejo tua intromissão em minha vida. Sai daqui e me deixa em paz.

— Humano! Tens certeza que é este o teu desejo?

— Sim! É o meu desejo. Vá! Vá! Vá!

— Os devas não interferem no arbítrio de nenhum ser...

Em seguida, diante dos olhos de José, lentamente, a pequena criatura foi se dissipando, até que não mais pudesse ser vista por ele. Mesmo não vendo mais o anão, o atordoado homem permaneceu observando o fenômeno por algum tempo. Chegou a pensar na sugestão daquela coisa estranha e, sem perceber, pensava: "Margem oposta do rio?... Encantamentos?... Não tenho mais moléstias?... Estou purificado?".

Ainda repleto de interrogações a queimarem em sua cabeça, José resolveu se levantar. Respirou fundo e tomou fôlego. Movido pela retomada de sua lucidez, adentrou no rio e nadou rapidamente até a margem oposta. Logo que chegou do outro lado sentiu-se mais tranquilo, como se um peso enorme tivesse saído de suas costas. Olhou para trás e viu, ao lado da árvore, o homenzinho sorrindo.

Com seus sentidos melhor ajustados, olhando para aquela criatura, disse José em voz baixa:

— Ainda não sei ao certo que lugar é este... Não sei se enlouqueci ou se estou a sonhar... No entanto, me sinto melhor agora... Obrigado, anão, sei lá se devo agradecer-te...

Via mensagem telepática, o homenzinho, antes de desaparecer por completo, ainda mencionou uma última recomendação:

— A ninfa não vai desistir de ti, humano. No entendimento dela, a te fazer bem ela está... Mesmo que tenha que levá-lo à morte do físico, já que da tua conduta não há nada de lisonjeador... Como te alertei, seres desta categoria não admitem perdas... Salvar-te desta vida infame, para as ninfas, é o que corresponde... Seu canto ainda ecoará nestes campos... Tu estás num campo mui antigo e seres bidimensionais habitam nestes núcleos... Conforta-te e vai pela margem do rio até o oceano...

Por hora, é só o que posso dizer...

Em seguida, a criatura adentrou pela mata e um clarão amarelo-esverdeado se processou, saindo lídimo pelas frestas das árvores, até sumir como por encanto.

José resolveu obedecer ao conselho do anão e seguiu pelo caminho recomendado. O trajeto estava situado adentro da serra com destino à praia. Durante o percurso quase desistiu, devido à densidade da floresta. Sentindo um misto de desejo e medo, não tinha certeza se havia tomado a decisão apropriada. A musa era realmente uma mulher maravilhosa, um sonho para qualquer homem ter em seus braços, tamanho o deslumbramento que proporcionava. Entretanto, José se perguntava insistente: "E se aquele anão estiver mesmo certo? Como insistir em ficar num lugar daqueles e cair numa condenação sem precedentes?". Tais questionamentos martelavam vorazmente sua cabeça confusa. Chegou a parar por várias vezes em sua caminhada, pois desejava amá-la, porém suas dúvidas eram colossais.

Preocupado em se defrontar com algum animal selvagem, mais uma vez abortou a marcha e refletiu sobre sua situação por algum tempo. Com medo do anoitecer, decidiu seguir adiante com mais vigor. Seus pés imprimiam desenhos dentro das folhas caídas por onde passava. Caminhava agora ereto, decidido; parecia até ser conhecedor daqueles sítios, esquecendo um pouco sua neurose. Penetrara firme na mata. Queria se ver livre dos angustiantes pensamentos sobre a musa das fontes. Por isso, com um dos braços, afastava os galhos que teimavam em impedir a sua passagem. Mais adiante, um toco do que fora uma árvore altaneira o obrigou a saltar. Obedecendo à trilha ao lado da beirada do rio, seguiu firme. Qualquer um poderia afirmar que José era um nativo, diante da desenvoltura que mostrava. Surgiram algumas aves que se assustaram com sua marcha. Uma serpente descera manhosa de um tronco esguio, para observar o intruso de seu habitat. José, secando o suor da testa, examinava, cuidadosamente, as cercanias, aguçando sua percepção visual. Decidiu não mais seguir pela margem do rio, contrariando as recomendações do deva. Permaneceu, por momentos, observando, atento. Em um ponto mais afastado da mata, emoldurado por imensas rochas, José foi surpreendido por uma fumaça que era avistada logo atrás de um conglomerado de coníferas. Curioso e apreensivo, ele desejava saber a origem da fumaceira. Ao se dirigir ao local interessado, chegou a uma mata cerrada, formando um corredor que a separava ao meio, horizontalmente, da floresta. Lembrava um rio que perdera suas águas, substituídas por capim-gordura e flores silvestres de cores variadas, cujo perfume se evolava acariciante. Já do outro lado, levantava-se a vegetação, dando prosseguimento à mata interrompida. Era para esse lado que José se dirigia. Chegara até um acentuado declive. Ali pôde avistar uma aldeia enorme, com muitos nativos. Cautelosamente escondeu-se e passou a observar toda a configuração do lugar. Muito interessado no que havia encontrado, observava as muitas tabas que constituíam o conglomerado. As ocas eram construídas de galhos de árvores e cobertas com palhas de coqueiro ou sapé até o chão. Estavam dispostas em círculos, a alguns metros da paliçada. Apresentavam-se de formas variadas, escapando à simetria, distanciadas uma da outra. Havia um grande pátio de terra batida, endurecida pelos pisar dos nativos, quando do momento de suas danças. Mais acima, ele visualizou sentinelas, armados de arcos e flechas, rondando a plantação. Abaixou-se um pouco mais, com receio de os nativos avistarem-no.

Com fisionomia de preocupação, falava consigo mesmo, pausadamente:

— Que raio de lugar é este?... Esta gente... E são troncudos... Nus... Pele avermelhada... Diferentes...

Tentando proteger-se mais para não ser avistado, José permaneceu atrás de uma árvore por bom tempo, analisando aquela gente tão diferente. Observava toda a agitação dos nativos sem perder um único lance, envolvido pela desenvoltura daquele modo de vida inusitado para ele. Subiu um pouco mais sobre as rochas, no intuito de obter melhor visualização. Acreditava estar seguro naquele espaço, mas seu descuido foi fatal, pois no trajeto, ficou exposto. Não muito tempo depois de ter satisfeito sua curiosidade, o enxerido teve a sensação de que alguém se aproximava. Assustado, tentou voltar para o lugar anterior, mas era tarde. José estava diante de três brutamontes de pele avermelhada, que vestiam apenas tangas de couro e seguravam lanças ameaçadoras. A princípio, assustado, ele não conseguiu definir os rostos dos nativos.

Refazendo-se, José observou melhor os recém-chegados. A característica física deles não fugia muito à dos conterrâneos, como os rostos arredondados, os olhos castanhos e puxados, as sobrancelhas negras e grossas, o nariz achatado, a boca carnuda, os cabelos lisos, negros e compridos, os peitorais robustos, os braços avantajados e musculosos, as pernas torneadas e os pés largos. A semelhança entre esses três homens era tanta, que não seria impróprio compará-los a trigêmeos.

Desengonçado, José tentava se proteger, agarrando-se ao tronco de uma árvore. Em meio à estapafúrdia cena, um dos avermelhados, precisamente o que estava no meio do grupo, atira um pó com uma coloração mostarda bem na direção dos olhos do ibérico. A substância, que mais lembrava rapé, agia como fogo na região das pálpebras dele. Em consequência, os olhos de José se mexiam com toques idênticos aos de um tique nervoso, cada vez mais sob a influência daquela poeira, cujas partículas tênues pairavam no ar e se depositavam no solo. Comunicando-se apenas pelos olhares, os três brutamontes levantaram-no do solo, como se ele fosse uma pena, e, a passos largos, conduziram-no até a Aldeia da Boca da Mata.

Rapidamente chegaram à entrada da aldeia. Lembrando uma boca de folhas bem verdes dentro da selva, por isso o nome de "boca da mata", nesse núcleo silvícola destacavam-se as exuberantes folhas de palmeiras presas em postes de madeira ornamentados pelas nativas. Tais arranjos foram afastados bruscamente com a chegada dos sentinelas que traziam o capturado. As crianças daquele complexo corriam nuas, curiosas, sem compreender o que acontecia. Já o povoado tumultuou-se ao extremo com a chegada de um homem de pele branca, carregado como se fora caça. Arrastaram-no com violência pela terra avermelhada rumo a uma construção de madeira, entretecida e coberta por fibras vegetais, situada mais ao fundo das cercanias. Os nativos eram extremamente rudes, mal-humorados e, de certa forma, cruéis. Logo que chegaram à choupana do chefe do povoado, sem qualquer cuidado atiraram o infeliz no chão. A brutalidade do ato fez com que José batesse a boca no solo e, em consequência, surgisse um considerável sangramento.

Diante da violência que sofria, com dificuldade José foi voltando a si. Passou levemente sua destra no ferimento. Irritou-se com o que viu. Inconformado com aquela situação, olhou odiosamente para o mais violento dos nativos, o mesmo que atirara aquela maculada poeira em seu rosto. Esboçou dirigir-lhe a palavra, mas foi mais uma vez atingido, agora na cabeça, pela parte de madeira da lança do inescrupuloso avermelhado. Assolado por insuportável dor, caiu novamente. A pancada promovera uma compressão em seu frontal, que lhe dava a sensação de que seus miolos estavam prestes a estourar. Urrava enlouquecido. Inutilmente, tentava minimizar seu desespero abraçando as próprias pernas.

Logo atrás dos perversos avermelhados, uma plateia estupidamente assistia ao estranho espetáculo, excitada e interessada nos estimulantes atos de violência.

Não se permitindo esmorecer, o ibérico esforçava-se para reorganizar seus sentidos e encontrar algo em que pudesse se escorar. Sua cabeça latejava. Levantou-se e, cambaleando, dirigiu-se aos seus verdugos. De forma ofensiva, manifestou-se desafiante:

— Queimados malditos!!!

E, diretamente ao líder, enfatizou:

— Tu és como um negro fedido!!! Circulam fezes em tuas pútridas artérias, eu tenho certeza disto!!! Por que estás a me espancar, seu excremento? Tu tens sorte, pois se cá eu estivesse com meu arcabuz, de certo te faria comer do fogo dele!

José não tinha mesmo aonde se escorar. Ele se posicionava no centro daquele denso terrão na iminência de mais violência. Sangrava muito no nariz e na boca, a esperar o pior. Subitamente, da obscura cabana, um estranho homem surgia como vindo de outra dimensão. Todos que assistiam aos atos de disparatada covardia, em profunda reverência postaram-se céleres. E, diante do soberano dos mbyás, gritavam ardentemente, sem que ninguém ficasse fora da reverência, nem mesmo as crianças:

— Opita'i va [*xamã*] Ropodju Kunhan!

Com os raios do Sol bem evidentes, percebia-se claramente que se tratava de um ancião, um xamã. Ele media em torno de um metro e setenta e era bem magro; rosto oval, com rugas salientes, bolsas de pele abaixo dos olhos castanho-escuros quase fechados pelas avantajadas pálpebras, nariz comprido e grosso, ligado a um sulco expressivo que terminava na boca que já não mais expunha os lábios, apenas uma carquilha, tudo emoldurado por uma longa cabeleira lisa grisalha. Sua marca principal era uma fita de palha fixada na testa e duas penas finas acinzentadas como antenas na cabeça; usava um colete com uma tartaruga bordada e uma tanga branca. Em uma das mãos, ele segurava um maracá típico dos xamãs.

Com um olhar de repulsa direcionado ao capturado, o estranho homem proferiu palavras provenientes de sua cultura:

— Jurua! Jurua! Jurua!

Naquele instante, o abrutalhado flecheiro empunhava seu bodoque e preparava uma seta para atirar, porém o xamã interceptou a intenção homicida, acenando-lhe de forma contrária. Ânimos controlados, o velho ressaltou em seu idioma:

— Ka'aguy, não mata! Ka'aguy é guardião mbyá! Ka'aguy não é assassino! Nem um flecheiro deve matar por nada; entendeste, Ka'aguy? Mbyá não mata sem motivo. Mbyá é povo abençoado por Nhanderu [*divindade máxima dos mbyás*]. Ropodju já sabia que jurua estava em tekoa [aldeia, território]. Dentro da opy [*casa de reza*], Ropodju via o jurua nas matas e fontes. Este jurua está com outros. Não está só em terras. E outros têm armas que cospem fogo. São as mbokas! [*arcabuzes*].

O velho se aproximou mais do capturado e o observou acintosamente. José padecia com os olhos avermelhados pela irritação causada por aquela poeira atirada de forma criminosa e pelos ferimentos das muitas pancadas. Mal conseguia abrir os olhos, que lacrimejavam sem trégua. Girando seu maracá ameaçadoramente, o pajé o circundava sem parar, a recitar palavras do tronco guarani. O ritual perdurou por um tempo razoável, até que o velho interrompeu o curso e emitiu uma ordem:

— Ka'aguy! Leva este jurua para a opy de palha. Os outros juruas não devem vir para tekoa. Os outros juruas têm axy [*doença*] e, por isto, são perigosos!

— Tamoi! [*Líder*!] E este, não tem axy?

— Tamoi sente que este jurua foi purificado, mas por quem? Tamoi, quando rodava o jurua, enxergou na cabeça dele a cor azul. O tom desta cor só acontece quando minas encantam. Tamoi não consegue entender... Por que um espírito da fonte se interessaria justamente por este jurua? Este jurua perdido na mata? Tamoi vê desequilíbrio neste jurua. Muito desequilíbrio. Juruas vão trazer o mal para nosso povo! Tamoi sonha com este tempo há muitas luas grandes. Os espíritos da floresta já falaram para tamoi. Ancestrais já alertaram. Tamoi não vai permitir isto! Nunca! Esconde o jurua na tenda de palha e pede para as velhas o alimentarem apenas com xipa [*farinha*]. Tamoi agora vai para a opy buscar respostas. O tempo de partir para Yvy Marã e'ÿ está próximo. Tamoi faz rezas para Nhanderu e vai ter respostas.

O velho suspirou cansado e continuou:

— Ka'aguy! Tamoi está velho e precisa se apressar... Preparar povo da Boca da Mata. Povo da Boca da Mata é frágil... Tamoi viu fraqueza de povo da Boca da Mata no futuro... Tamoi teve um sonho mau ontem e viu todos os nativos massacrados pelos juruas... Parecia outro tempo, outro mundo. Povos da Boca da Mata e da Aldeia da Serra usavam couros que cobriam todo o corpo. Povo da Boca da Mata apanhava muito dos juruas. Tamoi viu rio de sangue cobrir nossa terra, nosso povo, nossa cultura. Tamoi acordou suando e rezou muito para Nhanderu, mas as visões não cessaram...

O velho respirou profundamente e prosseguiu em seu raciocínio:

— Tomou erva do sono, mas não adiantou! Quanto mais tamoi tentava fugir das visões, mais visões vinham. Tamoi via grandes pássaros de olhos brilhantes. Pássaros com casca brilhante igual às cascas que antigos descreveram. Primeiro tamoi Djiapu'tui sempre contava uma história sobre os estrelados que visitaram o mundo no princípio. Tamoi antigo afirmava que estrelados estavam dentro de cascas brilhantes.

Com as mãos alçadas para o alto, o velho suplicava:

— Oh, Nhanderu! Ropodju via destruição, doença e morte. Dentro dos pássaros estavam os juruas... Juruas tomavam tudo do povo da Boca da Mata... Seja em animais, em grandes canoas ou nos pássaros com cascas... Tamoi via juruas acabando com nosso povo. Neste futuro que tamoi não sabe precisar, os juruas viviam em grandes pedras que cortavam o céu. Picos de pedras que não tinham folhas... Sem nada... Desesperado, tamoi acordou e chorou muito...

Preocupado, o guerreiro mbyá perguntou:

— Tamoi! O que Ka'aguy deve fazer então? Povo da Boca da Mata corre perigo! Toda vez que visões aparecem, o mal está por vir! Tamoi permita que Ka'aguy acabe com este jurua, pois jurua é o fruto do mal! Este jurua vai trazer outros juruas e assolar nosso povo com o mal. Permita acabar com este jurua!

O xamã observava seu capturado jogado ao solo e coçava a testa. José irritava-se ainda mais por não entender absolutamente nada daquela conversa. Contudo, empunhando firme o maracá, o ancião finalizava:

— Agora não, Ka'aguy! Vá para a opy de palha, deixe o jurua dentro e vigia todas as cercanias. No alvorecer, Tamoi decide. Tamoi tem que ir para a opy agora! Nhanderu vai dar luz aos pensamentos de tamoi para melhor decisão...

Os primeiros sinais do final de tarde já despontavam. O céu, em seu azul, dividia-se em molduras verdejantes, enfeitado pelas enormes coníferas. Em um desses altivos exemplares vegetais havia uma bela arara que chamava a atenção. José, ao virar-se, pôde visualizar o lindo animal, característico daquela região. O julgamento de José terminara defronte à opy de Ropodju Kunhan e ele foi conduzido à opy de palha, não sabendo ainda qual seria o seu destino.

Dentro da tenda havia apenas um tronco, onde José foi deixado como prisioneiro. Desgastado pela violência sofrida, ele não ofereceu qualquer resistência aos nativos e acabou adormecendo.

Ka'aguy se dirigiu até três nativas e deu ordens para que cuidassem do prisioneiro branco, sem muitas delongas. Em seguida, chamou os companheiros e se preparou para retornar às guaridas.

Yakan [*cachoeira*], a mais velha delas, uma sábia mulher que já contava 76 anos, não era afeita das afirmativas de Ropodju Kunhan. Ela acreditava mais em ensinamentos deixados pela sua avó, os quais não admitiam maltratar qualquer ser vivente. Franzina e de baixa estatura, a velhinha vestia apenas um pedaço de pano feito por entrelaçamentos de palhas com vegetais; de rosto oval, característico da etnia, com muitas rugas, olhos envelhecidos e quase fechados, nariz comprido, boca envolvida por muitos vincos, terminando em um queixo bem comprido e pescoço pelancudo. Adornando-a, uma cabeleira grisalha, que a envolvia como um caixilho, indo até a cintura. Vendo como haviam tratado aquele homem branco, a velha resolveu se pronunciar:

— Ka'aguy! Antes de ires para as guaridas, escuta Yakan. Yakan é velha e fraca, mas tem o que dizer... Yakan precisa dizer... Ka'aguy! Nem tudo que tamoi fala é verdade. Por Yvy Marã e'ÿ tamoi está perdendo a razão... Tamoi precisa entender que ancestrais não ensinaram como tamoi pensa... Tamoi tem confundido muito a tradição... Por isto, tamoi não gosta de Yakan, porque Yakan não aceita conceitos equivocados de tamoi. Avó de Yakan deu este nome para esta velha em nimongarai [*ritual de nominação das crianças*], por conta da cachoeira, porque avó de Yakan acreditava na pureza das águas. Nossa cultura é muito antiga... Ancestrais eram sábios. Ancestrais não ensinaram violência contra nada. O mal não vem só de juruas... Não é exclusivo de juruas, como tamoi afirma... Neste mundo, é necessário aprendizado, porque, em outros mundos, em outros corpos, espíritos que vivem aqui hoje fizeram mal. Agora nestes corpos, espíritos estão em oportunidade de aprender. Avó de Yakan dizia isto, porque avó dela havia dito, porque avó dela havia dito, porque avó havia dito... Esta é a tradição, Ka'aguy! Não esqueças que nunca nenhum outro teve este teu nome! Ka'aguy foi sacramentado como termo de sabedoria, não de violência! Nimongarai é feito com significado, portanto, ter um nome destes merece reflexão! Ka'aguy significa espaço de florestas, áreas de mato, próximas de casas, mas conceitualmente distintas. Esta é a tua essência, Ka'aguy! Não desperdices isto... É isto que esta velha tem a dizer... Controla tua poxy [*raiva*]. Agora, deixa que Yakan cuide do jurua. Não há o que temer... Este jurua não vai passar nenhum axy para nossa tekoa... Este jurua foi abençoado pelas minas. Jurua foi purificado nas minas, coisa que tamoi não sabe mais ver... Mas o que tamoi esquece é da verdadeira tradição... Antigos ensinaram que, no princípio dos tempos, a Terra era habitada por criaturas abomináveis. Eram os Pamba'e Djaguá [*feras extraordinárias*]. Nhanderu etê, o deus supremo do universo, decidiu eliminar os Pamba'e Djaguá lançando sobre a Terra uma estrela incandescente, a Djatchir Tata'iguatchú. Tidos como criaturas do mal, os Pamba'e Djaguá foram mortos pelo terrível calor provocado pela estrela caída. Sobre as cinzas deste mundo, Nhanderu etê decidiu repovoá-lo com um novo ser. Nhanderu etê significa "deus verdadeiro". É o deus de forma humana, cujos olhos refletem a infinidade das cores: onde aparece, reflete luz. Vaga pelo cosmos num veículo voador chamado bairý. Nhanderu etê percorreu o Nhe'ê Rekuagui, o lugar das almas, o mundo dos espíritos. De lá trouxe Nhande ypy, o "primeiro homem", transportando-o em seu bairý até mundo da carne. Chegando aqui, Nhanderu etê advertiu a Nhande ypy que sua missão era povoar o mundo e não permitir que o egoísmo tomasse conta dos corações de seus descendentes. Acrescentou Nhanderu etê que o egoísmo se tornaria a raiz de todo o mal da humanidade, pois desencadearia as guerras e toda sorte de violência de tekoas contra tekoas. Advertiu para que os homens prezassem por sua memória, cujo exemplo inspiraria os homens a praticar o bem... Yakan precisa salientar esta verdade, grande Ka'aguy.

Absorto em pensamentos, Ka'aguy tentava dissimular:

— Tamoi nunca erra! Ka'aguy tem consciência do que significa nome e já conhece história ancestral. Yakan sempre teve inveja de tamoi. Tamoi sabe o que é melhor para povo da Boca da Mata. Agora, faze o que tamoi manda. Boca da Mata vai seguir para Yvy Marã e'ỹ e nada mais Ka'aguy tem de falar com Yakan.

A bondosa velhinha abaixou a cabeça e se dirigiu até a casa de palha. Porém, antes de adentrar na prisão de José, com um suspiro de decepção observou o robusto flecheiro pisando orgulhoso até suas guaridas. Fiel à sua cultura, Yakan havia tido a oportunidade de enriquecer seus conceitos com um grande mestre. Um mestre que, no passado, ela não via como um mestre próximo de seu povo, de cultura diferente e de raízes que não tinham os mesmos ensinamentos. Isso acontecia muito naquele tempo. Aldeias que não se misturavam e desenvolviam credos contrários. Yakan conhecia Parassuá. Ela admirava a sabedoria do pajé da aldeia vizinha. Na verdade, Parassuá era seu antigo amor. Dirigia-se a ele, quando era possível um encontro, da seguinte forma:

— Payé que age e se expressa em conformidade com a razão e a moral, com prudência e experiência de vida, sensato e equilibrado, como estás?

Sempre dizia essa frase ao querido companheiro como primeira manifestação. Nutria um amor impossível, desde a mais tenra idade, por ele. Interferências das tradições tribais impossibilitaram uma união, contudo, nada pôde suplantar o que seu coração sentia pelo discípulo de Ariri. Naquele momento, desejou um afago de seu grande amor; por inúmeras vezes, às escondidas, teve esse aconchego. Já há algum tempo não se viam; preferiram assim, para não mais sofrerem.

Yakan sentia-se cansada por ter de seguir as alucinações de um líder obtuso como Ropodju Kunhan. Já havia preparado sua partida da aldeia, sem que ninguém soubesse. Ela não pretendia seguir para a suposta Terra sem Males. Antes de migrar, a velha seguiria para a serra dos lobos-guarás, um recanto que lhe trazia grandes lembranças de encontros com seu antigo amor, para dali se preparar para o mundo espiritual. Ninguém das duas aldeias fazia a menor ideia desse romance proibido.

Logo que se viu no interior da opy de palha, Yakan esboçou certa compaixão para com aquele homem prisioneiro de seu povo. As feridas promovidas pela violência desnecessária eram mais um agravante para seu desprendimento de Ropodju Kunhan, motivo de incomensurável repúdio para ela. As companheiras de Yakan trouxeram algumas ervas de aroma forte. Com os vegetais, limparam todos os ferimentos de José.

Pouco tempo depois, o prisioneiro despertou e perguntou com voz enfraquecida:

— Senhora! Onde cá estou? Não suporto mais estas terras... Desejo que dê cabo à minha vida...

Yakan não compreendia o idioma do estrangeiro. Solícita, deu-lhe água em uma pequena gamela, tentando acalmá-lo com alguns gestos que demonstravam tranquilidade. Quando se esforçava para acomodá-lo no tronco, sentiu uma presença inusitada se aproximar. Suas mãos gelaram imediatamente e, no idioma mbyá, ouviu a seguinte frase em sua mente:

— Acalma o jurua. Jiacutuan vai ajudar Yakan.

A velha senhora sorriu e respondeu em pensamento:

— Obrigado, Jiacutuan... Parassuá dizia que existias. Agora, Yakan tem certeza, grande estrelado...

— Jiacutuan deseja o bem de seu povo. Jiacutuan está aqui para ajudar na comunicação com este de pele branca. Não temas, Yakan! Lembra-te dos grandes ensinamentos ancestrais, ensinamentos válidos para os escolhidos pelo merecimento. Yakan é projetada dos maestros siderais. Será útil na dimensão da verdade, pois grande movimentação se desenvolve para o ressurgimento do conhecimento milenar liderado pelos Nyrmanakayas [*espíritos libertos do carma terreno*], conhecimento traçado no continente submerso há quase 70 milênios, que voltará para a reformulação do planeta azul. O processo de ajuste levará algumas luas grandes, algo em torno de cinco séculos. Yakan fará parte deste movimento de suma grandeza.

A nativa, muito confusa com aquelas revelações, perguntou à entidade:

— Que são milênios? Yakan está a girar a cabeça sem entender... Conhecimento traçado num continente submerso?

— Yakan não lembra momentaneamente suas existências, mas logo entenderá. Yakan é espírito tão antigo como Jiacutuan. Yakan vem dos tempos do continente tomado pelas águas. Milênios são contagens de tempo de uma forma parecida com as luas grandes. Esta bela terra que habitas hoje, "o lugar onde reina a felicidade", não será mais como antes. "O lugar onde reina a felicidade", conhecido por alguns como Tupiretana, não será mais a mesma terra daqui pra frente... Há de se ter paciência neste período mencionado. O que parece muito na Terra, no Astral não será muito tempo.

Sentindo-se amparada pelo invisível, a nativa afirma à entidade:

— Yakan se sente melhor com ensinamentos rapidamente passados por Jiacutuan. Yakan sempre conversava com esverdeados encantados nas meditações. E encantados alertavam que "o lugar onde reina a felicidade" iria mesmo mudar. Não entendia desta forma como Jiacutuan demonstra. Só espero que Boca da Mata e os povos nativos não sofram com isto.

— Jiacutuan desejaria trazer somente notícias boas. Entretanto, o futuro mostrará como a reencarnação trabalhará com estes processos. Agora, cuida do branco, que retoma a consciência!

Yakan se aproximou de José e esperou uma nova manifestação. A entidade intérprete incorporara na nativa e, instantes depois, com um sotaque estranho, perguntava para José:

— Como tu estás?

Espantado, José respondeu com outra pergunta:

— Tu falas meu idioma!?

A nativa, com semblante sério, respondeu:

— Ela não, mas eu, sim!

— Como assim, ela não? Cá eu vejo uma mulher!

— Branco! Esta mulher serve de aparelho mediador para mim. Tu estás a falar com uma entidade que por cá baixa para te ajudar.

— Entidade! Nesta terra estou a ver de tudo... Nem posso mais desacreditar que estou a falar com uma entidade do outro mundo. Creio que não estou mais num mundo normal. Perdido como um cão danado nesta floresta, nem sei mais o que digo a respeito deste lugar. Estou cansado disto tudo. Meus camaradas devem acreditar que estou morto...

— O que queres, então?

— Liberta-me, por favor! Eu desejava riqueza neste lugar, pero se insistir nisto devo acabar com minha vida. Aqui não é um lugar normal. Haja vista eu falar com um espírito...

— Esta velha nativa não poderá te libertar agora, senão ela terá represália. Tu és grande devedor existencial e precisas reparar algumas arestas. Quando menos esperar, algo de bom será ofertado. Entretanto, terás que lutar contra a adversidade da oferta.

— Lutar contra adversidades?

Lentamente, Yakan retomava suas faculdades e a entidade se afastava dela, mas não ia embora do ambiente. A nativa, mesmo em outro idioma, havia compreendido todo o teor da comunicação.

Subitamente, uma bela jovem adentrou na casa de palha. Ainda um pouco atordoado, José tentava levantar-se, para melhor visualizar a inusitada presença feminina. Em posição melhor, não demorou a se postar boquiaberto diante do que presenciava. O prisioneiro esfregava os olhos e tentava falar, mas não lhe saía voz. Aquela pessoa lhe lembrava alguém muito especial. Diante de uma mulher perfeita, nua como todas as mulheres da aldeia, sedosa pele morena avermelhada, lindos seios, envolta em cabelos lisos que desciam como corredeiras até a cintura, apenas uma folha tapando seu tentador sexo, José perdia seu senso de equilíbrio, mas a postura cabisbaixa da jovem lhe dificultava enxergar seu delicado rosto.

A jovem nativa segurava uma cuia com um líquido gosmento que cheirava forte. O prisioneiro conseguiu se manifestar com um grito:

— Princesa! Princesa! Princesa! És tu, minha princesa? Como veio parar aqui?

A nativa se assustara com o grito estrepitante do prisioneiro e deixou cair o preparado de ervas. Ela virou a face para José e o prisioneiro conseguiu vê-la na íntegra. Seu rosto era idêntico ao da encantada das minas, diferenciado apenas por uma fita branca entrelaçada na testa. Pupila de Yakan, a donzela nada compreendeu sobre o comportamento do prisioneiro e, atendendo às ordens de sua regente, saiu da casa de palha.

Com a retirada da jovem, José enlouqueceu. Afoito, o ibérico reclamou junto à velha:

— Senhora, por favor! Entende o que digo? Espero que sim... Aquela jovem! Não deixe que ela vá... Por favor!!! Ela é de verdade e vive neste lugar, então? Preciso falar com ela, por favor! Está a me entender? Liberte-me! Preciso sair daqui. Soltem-me! Soltem-me! Soltem-me!

Irritado, José se debatia, tentando se soltar. A casa de palha começou a balançar, chamando a atenção dos flecheiros. As nativas se assustaram com a gritaria e as tentativas de José em quebrar o tronco central. Jiacutuan se aproximou dele e emitiu uma energia prateada na fronte do desesperado, mas era inútil tentar acalmá-lo. José não se acalmava e dissipava as investidas do mentor, que acabou por se afastar dele, devido à exposição densa dos níveis vibracionais.

Junto deYakan, a entidade apenas finalizara telepaticamente:

— Yakan! Deixa os acontecimentos seguirem o curso normal. Quando for preciso, Jiacutuan estará próximo. Deixa seguir...

Após aquelas palavras, a velha não sentiu mais a proximidade do benfeitor. Fechou os olhos em sinal de agradecimento, mas, com receio, diante do enlouquecimento do prisioneiro. Em seguida, os flecheiros chegaram para ver o que acontecia, afastando as palhas da entrada da casa. A edificação estava quase despencando com as debatidas desenfreadas. Irritados com aqueles ensurdecedores gritos, um dos flecheiros elevou uma zarabatana até sua boca e impeliu um sopro certeiro no pescoço de José. A pequena seta, que continha misterioso produto viscoso em sua ponta, não demorou a causar um torpor no alvejado. Instantes depois, o tresloucado se postava inerte.

Ao lado da casa de prisioneiros volitava Jiacutuan. Ele observava todo o alvoroço causado pelo viajante do Velho Mundo. O benfeitor não mais poderia interferir nos desígnios daquele grupo de pessoas. Como ancestral dos nativos, ao mesmo tempo um dos que participaram dos Templos da Luz, junto à permissão dos mestres da espiritualidade, continuaria preparando os futuros precursores que anunciarão o resgate do antigo culto atlante em terras brasileiras.

Capítulo 15

Paju

Ao fundo se ouvia um tique de folhas batidas ao chão: Tum! Tum! Tum!... Tum! Tum! Tum!... Tum! Tum! Tum!... As mesmas terras vermelhas. Empoeiradas. Malocas robustas. De repente, José estava desperto. Encontrava-se solto, sem ferimentos, do lado de fora da casa de palha, ouvindo toques abafados que vinham de longe. Ele argumentou em pensamentos: "Oras! Uma aldeia sem ninguém... E que barulho é este?".

O lugar estava diferente da realidade anterior. José olhou para trás e não viu ninguém, nem mesmo na entrada da casa de prisioneiros, e não tinha a menor noção de como havia saído da situação de capturado. Confuso, começou a caminhar pelas terras de chão duro, a observar cuidadosamente tudo que estava ao seu redor. Ninguém entre as malocas. Um espaço deserto. Tentou entender aquele estado de coisas, pois a sensação de miragem lhe era muito evidente. Não obstante sua curiosidade, firmou a atenção para a origem dos toques, numa atmosfera que exibia um cenário subjetivo. Apesar da sensação de realidade vivida pelo desdobrado, a serenidade do ambiente denotava estar experimentando um sonho diferenciado. Luzes brandas, com tímidos reflexos, escapavam pelas frestas das árvores que emolduravam as cercanias, como em aprazível pôr do sol.

Bem ao fundo de uma sequência de choças de palhas secas, o ibérico passou por um aglomerado de restos de folhas, que fazia muito barulho ao ser pisado por ele. Avistou duas construções bem desenhadas, ao estilo de quiosques. Nesse ponto, ainda um pouco distante do que desejava compreender, algo lhe chamaria ainda mais a atenção. No centro dos colmos, de costas para o recém-chegado, havia uma senhora magra, sentada em um toco de madeira; na inusitada personagem, destacavam-se longos cabelos lisos e grisalhos. José resolveu se aproximar mais e constatou que se tratava da pessoa responsável pelo barulho intrigante, a segurar folhas de palmeira secas.

Ao perceber a aproximação de José, a velha senhora disse brandamente:

— Chegua mais perto, viajante! Esta velha tem um conto interessante para ti...

José, sem proferir uma única palavra, foi se achegando. Circundou vagarosamente a senhora e se postou tímido defronte a ela. Por incerto espaço de tempo, ele ficou enebriado diante da imagem serena vestida em palhas da costa, iluminada apenas por pequenos filetes dourados de Sol que atravessavam a vegetação. Tratava-se de uma mulher muito idosa e proveniente daquela etnia. Com olhos fixos, o ibérico foi prestando atenção à pele enrugada, aos olhos encarquilhados que pareciam afluentes de rios, ao nariz comprido e achatado, à boca cheia de vincos, ao queixo comprido e fino, tudo emoldurado por cabelos grisalhos que caíam entre as maçãs de um rosto nitidamente cansado.

Sem abandonar o ritual das folhas de palmeira batidas no chão, a idosa começou a explanar uma breve narrativa, com um sotaque peculiar:

— Nhanderu, o pai de tudo e de todos, ornamentou os campos de Tupiretana com belezas incomensuráveis. Qualidades de um lugar realmente especial. Dentre as suas criações, Nhanderu reservou uma proeza a dois de seus filhos. Eis então... Havia uma jovem! O néctar mais doce, o canto mais suave e a juventude exalando por todos os poros não seriam suficientes para enaltecer tão sublime criatura, que, com a inocência mais pura, se banhava nua num regato tranquilo... Recôndito de simplicidade. Parecia que nada mudaria aquela realidade. No entanto, o destino apresentaria surpresas, visto que aportara nesta costa litorânea uma embarcação que mudaria a existência daquele encanto. Do gigante de madeira desembarcaram viajantes. Porém, um deles caminhara até o seio da floresta, à procura de água para saciar a sede, quando se ofuscou com tal maravilha. A jovem continuava a banhar-se sem nada perceber, enquanto o espião oculto se postava detrás de algumas folhagens. Por um tempo considerável permaneceu velando aquela beleza à sua disposição. Num determinado instante, o viajante se aproxima dela, que, receosa, tenta se esconder. No entanto, havia algo diferente naquele encontro inesperado, pois os ares pareciam abraçar os dois. O receio dela diminuíra. Acabara. Tocam-se. Sem comunicação oral, apenas em pensamentos, almas se encontravam... A jovem percebe que suas intenções não são maldosas, porque seus olhos expressam ternura e, após uma maior afinidade, se entendem. Por horas andam de mãos dadas entre os campos verdejantes, deitam-se na relva fresca e se amam fervorosamente. Ela se apaixona perdidamente pelo viajante, que a convida para ir embora para sua terra, mui longe, além-mar...

Em seguida, a idosa se cala e para de bater as folhas de palmeira. Ela se posta em profunda concentração, estranhamente, criando um mistério até certo ponto angustiante, num silêncio que incomoda. José não sabe o que fazer diante daquele enigma e permanecu centrado naquela mulher.

Sem precisar quanto tempo a idosa permanecera inerte, José divagava na essência daquele conto. Subitamente, ela retorna de sua profunda concentração, abre os olhos enrugados e diz ao seu observador:

— Viajante do tempo! Nada tens a dizer?

José, balançando a cabeça em sinal de desconforto com a situação, respondeu:

— Eu? Oras, pois... Dizer o quê?

— Sobre o conto... Sobre o conto, viajante... Esclarecer-te-ei! Um conto é uma breve narrativa. A vida na matéria é como um conto, ela é breve demais... Presta atenção às ofertas... São raras estas oportunidades... Não desperdices, pois tudo é muito rápido...

Abrindo os braços, José prosseguiu:

— Continuo sem compreender o que queres me dizer. Tem

a ver comigo?

Mais efusivo, o ibérico deu sequência às perguntas:

— Senhora! O que aconteceu com este lugar? Devo estar a sonhar... Dize-me sem preâmbulos o porquê deste conto...

A frequência de espírito modificava e José se percebia leve. Em meio a tais sensações, a voz da idosa agora se expressava de maneira distante:

— Vós estais neste estado há três luas pequenas. Agora, vossa consciência está a absorver informações, pois antes apenas dormia... Cá estais numa extensão da aldeia, noutro plano. A substância contida na seta que o alvejou, assim o retirou da matéria por este período. Logo vós despertareis do transe. No entanto, esta viagem, que parece infundada, é o que de mais belo podereis sorver em vossa existência. A quem contares sobre o que por cá vivenciastes, de certo, afirmar-te-á ser uma loucura. Os brancos não entendem. Nada entendem. São vítimas da ignorância de suas crenças deturpadas. São as ofertas o maior bem deste transporte! O mais belo. As uiaras que banharam vossa mente, viajante... E da forma que quiseram... Nas minas, nas cascatas, nas fontes, elas comandam tudo. Uiaras têm um amor diferente e deixam seu mistério cravado em seus escolhidos. Não existe obra do acaso, viajante. Não existe obra do acaso... Lembrai-vos! Males foram retirados do vosso ser, viajante. Tudo graças às uiaras. Quanto ao conto... Este é apenas uma alusão ao vosso destino por estas terras abençoadas.

— Diga-me, então, senhora: eu cá ainda estou vivo?

— Viajante... Não existe a morte como vossa cultura insiste em professar. Vós retornareis ao corpo carnado e assim postulareis outra realidade, totalmente diferente das vossas bases... Levai este conto em vossa mente e o tornai realidade de alguma forma na crosta.

Aquelas últimas palavras da idosa ecoaram e José foi percebendo todo o diáfano cenário se dissipando lentamente. Seus sentidos foram se perdendo de forma tranquila... Sua mente eclusa foi entrando em formação espiralada, como em um tornado em construção, envolvendo-o por completo. Assim adormeceu novamente.

Dentro de um halo translúcido, a girar lentamente, José

se postava sereno, na chamada quarta dimensão. Realmente, estava em uma viagem extraordinária. Talvez a mais importante de sua vida. Instrospectivamente, via sua última existência passar cinematograficamente em sua mente, desde a mais tenra idade até o momento que ora desfrutava. Todos os detalhes daquelas lembranças iam à sua consciência de forma prodigiosa. Não havia noção de tempo e espaço. Assim permaneceu, até que todos os resquícios de sua vida profana lhe fossem claramente demonstrados.

Em determinado momento de seu involuntário desdobramento, José percebia a intensidade da viagem a se dissipar, numa notável sensação de bem-estar. Em consequência, ele iniciava seu retorno à matéria. Nesse espaço entre as dimensões, o viajante é conduzido por cordões de prata ao seu estabelecimento consciencial. Com seus ligamentos entre espírito e matéria devidamente ajustados, processo que não demorou muito a se efetivar, o ibérico repentinamente respirou fundo, despertando ao sentir sua testa molhada por uma folha nela depositada. José estava agora deitado na casa de palhas, melado por uma substância de um odor forte de ervas que desconhecia; acordara de um sono profundo de três longos dias; lentamente abriu os olhos e os focos estavam completamente desajustados; aos poucos, foram sendo reorganizados, mas teve de esfregar os olhos para retirar as remelas incômodas que o acometiam; com a visão ainda embaçada, percebeu que, ao seu lado, havia uma pequena cuia com água fresca; com dificuldade, levantou a cabeça, pegou a cuia, tomou a água, pois estava sedento. Saciada a sede, encostou-se ao tronco central da choça e coçou a cabeça ensebada pela estranha gosma. Ainda um pouco atarantado, disse para si mesmo: "Raios! Ainda estou a viver. Penso que estava a sonhar. E que sonho...".

José, com extrema dificuldade, levantou-se e se dirigiu até a entrada da choça. Aqueles dias de letargia o deixaram muito debilitado. Ele quase caiu, devido à fraqueza, no pequeno trajeto. Logo que afastou as palhas da entrada, sua visão foi ainda mais ofuscada pela claridade do dia. Sentiu náusea e quase vomitou. Naquele instante, seu semblante era de profunda palidez.

A aldeia estava em curso normal. Crianças corriam pelo

terrão e as nativas preparavam o alimento, todas elas sentadas no chão, passando rapidamente o que preparavam uma para a outra. Habitualmente, consumiam derivados de mandioca. A claridade do dia impedia que José enxergasse todo o complexo silvícola, mas ele se esforçava. Depois de algum tempo, o prisioneiro pôde perceber que não havia nenhum homem nos arredores, quando começou a pensar em eventual fuga. Então, respirou fundo e saiu da choça. Já do lado de fora, avistou um pequeno poste fino de madeira, no qual havia um crânio fincado. Aquela visão tétrica o incomodou profundamente e um calafrio percorreu todo o seu corpo, tendo ele a nítida impressão de que aquilo pertencera a um antigo prisioneiro. A vontade de fugir aumentou ainda mais, porém, a fraqueza era tanta que sua visão enuviou, obrigando-o a se escorar a um tronco retorcido ao lado da choça.

Preocupado com aquela situação, perguntava-se: "O que fazer?"

Respirando fundo, continuou sua reflexão:

— Este povo deve comer gente! Preciso sair daqui, pero como? Mal consigo ficar em pé. Estou fraco por demasia. O que será que fizeram comigo, estes selvagens malucos? Aquela seta, ao alvejar-me... Quase sugou minha vida... Eu preciso sair daqui... Preciso... pre...ci...

Antes de terminar a última palavra, José, sem mais se aguentar sobre as próprias pernas, caiu junto ao tronco retorcido. O ibérico percebeu a aproximação de alguém e tentou se levantar, mas foi inútil. Horas depois, ele, novamente dentro da choça, despertava com o auxílio de outro composto herbáceo trazido pelas nativas. O inusitado preparado exalava forte odor, responsável pelo recobrar de sua consciência. Entretanto, desta vez teve uma surpresa agradável logo que acordou. Ao seu lado estava a jovem nativa que tanto o havia encantado. José estava muito abatido e a delicada moça o limpava com um pano branco embebido em alguma coisa que exalava um suave perfume de ervas.

Ainda enfraquecido e com voz rouca, perguntou o ibérico:

— Morena? Vosmecê é real?

A nativa não compreendia o idioma de José e olhava para ele esboçando admiração. Sentia-se atraída pelo estrangeiro, mas era muito tímida. A tarefa confiada por Yakan de cuidar do prisioneiro a instigava bastante. Ela tinha se assustado com ele no princípio, mas agora seu interesse por conhecê-lo era incontrolável. Carinhosamente, a jovem passava o composto de ervas nos ferimentos do recém-acordado, a prestar-lhe atenção. Dessa forma, ela permaneceu até que a consciência do ibérico retornou.

Em meio ao trabalho da enfermeira, Yakan adentrou na casa de palhas e imediatamente se comunicou com a jovem, dando a entender que estava lhe dando novas instruções. José nada compreendia daquele idioma. A velha olhou para o prisioneiro com certa indiferença e se retirou. Em seguida, outras nativas chegaram com mais preparados; deixando tudo no chão, também se retiraram. O que traziam era uma refeição em três gamelas ornamentadas com grandes folhas. Dentro estavam os alimentos que seriam oferecidos ao prisioneiro, como frutas, aipim e uma bebida amarronzada. A bela nativa ajeitou a refeição ao lado de seu assistido. Em seguida, ela se levantou lentamente e se dirigiu para a entrada da choça, pois era momento de deixar o prisioneiro. Manhosa, antes de sair da choça, segurando a maior das palhas da entrada, com os raios do Sol a enaltecer sua pele aveludada, a jovem ainda teve tempo de uma olhadela direta para seu admirador.

José gravou bem a cena da retirada dela em sua mente; ficara nítido aquele rosto encantador a mirá-lo, lembrando o da ninfa, delicado e juvenil. A fotografia mental reproduzia os cabelos lisos de fios grossos, negros como a flor do ébano, que desciam quase até a cintura da morena; bem como as costas macias, as belas nádegas e as pernas torneadas.

A fome também era algo que José não conseguia mais controlar e, por fim, tratou de saciá-la. Enquanto se servia, Yakan adentrou novamente na choça e olhou nada amistosa para o prisioneiro. Em seguida, sob a influência do habitual intérprete do Astral, manifestou-se:

— Paju!

José parou de comer e perguntou à velha:

— Senhora! Desculpe-me... Não estou a compreender o que tem a me dizer...

A velha respirou profundamente e fechou os olhos. Em seguida, respondeu conclusiva:

— Respeita Paju! Paju é muito menina para entender...

— Que bom que fala meu idioma, senhora... Paju? Está a se

referir sobre aquela linda moça? A bela que estava a me cuidar?

— Yakan não conhece bem teu idioma. Jiacutuan que ajuda Yakan...

— Ah! Já sei... O espírito de novo. E ele está aí do seu lado? Não é mesmo?

— Sim. E não zomba!

— Não estou a caçoar. Estou a acostumar com estas cousas sobrenaturais...

— Antes de mais prosas, Yakan tem que alertar estrangeiro! Tem cuidado com Ka'aguy. Ka'aguy não compreende preceitos espirituais. Ka'aguy é bruto.

— Ka... O quê?

— Ka'aguy, o grande guerreiro deste povo! Ka'aguy foi quem te capturou e haverá de ser sacrificado por conta do costume, um costume estúpido...

— Sacrificado!? Vou acabar como este crânio aí fora, então?

— Kunhan, o payé mbyá é alucinado. Kunhan fez este povo ficar assim. Nada tem a ver com os ancestrais.

— Se vou morrer, o que posso fazer contra? Estou só... Eu tinha noção dos perigos que enfrentaria com esta expedição. No entanto, se eu morrer, creio ter vivido por cá cousas que me fizeram uma pessoa bem melhor que outrora. Desta forma, acredito ter valido a pena, porque quando desembarquei nesta terra, eu me comportava como um animal... Pero permita-me uma elucidação... Algo que me traz mui curiosidade também... A senhora parece muito com uma pessoa que vi num sonho... Um sonho que tive enquanto fiquei desacordado por conta da seta envenenada. E ela me ditava um conto sobre algo em relação ao meu destino. Porém, o sonho me parece estar difícil de acontecer, não está de acordo com minha chegada, pois na situação em que me encontro, meu fim parece ser mesmo inevitável.

— Quando tudo parece estar perdido, sempre existe uma saída. Talvez não fosse Yakan em seu sonho, porém Yakan sempre reza para o bem. E se viste Yakan em teu sonho, foi porque rezas foram ouvidas...

— Era mui parecida mesmo... No entanto, lá parecia ser mais velha.

— Marakutan irá te visitar nesta noite. Faze tudo o que Marakutan mandar.

— Maraku... o quê!!!???

— É Marakutan, estrangeiro! Aprende a respeitar as formas que habitam as florestas. Marakutan irá te salvar do sacrifício, antes de Ka'aguy seguir com o ritual. Tem de ser nesta noite, portanto, toma desta beberagem, pois só assim poderás ver Marakutan.

Yakan trazia uma sacola de couro e dentro dela havia um cantil com um composto de cheiro forte, lembrando algo que estivesse curtido, percebido logo que ela o abriu. A ordem para que José bebesse aquilo parecia estranha, mas alguma coisa dizia que ele poderia confiar naquela velha.

Tentando entender o sentido daquilo tudo, José perguntou:

— Senhora! O que esta bebida irá fazer comigo?

Com semblante sério, a velha respondeu:

— Esta é uma folha de cipó bem curtida. Nome é caapi. Após ingeri-la, será atribuída a clarividência aos teus sentidos, numa projeção de consciência que será capaz de emancipá-lo para uma visão extrafisica. A ingestão dará a capacidade de ver o espírito da planta, o grande Markutan. Se tomares agora, antes da lua estar na parte mais alta do céu, já será possível enxergar o mundo espiritual.

— Não sei por quê... Confio na senhora.

— Não tenho muito tempo. Bebe logo!

José pegou o pequeno cantil e tomou todo o composto rapidamente;apesar do cheiro não muito atraente, o gosto não era tão ruim. Em seguida, os dois se olharam afetuosos e Yakan saiu ligeira para a sua choça. O ibérico sorriu e se encostou novamente ao poste central. Beliscou o que faltava na refeição e aguardou os acontecimentos.

Já era fim de tarde quando chegaram os homens da aldeia com suas caças. Os nativos deixaram toda a caçada no solo e as mulheres designadas para o preparo rapidamente trataram de levar tudo. O barulho fez José se levantar preocupado. Ele já estava melhor e até poderia pensar em fugir, mas preferiu esperar e confiar na velha. Pouco depois, ouviram-se passos pesados na direção da choça de prisioneiros. Uma entrada repentina fez José se postar de forma apreensiva. Era Ka'aguy que chegava, quase derrubando todas as palhas com sua entrada brusca; ameaçador, o nativo observava minuciosamente o local, a mirar seu prisioneiro com semblante de ódio; subitamente enlouquecido, aquele brutamonte saltou com as duas pernas elevadas, parando bem na frente de José, a deixar o prisioneiro ainda mais apreensivo.

Ka'aguy, roçando seu nariz no rosto do prisioneiro, com seus olhos desmesuradamente abertos por conta da excitabilidade de suas psicoses, gritava de forma ensurdecedora:

— Juuuuruaaaaa!!!

José tentava se afastar de Ka'aguy, mas o desatinado o perseguia como se fora um touro bravo dentro da pequena choça, a ranger seus dentes em ira ensandecida. Aquela situação parecia não ter mais fim, quando, repentinamente, o nativo encostou as duas mãos no peito de José e o empurrou com muita força contra as paredes. A violência desmedida quase põe a edificação abaixo.

No chão, José olhou para o seu agressor inveterado e perguntou indignado:

— Por que me odeia desta maneira? Eu nada lhe fiz!

Mesmo sem entender nada do idioma do estrangeiro, aquela pergunta Ka'aguy parecia compreender. O nativo sentiu-se ultrajado e com outro salto gritou:

— Aaaaaaaaaaaarrrrrrhhhhhh!!!!!

O barulho de Ka'aguy faz seus companheiros adentrarem na choça. Logo, eles se postaram também hostis contra o prisioneiro a empunhar lanças. Diante de toda aquela desvantagem, José começava a sentir um calor atípico, que estranhamente lhe proporcionava certa tranquilidade. Algo sobrenatural envolvia a psicosfera do ibérico; a visão dele iniciou uma súbita alteração de foco e seus sentidos se aguçaram, podendo perceber uma presença para lá de inusitada logo atrás dos algozes. José, sem ter se dado conta do que havia ingerido, começava a entrar em um processo de emancipaçação sensorial. A substância foi para o estômago, entrou na corrente sanguínea e seguiu para o cérebro, onde se espalhou. O lado mais ativado foi o hemisfério direito, que controla emoções como satisfação, insatisfação, equilíbrio, desequilíbrio e euforia. A causa em primeira instância foi um estado de relaxamento, depois, de percepções.

Em sua primeira sensação, José viu, atrás dos nativos, apenas um espectro; entretanto, com o efeito mais evidenciado da bebida, o ibérico pôde perceber três aparições. A maior era uma configuração híbrida, em torno de três metros de altura, metade vegetal, metade humana; a cabeça do colosso possuía cabelos avermelhados como pelos de milho, que desciam até os pés, cortados por orelhas de galhos bem finos, em uma face com ranhuras amadeirada e arredondada, olhos profusos e vermelhos como os dos felinos; no lugar do nariz, apenas uma saliência, boca em recortes, em um corpo tomado por plantas verdes e lilazes; já os companheiros eram menores, diferenciados apenas pela cor dos olhos, que se mostravam amarelados.

Estranhamente, Ka'aguy começou a diminuir sua excitação, bem como seus companheiros. Repentinamente, Kunhan adentrou na choça e, segurando seu maracá, disse em seu idioma:

— Ka'aguy, não percebe? Choça tem Markutan! Se ficar, morre.

— Markutan? O espírito da planta? Como pode ser?

— Deve ser obra de Yakan, Ka'aguy! Vai para fora da choça agora!

Os guerreiros atenderam à ordem do pajé e saíram imediatamente. Defronte à casa de palhas, Kunhan, ao lado deles, continuou com sua dedução:

— Ka'aguy e guerreiros, prestem atenção! Yakan odeia tamoi. Sempre odiou. Yakan tem tamoi como louco. Por isto, Yakan invocou Markutan para proteger o jurua e deu caapi para o jurua beber. Tudo que tamoi quer fazer, Yakan vai contra. Yakan é contra até a crença de Yvy Marã e'ÿ. Quando Markutan é invocado para uma proteção, este espírito não tem controle, portanto, nada pode ser feito agora.

— Tamoi! Então, autorize Ka'aguy queimar esta velha.

— Acalma-te, guerreiro. Tamoi dará uma lição àquela velha.

— Como?

— Tamoi vai mandar o espírito da sombra visitá-la. Yakan vai pagar por todos esses anos de insolência.

Com feição de tolo, o guerreiro perguntou:

— Como tamoi percebeu Markutan na choça? Ka'aguy nada via.

— Um pajé tem estes poderes, Ka'aguy. No entanto, por que aquela velha estaria a tentar proteger este jurua?

— Yakan traiu nosso povo, tamoi! Autorize acabar com a velha. Será melhor assim. Yakan não deve migrar com povo da Boca da Mata!

Com olhar sinistro, o pajé respondeu:

— Nesta lua, Yakan pedirá todos os perdões por ter desafiado Kunhan. O espírito da sombra mostrará... Agora, voltem às suas choças e deixem o jurua quieto. Kunhan tem um encontro com Tau [*espírito do mal na mitologia guarani*].

José, ainda sob o efeito da beberagem, permanecia vendo aqueles três insólitos espíritos à sua frente. A claridade que as entidades emanavam era imensa e o ibérico perdeu novamente a noção do tempo. Em transe profundo, pupilas dilatadas, sua percepção material centrava-se no nada. O espiritual comandava sua identidade naquele momento. Mais uma vez, o canto da ninfa ecoou em sua mente. Sentiu-se satisfeito e sentou-se de pernas cruzadas. Permaneceu naquela posição até ser surpreendido com a chegada de Yakan, sem precisar quanto tempo levou essa pausa.

A velha nativa, com a destra no ombro de José, tendo mais uma vez ao lado o intérprete Jiacutuan, disse ao prisioneiro brandamente:

— Jurua! Labor de Yakan termina aqui. Rezas foram ouvidas pelos espíritos da natureza e agora virão fortes represálias contra mim. Kunhan prepara um ataque das trevas e devo partir para a Grande Serra agora... Markutan vai cegar os flecheiros com o cheiro das plantas. Vai dar-te condições para fugir. O espírito da planta está aqui para te salvar, pois não tens de morrer. Segue para a praia e não voltes mais para a mata. E lembra-te! Teu nome, a partir de agora, é Potyusá. Segue o teu destino.

Em seguida, a velha se retirou ligeira da choça, pegou alguns pertences que estavam na entrada, junto às palhas, saiu da aldeia sem olhar para trás e adentrou na densa mata rumo ao ponto culminante da Grande Serra, no objetivo já previamente estabelecido de seu exílio.

Sem pestanejar, José atendeu às recomendações da velha e saiu da choça, ainda sob forte influência alucinógena; ao seu lado seguiram os espíritos das plantas. O ibérico atravessou todo o terrão avermelhado sem ser percebido por qualquer nativo, de forma fantástica, como se estivesse envolto por uma membrana de invisibilidade. O sumo das mais variadas plantas tomaram conta de toda a aldeia, como forma de enceguecer os guaridas.

Na Boca da Mata, antes de adentrar nas trilhas que o conduziriam à praia, José sentiu forte aperto em seu peito. Era como se lhe faltasse alguma coisa. Aquela sensação o fez olhar para trás e ter uma visão encantadora: Paju. A linda jovem estava encostada a uma árvore ao lado da saída da aldeia, com seu sorriso sedutor, banhado pela luz do luar; o braço direito dela segurava o caule da pequena árvore, com uma perna sobreposta à outra, apenas vestida com uma fina corda na cintura; sob a leve brisa que balançava seus cabelos, era realmente uma cena de enlouquecer qualquer homem. José fez menção de se aproximar dela; no entanto, a nativa balançou a cabeça em negativa. Paju desejava que ele fugisse dali e, com o indicador, ela apontou para que ele seguisse em retirada.

José estava sem opção, mas ainda teve tempo para dizer:

— Morena! Sei que tenho que ir, pois o perigo me consterna... Vou procurar um local seguro mais perto da costa e esperar por ti. Não sei se podes me compreender... Espero que algum espírito da floresta possa me ajudar a fazê-la entender.

José sorriu para Paju e, em seguida, adentrou ligeiríssimo na mata. Não havia tempo a perder e próximo das embarcações sua chance de sobreviver seria bem maior. A nativa estava instruída por Yakan para não interferir no plano de fuga elaborado para ele.

Não visualizando mais o fugitivo, Paju agradeceu a Markutan de joelhos; ela não podia vê-los, entretanto, aquele forte odor de plantas silvestres era a certeza de que os espíritos estavam presentes. Após as devidas reverências aos seres da natureza, ela retornou satisfeita à sua choça.

Enquanto isso, em sua casa de reza, Ropodju Kunhan, tomado pelo despeito em relação à velha Yakan, iniciava um ritual de baixa magia. A intenção dele era atingir a sua desafeta. Com o enfumaçamento da opy através de seu cachimbo, Kunhan trabalhava andando no sentido anti-horário, soprando objetos e instrumentos, tais como chocalhos, taquaras, uma espécie de vara que ele tocava o chão enquanto caminhava, clavas de madeira amarradas por cordas nas extremidades, tudo minuciosamente depositado em uma prateleira alta afixada na parede frontal. O dispositivo de madeira estava voltado para leste, como sempre predominava nesses espaços. Ele espargiu bem a fumaça antes de iniciar seu canto. Vale lembrar que as casas de reza mbyás costumavam guardar dois ou três bancos compridos, o suficiente para ocupação das paredes laterais em toda a extensão, além de um banco pequeno usado frequentemente para as curas. Os bancos geralmente eram ocupados por homens e crianças maiores, enquanto as mulheres esticavam cobertores e panos sobre o chão de terra batida, para se sentarem, acomodando suas crianças pequenas na parte posterior da casa. Esse espaço fazia fronteira com a área reservada ao canto e à dança. Entretanto, Kunhan estava só. Não queria qualquer interferência naquela liturgia.

No centro da opy, o pajé desenvolvia uma dança circulante, em meio a uma ginga, numa coreografia característica para essas ocasiões. Ele pronunciava palavras pouco intelegíveis que invocavam seres abissais, enaltecendo Tau, o espírito maligno. Abaixo da prateleira havia uma bebida escura como o café. Ao ingeri-la, ficou mais excitado, levando às alturas sua alucinação. Em seguida, empunhou uma taquara. Sustentando o instrumento com o braço esquerdo, como se portasse um estandarte, deslocava-se em movimentos coreográficos durante todos os módulos cantados. Sua eloquência transbordava no rasqueado obstinado da voz e da expressão corporal, com o uso frenético de seu cachimbo em sons chiantes e sibilantes, ato que perdurou por mais de 40 minutos, até sua exaustão.

Após a dança frenética, Kunham parou no centro da opy e abriu os braços em profunda concentração. A fumaça era sufocante por conta de suas vigorosas baforadas. Ao olhar da clarividência, surgia o efeito do macrabismo: uma criatura monstruosa, com aparência de um imenso carneiro de olhos vermelhos e um conjunto de presas afiadas, exalando pelas narinas uma fumaça escura e batendo as patas prontas para o ataque.

Kunhan reverenciou a criatura dantesca, dizendo:

— Aho Aho, o nome do filho de Tau! Ropodju Kunhan agradece a presença.

Em seguida, outra criatura se apresentou diante do pajé. A aparição tinha a forma de um portentoso veado de cor avermelhada, com chifres cobertos de pelos, olhos de fogo e uma cruz na testa.

Kunhan, rapidamente, foi até a prateleira; abaixo dela havia uma sacola, de onde retirou algo que usaria como oferta. Com muitas folhas de tabaco nas mãos, o pajé disse:

— Anhangá! Kunhan agradece muito a vossa presença. É uma honra... Espírito que vive nas matas, temido por todos os povos, receba esta humilde oferta! Kunhan sabe que por ver Anhangá poderá ferver em febre, ou até enlouquecer... No entanto, vale o risco.

Kunhan acendeu o tabaco ofertado; a criatura vibrou um assobio estridente e sugou todo o tabaco oferecido pelo pajé.

Defronte às criaturas, o pajé prosseguiu em suas intenções:

— Kunhan tem fortes motivos para evocar vossas forças... Kunhan vai levar este povo para Yvy Marã e'ÿ e não vai medir esforços... Os antigos ensinaram desta forma. Pindorama vai sucumbir diante dos estrangeiros vindos além-mar. Pajé não vai permitir nenhuma interferência! Por isto, pede socorro aos mensageiros do mundo espiritual. Kunhan pede a morte de Yakan! Mulher atrevida que não respeita a tradição. Regente das florestas, Anhangá! Peço que esta mulher se perca na loucura, adoeça profundamente, até chegar ao bafo de Aho Aho, o filho do mal, e morrer. Aqui está um pertence desta insolente.

Pernicioso, Ropodju Kunhan oferecia um fio de cabelo da desafeta às criaturas. Ele o havia colhido na rede em que ela dormia. Anhangá permaneceu estático. Entretanto, Aho Aho vorazmente cheirou o fio de cabelo e retirou dele uma energia amarelada. O monstruoso carneiro rodopiou toda a opy e desapareceu em seguida. Posteriormente, o imenso veado arregalou os olhos para o pajé e disse a ele pelas vias mentais:

— Humano! Vós me trouxestes da minha morada para cá e isto soubestes fazer mui bem. Pouco me interessa vossos motivos, anseios ou intenções... O que sabeis muito bem é como invocar as forças, senão jamais estaria aqui... Nas florestas sou o que quero, portanto, tendes certeza do que pedis?

Vaidoso com as palavras do encantado, afirmou o ensandecido pajé:

— Sim! Kunhan não tem nenhuma dúvida.

Anhangá aspirou o fio de cabelo e assobiou novamente. Era presságio de desgraça iminente. Em seguida, o encantado elevou suas patas dianteiras para o alto, preparando sua retirada com propriedade, para, repentinamente, desaparecer. Após sua saída, Kunhan, suando muito, caiu desmaiado no centro da opy.

Capítulo 16

A caverna dos Kurupis

Era a primeira lua cheia daquele ano, quando Yakan chegou ao mais antigo recanto dos xamãs de Tupiretana: a caverna dos Kurupis. Em sua fuga, a velha nativa havia passado pelas trilhas demarcadas por Parassuá, situação que lhe proporcionara certa proteção aos embates de espíritos trevosos. Essa caverna estava incrustada em um conglomerado de rochas milenares, emoldurada por uma vegetação densa, somente conhecida por iniciados da pajelança. Para chegar ao cume da serra, fora necessário ser arrojada, devido às cavidades naturais que existiam entre os precipícios que conduziam às quedas d'água, onde os antigos daquela etnia se encontravam para contato com o sobrenatural. A nativa não hesitou e, apesar da idade avançada, segura, atravessou todo esse caminho de difícil acesso. Disposta em terreno extremamente rochoso e coberto de liquens, consequência da umidade excessiva do local, a ranhura da entrada da caverna lembrava uma estria, com o odor característico para tais organismos do reino vegetal.

Yakan logo se aconchegou dentro da caverna, um espaço circular, que ela já conhecia de visitas anteriores; parecia muito com a opy na arrumação e vários instrumentos xamânicos estavam à sua disposição. Havia uma confortável rede, uma esteira de palha e dispositivos na parede para acender tochas. Devidamente alojada, a nativa saiu da caverna. Defronte à ranhura da entrada, ao bater duas pequenas pedras uma na outra, produziu uma faísca, com a qual acendeu uma fogueira; com a cera extraída de uma planta retirada de sua sacola, fez um brandão.

Kurupi é um deus mitológico guarani, filho de Tau e Kerana. Curupira e taiutu-perê são outras denominações desse homúnculo que habita as florestas e que, em noites de lua cheia, atormenta a vida de índios e animais. Alimenta-se de crianças e filhotes recém-nascidos, sendo reconhecido por seus gritos e malévolas gargalhadas. Costuma estuprar índios perdidos na floresta, assim como índias virgens, sendo que, se isso ocorrer em noites de lua nova, segundo a crença, será concebido um ser híbrido, pequenino e levado. Todavia, em algumas tribos mbyá que habitaram as serras do sudeste brasileiro, voltadas ao mito Yvy Marã e'ỹ, os Kurupis não tinham essa conotação macabra da mitologia guarani; elas acreditavam que os Kurupis eram bonitos e alegres duendes que habitavam as cavernas e os precipícios e tributavam a Piragui, a belíssima ninfa de águas doces. Yakan, em seu refúgio, buscava alento diante dessas simpáticas criaturas das cavernas.

Considerando-se uma exilada da Aldeia da Boca da Mata, Yakan afastou-se da robusta fogueira, cuja incandescência se expandia na forma de um espírito ígneo, e, centrada em seu propósito, ela desceu pelos rochedos até um banco de areia. Ali estava localizado um remanso que formava o rio. Nesse ponto de descanso das correntezas, de braços abertos, a nativa proferiu algumas palavras sagradas, sinalizando a proteção do mundo espiritual. E, no espaço consagrado dos ancestrais, não demoraram a surgir as pequenas criaturas que habitavam aquele núcleo, os simpáticos Kurupis, que traziam o ar de sua graça ao ritual.

As chamas eram aclamadas pelos ilustres habitantes; o lume lançava clarões vermelhos e amarelos sobre a superfície prateada pela lua. Ao redor da fogueira, os pequeninos recém-chegados se preparavam para dançar, tornando-se mais evidentes na apresentação. Eles não ultrapassavam 12 polegadas; cabelos vermelhos em realce, pele clara como a neve, rosto ovalado, olhos grandes e azulados, sustentados por uma saliência arqueada, guarnecida de pelos também vermelhos dispostos acima das órbitas oculares; orelhas pontudas, narizes proporcionais ao rostinho gracioso e uma boca grande e sorridente. Tais criaturas idolatravam Piragui, a ninfa que os seduzia com a força de seu canto fundo e suave. Os homenzinhos expressavam-lhe sua religiosa afetação, deixando transparecer o coletivo desejo por experimentar, ao menos uma vez, o aroma das douradas escamas de seus quadris ou a umidade morna da pele escura de seus ombros.

A deusa dos Kurupis contemplava seus admiradores. Exposta em uma cascata, ela exibia seu rosto delicado de feições perfeitas. Com um sorriso de colar de marfim, ela exalava seu perfume característico e penteava os longos cabelos negros. Yakan regozijava-se com a cena, ao visualizar os Kurupis ao redor da ninfa, naquela oportunidade única, incomensurável, magnífica.

Com a influência dos duendes, o cenário se tornou auspicioso à presença de espíritos da ancestralidade. Dentro das correntezas, em meio a uma camada embranquecida de energias do ectoplasma, duas presenças espirituais surgiram de forma singela: um homem, com semblante de muita idade, longos cabelos embranquecidos em tranças, característico daquela etnia, trajando um manto de pele de animal que ia até seus pés, empunhava um cajado de cabaça com uma fita vermelha nas pontas; e um rapaz, bem jovem, forte, típico dos mbyás na apresentação, trajando apenas uma tanga que cobria suas partes íntimas. Esse jovem segurava um tambor característico para rituais xamânicos; com o instrumento, iniciou um toque lento que lembrava batidas do coração. Ao som daqueles toques sutis, a nativa iniciou uma sintonia com sua essência primeva. O tambor é considerado universalmente um instrumento indispensável ao xamanismo. É o veículo pelo qual os xamãs fazem suas viagens a outros mundos e com seus toques dão acesso à força vital pelo seu ritmo. É como um cavalo, uma canoa, que leva ao mundo espiritual. O ritmo fez com que a nativa mergulhasse em um transe aprazível. Com as pupilas dilatadas, ela abriu os olhos lentamente, no entanto, não enxergava mais o plano físico. Ao mesmo tempo, a fazerem gracinhas, os Kurupis iam de um lado para o outro como crianças em uma ciranda. Com bastante propriedade, o ancião se aproximou de sua assistida e a abençoou com um gesto de cruzamento na testa por três vezes. Em seguida, para abrilhantar ainda mais o momento, surgiu um azulado beija-flor, o mensageiro da cura e também sinalizador do amor romântico. Os cruzamentos fizeram-na se perceber em outros tempos, mais especificamente nos de sua juventude, onde se lembrou de Parassuá, seu amor proibido.

Aetchá, como era conhecido aquele ancião, junto do belíssimo beija-flor que voava encantadoramente, pronunciou-se com voz enrouquecida:

— Yakan, filha das cachoeiras! Aetchá afirma que está liberta... Liberta para amar... Sempre esteve liberta... E terás a benção dos Pais da Terra.

Yakan conhecia aquela imagem ancestral, através das histórias contadas por antigos pajés.

Interessada pelo esclarecimento, a nativa disse:

— Yakan sempre entendeu desta forma, grande Aetchá! Ropodju Kunhan é que não! Yakan nunca acreditou nas desmedidas histórias de Kunhan. Tamoi de Yakan foi outro, um sábio que ensinou tudo diferente, por isto nunca reverenciei este louco. Quando jovem, suportei as ocorrências de Kunhan, por conta da tradição da aldeia. Agora, basta! Prefiro o exílio e não mais viver sob ideias que não compartilho. A aldeia está contaminada por um louco e Yakan teme a perda de vidas... Sobretudo para Yakan, o que realmente importa agora é a amada Paju... Yakan deseja demais a felicidade dela, o restante parece já não tem mais conserto. Yakan veio aqui também para rezar por Paju.

O ancestral dos mbyás se aproximou mais de sua assistida e enalteceu seu raciocínio:

— Aetchá sabe de tua preocupação pela jovem e pretende ajudar. No entanto, precisa alertar Yakan! O mau tamoi invocou espíritos imundos para a sua opy. Espíritos antigos da personificação do mal. Mau tamoi trouxe Ahó Ahó. O maligno tem um fio de cabelo teu; pretende, com sua essência malévola, amaldiçoar-te no espírito.

A velha arregalou os olhos e disse:

— Yakan tinha certeza que Kunhan faria isto... Aetchá! Yakan tinha este receio... Kunhan é mal!

Com uma expressão de serenidade peculiar, o ancião retirou a fita vermelha que estava presa em seu maracá e passou-a no corpo da assistida. Era uma forma de envolver o objeto na aura de Yakan. Após o ato, prosseguiu, determinando intenções:

— Agora, Aetchá limpou teu espírito com fio de estrela! Aetchá, como filho do uiraçu, prende na testa de Yakan o símbolo dos montes. Este fio sagrado ficará onde Aetchá o amarrou, para proteger Yakan do mal. É para sempre! É o fio de estrela, Yakan! Nunca te esqueças disto... O mau tamoi não terá forças contra o poder do signo ascendente. Fio de estrela corta o mal dos maus.

Aetchá desenhou uma estrela com uma pedra de cal na testa de Yakan; a diáfana representação fixou-se na fronte dela como um registro em terceira dimensão.

Aetchá prosseguiu em suas explanações:

— Mau tamoi muito se engana... Mau tamoi pensa estar agraciado ao ouvir o assovio do veado. Mau tamoi não entende que Anhangá é traiçoeiro... Não se invoca Anhangá desta maneira...

Ao ouvir a última revelação, a nativa perguntou abismada:

— Kunhan invocou o Anhangá?

— Sim. O mau tamoi trouxe a "coisa ruim" para o meio em que transita. Anhangá veio como o veado em sua forma de olhos vermelhos. Portanto, não saias desta caverna por nada! Aetchá vai tomar as devidas providências. O sopro da terra vem junto com o ar. Espíritos das folhas comandam as matas e Yucuruá vai trazer o bom tamoi para cá, no aconchego dos antepassados, através deste toque de tambor.

Com os olhos marejados de lágrimas, Yakan não se conteve e, com as mãos juntas em sinal de profunda satisfação, disse ao xamã do Astral:

— Yakan agradece por tudo, grande Aetchá! Yakan sempre amou Parassuá... Estúpida tradição atrapalhou amor de Yakan... Terminar as luas junto deste amor seria a maior das bênçãos para esta velha, que não almeja nada mais desta terra...

Com um brilho azulado emanando de suas mãos, o ilustre ancestral dos nativos de Tupiretana, ainda mais diligente, prosseguiu:

— Filha da cachoeira! Agora, faze o seguinte... Com calma,

sobe até a fogueira inviolável e aguarda o espírito do fogo que emergirá dela. Ali se consolidará a roda sagrada. A roda que representa a mente universal, onde todas as coisas estão interligadas e mantidas em sincronia harmoniosa. Ao redor da roda, Yakan vai resgatar a memória com todos os aspectos do Universo, com seus ancestrais, com o Grande Espírito... Taruman, este jovem companheiro de Aetchá, vai continuar com o toque do tambor até a roda atravessar o infinito de teus sentidos. Os Kurupis ajeitaram tudo. Estarão dispostas 36 pedras, a representar as 12 luas, os quatro Guardiões do Espírito, os quatro raios de três pedras, cada uma a coordenar os Caminhos Espirituais, um círculo interno de sete pedras será aberto à Mãe Terra, ao Pai Sol, à Avó Lua... Os quatro clãs elementares e uma pedra no centro representarão o Criador... Assim, Yakan terá a consagração máxima dos Pais da Terra e nada mais de mal te afetará...

Obedecendo ao mestre, Yakan retornou para a parte superior do lugar sagrado e posicionou-se defronte à fogueira. Tranquila, ela cruzou as pernas e retirou da bolsa uma pequena teia circular com fios trançados. Segurando-a suspensa em seu peito, proferiu uma fervorosa oração:

— Oh! Grande Espírito dos Céus, em dias de infinito azul e misturado às infindáveis estrelas da noite, lembrai o quanto sois imenso, bonito e majestoso, além de todo o vosso conhecimento ou saber, certo que também não estais tão longe, quanto o mais alto das cabeças ou o mais baixo do olhar. Oh! Grande Espírito da Mãe Terra sob os pés pequenos da vida; mestra dos metais; germinadora das sementes e celeiro de ocultos recursos da Terra, ajudai os fracos a dar graças incessantemente por vossa generosidade. Oh! Grande Espírito das Almas da Terra, que arde há tempos nos corações dos pequenos e em profundas aspirações, falai agora e sempre de tudo que precisamos saber sobre a grandeza e bondade de vossos presentes para a vida, para nós outros sermos orgulhosos do inestimável privilégio de viver!

A intensidade da vibração emitida pela fita fixada na fronte de Yakan interligou-a a várias representações simbólicas de animais, que se apresentavam em energias ectoplasmáticas suspensas no éter, em visão sensacional. O tambor de Taruman permanecia firme em seu toque sutil, sustentando o evento com formosura.

Envolto em incontáveis filetes azulados, antes de se despedir de sua assistida Aetchá finalizou seus ensinamentos com muita benevolência:

— Yakan! A arte de entender os sinais através do movimento dos pássaros, dos ventos, dos rios e do fogo é para os nativos desta terra a maneira pela qual a Mãe Terra conversa com o mundo. O beija-flor visita moradas de espíritos relâmpagos e te mostrará vários mundos. Este animal, quando é visto, inspira boas ideias e diz que é hora de semeá-las. Namandu, o Pai Primeiro, teve no beija-flor sua primeira forma, assim ele quis revelar-te o caminho. Quando o beija-flor surge à vista de alguém, este está sendo solicitado a agir com o poder do coração, morada do espírito em cada ser; se aparecer em sonho, o próprio espírito estará falando: "Eu sou sua força". Quando a Terra e as leis da natureza foram criadas, os ancestrais da sabedoria fizeram uma roda e as narraram diante de uma fogueira; a incandescência tomou forma, de modo que todo o fogo gravasse na memória todas as leis e o calor da sabedoria dos Pais da Terra. O fogo crepitou na escuridão, a iluminar furtivamente os vultos deitados e a anular os medos... E pelos espíritos maiores, Jakaira Ru Eté e sua esposa Ysapy, portadores da neblina vivificante, do orvalho e da primavera, fonte de vida para todos os seres, cujo reino se estende ao leste do mundo, abençoam Yakan! Kuarahy Ru Eté e sua esposa Jachuká, portadores da luz, desenvolvem o brilho maior; seu reino abrange o norte, de onde projetam as ondas quentes de seu hálito que abençoam Yakan! Karai Ru Eté e sua esposa Kerechu, cujo reino se alastra para o oeste, são portadores do fogo e das chamas; eles contêm as labaredas em suas manifestações visíveis e vivificam todos os seres em seu caminhar e abençoam Yakan! Tupã Ru Eté e sua esposa Pará, cujo reino se espalha pelos espaços do sul, são portadores da água, dos trovões, dos relâmpagos e das tempestades; eles irrompem implacáveis, em estrondos e raios, e abençoam Yakan! O zênite, o meio do céu, é a morada de Ñamandu e sua esposa Ñandecy, que, com todo o afeto, cobrem Yakan de bênçãos! Assim, com os pais-da-terra a brilharem em teu espírito, bendita sejas, filha das cachoeiras.

Ao redor das projeções de animais etéreos, uma silhueta incandescente surgira da fogueira e sugava os vários fios enegrecidos da mente de Yakan, higienizando todo seu duplo etéreo, enquanto o beija-flor planava sereno defronte a ela.

Ainda houve tempo para mais esclarecimentos do ancestral xamã:

— O beija-flor te ensina a suavidade do viver. Viver contemplando tudo que existe e, principalmente, em remeter ao teu estado de graça. Considera-o teu animal de poder e abraça teus maiores tesouros...

Após as últimas elucidações de Aetchá, as batidas do tambor foram lentamente diminuindo, até não serem mais ouvidas por Yakan. Não se viam mais os inusitados mensageiros do Astral. As formas etéreas foram se dissipando até sumirem por completo; os duendes respiravam as últimas brasas da fogueira, quando Piragui, acompanhada pelo mais esguio dos pequeninos, se afastou lentamente da pedra que a sustentava, mergulhou fundo no rio e seguiu para sua enigmática morada.

De olhos fechados, Yakan permanecia com a visão do beija-flor em sua mente em êxtase. O pequeno pássaro tomou o controle da situação. Ao lado da fogueira e do aporte da lua cheia, a nativa se deitou ainda mais segura na esteira, protegida também por enorme teia vibratória, que impedia a entrada de qualquer intruso naquele núcleo. Em sua profunda viagem, o "voo da alma", abandonou o corpo, viajando pelo espaço em imensas distâncias, na busca da obtenção do poder, do conhecimento, investigando outros mundos onde encontraria forças amistosas e adversárias. Em uma dessas estâncias abstratas, a nativa aportou em imenso e tranquilo lago, junto do beija-flor, que permanecia a velar aquela viagem introspectiva. Nessa estadia fugaz, ela notava outros personagens benfazejos nos arredores: os Iñakanguaja, duendes que habitam lagos. Os guaranis dizem que esses seres aparecem de visita quando percebem as luzes efêmeras no céu. Não são temidos, ao contrário; conviver com eles levaria a Yvy Marã e'ÿ. Os visitantes eram muito parecidos com os Kurupis, diferenciados apenas pela cor morena da pele e o cabelo esverdeado. As criaturas lançaram de suas mãos um brilho dourado que a envolveu por completo. Em seguida, o animal de poder continuou em seu desígnio, a conduzi-la pelos mundos paralelos. Sem precisar como aconteciam as mudanças de estâncias, Yakan caminhava pelas estradas surreais e atingia níveis de êxtase jamais imaginados por ela, em um compêndio onde habitavam seres dos quatro elementos do planeta. No entanto, tudo desaparecia muito rápido; em algumas situações, ela não conseguia definir com quem havia contatado. Em um momento adverso da viagem, estranhamente o ar ficou mais carregado, quase que sufocante, o céu escurecido, iluminado apenas por uma lua levemente avermelhada. Naquele instante, Yakan estava só e sentiu calafrio; ela estava em uma floresta fria, morada de seus conflitos existenciais. Ao abrir os olhos, sob o reflexo da rubra lua, eis que surge, vindo em sua direção, uma espécie de "monstro" que se assemelhava a um grande macaco, com longa pelagem castanho-escura. A pele do bicho parecia-se com a de um jacaré; ele tinha garras e uma armadura feita de casco de tartaruga; seus pés tinham formato de pilão e a boca, enorme, em vez de terminar no queixo, se estendia até a barriga. Era um imenso quadrúpede e quando estava em pé, alcançava facilmente dois metros de altura. A besta era malcheirosa e berrava ameaçadoramente. Com a aproximação devastadora da fera, a viajante foi levada ao desespero; queria gritar, mas a voz não lhe saía.

Naquele estado de consciência, que julgava uma situação sem saída, depois de muito esforço Yakan conseguiu se manifestar:

— Como Yakan veio parar aqui? É Mapinguari! A assombração que veio matar Yakan! Socorro! Socorro! Socorro! Dentro desta floresta mora o gigante peludo, a fera que grita como uma pessoa. Mapinguari vai devorar a cabeça de Yakan, é assim que a fera faz...

Não conseguindo distinguir realidade de fantasia, seu subconsciente respondia aos seus apelos, através de sua fala:

— Yakan não pode responder aos gritos. Se alguém responder, Mapinguari logo vai ao encontro do desavisado. Com suas unhas grossas, a fera arranca pedaços de qualquer infeliz... Na bocarra escancarada e rasgada engole tudo...

A projeção do subconsciente de Yakan poderia se tratar de um mamífero pré-histórico, o megatério, de mais de 12 mil anos, remanescente dos antigos bichos-preguiça gigantes. A besta talvez fosse o último representante da fauna gigante das terras brasileiras, muito enaltecido nos contos dos antigos pajés, do qual o imaginário daquela época se utilizou bastante, a causar pavor em muitas das culturas ameríndias, sendo boa inspiração para um "mundo perdido".

Yakan corria enlouquecida pelas trilhas cinzentas, empurrando retorcidas vegetações, quando a voz de Aetchá veio em sua mente:

— Filha da cachoeira! O que acontece com alguém ao fugir com medo?... Em nada te superas, a não ser que nunca desejes aprender... Nunca se tornará algo de conhecimento. Talvez se torne tirana, ou uma pobre apavorada e inofensiva; de qualquer forma, será um alguém vencido. Teu primeiro inimigo terá posto fim aos teus desejos... O que podes fazer para vencer teus medos? A resposta é muito simples... Não fujas! Desafia o medo e, a despeito dele, dá o passo seguinte na aprendizagem, e o seguinte, e o seguinte... Deves ter medo plenamente e, no entanto, não deves parar. É esta a regra! Chegará o momento em que teu primeiro inimigo recuará. Assim, começarás a te sentir segura de ti. Teu propósito tornar-se-á mais forte. Aprender não será mais uma tarefa aterradora. Quando chegar este momento feliz, poderás dizer sem hesitar que derrotaste teu primeiro inimigo natural.

Yakan parou defronte a um lago lamacento, depois de tanto correr sem rumo. Ouvira aquelas elucidações, no entanto, não conseguia confrontar seu pânico e continuava a gritar enlouquecida. Acuada, ao olhar para trás percebia a besta cada vez mais próxima dela, vendo-se toda cortada pelos arbustos ressequidos do caminho de fuga. Em meio ao seu desespero, a voz continuava:

— Filha da cachoeira! Traz teu guerreiro à tona... Libera teus três poderes... O poder que rege destinos é sempre misterioso. Nós outros fazemos parte deste poder e deste mistério... O mistério é a nossa natureza e desvelá-lo é o nosso destino... Assim, o objetivo do guerreiro é desenvolver a percepção e todo o potencial oculto; romper com os limites estreitos da consciência comum; buscar a totalidade de ser e de perceber. Existe uma grande diferença entre conhecer o caminho e percorrer o caminho. Liberdade é a liberdade de perceber o mundo além dos limites que nos impuseram.

Yakan estava virada para o lago enlameado, quando suspirou fundo e desistiu de seguir na fuga. Com os pés a afundar na beirada úmida, seus olhos expressavam o pavor que sentia da fera que urrava e vinha babando em sua direção, a destruir tudo pelo caminho. Carregava esse medo desde a mais tenra idade e em toda situação difícil retratava o Mapinguari. Sem a presença do beija-flor estava perdida e precisava enfrentar aquele desafio. Então, ela tocou no peito com a destra e se lembrou de uma aula ministrada por seu primeiro xamã. As recordações fizeram-na insuflar de ânimo e assim dizer:

— Yakan tem capacidade de confrontar o mal... O mal que assombra Yakan... Como a força daquilo que Yakan tem. O guerreiro tem a capacidade de contentamento e respeito a todos os seres vivos, pessoas ou não, portanto, não faz sentido ter medo de Mapinguari. Yakan não vai ter medo... Medo é o tudo que está mal resolvido. E existe um guerreiro dentro de Yakan! Um guerreiro que não julga e trabalha com a capacidade de dizer e usar corretamente os poderes... O guerreiro dentro de Yakan reserva um tempo para estar só e em contato com a natureza, assim a respeita, e Mapinguari pertence à natureza e não pode ser temido. O guerreiro dentro de Yakan afirma que quando houver muito a fazer, Yakan não haverá de ter medo; quando nada houver a fazer, Yakan não se precipitará sobre opiniões do certo e do errado. O guerreiro dentro de Yakan tem no primeiro poder a presença, a presença da mente física e a presença da alma. O guerreiro dentro de Yakan tem no segundo poder a comunicação, o poder de falar sempre a verdade, não falar palavras que envolvam intolerância e fofocas. O guerreiro dentro de Yakan tem no terceiro poder o posicionamento, saber onde colocar a energia, pois quando um guerreiro sente que já está a perder energia, com um chocalho ou maracá faz uma dança, passando-o em volta de todo o corpo, porque quem perde o poder esta perdendo a identidade e o chocalho a trará de volta. Assim verdadeiro tamoi ensinou Yakan.

Ouvia-se, distante, o balançar de um chocalho, com seu

toque ritmado, e foi sendo modificada toda aquela situação de pânico incutida em Yakan. A cadência ocorria de uma duração sonora em uma série de intervalos regulares, trazendo aos poucos uma mudança total no padrão vibratório do ambiente. Idêntico à água percorrendo um vidro, percebia-se notoriamente todo aquele cenário mental sendo modificado; o negrume, a massa cinzenta suspensa no ar, a densidade das energias do pensamento, os charcos, foram lentamente sendo higienizados e passando para um cenário aprazível, tranquilo, límpido. A fera ameaçadora urrava, mas perdia força e não conseguia se aproximar de sua presa. Yakan vencia seus medos e respirava satisfeita defronte ao seu animal de poder.

Aetchá surgiu sereno diante de Yakan. Solícito, ele disse:

— Filha da cachoeira! A superação dos medos consiste em tornar pensável, inteligível, uma combinação dada inicialmente em termos afetivos, aceitáveis pelo espírito, como inconstância que o corpo se recusa a tolerar. O que importa, agora, não é esta experiência fantástica fazer parte de uma realidade objetiva, mas sim a variação de sentido, com o fato de tu creres no mito dentro de tua consciência. Quando o viajante compreende seus medos, resigna-se, e, mais do que isto, processa-se a libertação. A manutenção do teu poder é fundamental para o bem-estar. Aetchá movimentou o estado comum de tua consciência e o estado de alteração de teus instintos primários. Esses estados de consciência corresponderam à realidade comum e à realidade invulgar. Um estado xamânico de consciência, que é impossível em estado de consciência comum. Para tal, vieste a este mundo surreal. Do ponto de vista ancestral, o poder pessoal é básico para a saúde mental, em todas as condições da vida. Esse voo foi fundamental para o desprendimento de valores que não pertencem ao mundo da verdade. A viagem possibilitou o que te faltava, como a "magia dos elementos". Tendo em vista a terra vinculada ao corpo físico e às tuas sensações; a água vinculada à alma, às emoções e aos teus sentimentos; o ar vinculado à tua mente e aos teus pensamentos e ideias; o fogo vinculado ao teu espírito, associado à consciência, à claridade, ao entusiasmo. Sendo essa interação harmônica, através desses elementos, a conquista do equilíbrio de tua jornada, onde se consolidou o girar da roda da vida...

Tranquila e sentindo bastante paz em seu espírito, Yakan aconchegou-se ao pé de robusta palmeira, enquanto Aetchá prosseguia com seus ensinamentos:

— Filha da cachoeira! Aetchá, antes de partir em definitivo, vai te dizer mais um pouco sobre a conquista da alma. O na'ual é totalidade que existe e não se percebe. O to'ual é a totalidade, o que se pode perceber com os sentidos comuns. O to'ual e o na'ual só podem existir por causa do objetivo. Yakan não tinha objetivos verdadeiros na Aldeia da Boca da Mata. Por isso, coração de Yakan vivia esmorecido... Deixaste até de amar por conta disto... A existência cogita um propósito! E propósito é a ligação que torna viva a movimentação de força entre o to'ual e o na'ual. Propósito é a vida. É a imutável movimentação. Propósito é força de criação. Nhanderu é espírito e tudo o que existe no mundo é força. O to'ual é o Coaraci junto com todos os mundos... O na'ual é a força que vem desses mundos... Tupíretana também tem o to'ual e o na'ual. Tupiretana é um organismo, composto por todos os habitantes juntos. Os nativos também têm to'ual e na'ual experimentados nos sentimentos. O na'ual é a força que se pode reconhecer com a razão. É Nhanderu dentro de nós outros. Quando é definido que um nativo é na'ual, é que este cria uma conexão direta entre o to'ual e o na'ual; o na'ual consegue desassociar os sentimentos das ações adversas. Assim, o na'ual de Yakan cresceu e paralisou teu medo. Qualquer um pode se tornar um na'ual, basta potencializar essa força. A força da crença em vencer.

Histórias nas aldeias têm sido mui desandadas, esquecendo a ancestralidade e enaltecendo a criação do medo. O medo é a identificação da realidade que se percebe ao redor da criação de mitos. O medo é o nascedouro das moléstias, das guerras, da renúncia à alegria... E o mau tamoi tem sido o maior especialista nisso... Mau tamoi vai responder por tais intransigências, este nunca será o atributo de um tamoi. As emoções devem ser boas, pois aproximam a atenção de semelhantes, desta forma deve-se ter cuidado com determinadas emoções que nós outros propagamos. Nhanderu nos trouxe para este mundo. Somos de Nhanderu. Tendo em vista essa afirmativa como verdade, o medo não existe, nem a ira, nem a culpa, nem a inveja, nem o sofrimento. Dúvidas não pertencem a Nhanderu... Tua determinação pode retirar-te da dor do passado, conduzindo-te na direção da liberdade pessoal. Yakan se libertou de possessões! Yakan declarou o direito à liberdade. Esse desprendimento definitivo consiste em acordar do sonho e, com isso, livrar-se de Añaretã [*inferno*]. Añaretã é uma compreensão encontrada em muitas crenças, algo que teu entendimento não absorveria nesse momento com detalhes. Anãretã sempre foi descrito pelos tamois como um sítio de sofrimento, medo, violência, onde tudo é punição; no entanto, Añaretã é um estado mental dos encarnados, não está no corpo ou na alma, está na mente. A mente é feita de energia etérea; cria imaginação, sonhos, que podem levar ao sofrimento e à dor emocional, se mal elaborados.

A maioria dos relacionamentos é estragada pela necessidade de controlar um ao outro, principalmente quando enceguecidos pelo fanatismo, seja de qualquer natureza. Yakan também tem esse direito, nenhuma ideia absurda pode ceifar! Quando se escolhe alguém para amar, é preciso que o parceiro o aceite como é, porque vai permanecer como é, e crenças criadas de forma desordenada atrapalham almas que precisam estar juntas. Se desejares modificar alguém, sem se modificar, é melhor procurar outra maneira de relacionamento com a existência; caso contrário, estarás a criar o próprio pesadelo.

Añaretã é uma enfermidade da mente dos carnados, criado para enaltecer o medo e atrasar tudo. O Añaretã só existe na mente terrena. É um devaneio baseado no medo. Nem corpo de Yakan nem alma de Yakan tem Añaretã. Se Yakan tem olhos de raiva ou tristeza, irá distorcer sua visão de entendimento. Olhos de amor tornam tudo mais belo. A visão é dominada mui vezes nos julgamentos, quase sempre imprecisos. Interpretações errôneas constroem o Añaretã das pessoas. Añaretã passa a ser o mundo de quem o edifica e viver nesse estado é como ser um morto-vivo. Contraditoriamente, é preciso morrer, numa morte simbólica, para a vida anterior ser dizimada. Morrer em vida é a pior das realidades, e muitos morrem sem perceber. Yakan viveu morta por mui tempo... O maestro dos infortúnios é o medo, algo vencido por Yakan infelizmente em idade avançada... Añaretãmeguá [*coisa do inferno*] é o sistema da crença que governa o sonho, numa ilusão perdida... Leva ao comodismo, à falta de questionamentos, ao medo de abrir mão de apegos. Os medos da mente tornam-se maiores quando projetados exteriormente.

As aldeias se transformaram em núcleos do medo, da injustiça e da punição. É lamentável... Não estão a ensinar aos curumins o que os pais-da-terra deixaram de legado. A insanidade tomou conta dessas mentes excitadas, dos pensamentos de caciques, tuxauás, payés, tamois. Não são todos, mas a maioria... Aldeias estão em guerra, aniquilaram-se umas às outras. Desentendimentos crônicos... Alimentam-se uns aos outros com as próprias carnes. Que tradição é esta? Quem professou isto? A loucura criou raízes e os anhangás fizeram estadias firmes... Até mesmo o divertimento tem sido crivado na violência. Não existe abertura para a influência dos pais-da-terra na maioria dos filhos de Nhanderu. E o embate com os de pele pálida vai derramar muito sangue... Hummm... Aetchá sente o peito doer, por saber que a terra-mãe será maculada pela ganância, sentimento outrora desconhecido por cá.

Aetchá viveu há tantas eras neste solo, numa época em que as ilhas estavam ligadas, antes mesmo das inundações, por isso a preocupação deste velho é grande... São tantas luas passadas... Não tens noção das modificações que sofreu a raiz do mundo. A geografia nada mais tem a ver... No entanto, o que mais deixa Aetchá triste é o futuro dos descendentes... Poderá ser grandioso, ou maculado, vai depender da aceitação dos cruzamentos de etnias, um momento para se aprender com as diferenças. Muitos destes são adversos desde os tempos em que estiveram encarnados na constelação da Estrela Azul [*referência aos exilados de Capela*]. E por cá experimentarão uma oportunidade de refazimento, a desenvolver a irmandade, a essência de Nhanderu. Pena que Aetchá vê nuvens cinzentas no céu de Tupiretana... Nuvens que olho comum não pode enxergar... As serras estão carregadas do peso das existências anteriores... Edificadas em mundos distantes... São nuvens que expressam as luas que virão com a chuva de lágrimas... Luas grandes... Aetchá espera que o destino de Tupiretana seja o melhor possível... Ameno em sofrimentos... E vai rogar aos pais-da-terra por isso. Lembra-te, Yakan! Yvy Marã e'ÿ é exatamente o oposto do Añaretã; é um lugar de amor, paz e compreensão, sem punidores ou condenados, e nada tem a ver com essa sandice criada pelos maus tamois...

Aetchá recuou na despedida; satisfeito com o desempenho de sua pupila, o xamã das estrelas suspirou e proferiu outra grande revelação:

— Filha da cachoeira! Como percebes, esta terra é mui antiga... Tão antiga como disseste anteriormente. Num futuro próximo para nós outros, porém um pouco distante para os terrenos, haverá de se preparar o mundo para o resgate de um culto milenar... Um culto dos pajés da grande terra-mãe. Yakan venceu o medo interior e Aetchá desvendará o véu da sabedoria... Na caverna dos Kurupis existe uma entrada principal, que nos remete ao sítio dos ancestrais, os Pais da Terra. Poucos são os escolhidos para conhecer esta morada. Vem com Aetchá!

Aetchá aproximou-se mais de sua pupila e, em seguida, volitaram para dentro da caverna. No espaço consagrado dos ancestrais, através da elevação do maracá do xamã, um halo diáfano, ocasionado pela refração da luz em minúsculos cristais de gelo, se formou; o fenômeno em suspensão na atmosfera às vezes era brumoso; outras, colorido; visão de opulenta expressividade. Como senhor da magia ancestral, Aetchá prosseguiu animado em suas revelações:

— Através deste portal existem galerias, Yakan! Antes, eram acessíveis aos carnados; agora, não mais. Foi necessária a preservação dos núcleos sagrados pelos mestres da magia, por isso estão noutra dimensão. Estas galerias foram construídas pelos grandes sacerdotes e pelos sobreviventes da terra-mãe; posteriormente, foram ampliadas por descendentes e, finalmente, terminadas por estrelados.

Maravilhada com aquela magia, Yakan segurou a mão de seu mestre e adentrou no portal. Ao passar pela energia do halo, sentiu um leve calor, porém bem aprazível. Juntos, seguiram a inusitada travessia. A viajante notava que a disposição visual do ambiente não era como nas conhecidas leis da física, uma faculdade que estava fora do alcance dos órgãos dos sentidos, ou além dos limites da percepção ordinária. Reparava também que, em torno daquelas galerias, era evidente a participação de algo que não pertencia a este mundo, não só no aspecto do lugar, como também as vias de acesso com edificações cristalizadas. Os corredores possuíam pisos de pedras lampejantes. Escadas imensas com largura de seis a sete metros eram iluminadas por tochas de um fogo azulado e terminavam em uma cavidade de proporções gigantescas. Ali existia um núcleo distinto, com um imenso largo arqueado de tijolos em forma de cunha, apoiado sobre colunas ornamentadas de trepadeiras. Ao fundo da belíssima praça, havia uma suntuosa catedral de cristal, com magníficos cumes pontiagudos, janelas nas torres e uma porta cônica ao centro. Yakan teve uma sensação de nostalgia, como se já tivesse estado naquele templo. Algo estranho bordejava no ar, como se ela estivesse a profanar o passado remoto. Uma das fugazes sensações fê-la perceber que partes do piso estavam desgastadas. Algo chamou a atenção da viajante: nas pedras laterais, havia uma infinitude de registros aparentemente indecifráveis. Aetchá sorriu ao perceber o interesse de sua pupila pelas inscrições ancestrais. Com brilho singelo nos olhos, Yakan perguntou ao seu mestre:

— Que pinturas são estas?

— Não são pinturas, Yakan! São grafias antiquíssimas. Povos de Tupiretana perderam o conhecimento das grafias com o passar das luas grandes.

Buscando a fundo na memória, a nativa dizia:

— Yakan parece conhecer estes desenhos...

— E os conhece! Nestas transcrições estão incrustados os espectros dos Pais da Terra. Tu és um espírito mui antigo, Yakan.

Enquanto se deslumbrava com o insólito lugar, Yakan não se dava conta de que alguém muito especial chegava. Esse alguém se pronunciou, porém não era visível:

— Sempre que penetro neste local, no silêncio instrospectivo procuro captar imagens daqueles que por cá passaram.

Yakan, surpreendida por aquela voz familiar, exclamou extasiada:

— Conheço esta voz! Onde estás, Parassuá?

Diante da imensa catedral, o pajé dos serranos surgiu

como por encanto; saudou o mensageiro das estrelas com os três toques alternados no peito e disse:

— Aetchá, Senhor das Energias! Irmão de Ariri. Irmão de Tupi. Irmão de Guarani. Este payé da Terra pede a vossa bênção...

Sorrindo, o xamã ancestral exclamou aos viajantes:

— O voo da alma vai mais além do que se possa imaginar. Juntos já estiveram neste templo... Não nestas carnes, mas em outras passagens. Irmão Ariri é um dos pais desta terra e ama seus descendentes. Ariri soube bem a quem deixar seu legado... O marco desta nova acontece agora. A partir destas luas, o mundo de Tupiretana entrará num caminho sem volta. Por isso, serão necessárias algumas revelações, que não acontecerão somente por essas aldeias. Irmãos de Aetchá laboram firme por toda a parte na terra avermelhada, pois muitos serão abarcados para o grande propósito das estrelas. Com o passar das luas, ninguém saberá desses acontecimentos, ninguém dos futuros encarnados! Tudo ficará muito bem velado, até o momento certo de abertura dos sinais ancestrais. Ariri mostrou o que é divino para Parassuá, sem alucinações desbaratadas... Parassuá já percebeu o verdadeiro valor do que se entende por sagrado. Aetchá está feliz. Ariri pelos serranos e Aetchá pelos mbyás. Tupis e guaranis estão envolvendo seus descendentes também, pois todos têm de estar prontos para a anunciação do culto ancestral.

Após uma pequena pausa de Aetchá, Parassuá e Yakan se abraçaram e trocaram olhares de intensa paixão. Com a destra no ombro de Parassuá e a canhota no de Yakan, o sábio prosseguiu em suas considerações:

— É preciso que compreendam o sentido de estarem aqui, pois Aetchá falará sobre povos esquecidos nestas terras, exploradores, estranhos aos vossos conhecimentos, embora algumas aldeias entendam que eram deuses. Muito bem! Observem os sinais que estão nestas edificações! São grafias que traduzem as diversas inscrições dos povos e civilizações que por cá passaram ao longo das luas grandes... Por exemplo, aquelas mais acima da catedral são as marcas dos vikings. Isto implica que juruas já transitaram por cá há mui tempo, pois vikings são brancos! Esses guerreiros, hostis na maioria das vezes, não mediam esforços para alcançar seus objetivos: quando tinham fome, passavam por cima de tudo e de todos. Algumas nações de Tupiretana os definiram como "homens-feras", mas, como Aetchá disse antes, existem aqueles que os endeusam. E não falta tamoi ensandecido para contar histórias de acordo com seu desvario.

— Causaram mal aos nativos? — perguntou Yakan.

Compreensivo, respondeu o mestre:

— O que se pode esperar de quem não tem consciência?... Mas há outras mais interessantes! Venham com Aetchá.

O grupo caminhou alguns passos por aquela imensa praça e parou diante de uma escavação, em cujo interior havia uma pedra negra, que contrastava com as pedras cristalizadas que estavam ao redor. Ali havia escritos misteriosos.

Defronte ao nicho, Aetchá seguiu avante nas explicações:

— Estas são dos hititas, outra raça branca, ascendente dos povos andinos. Traduzindo a escritura, a frase diz: ***Ainda a luta está dentro do grande centurião. O homem que o enverga, virgem, sem o sangue de seus inimigos, não é homem, é cabra no pasto.*** Tal significado é algo difícil de explicar para Parassuá e Yakan agora. Aetchá somente compreendeu a relação disso quando alcançou Yvy Marã e'ÿ...

Sempre interessado, Parassuá voltou a perguntar:

— Não é bom que nativos possam saber quem foram esses viajantes?

— Evidente que sim, Parassuá! No entanto, alguns conceitos de palavras, animais, não são compreensíveis para tupiretanos neste momento. Suas memórias não conseguiriam acessar tais registros, situação que nos faria perder muito tempo, e não é este o propósito do voo. Sobretudo, como os dois serão responsáveis pelos que seguirão a Yvy Marã e'ÿ, é preciso o início da conscientização. Há de se salientar que pela terra avermelhada ainda passaram outros viajantes, como os fenícios e os egípcios. Egípcios! Aetchá teve o prazer de conhecê-los. Seus sacerdotes sabiam como se comunicar com as múltiplas dimensões. Infelizmente, essa cultura será extremamente mal compreendida no futuro... Supostos entendidos tentaram decifrar conceitos, principalmente religiosos, que em nada terão a ver com a verdade... Uma profecia, caso queiram entender desta forma...

Após breve pausa, Aetchá circulou as escrituras com o dedo indicador em profunda análise. Em seguida, enfatizou:

— Vamos adiante ao sentido de estarmos nesta dimensão. Os dois prestem atenção nesta frase fenícia! A traduzir ao vosso idioma, aquela abaixo da entrada das galerias diz: ***Que jorrem as águas do mar em todas as esferas, mas há a necessidade de que jorre o sangue dos bravos para que a terra sinta a força dos seus homens. A terra recebe nas tumbas os corpos dos bravos, mas a força dos seus homens é crescer dentro dela para poder alimentá-la com seu próprio sangue.***

— Pareciam povos determinados — expressou Parassuá com admiração.

— E eram em demasia.

Yakan, ao visualizar outros símbolos cravados nas pedras, perguntou ao mentor:

— Grande Aetchá! Parece que estas pinturas nas pedras são de alguém atroz. Vê esta representação estranha, a que está quase apagada. Apesar de Yakan nada compreender, ela parece hostil. É possível explicar o que significa?

Com prazer pelo interesse deYakan, o mestre xamã elucidou:

— É um dito comum dos guerreiros egípcios. Aetchá irá decifrar. As grandes aventuras para esses viajantes eram as peregrinações por novas conquistas e saquear em terras longínquas era a meta. Perceba o tom significativo das intenções: ***Os desígnios da vida e da morte são um só. Tu, Amenofes, que tens como espelho o sol, talvez dentro dele encontres a paz. Os teus bravos, que lutam em terras longínquas para um pôr de sol na tua fronte, que morra um, que morram os tempos, a vida está dentro da morte, bravos da primeira expedição delta.*** O sentido era a conquista de novos mundos a qualquer custo. E Amenofes era um cacique do povo egípcio. Já que nós outros estamos defronte aos signos egípcios, Aetchá gostaria de levar Yakan e Parassuá até aquele alteamento, onde reina uma cavidade belíssima.

Yakan, então, replica ao mestre:

— Após ver tantas coisas ancestrais, considero estar mesmo num local magestoso. Que experiência linda! A sensação de que é real faz Yakan ainda mais agraciada pela oportunidade de estar aqui. Agradeço por tudo, querido Aetchá!

Os três seguiram até o local reverenciado pelo mestre xamã. Ao chegar ao espaço, Yakan não se furtou a manifestar-se encantada:

— Esta imensa coluna dá a impressão de sustentar uma montanha. É toda de cristal transparente, formada gota a gota de água, num desafio de incontáveis luas. Lindo! Lindo! Lindo!

A descrição de Yakan se referia a formações de cristais de várias cores por toda a extensão do ambiente. E o mais interessante era o curvilíneo, onde tais cristais aparentavam milhões de castiçais, um espetáculo estonteante ao olhar comum. Em uma das laterais, onde havia mais fulgurância, os edificadores estelares fundamentaram, com duas colunas, uma extraordinária divisão, que se assemelhava a um altar portentoso. Ao se aproximar dessa estrutura, o casal de viajantes notou que aquele altar era bem maior do que aparentava.

Aetchá se postou à frente do casal e finalizou sobre a intenção do voo:

— Esta estrutura simboliza os guerreiros que passaram por cá. Enfatiza que em tudo existe evolução, mesmo diante das adversidades, até mesmo na ignorância. Tenham o efeito simbólico do guerreiro dentro dos dois, como manda a pajelança, não do guerreiro da inconstância e da falta de consciência que permeia em Tupiretana.

Parassuá ainda insistiu com mais uma pergunta:

— Este o motivo de tudo?

Aetchá respondeu-lhe:

— Os exploradores do passado tinham uma alma; no entanto, não sabiam como cultivar o espiritual corretamente. Mas, esses bravos sabiam sentir e amar à sua maneira... Em tudo se aprende... Nhanderu quer somente a felicidade de seus filhos, não se esqueçam disso! A tradição deve ser preservada, porém é necessário prudência. A cada um se fala conforme a capacidade de compreensão. Com a alma emancipada, Yakan e Parassuá puderam estar juntos na mesma viagem, mesmo estando no físico em lugares diferentes. Essas situações já foram comuns nesta terra; infelizmente, instintos primitivos desordenaram essa premissa. São altos e baixos que ainda se experimentam neste mundo, até o momento da transição de um estágio para outro melhor que todos os mundos passam. Assim Aetchá termina o trabalho aqui.

Com o maracá elevado, concluiu o mentor:

— Filha da cachoeira! Vais voltar ao corpo sem abruptas sensações. Dormirás tranquila ao lado da fogueira e nem perceberás o fogo apagar. Amanhã, Parassuá estará fisicamente na caverna. O tamoi será trazido pelo lobo-guará. Lembrarão de toda a viagem; no entanto, estão vetados de qualquer prosa sobre o assunto. Vivam o amor que desperdiçaram pelo fanatismo desvirtuado. Pelo mau tamoi, Anhangá e Ahó Ahó tentarão adentrar na caverna; contudo, já sabem o que devem fazer. Aetchá abençoa o casal.

Com os olhos marejados de lágrimas, o casal emocionado sentia-se pequenino diante da grandiosidade daquele ser superior. Uma onda de amor invadiu os viajantes, admirados por tanta sabedoria. A viagem trouxe ao casal um sentimento de compaixão pelo homem que é sempre o mesmo em todas as épocas, no passado e no presente. E que é preciso tomar cuidado, antes de julgar alguém. Era o passado daquelas etnias, silenciosamente preservado em galerias supradimensionais. Já se sentindo exaustos, perceberam uma luz forte a envolvê-los. Em seguida, perderam a consciência e retornaram tranquilos aos seus corpos físicos.

Capítulo 17

Falange dos Rompe-Mato

De um dos cumes convexos próximos da Aldeia Boca da Mata deslizava um fio de água que se dirigia para o sul; fortalecido pelas minas de água, o fio se tornava um rio abundante que se perdia na visão por entre a densa mata. A bela Paju costumava, desde a mais tenra idade, se banhar nesse regato; entretanto, naquela manhã de sol escaldante, a jovem partiu para esse lugar com outros interesses.

Na aldeia, Ka'aguy articulava junto a seus guerreiros uma busca ferrenha para recapturar José, pois Ropodju Kunhan havia desaparecido misteriosamente. O líder dos flecheiros mbyás acreditava que o estrangeiro havia sequestrado seu pajé. Para sacramentar suas intenções, no centro do terrão avermelhado, paramentado com arco e flechas impregnadas de venenoso sumo de mandioca, corpo pintado com tintura de jenipapo, penas coloridas na cabeça e nas orelhas, contas brancas em colares ao peito, ele estava a ministrar uma reunião junto a seus comandados:

— O jurua fugiu. O maldito estrangeiro pode ter dado alguma erva envenenada para o tamoi.

— Como isto seria possível, Ka'aguy? O jurua era prisioneiro... O maldito não teria condições de fazer mal ao tamoi — replicou um dos integrantes.

Com olhar de fúria, o líder da infantaria mbyá respondeu:

— O estrangeiro não, mas a velha maldita sim! Ka'aguy tem certeza que foi aquela infeliz que conspirou contra o tamoi. Ka'aguy tem certeza que a velha Yakan está por trás desse sumiço. Ka'aguy odeia Yakan! Yakan sempre contrariou o grande Ropodju Kunhan. Arrrrrrr!!! Essa velha e suas intromissões... Yakan vai pagar caro! Ka'aguy vai furar o coração desta desgraçada e trazer para os lobos comerem. Agora, chega de prosas! Vamos procurar o maldito jurua, que não deve estar longe.

O grupo se aprumou rapidamente, completamente instigados pelas conclusões fora de ordem de seu líder. Com a desenvoltura própria dos nativos dessas estâncias, eles avaliaram minuciosamente todos os rastros que partiam da casa de prisioneiros e seguiram confiantes na missão estabelecida.

Paju conhecia muito bem Ka'aguy e tinha certeza de que o flecheiro teria essa atitude logo que tomasse conhecimento da fuga do estrangeiro. Dessa forma, ela procurava alento no rio serrano, outro lugar místico.

Enquanto os flecheiros buscavam a captura de José, naquele reservado regato, em meio às pedras ribeirinhas, Paju ajoelhava-se em firme concentração. A devotada nativa estava a segurar um penduricalho de ossos de animais como amuleto; sua posição genuflexa e os olhos semicerrados eram sinais de que a jovem procurava uma ajuda sobrenatural. No ensejo, não demoraram por surgir invisíveis, ao redor da estonteante estância hidromineral, habitantes da natureza transcendente, uma legião de seres fantásticos que escutaram o clamor da bela nativa. Assim eles surgiam aos milhares, criaturas provindas dos polos elementais em suas mais diversas configurações. Entretanto, Paju não estava a suplicar ajuda por aquelas falanges; sua intenção era o auxílio de alguém com um poder especial. O tal requerido também escutou e se manifestou com sua característica irreverência. Perdia-se a conta da quantidade de palmeiras que embelezavam as serras e, por dentro delas, um garboso ente fantástico das matas surgia caprichosamente. Era um anão de cabelos vermelhos ouriçados, montado em robusto porco-do-mato; a criatura, de pouco mais de um metro de altura e de peito mirrado, tinha testa saliente com sobrancelhas arrepiadas, olhos grandes de pupilas dilatadas, pesado nariz com entranhas consideráveis, boca pequena e queixo pontudo em um rosto com semblante de deboche; usava uma tanga marrom como única vestimenta entre as pernas delgadas e joelhos ressaltados. O que mais impressionava nele eram os pés ao inverso, destacados por dedos atrás e calcanhares à frente. Com um assobio estrepitoso, o espírito recém-chegado das florestas tropicais, sem qualquer contestação, fez com que todas as outras criaturas invisíveis desaparecessem do ambiente, evidenciando o seu poder naquelas moradas.

Parado na beirada do regato, a proferir palavras em um idioma extinto, porém conhecido por algumas tribos guaranis, o ser assombroso perguntou à suplicante:

— Tens mui ousadia, humana! Tu sabes que sou algo do mais temido por cá... A mim curvam-se as árvores, os animais e humanos... Como vês, posso me materializar... Exatamente como estou agora. Portanto, deves ter uma significativa razão para tal chamado.

Temerosa de não obter êxito na invocação, Paju esboçou aquilo que pretendia da criatura fantástica:

— Caapora! Paju vos saúda e tem consciência do vosso poder e grandeza... Este penduricalho que seguro tem a bênção de uma xamã. Foi com os ensinamentos dessa sábia que Paju pôde proferir as palavras certas, senão já teria sido açoitada.

— Percebo que conheces os mandos do mundo excêntrico.

— Sim, caapora. Paju foi criada por essa xamã que ensinou tudo que sei. Paju é órfã de pai e mãe. Morreram cedo. Por isso, Paju deve muito àquela velha querida. Existe, sim, uma razão para invocar a vossa força e é muito significativa! Ao menos para esta nativa, que vos reverencia... Na aldeia em que Paju vive, existem muitos desmandos. Kunhan, o tamoi, quer migrar o povo para outras terras; no entanto, seus métodos são débeis. Paju aprendeu e acredita na ancestralidade, mas há controvérsias. Querida xamã ensinou claramente os reais valores ancestrais. As modas desse tamoi estão a entorpecer o povo mbyá, fatos que causaram muitos dissabores. Além de todos os ensinamentos, amada velha é contadora de histórias e contou uma para Paju. Uma história linda. Uma história de amor. Por isto, Paju cá está, caapora... A pedir alento ao espírito vivo das florestas tropicais! Foi assim que Yakan me ensinou. Paju pede socorro. Socorro ao amor de Paju, o abençoado das senhoras das minas.

As sobrancelhas ressaltadas do ente fantástico se avolumaram com o pedido fervoroso da jovem. Na sequência, ele interrogou:

— Acreditas que um caapora possa te ajudar nisto? Tens mesmo certeza do que significa um caapora?

Balançando a cabeça, a bela nativa respondeu:

— Paju tem sim! E acredito na vossa compreensão, porque querida Yakan só falava com respeito sobre os caaporas e curupiras.

— E por que não pedes às senhoras das fontes? Tu não disseste que o referido possui a bênção delas?

— Paju compreende a estranheza... Contudo, se amor de Paju se deparar novamente com as senhoras das fontes, amor de Paju não voltará mais para a vida comum. É assim que as minas procedem com seus escolhidos. Foi amada velha que aconselhou Paju. Os cânticos das minas não toleram uma divisão de amores. Paju sabe disso, pois é filha de uma Yamaninnaan. Velha sábia, filha das cachoeiras, banhou Paju na fonte deste ente excêntrico e não se confunde essa afirmativa. É o preceito eterno de Paju! Por conta dessa realidade, chamei-vos, caapora, para um auxílio.

Admirado, o ser fabuloso disse:

— Hummm... A humana sabe mesmo dos mandos.

— Como disse, Paju teve a melhor das mentoras.

O caapora desceu do porco-do-mato que o sustentava e aconchegou-se à beira do riacho. Em tom sarcástico, coçando a cabeleira vermelha, ele afirmou:

— A tua tutora conhece com maestria os mandos dos mundos paralelos. Preparou bem sua tutelada, que cá pede por ajuda... A propósito! Teu amor corre algum perigo?

A pergunta fez com que a fisionomia de Paju evidenciasse preocupação. Ela estava apaixonada por José, um amor relâmpago incontrolável, muito além de um conto retórico. De imediato, ela respondeu:

— Muito, muito, muito! Ka'aguy está na caça do amor de

Paju. Ka'aguy quer matar. Ka'aguy deve estar a culpar o jurua amado pelo sumiço do tamoi. Ufff... Aquele tamoi. Paju teme o pior. Por favor, não permitais que nenhum mal chegue ao amor de Paju.

No princípio, o caapora parecia displicente perante a história de Paju, algo como se a estivesse testando. Todavia, percebendo a sinceridade da jovem, houve uma reviravolta; agora, ele se mostrava interessado e, com propriedade, explanou a situação:

— O tamoi ao qual te referes enlouqueceu de vez, não pelas convicções que prega, mas pelas invocações que fez. Ele se meteu com um Anhangá e com um Ahó Ahó. As penalidades serão mui pesadas ao insolente. As intenções do malfadado eram injustificadas e não há dúvida que desconhecia os mandos. Não se tamborila com os espíritos da floresta! Por conta disto, o ordinário vagueia pelas matas sem rumo e ninguém o encontrará. O espírito ruminante levará o infeliz a desvarios exorbitantes de tormento. A Terra sem Males que o vil articulava como conhecedor agora será o campo da mais profunda decepção e desgraça que sua insolência construiu.

Surpreendida, Paju disse:

— Caapora conhece bastante dos pensamentos.

Pertinaz, prosseguiu o ente fantástico:

— Enquanto existir natureza, um caapora viverá com formosura. Entes da floresta conseguem ver a cor que permeia os humanos, a coloração da alma. Tudo que é ordinário, desprezível, repugnante, os espíritos da natureza rejeitam de forma impetuosa. Caapora enxerga teu espectro e ele é agradável à vista. Tem qualidade. Quanto ao caçador que pretende aniquilar a vida de quem tu amas, este pisou na areia que imerge. Quando um curupira passa a assobiar estridentemente, como o mais vivo espírito da floresta, a caça tem dono. Nestes domínios, a caça de grande porte pertence a Anhangá. Caapora protege a caça amiudada. Mboitatá é o senhor das relvas e arbustos. Ibipaá demarca o caminho dos arvoredos densos. O humano falsamente orientado em suas crenças, estupidamente se acredita como alguém capaz de julgar. Não pediu permissão a nenhum ente da floresta, portanto, tu já deves imaginar qual será o destino deste desafeiçoado e seus asseclas. No entanto, esta decisão vai depender de alguém muito especial: a madrinha dos perdidos.

Com os olhos marejados de lágrimas, a bela nativa argumentou:

— Paju está mui preocupada. Ka'aguy é violento. E se encontrar amor de Paju, vai matar.

O anão de cabelos avermelhados subiu no porco-do-mato e sorriu para a suplicante. Antes de se despedir, ele disse:

— Embora aquele que tu amas já tivesse sido um ser desprezível, teve a contingência favorável das minas purificarem seu espírito outrora imundo. Talvez nem todos tenham a mesma sorte, contudo não me cabe avaliar tal conceito. Doravante, volta para o teu sítio, humana! Caapora tem domínio da situação e sentiu o hálito de teu espírito, por sinal muito agradável. Deixa tudo nas mãos da madrinha.

Esperançosa, a jovem nativa agradeceu:

— Obrigada, espírito vivo da floresta! Cada vez mais Paju admira a velha, pois a sabedoria dela é imensa em seus conceitos. Ensinou tudo que Paju sabe. Yakan nunca falou mal de nenhum ente da natureza, enquanto tamoi edificava o temor em nosso povo. Tamoi sempre mencionava vosso nome entre sussurros de medo. Paju entende agora, serão dados os açoites a quem assim merecer. O mandamento do que vai e volta na mesma proporção. E Paju não deseja o mal de ninguém. Através de meus pensamentos, Paju vai apelar também à madrinha dos perdidos.

O caapora mediu bem a nativa e, em seguida, adentrou pelas palmeiras gigantes até desaparecer por completo. Paju apertou o penduricalho e suspirou profundamente. Em seguida, lavou a testa com a água fria daquele regato e retornou ligeira para a aldeia, como o espírito da floresta havia recomendado.

Simultaneamente, Ka'aguy percorria os rastros de José, sedento por alcançá-lo. Pela experiência de seu agrupamento, os nativos tinham certeza de estarem bem próximos do estrangeiro: pelo cheiro, pelo aprofundamento da terra, até pela vibração do lugar. Todavia, eles jamais contariam com uma presença bastante inusitada. Ao cruzar a última trilha que conduzia a uma depressão de rochas, Ka'aguy foi surpreendido por uma insólita visão: o caapora. Atônitos com a presença assombrosa, seus companheiros engoliram em seco. Ka'aguy não resistiu e sua fala desandou, assim como a dos demais. Por algum tempo, não puderam se mexer. Somente quando o caapora se manifestou e os mandou segui-lo até onde estava uma estranha mulher, eles conseguiram sair do estupor. Os mbyás não tinham a mínima noção de quem seria aquela pessoa que acompanhava o ente fantástico. Eles mal conseguiam vê-la com clareza, devido à distância que ela estava dos guerreiros. Conscientes do perigo com que lidavam, caminharam em silêncio, com as pernas bambas, com o caapora logo atrás. Ka'aguy acenava para seus companheiros para que não resistissem às ordens da criatura.

A mulher os esperava em um outeiro, um local ermo, porém não menos misterioso que os outros. Ao vê-los, a misteriosa mulher suspirou, mas o caapora logo a acalmou. Os flecheiros puderam, então, vê-la na íntegra: típica da etnia mbyá, ela aparentava talvez uns 50 anos; era muito magra e com desenhos pelo corpo todo, representações antigas feitas com urucum; cabelos compridos e levemente grisalhos, rosto sulcado com sobrancelhas grossas, olhos amendoados, nariz comprido e boca delicada em um queixo delgado; a desconhecida exibia seios bem pequenos, cobertos apenas por um colar de ossos; na cintura usava um cordão de palha que lhe cobria o sexo; suas pernas estavam pintadas com um tipo de óleo extraído de plantas que se misturavam ao urucum. Em nada ela se mostrava amistosa aos guerreiros trazidos pelo caapora. Com um olhar de poucos amigos, a desconhecida disse aos guerreiros:

— Abaixem já os bodoques!

Sem oposição, os guerreiros lhe obedeceram. Ka'aguy sentia seu pé cada vez mais dolorido; sem compreender o que se passava com ele, lutava para nada demonstrar. O caapora, ciente do que estava acontecendo com o guerreiro, aproximou-se e lhe aplicou uma pasta viscosa, que aliviou um pouco a dor. Surpreso, o líder da infantaria não conseguia entender o porquê daquela ajuda.

Em seguida, a senhora misteriosa colocou, em uma cuia com água, um preparado em pó que detonou uma asfixiante névoa com forte cheiro de folhas, ordenando aos guerreiros:

— Bebam a água de cheiro. Faz dormir. Precisam descansar.

Os guerreiros em nada atinavam daquele ritual, mas obedeciam, porque tinham muito medo do caapora.

A mulher, dirigindo-se a Ka'aguy, afirmou:

— Dor no pé vai passar, guerreiro chefe!

A valentia terminara fácil diante do caapora. Eram muitas as histórias contadas pelos mais velhos daquelas culturas sobre tais criaturas e mesmo os mais fortes não se atreviam a desafiá-las. Assim, os guerreiros tomaram a água. Logo a sonolência veio e se ajeitaram em uma das paredes do outeiro. Pouco depois dormiam profundamente. Muitas horas depois, acordaram com o martelar de uma araponga. Confusos, olharam um para o outro sem nada entenderem. Era como se estivessem sido colocados sob forte hipnose. O pé de Ka'aguy doía menos, mas ele ainda tinha dificuldade para caminhar. Perceberam que estavam sós; nem o caapora nem a estranha mulher estavam por perto.

Ka'aguy disse aos companheiros:

— Pé ainda não bom. Cuidado. Não se afastem daqui. Pode ser perigoso.

Sentindo-se fortalecidos e já bem menos temerosos, os guerreiros se arriscaram a dar uma olhada em volta e enxergaram, na entrada do outeiro, a mulher misteriosa. Ela acalentava um bebê e, calmamente, declarou a eles:

— Este meu. Nasceu de mim. Outros enjeitados.

O grupo, com fisionomia de perdidos, ainda ouviu dela:

— São caaporas agora. Estão no domínio da madrinha dos perdidos.

Em seguida, ela se afastou com a criança no colo. Os guerreiros não entenderam de imediato. Logo depois, perceberam olhares ocultos nos moitais. Ficaram inertes, prestando atenção. Passado algum tempo do afastamento da mulher, pouco a pouco estranhas crianças apareciam por toda a parte. Muitos deles tinham defeitos consideráveis: uns sem pernas, outros com estranhas faces com olhos deslocados. Alguns se arrastaram até os guerreiros e os tocavam como algo inédito para eles. Aquelas criaturas disformes deixaram os supostos valentões petrificados de medo. Não sabiam o que era aquilo. Nisso, dois caaporas maiores surgiram, conduzindo gentilmente os defeituosos até o interior das cavidades do outeiro. O caapora invocado por Paju apareceu novamente e disse aos guerreiros:

— Eu, caapora Piatã, o mais velho dos espíritos vivos da floresta, vai explicar tudo. Estes são pequenos abandonados por várias tribos. Morreram por conta disto e receberam alento com os caaporas.

Apontando para a mulher com o bebê, o caapora continuou:

— Yaci-porã, a madrinha dos perdidos, cuida desses recém-mortos pela ignorância de tribos que os aniquilaram pelos defeitos fisicos. Por qualquer defeito são enjeitados. Em nossa terra ficam acolhidos, até o momento de retornarem para a carne, em nova passagem. Nós, caaporas, não somos apenas protetores da caça como pregam. A ingenuidade excessiva de alguns supostos líderes humanos foi que criou essa ideia. Mas, porque tomei a decisão de que tomassem a água?

Acendendo um cachimbo feito de bambu, com penas nas pontas, o caapora prosseguiu:

— Humanos perigosos. Têm de ficar quietos, domados. Humanos nada herdaram dos estrelados que os trouxeram para este mundo. Crenças deturpadas. E vão piorar com o passar das luas, porque os payés vão continuar a criar mitos, para controlar estúpidos; nem todos, mas a maioria. Assim, estes formadores de opinião criarão débeis como essa turba à minha frente. Verdadeiros perdidos. A Lei é a lei, portanto, não foram exterminados. A insanidade vem do mestre, o responsável por essa escola de tolos, e este já vaga impotente pelas matas, até a hora de uma misericórdia que não é minha. Por isso estão sob o domínio da madrinha dos perdidos. Apesar da sensação idêntica à carnal, ao tomarem da água da madrinha todos foram transportados para um sítio transitório entre o denso e o etéreo. Da carne já não fazem mais parte.

Ka'aguy arregalou os olhos ao ouvir a última frase e perguntou, bastante alterado, ao caapora:

— Espírito maligno! Criticas comportamento de tamoi e de guerreiros. Não tens posição para isso, pois nos mataste com aquela água envenenada.

O caapora sorriu e respondeu com escarninho:

— A água nada tinha de diferente em sua composição, porém, ao toque de vossas salivas, as características foram alteradas. O mesmo aconteceu com os demais. As mudanças químicas de vossas salivas entorpecidas conduziram-vos ao desterro coletivo, humanos patéticos! Vós interrompestes as próprias vidas, pelos próprios venenos. Amanhã levarão de volta para a aldeia vossos couros, pois estes já foram encontrados pelos seus conterrâneos. Serão queimados como manda a tradição. Somente após esta cerimônia é que terão um novo destino. E, para finalizar, humano, este caapora não se comove com vossa indignação ao meu respeito... Pouco me importa o que estais a pensar sobre meu comportamento. Por conta disso, vosso povo criará mais uma lenda a respeito dos seres da natureza. Elegerão outro líder para a aldeia. Outras sentinelas, outros, outros, e outros. E viverão de substituições. Sobretudo, prevalecerão apenas aqueles que tiverem a verdade dos estrelados, os Pais da Terra. É para estes que os curupiras desvelam sua real proteção. Nada mais caapora tem a dizer.

Alguns daqueles defeituosos voltaram com frutos, oferecendo-os aos ex-guerreiros. Ligados aos padrões carnais, logo se estabeleceu um entendimento entre eles. Apareceram alguns filhotes de queixada. Em seguida, uma brincadeira como montaria de queixadas se formou entre as crianças. No divertimento, os defeituosos aguentavam-se por muito tempo nos porcos-do-mato, enquanto os capturados do caapora se alimentavam. Ka'aguy ainda permanecia inconformado e não se atrevia a pegar qualquer das frutas. Outros porcos-do-mato surgiram, e estes eram enormes. O grupo de nativos jamais tinha visto queixadas tão grandes; até os filhotes eram maiores que aqueles que estavam acostumados a caçar.

O dia naquela dimensão passou divertido entre os defeituosos, que faziam companhia aos capturados. Enfim, chegou a noite e, cansados, os nativos adormeceram novamente. No dia seguinte, o pé de Ka'aguy não doía mais e logo cedo o caapora Piatã iniciou a caminhada de volta à aldeia mbyá. Mais uma vez sem contestação, acompanharam o ente fantástico. Fizeram o trajeto todo a pé, sempre acompanhados pelas enormes queixadas.

Na entrada da Aldeia Boca da Mata, o caapora parou e disse aos acompanhantes:

— Agora vão e desfrutem do próprio funeral. Não creio ser o melhor dos passeios, mas... É necessária esta experiência mórbida, para que possam entender todo esse conjunto de acontecimentos. Talvez, no final, nem odeiem tanto este caapora. Adeus!

Após sinistras recomendações, o caapora montou em sua queixada e toda a vara saiu descomedida mata adentro, desaparecendo em pouco tempo. Sem serem percebidos na aldeia, Ka'aguy e seus companheiros olhavam atônitos para seus corpos cremados em uma fogueira característica para esses fins. Ali tiveram a certeza de estarem desencarnados. Um dos guerreiros se jogou no chão e começou a gritar; em seguida, uma comoção geral se instaurou entre eles. Apenas Ka'aguy se mantinha firme, com o punho fechado, mordendo os lábios de ira.

— O espírito maligno nos matou! — argumentou, esmurrando o ar, o chefe dos guerreiros mbyás —. Nossa aldeia não tem mais flecheiros, nem protetores, nem um tamoi. Este inimigo acabou com tudo. O mal venceu.

Ka'aguy esmoreceu. O homenzarrão caiu de joelhos diante da sensação de impotência que experimentava. Ao ver seus companheiros desesperados, começou a golpear o chão enlouquecidamente. Cansou-se. E concluiu ser inútil sua revolta.

Após assistir ao tormentoso ato funeral coletivo, Ka'aguy levantou-se enfurecido e disse aos seus companheiros, que se encontravam desolados:

— O caapora tratou-nos como excrementos. Ka'aguy vai adentrar por estas matas e vingar a emboscada. Sou um guerreiro mbyá, não um marginal. A quem devo explicação é Nhanderu, não a um pequenino de cabelos rubros. Em nada Ka'aguy tem de se curvar para um caapora. Vou recuperar a minha lança e ninguém vai impedir Ka'aguy. Ka'aguy tem o nome das áreas do mato. Ninguém tem este nome, Ka'aguy é o único. Se tiver que descer até Añaretã, Ka'aguy descerá, mas nenhum anão vai sujeitar os guerreiros da Boca da Mata a essa condição de rebaixamento. Guerreiros morrem pela honra. Que venham todos os Anhangás! Não tenho medo de mais nada. A partir de agora, sou Rompe-Mato! E desbravarei todas estas matas à procura da justiça, nem que seja com as próprias mãos, como um guerreiro leal, como sempre Ka'aguy foi para seu povo. Ka'aguy tem defeitos sim, mas não merece essa humilhação!

A exaltação de Ka'aguy foi tão representativa, que imediatamente incandesceu todos os seus companheiros. Eles se levantaram, acabando definitivamente com aquela cena de penúria, e se postaram firmes para seguir com o embate enaltecido pelo líder. Por várias vezes contaram suas andanças pela mata, sem chegar a lugar algum; muito menos encontraram o caapora, para evidenciarem um desafio. Em dimensão adversa à que estava acostumado, o grupo de Ka'aguy perdeu a noção do tempo. E dentro de uma bolha astral eles permaneceram perdidos, depois de um desgaste emocional que os conduziu a uma letargia consciencial. Sem perceberem a proporção daquele evento, os falangeiros de Ka'aguy estavam sendo preparados para uma prestimosa missão nos séculos vindouros. Dali nasceria um regimento que seria abarcado pelo culto ancestral que os pais-da-terra estavam preparando para ressurgir em terras brasileiras nos séculos seguintes.

Diante da magnitude do processo, não menos fantástico que os demais acontecimentos anteriores, repentinamente, ao lado da bolha astral, uma nave em forma circular surgia de um ponto situado bem à frente do mirante natural. Naquele instante, as dimensões se uniram, deixando de haver fronteiras entre elas. O incrível era que o inusitado veículo voador não havia descido do céu, vindo de fora do planeta, reentrando na atmosfera, à semelhança de um ônibus espacial. Algum tipo de passagem se abrira, permitindo ao veículo emergir na atmosfera, conotando haver uma área contígua a essa parte extrema em que habitamos, como um portal fronteiriço bem demarcado e não físico no sentido tradicional. Na zona da bolha astral, onde os nativos ficaram acondicionados, havia uma grande rocha plana que se prestava à função de baliza ao veículo, um ponto que contribuía bastante para a chegada da nave. Todavia, não foi utilizada como marco para um eventual pouso. A aproximação do objeto voador imediatamente chamou a atenção do agrupamento de Ka'aguy e, rapidamente, a consciência deles se ajustou por completo. A nave prateada, fortemente luminosa, permaneceu parada a poucos metros dos nativos, extraordinariamente estacionada no ar, sem qualquer problema com a gravidade. Evidentemente, estavam diante de uma tecnologia, que, mesmo nos dias atuais, estaria completamente fora do contexto de qualquer compreensão. Quem diria há cerca de 500 anos!

Os nativos se aproximaram mais um dos outros, tentando compreender o fenômeno, sem proferir uma só palavra. Uma luz de efeito extraordinário foi projetada do objeto prateado e, para dentro da nave, foi conduzido, via sucção, todo o grupo de Ka'aguy. Mesmo naquele dia ensolarado era impressionante visualizar a destacada energia, delicadamente azulada, às vezes prateada, porém densa em sua vibração de força intransponível, que fascinava por sua singularidade. Ao entrarem no veículo, imediatamente perderam a consciência. E assim permaneceram por algum tempo.

Sem condição de precisar o período em que o estado de inconsciência perdurou, os nativos retomaram os sentidos em uma sala circular, cuja iluminação era muito fraca. Ali eles estavam devidamente aconchegados em macas. Sempre inquieto, Ka'aguy resolveu levantar-se da maca e procurar por maiores explicações sobre o que estava acontecendo, dirigindo-se para uma porta existente no centro daquele espaço. Com as mãos encostadas entre as partes dessa porta, o guerreiro mbyá tentava identificar detalhes mais precisos. Ele percebia uma luz branca ao fundo de um corredor, de intensidade considerável, manifestando-se à esquerda, a uma distância difícil de acertar. Parecia ser ali o fim do corredor. Não demoraram a se aproximar dele seus companheiros, repletos de interrogações. Ka'aguy, enfim, disse aos demais:

— Guerreiros! Já é mais do que tempo de desvendarmos este mistério. Vamos! Pois não há mais como permanecer ignorante diante desta situação.

Imediatamente, Ka'aguy seguiu pelo corredor de pouca luz, devidamente acompanhado dos demais. Os guerreiros perceberam que a luz não era natural, tendo em vista uma janela acima, a demonstrar que do lado de fora estava escuro. Na medida em que se aproximavam do fim do corredor, eles percebiam silhuetas de indivíduos a transitar rapidamente na contraluz.

Ka'aguy não sentia receio em seguir adiante e assim o fez. Ele precisava desvendar definitivamente aquilo tudo. Chegaram ao recinto desejado; entretanto, a reação à luminosidade era algo insuportável. A luz aumentara tanto, que cegaria a quem insistisse em olhá-la. Aos poucos, a intensidade da luminosidade foi diminuindo, até alcançar um nível suportável. Os guerreiros perceberam, então, que estavam em um salão sem paredes e sem divisórias. O mais impressionante era não poder determinar a fonte de iluminação do ambiente: não havia sombras, nem nos recém-chegados.

Enquanto se maravilhavam com o esplendor do lugar, uma silhueta extremanente iluminada surgiu defronte aos ex-guerreiros. A claridade dela era tanta que os nativos tiveram de fechar os olhos, para não ficarem cegos. Lentamente, a aparição foi reduzindo seus níveis vibratórios até uma condição suportável. Um espectro se apresentava apenas sob um desenho masculino, totalmente etéreo, sem distinção de cores, energia pura. Após a redução de sua radiação, a configuração se manifestou no idioma guarani:

— Há espaços nos universos, onde as condições de percepção são mui diversas ao vosso entendimento, acostumados aos aspectos dos elementos da vida terrena. Entendam que todos são habitantes deste cosmo, a atribuir missões a cada qual conforme a vossa consciência. No entanto, existem momentos de tarefas mais edificadoras, menos pacificadoras, mais firmes, a ter um espaço entre todas as ações universais. Por isto, vós estais aqui, senhores! Formareis uma egrégora que se reportará a mim, na qualidade de comandante. Na medida do desenvolvimento espiritual e dos níveis de conhecimento de um planeta, a realidade se situará na compreensão e na aceitação das diferenças. O planeta azul ainda está muito distante disto, mas, sobretudo, estamos felizes por iniciar, mesmo que lentamente, o processo de emancipação deste orbe. Saliento que gostei do nome Rompe-Mato, aquele que, em sua ira infantil, proferiu aos seus companheiros, senhor Ka'aguy. A falange terá essa denominação apropriada, com o soberano-mor dono do trono sagrado, e eu como o seu idealizador. Os Rompe-Mato desbravarão as fronteiras da fraternidade. Enfim, como os senhores, já fui um guerreiro, todavia, em moldes totalmente distintos dos vossos. E continuo como um guerreiro, entretanto, nossas batalhas são pela harmonia dos cosmos. Das sete irradiações do Universo, a sexta será a nossa.

Ka'aguy estava incomodado com o tamanho da responsabilidade, como se alguém lhe atribuísse funções para as quais não se sentia nem de longe preparado. Preocupado com isso, ele perguntou à excelsa figura:

— Perdoai-me, mas deveis ser um grande tamoi das estrelas e este mbyá nem sabe como se comportar diante de tanta formosura. Apesar da ignorância aparente, isto é mui claro perceber. No entanto, vós não estais a cometer um engano, por atribuir a nós outros uma missão dessa magnitude? Não somos dignos; nem sei por que estamos aqui.

O excelso respondeu à indagação:

— Primeiro, não são incapazes como pensam. São nativos destas estâncias há muitas eras. Apenas estão sob a influência momentânea do esquecimento, mas logo poderão superar essa condição. De fato, não são os melhores exemplos de conduta; contudo, se convocássemos sempre os sábios, não haveria progresso entre os menos esclarecidos e, consequentemente, a estagnação. Nenhum mestre tem esse comportamento. Um dia entenderão o que quero dizer. Para que tenham ideia do que quero dizer, um grande tamoi, que viveu em outras terras, convocou 12 seguidores para propagação de sua obra, sendo que desses escolhidos nenhum tinha merecimento suficiente para tal empreitada.

Ka'aguy estufou o peito e afirmou:

— Ka'aguy aceita a missão. E agradece pela oportunidade. Estava errado o tamoi Kunhan. A sensação do desprendimento daquelas concepções faz mui bem ao meu coração. E Ka'aguy vê nos olhos dos companheiros a mesma percepção. A propósito! O que aquele caapora teve a ver com essa situação? Ka'aguy não conseguiu entender onde o fantástico se encaixa nisso tudo. Afinal, por intervenção dele viemos parar aqui.

— Não especificamente — retrucou o excelso —. Uma jovem de vossa tribo pediu socorro a essa criatura. A pureza dos sentimentos dela conquistou o duende, somente isso. Ele apenas foi um instrumento, pois nada é concebido fora da Lei Maior. Se não fosse por ele, de outra forma seríeis chamados para o serviço. A madrinha dos perdidos tem grande relevância nesse trabalho. A abnegada tem a função de preparar os enjeitados para uma nova oportunidade existencial e se utiliza dos elementais para o bom resultado de suas atribuições, assim como o caapora. O senhor e os seus são considerados também como perdidos, assim o fantástico até ela vos conduziu. E todos serão bem aproveitados por mim. Fareis parte do partido precursor do culto ancestral. A denominação de "culto" será apenas no princípio, pois, com o amadurecimento das consciências, o planeta azul conseguirá alcançar sua emancipação; assim, conceitos de culto não serão mais usuais. Sobretudo, ainda há uma longa estrada por percorrer nesse sentido, e nem no começo estamos... Havereis de derramar muitas lágrimas ainda... Depuração necessária. As guerras estúpidas, a escravidão, as doenças, as desavenças, as incontingências de valores ainda perdurarão nos humanos por bom tempo; somente assim serão saneados os desmandos de eras. No entanto, já estão sendo preparados os missionários para a transição planetária que ocorrerá em breve; muitos serão chamados para o trabalho. No sentido cronológico do planeta azul, demandará ainda um bom tempo; em contrapartida, para as dimensões maiores, esse espaço de tempo é insignificante. Percebo que ainda não conheceis tais conceitos, mas logo ireis compreender as noções de tempo e espaço por aqui. Não vos preocupeis. Neste caminho, instintos animais terão de ser controlados nos humanos. Este será o maior desafio durante esse período. A união das crenças será a única solução para o futuro, processo oneroso em termos de tempo, mas possível de se atingir um dia... Tudo é padrão de consciência. Tudo! Conclui-se, então, que cá estão por motivos sérios. Foram convocados para uma batalha grandiosa.

Admirado com os esclarecimentos e com o significado de toda aquela experiência para um truculento nativo, Ka'aguy quis saber mais do manifestante, perguntando respeitosamente:

— O tamoi das estrelas tem um nome, ao qual nós outros possamos aludir?

Após a pergunta de Ka'aguy, um silêncio sepulcral se instaurou no ambiente. Certa estranheza envolveu os mbyás, pois não sabiam o que poderia ter causado a interrupção da conversa. Quebrando subitamente a estranha pausa, o excelso elevou uma espada portentosa, respondendo veemente em seguida:

— Medjedje! Este é meu verdadeiro nome. Espero ter esclarecido o que precisavam saber no momento. Não há mais o que prosear. Logo haverá grande mudança de radiação, portanto, deveis retornar à outra sala. Acomodai-vos tranquilamente nela. Estamos numa viagem muito longa e precisais descansar. Logo estaremos no campo pátrio, na querida aldeia dos senhores das energias consagradas.

— Yvy Marã e'ÿ? — perguntou interessado Ka'aguy.

— Sim. A verdadeira Terra sem Males. Ainda não sois merecedores de habitar nela, mas, um dia, alcançareis o mérito. Aproveitai essa rápida estadia. Lá, vosmecês receberão as armaduras sagradas dos pais de suas terras. A verdade desvendada dos estrelados tão adorados no planeta azul. Relembrareis as vidas pregressas, para poderdes regressar munidos de subsídios na edificação de tão valorosa empreitada. Meus cumprimentos, senhores viajores... Estais na nave prateada sob meu comando.

Após o cumprimento, o manifestante se dissipou e a luz voltou a se tornar insuportável. Ka'aguy retornou jubiloso para a referida sala, com seus companheiros da mesma forma regozijados. Com as características pelas quais se conhecem como silvícolas, de imediato seria difícil para eles entenderem aquele acontecimento, por estarem viajando em uma nave tão sofisticada, devido ao grau de conhecimento de que se dispunha na época. Mesmo assim, os mbyás aconchegaram-se tranquilos nas macas confortáveis, como havia recomendado o anfitrião estelar. A maioria deles logo adormeceu.

Deitado na confortável maca, a divagar em seus pensamentos e a olhar para a janela quase no teto da sala, Ka'aguy tinha uma visão que suplantava seu tempo. Ele se deleitava com uma esplêndida imagem, em uma analogia grosseira que vagamente lembraria o panorama observado da janela de um avião, à noite, como decolando e afastando-se de uma grande cidade, onde centenas de pontos luminosos compunham um cenário pitoresco. Ilustração para uma realidade contemporânea, tendo em vista a não existência de aviões naquela época. E o mbyá pensou: "Onde será que nós outros estamos?".

Subitamente, irrompeu uma voz dentro da mente do viajante, que assim dizia:

— Ali é onde está a vossa tekoa, Rompe-Mato!

Instintivamente, o guerreiro respondeu em pensamento, como quem responde a si mesmo:

— Mas aquilo não é uma aldeia!

Quase a cochichar em seus pensamentos, a voz ponderou:

— Esta é a galáxia onde está a vossa casa. Vosso tempo não é mais o mesmo. Uma fagulha por cá são fogaréus no mundo físico. Não tendes noção da distância que estais de vossa tekoa. O tempo é a medida com a qual compreendeis fenômenos cósmicos. Na realidade, o tempo tem outras roupagens, diametralmente diversas do habitual sensorial humano. Dentro de vossas mentes, eventualmente resplandecem lampejos de dimensões não ortodoxas da natureza das coisas. Quando dessa forma se acercam sensações de lugares tão diferentes dos vossos padrões de realidade, perturbam-vos a mente, nessas circunstâncias em que buscais entendimento e explicação à luz dos conhecimentos provenientes das dimensões habituais.

Já em vias de adormecer, Ka'aguy ainda teve tempo de fazer mais algumas considerações:

— Obrigado, caapora. Obrigado, madrinha dos enjeitados. Obrigado por ter ajudado Ka'aguy a estar aqui. Tinhas mesmo razão. Ia deixar de te odiar. Não te odeio mais, caapora. Só peço que ajudem o tamoi Kunhan de alguma forma. Cabeça de Ka'aguy vai demorar um pouco para entender sobre este lugar.

Um instante antes do quase relaxamento, o mbyá ainda perguntou:

— Ga... ga... Galáxia?... Foi mesmo isso que entendi? O que é galáxia?

— É um sistema estelar isolado no espaço cósmico — disse a voz que respondia internamente —. Dentro delas estão mundos, mundos como o vosso, nebulosas, aglomerados, poeiras e gases...

Sem proferir mais qualquer palavra, o homenzarrão ajeitou-se melhor na maca e adormeceu profundamente.

O desconhecido, o inusitado, o radicalmente inconvencional afetaram de forma surpreendente os mbyás acostumados com uma realidade limitadíssima. Percebida apenas pela magra capacidade de compreensão terrena, uma experiência dessa seria difícil de mensurar. Os obstáculos de superação vividos até os dias atuais, evidentemente, são elementos de sustentação para uma fugaz conceituação da realidade, situação que a pluralidade das existências, ainda contestada por céticos, certamente explicaria as mais diferentes atribuições do Universo.

Capítulo 18

O advento da Y'urema

Árvores esguias e copadas nas frondes, uma espécie de coníferas plantadas espaçadas, proporcionavam ao ambiente um sombreamento suave e prazenteiro. No solo, gramíneas rasteiras esmeradamente aparadas formavam um tapete esverdeado e reforçavam a impressão de refinado e constante zelo com o local. Nenhum som no ambiente era percebido. Silêncio absoluto. Nem mesmo o chilrear dos pássaros. Ao lado desse interessante local havia uma choça, idêntica às da aldeia dos mbyás. Em sua entrada havia um ornamento com função de proteção da edificação, constituído como um amuleto feito com frutos e dentes de animais entrelaçados; os objetos trabalhados artesanalmente eram presos uns aos outros na forma de uma penca, como um balangandã. Dentro da choça havia uma rede presa a troncos finos, com apetrechos xamânicos, e uma esteira de palha, com realce para uma cuia enorme de barro postada no centro. Ali era a casa de Yakan, onde ela costumava fazer as suas rezas com bastante propriedade.

A aldeia toda estava desordenada com a perda inexplicável de todos os guerreiros e com o não menos incomum sumiço de seu pajé. Os supostos candidatos a líder reuniam-se, buscando encontrar um caminho de redenção. A instabilidade se devia à incerteza sobre a morte do pajé. Na realidade, não havia alguém preparado para assumir os destinos daquele povoado. Não se entendiam sobre a eleição de alguém para ocupar os postos dos falecidos, causando inúmeras indisposições entre eles. Yakan também não estava presente para um alento, diante de um conjunto de pessoas definitivamente sem rumo, tendo em vista que ela seria a mais velha depois de Ropodju Kunhan e poderia ser a imediata sucessora.

Paju sentia-se culpada com o acontecimento trágico dos guerreiros de sua aldeia. A mbyá entendia que, por sua causa, o caapora havia condenado à morte todos os sentinelas da Aldeia Boca da Mata. Ela se sentia completamente desolada. Lançou mão até de procurar por José. E, por conta disso, estava em retiro total na casa de Yakan, aguardando o regresso de sua amada tutora, que parecia não acontecer mais.

O sentimento de culpa de Paju aumentava a cada dia e ela mal saía da choça para se alimentar. Havia emagrecido e apenas se envolvia em suas fervorosas orações. A aldeia nem se dera conta da falta da jovem, devido às sucessivas reuniões em que os nativos se engalfinhavam na tentativa de escolher um líder. Alguns dias se passaram naquela condição.

Em uma manhã de neblina, logo que despontou o astro-rei na grande serra, um barulho estranho foi ouvido pela então deprimida índia. Enfraquecida pela desnutrição, Paju teve certa dificuldade para se levantar da rede. Mesmo assim, ela foi verificar a origem do barulho. Ao se dirigir para a porta de palhas, a jovem debilitada foi surpreendida por uma inusitada visita: um lobo-guará, que adentrava na choça com certa impetuosidade. A presença do vigoroso animal assustou a mbyá, que se afastou amedrontada, temendo por sua sorte. Os olhos do lobo se fixaram nos dela, como se exercessem um domínio impossível de se furtar a eles.

Paju ajoelhou-se com grande esforço e disse ao animal que a fitava:

— Podes acabar comigo, enviado de Tau. Paju merece a penitência... Vieste por uma causa justa, por conta dos desatinos desta insolente. Tau o mandou aqui para que Paju seja levada para Añaretã e Paju não vai resistir...

Mas, para contrapor a debilitada, empurrando as palhas

da choça, um casal chegava e adentrava sorridente no local. Diligentemente, disse a recém-chegada:

— Não, querida. Esqueça isso! Tu não irás para Añaretã. O lobo é um mensageiro dos Pais da Terra.

A recém-chegada era Yakan, que vinha acompanhada por Parassuá. Com um abraço caloroso em sua pupila, a xamã prosseguiu em sua fala:

— Yakan veio. Tu pensaste que te abandonaria?

Com a ajuda de Parassuá, Paju foi levada até a rede. Tentando se ajeitar, a jovem, com os olhos marejados de emoção, disse:

— Como Paju pediu para que viesses... Graças a Nhanderu estás aqui. Paju sofre... Sofre demais... Paju não quer mais viver. Paju pediu para um caapora intervir contra Ka'aguy e os flecheiros. Oh!... Por Nhanderu... Todos estão mortos!... Se Paju não tivesse invocado o ente fantástico...

Enfática, retrucou a xamã:

— Não, não, não! Para com estas falas estúpidas. Yakan sabe de tudo. Os Kurupis abriram portais para esta velha que nem podes imaginar. Paju nada tem a ver com o que aconteceu com os discípulos de Kunhan. Os flecheiros não poderiam macular os juruas. O caapora foi apenas instrumento dos anseios dos Pais da Terra. Não te preocupes mais, pois os guerreiros estão bem.

Olhando para Parassuá, ela prosseguiu:

— Vamos ao que interessa! Dentre tantas revelações, de uma delas tu farás parte, querida Paju. Yakan não pode te revelar o que viu junto com Parassuá na caverna, mas a tua atribuição, sim. Para tal, nós outros cá estamos. Presta bem atenção, querida, pois te divulgarei, agora, um segredo insofismável! Segredo que é da vontade dos Pais da Terra. Yakan tem dentro desta sacola uma bebida sagrada, um preparado de cipós e raízes das Y'urema [*acácias*]. Essa tradição vem desde o início dos tempos. A infusão dessa beberagem foi preparada com raízes, que, primeiro, foram raspadas para eliminar a terra que nelas se apresentava agregada. Depois, foram bem lavadas. Em seguida, as raízes foram colocadas sobre uma pedra e maceradas com a utilização de outra pedra. A massa formada foi diluída em um recipiente com água. Pouco a pouco essa água se transformou em um líquido avermelhado e espumoso, semelhante ao sangue.

Amor de Yakan foi quem preparou a substância para que tu pudesses ingeri-la. Daqui pra frente, a responsabilidade dessa receita ancestral é tua. Somente os escolhidos pelos pais-da-terra poderão consumi-la em situações específicas. Guarda bem o modo de preparo, pois, através desse sumo sagrado, portais serão abertos para quem dele experimentar.

Paju estava admirada com a grande responsabilidade a ela concedida. Com a voz enrouquecida pela fraqueza que a dominava, disse:

— Será que presto para tanta obrigação, querida Yakan?

— Não questione os Pais da Terra, pequena Paju. Eles sabem o que fazem.

A velha xamã retirou três galhos da bolsa e reiterou para a jovem debilitada:

— Antes de tomar a bebida, Yakan quer que tu mastigues estas folhas até que se tornem uma massa em tua boca. Depois, engula-as.

Paju obedeceu à sua tutora e mastigou as grossas folhas com certa dificuldade. Enquanto isso, Parassuá baforava com seu cachimbo feito com o tronco da jurema toda a choça e também a beberagem disposta no chão sobre um pano vermelho. Inexplicavelmente, pouco tempo depois de as folhas mastigadas serem ingeridas, a jovem sentia-se revigorada. Então, mestra e discípula guardaram um tempo para um aconchego maior entre elas.

Parassuá não perdia tempo. O pajé, após seu habitual procedimento de limpeza astral na choça, respirou profundamente e prosseguiu com sua liturgia. Ele olhou fixamente para o lobo que o acompanhava. Em seguida, o animal se retirou da choça, nitidamente a entender as intenções do xamã. Do lado de fora, defronte ao robusto exemplar dos canídeos, o xamã ordenou:

— Lobo! Vá agora até a Aldeia da Serra. Procure por Yassanan e Yaciara. Payé tem recado para o casal. Leva-os até a cachoeira do centro da serra e não saias de lá até payé chegar.

Os olhos do lobo demonstravam expressiva potência e eram brilhantes como brasa; o animal rodeou seu domador e saltou com desenvoltura, para, em seguida, desaparecer por entre as matas.

Parassuá adentrou novamente na casa de Yakan e disse:

— O animal já foi buscar o casal. Agora, Parassuá tem de ir para a cachoeira.

— Então, vá! — disse a companheira do pajé — Yakan logo te encontra na cachoeira.

O pajé seguiu a passos largos na direção do local onde desejava se encontrar com o casal serrano.

Com a melhora da disposição de Paju, Yakan retomou com o propósito daquela visita:

— Paju! A planta desta beberagem não é das serras. Parassuá a conseguiu numa de suas viagens distantes. É rara e pertence às regiões secas. Isto as torna ainda mais valorosas. Portanto, beba-a agora.

Paju bebeu vagarosamente o elixir dado por sua tutora e aconchegou-se na esteira novamente. Yakan retirou de sua sacola um maracá, começou a chacoalhar o instrumento e iniciou uma reza. O idioma era próprio para a ocasião. Instantes depois, a jovem entrava em um transe que a conduziria a uma viagem completamente distinta.

A xamã tinha planos. Em determinado momento de seu ritual, disse à sua assistida:

— Os guerreiros viajaram ao mundo dos espíritos. Voltarão como teus capangueiros. Os Capangueiros da Y'urema. O guardião caapora promoveu a caminhada. Entende o passado e o futuro.

Paju se embrenhava em suas mais profundas reminiscências existenciais. O maracá lentamente a conduzia, com o som ritmado dado pela xamã, a um desdobramento, e a mente da mbyá foi projetando o que lhe era necessário. Desde as mais remotas existências... Existências tão distantes, que remontavam ao princípio da vida humana na Terra, algo em torno de 400 mil anos. Ela percebia o quão era antigo o seu espírito. No topo de uma montanha, ela se viu. Do horizonte rutilava um florescente contorno com traços femininos. Um portal se abriu e uma brisa de alegria e ternura tomou conta daquela projeção de ordem surrealista. O ser fronteiriço se aproximou, iluminando-se por baixo, resplandecendo-se por inteiro, em intensidade descomunal, impossível de ser dimensionada aos olhos humanos. E a jovem pôde perceber que a presença lhe era familiar.

Com seu mental completamente interligado ao ser extradimensional, Paju pôde ouvir uma voz serena lhe afirmar:

— Os pais deste mundo preparam o ambiente para o preâmbulo de uma nova era... A convocação está em curso. Não só aqui, mas em toda parte desta dimensão. Neste ponto que limita uma dimensão para a outra, como regente deste espaço, através deste equilíbrio, eu toco em vosso intelecto.

Uma energia verde-cintilante chamejava na fronte da mbyá. E assim a configuração feminina expôs seus intentos:

— Sou a regente da Y'urema... E vos trago uma incumbência concedida pelos pais deste mundo... Eis então o grande segredo da Y'urema, que é vosso agora, e para ser o próprio nome a partir deste evento! Cabe-me vos preparar e conduzir a uma experiência definida, motivo pelo qual estou a dissolver quaisquer questionamentos humanos. Raras ocasiões brindaram os humanos com a visita de seres fronteiriços. Objetivos maiores, que ultrapassam as raias comuns do entendimento, justificaram referidas presenças; essas mensagens ultrapassaram os limites da compreensão, os humanos confundiram-se, por conta da cultura no momento do contato, e assim aproveitaram apenas um pequeno quinhão dos preceitos e ensinamentos ministrados. Mesmo assim, faz-se necessário irradiar em vossa mente, ainda limitada, alguns sinais para um sentido de compreensão básica, a facultar a capacidade de ultrapassar a linha divisória do saber espiritual e de se estabelecer de forma decisiva uma linha satisfatória de percepção. Por consequência, vossa mente lampejará o verde-cintilante como forma de brunir o mental. Encara essa oportunidade não como dádiva, ou privilégio, ou deferência, mas sim como um difícil tributo de condução árdua.

Após o elucidante discurso da aparição extradimensional, lentamente começou a projetar-se com nitidez a ilustre presença. Tratava-se de uma mulher com altura acima de dois metros e meio, exuberante não pelo tamanho, mas pelos níveis vibracionais elevados em que exibia a avantajada estatura; a visão era esplendorosa, devido a uma beleza não pertencente às etnias até então conhecidas, mas, sobretudo, atribuída a alguém pertencente ao tronco das nações ameríndias. Em sua cabeça notava-se um suntuoso cocar de penas multicoloridas e gigantescas, como um maiúsculo capacete, provavelmente extraídas de animais já extintos ou de natureza desconhecida, pois, devido ao tamanho, aquelas plumas não pertenceriam a qualquer animal ora noticiado; do ornamento saíam madeixas compridas, lisas, presas por tranças; na testa havia como base uma pala verde-cintilante, algo jamais visto por Paju, de onde saíam as segmentadas irradiações direcionadas à mente da assistida; seu rosto arredondado continha grafias brancas e pretas, sinais do gênero de sua origem, apresentadas em uma tez avermelhada e com um brilho diferenciado na pele; sobrancelhas negras e grossas, olhos grandes e amendoados, com espessos cílios a embelezá-los; nariz proporcional ao tamanho da face, boca carnuda e queixo juvenil. O corpanzil seminu era uma escultura magistral desde o pescoço até os pés; no pescoço havia um colar de ossos de animais, um ornamento típico da cultura ameríndia, sustentado por ombros firmes; os seios eram belíssimos, os braços eram fortes e as mãos estavam adornadas com pulseiras de sementes. O mesmo tom avermelhado da face se destacava em todo o corpo, coberto apenas nas partes íntimas por inéditas penas presas a uma cintura de pilão; pernas torneadas, que fariam inveja a qualquer amante do físico perfeito, enfeitadas com pequenas penas brancas na altura dos tornozelos, finalizando a ímpar descrição em pés bem delineados.

Deslumbrada com a magnificente visão, Paju disse:

— Paju agora pode vos ver! E como sois alta... Viestes das estrelas ou pertenceis a alguma tribo desconhecida?

A Semeadora do Universo respondeu:

— Sou filha de Tupinambá e Nhacuntuê, irmã de Y'upira e Y'andira. No tempo carnal desta que te fala, todos nós éramos de estaturas avantajadas. Pai Tupinambá ultrapassava o tamanho desta choupana, era maior que dois guerreiros atuais juntos. Nossa aldeia foi uma colônia dos pais deste mundo. Estes que tu denominas estrelados. Mas isto foi há muitas luas... Hoje pertenço à Confraria dos Nhengatus.

— Tupinambás! Os violentos que comem seus inimigos?

— Esses tupinambás que conheces atualmente nada têm a ver com os precursores dessa etnia. Por isso te disse que apenas um quinhão foi aproveitado dos registros ancestrais. Para o objetivo com que os pais deste mundo designaram-me, não existe como aproveitar nada dessas nações, devido a tanta deturpação cultural. Estamos a selecionar com muito critério parcerias que poderemos ter como confiáveis. Irmãs de Y'urema estão também com um trabalho idêntico em vários pontos destas terras. Serão traçadas algumas simbologias denominativas para os grupos que serão formados, ou seja, cada qual responderá a uma irradiação comandante. E tu, por carregar no espírito o selo dos "Semeadores", encabeçarás uma legião denominada Capangueiros da Y'urema.

Atônita com aquele atributo, a mbyá especulou:

— Paju? Mas Paju nada entende de guerras... Paju é mui frágil. Deve existir algum erro.

Para dar maior consistência ao ensejo, a Semeadora do Universo elucidou:

— Por conta de tua limitação, pouco compreendes... Portanto, fica nesta mesma posição, pois vou demonstrar quem és.

Naquele instante, Yakan parou com o chacoalhar de seu maracá e se levantou. A xamã sabia da influência de uma das mais conceituadas ancestrais destas terras: a mãe da raça vermelha dos troncos tupi e guarani. Ali ocorria o marco mais significativo para aquelas etnias, como um divisor de águas, algo que mudaria o curso daquelas especificidades socioculturais. Yakan observou bem sua pupila: a jovem permanecia relaxada. Tranquila, a velha se retirou da choça, rumo à cachoeira onde estava Parassuá.

Paju não percebeu a retirada de sua tutora e prosseguiu tomada pela influência da mentora. A mente da mbyá cintilava, lançando-se a incomensuráveis distâncias e a diferentes dimensões. Muitas nuanças existenciais sequenciaram-se, apresentando a ela harmoniosa heterogeneidade, não em imagens abstratas, mas palpáveis, como se a desdobrada pudesse tocá-las. Rompiam-se as amarras dos limites inferiores, a raiar uma nova aurora em longínquas lembranças do passado, com a supervisão da Semeadora do Universo, pulsando em sua assistida pura energia transcendente. Dentre as tantas visões, a que mais teria relevância nessa viagem ancestral fora a de que Paju pertencera a uma das primeiras tribos dos troncos tupis-guaranis, razão de a condutora das revelações ter interesse por ela. Assim, Paju se via em uma época distinta, nada a ver com seu tempo, e em uma cidade em que sua atual percepção desconhecia a origem. Nessa estância, a mbyá via pessoas com estaturas avantajadíssimas e com vestimentas em tom prateado. Tais gigantes eram muito parecidos com os humanos. Esses indivíduos em nada condiziam com a realidade à qual ela estava acostumada. As mulheres tinham quase três metros de altura e os homens, certamente, atingiam quatro. Esses gigantes conversavam amistosamente com seus semelhantes mais baixos. Aquele cenário incomum proporcionava a Paju uma sensação desconfortável, sendo que uma daquelas pequeninas ao lado dos "enormes", para seu espanto, se tratava dela mesma. Intrigante a paisagem... Diferente de tudo que a mbyá conhecia. Chamava-lhe muito a atenção um imenso veículo prateado estacionado ao lado de um galpão. "O tal veículo, o que seria aquilo? Pois aquilo não existia em seu tempo!" As observações fervilhavam em sua mente. Dessa edificação provisória, como em um acampamento para fins científicos, havia o veto ao trânsito dos "menores". No entanto, entravam e saíam os "enormes" indivíduos naquele recinto. Embora Paju nada compreendesse a respeito do que estava a observar, aqueles indivíduos estavam trabalhando em engenhosa experiência genética.

Curiosa com aquela estranha circunstância, Paju perguntava a si mesma, mas a resposta chegava via Semeadora do Universo:

— Mas que choça é esta? Que lugar é este que sinto me ser tão familiar?

E as intrigantes interrogativas eram respondidas dentro da mente dela:

— Estas cenas aconteceram há muitas eras... Estes são os Semeadores do Universo. Grandes cientistas siderais.

— Cientistas? Eras? O que significa tudo isto?

— Eras, no teu sentido de tempo, são luas, muitas luas que passaram. E cientistas são os que vosmecês insistem em denominar como divinos. Nem tudo pode ser considerado divino e nem tudo surgiu do divino, apesar da natureza ser divina em sua essência. Para muitos casos, houve um processo elaborado através de experiências, todavia com o aval do chamado Verdadeiramente Divino, a fonte de Nhanderu. Tais vocábulos não são adotados no teu idioma. Portanto, Y'urema cá está a tentar proporcionar o máximo de entendimento com as explanações.

Com singela pausa em seu raciocínio, como se estivesse pensando na melhor maneira de expor sua aula, prosseguiu a mentora:

— Quando os ancestrais do Cruzeiro do Sul chegaram ao teu mundo para implantar a raça vermelha com a civilização da antiga ilha que submergiu, conforme projeto cósmico, tudo transcorreu de forma harmoniosa. Durante milhares de anos, ou melhor, luas, esse povo viveu de forma pacífica, voltado para o desenvolvimento e o ancoramento dos propósitos cósmicos elevados. Esses seres tinham consciência de sua origem e sabiam de sua missão neste mundo. Houve outras confrarias que se instalaram em teu mundo também, mas esse ponto não interessa agora para o entendimento dessa temática, pois alguns fracassaram no projeto de colonização com agendas de conquistas. O que importa nesse contexto é que tu és descendente desses interdimensionais: os compridos que aparecem registrados em tua memória.

— Paju?

— Sim, querida... Mas, agora, presta bem atenção! Algumas palavras, ou conteúdo destas informações, que te apresentarei nesta explicação, poderão apresentar certa dificuldade para assimilá-las em tua compreensão; contudo, o mais simples possível serei. Para que o raciocínio chegasse ao habitante primitivo deste mundo, os Semeadores do Universo, exímios engenheiros da vida, executaram persistentes cruzamentos entre duas formas de vida, a deles e a dos antropoides; esse segundo seria, para clareá-la nas ideias, algo parecido com o macaco que conheces. Algumas dessas experiências foram principiadas e elaboradas nesta cabana que visualizas em tua mente. Seguiram, então, por incontáveis tentativas, até chegarem ao modelo ideal dessa inteligência que desfrutais hoje. Na genética, ou melhor, nos cruzamentos, para melhor entendimento, as unidades funcionais desses seres vivos se fundiram e fundamentaram a vida, para que ela chegasse ao estágio primado. Num primeiro momento, o projeto não passava de uma experiência de aprimoramento das espécies, mas, com o passar das luas, os criadores se apaixonaram por suas criaturas. Tais cientistas amaram mulheres nativas deste mundo, aquelas frutos dos cruzamentos biológicos, de onde se desenhou o tronco familiar deste mundo e as gerações seguintes.

Pensativa, Paju perguntou à mentora:

— E sobre a história contada por Yakan, ressaltada pelos antigos tamois, nas quais sempre se afirmou que Nhanderu etê, cujos olhos refletem a infinidade das cores, está a vagar pelas estrelas num pássaro chamado bairý? E que Nhanderu etê percorreu o Nhe'ê Rekuagui, o lugar das almas, o mundo dos espíritos, e de lá trouxe Nhande ypy, o Primeiro Homem, transportando-o em seu bairý até mundo da carne?

Tentando não fugir do primordial para a missão reveladora, a Semeadora do Universo continuou:

— Através das luas, os antigos segmentaram as verdades. E, por bom tempo, ainda será necessário que os humanos aprendam a andar com as próprias pernas. De outra forma, não existiria progresso consciencial. Cada parte deste mundo tem um modo específico de compreensão de "verdades". Nem sempre a tua verdade é a do outro, mas isso demanda tempo por explicações mais elucidativas e não é o objetivo essencial. Entende agora que Nhanderu etê é um Pai do Universo, um pai de tudo! De todos nós. Dos conhecimentos macros, ou melhor, maiores. E que a revelação demonstrada nessa viagem é a personificação de sua obra, onde foram enviados tamois mui sábios para a construção da vida. Um Nhande ypy, por exemplo, não haveria como surgir do nada. Foram necessários mui cruzamentos para conseguir, entendes? E o mais lindo é que toda essa essência se torna em seguida espiritual. Houve o tempo dos Pamba'e Djaguá, as terríveis feras, sobre as quais tenho certeza que tua tutora também contou. Depois, o mundo mudou... A evolução prosseguiu... Era necessária a elaboração de vidas pensantes, para que os processos evolutivos continuassem progressivamente.

— E Nhande Tchir pý?

— Pertinente a tua pergunta — respondeu paciente a mentora — Segundo os compêndios, a primeira mulher a pisar neste mundo foi Nhande Tchir pý, ou seja, a mãe de todos. Se me perguntares sobre os contos, direi que não está errado aquilo que os mais velhos te ensinaram. São formas de interpretar as doutrinas.

Confusa ainda com as histórias que aprendeu e com o que procurava entender, perguntou novamente Paju:

— Não estaria errado que Nhande ypy e Nhande Tchir pý tiveram seis filhos? Sendo Kraí í, do poder divino, Nhamandu, do reflexo do Sol, Djatchir, a dona da noite, Wherá Tupã, da chuva, Wherá Nhimbodjerê, do dia e noite, no giro da Terra, e Pará Guatchú, dos oceanos?

— Não... Nada está errado. Tua cultura é linda. Y'urema também faz parte dela. Para manter tua tradição viva, Nhanderu etê gerou três irradiações junto aos homens: Kraí, o Iluminado, Kraí Rendy Vydjú, o Poder da Luz, e Kraí Kendá, o Mensageiro do Bem e do Mal, exatamente como vossos mestres sempre ensinaram. Não tenho intenção de mudar conceitos, mas quero fazer brotar na tua mente a essência deste mundo. É muito importante que conheças determinadas situações para uma sabedoria sustentável. Há um cunho no teu espírito e cá estou para resgatá-lo. Por enquanto, somente desejo que fique claro que todas essas denominações de tua doutrina são consideradas "pais deste mundo". Eles viajaram em seus bairýs, parecidos com aquele que viste estacionado na projeção de tua mente, unicamente com o propósito de cultivar a vida inteligente neste mundo. As dimensões vivem em constante evolução. E os entes chamados "fantásticos" também fazem parte de todo esse processo. São diferentes porque são híbridos, resultantes de cruzamentos dos mais diversos, e a natureza se encarregou de abraçá-los como qualquer ser em evolução. Daqui pra frente, tu conseguirás atingir mais e mais registros ancestrais, pois tua mente foi ativada em tua glândula pineal, que tem ascendência sobre o sistema endócrino. Não te espantes com esses nomes que desconheces; alguns nem será possível explicar neste tempo. Pensa, por exemplo, que tens um terceiro olho na testa, um olho espiritual, intensificado em suas potências através desse verde vibracional emitido por mim. Esse selo será o registro de tua ancestralidade e o elo com as matrizes dos Semeadores do Universo. Por isso cá estou. Na vida física, ainda falta bom tempo para a transição que este mundo sofrerá. No entanto, já começamos a selecionar os parceiros para o resgate da difusão da evolução espiritual, a recuperar ensinamentos perdidos ou esquecidos durante a evolução humana, em suas migrações e formações culturais.

— Paju está lisonjeada e vai fazer o possível para não decepcionar Y'urema. Mas, estranho... O que está a acontecer?... Paju está a ficar novamente fraca...

— Não te preocupes. Não estás a sentir fraqueza por conta de nenhuma desnutrição. Aquela erva oferecida por tua tutora foi suficiente para refazer tuas energias. À tutora foram revelados muitas coisas interessantes na Caverna dos Kurupis. O que acontece contigo é o enfraquecimento do efeito da beberagem. Agora, o Segredo da Y'urema é teu legado. Como edificadora dessas bases, minha responsabilidade será te preparar para que estejas fundamentada para o Advento da Y'urema. Tu não poderás revelar a ninguém esse mistério, para que não haja qualquer deturpação no caminho para a implantação das Essências da Luz Velada, que deve ocorrer daqui a algumas luas nesta terra. Através da prática dessas Leis Universais, este mundo atrasado poderá se transformar, assim como modificar a sua densidade de padrão para algo mais polido.

Paju enfraquecia cada vez mais em sua percepção e já não tinha mais nitidez nas projeções mentais. Ciente da situação, a mentora finalizou:

— Por aqui terminamos as intenções desse primeiro contato. Confio em tuas capacidades. Agora, retorna para as faculdades do teu físico.

Paju retornou às suas densas percepções sensoriais e permaneceu relaxada. A mbyá ficaria naquela condição por algum tempo, deitada na esteira. Em seguida, projetou-se de forma sensacional uma pirâmide de cristal, que envolveu por completo a visitante da outra dimensão. Lentamente, a presença extradimensional foi se tornando uma luz arrebatadora, nas mesmas condições em que ela havia se apresentado antes de se tornar visível, e, como um raio, desapareceu, regressando aos núcleos aonde habitava.

19

A quintessência

Localizadas num brejo de altitude, aproximadamente, 500 metros acima do nível do mar, situadas a quatro quilômetros do Círculo da Pedra Sagrada e com paisagens intocadas até aquela data, as Cachoeiras do Centro da Serra, local para onde Parassuá havia pedido que o lobo-guará levasse o casal serrano, era um dos espaços de que o pajé mais gostava para suas reuniões formais, depois da pedra-símbolo. O local, como tudo naquela estação do Atlântico Meridional, era paradisíaco, um conjunto que possuía trilhas de duas ou três horas de duração em caminhadas, esculpidas pela natureza, passando por corredeiras e balneáveis em forma de piscinas naturais. As muitas quedas d'água proporcionavam a visualização das aves nativas, embelezando ainda mais a paisagem; na vegetação, encontravam-se espécies de cipós e bromélias, com flores exóticas que também enlevavam o percurso das trilhas.

Cumprindo a missão de conduzir o casal serrano às cachoeiras extraordinárias, o lobo-guará seguiu resoluto para a Aldeia da Serra. Por horas, o canídeo rodeou as cercanias da aldeia, não descansando até o momento em que enxergou o morubixaba. Obviamente, a presença do animal causou apreensão entre as sentinelas. Logo que perceberam sua chegada, se prepararam para atacá-lo. Todavia, as intenções foram interceptadas por Yassanan, devido ao morubixaba saber da relação que Parassuá tinha com essa espécie típica dos cerrados, mas que também habitava alguns pontos serranos.

Tão logo houve o controle da situação junto aos flecheiros, o emissário canídeo se dirigiu sutilmente até o morubixaba, enquanto toda a aldeia parava para observar a elegância de seus passos. O destino dele era a pedra-símbolo, onde Yassanan estava a segurar sua lança, porém sem qualquer menção ofensiva contra o visitante. Seria difícil afirmar ao entendimento comum como um animal selvagem tinha total noção de sua incumbência. Defronte ao seu destinatário, o lobo-guará fixou seu olhar avermelhado nos dele, elucidando o motivo de sua visitação.

Subitamente, com seu uivo característico, o canídeo polarizou por completo a atenção de toda a aldeia, inclusive das crianças. Após aquele persuasivo manifesto, Yassanan se aproximou mais do emissário de Parassuá e perguntou:

— Queres dizer alguma coisa, animal errante?

Após a pergunta de Yassanan, o lobo insistiu nos uivos com mais expressividade, indicando, com rápidas idas e vindas até a entrada da mata, que realmente estava ali como emissário. Quanto a isso não havia mais dúvidas; restava saber o teor da mensagem através dos gestos do animal. Giyaputuairá veio bem perto de Yassanan e salientou:

— Yassanan! Perceba bem... Este Agoa'rá [*lobo-guará*] está claramente a demonstrar seu desejo para que o acompanhe, mas há algo que deve levar junto, senão já tinha terminado essa encenação. Talvez payé o tenha mandado aqui.

Pensativo, o morubixaba respondeu:

— Sei... Mas, todas as vezes que Yassanan fez menção de ir adiante, o Agoa'rá não continuou... O que falta, então?... Não consigo entender a mente dele.

— Bem... É evidente que o animal não quer seguir apenas contigo — refutou o chefe flecheiro.

— Yassanan sabe, Giyaputuairá... Yassanan sabe...

As evidências demonstravam que o lobo queria que o acompanhasse para algum lugar, mas eles não chegavam a um denominador comum. Os uivos estridentes começaram a irritar Yassanan, que, não suportando mais tanto barulho, berrou para que o animal se calasse, porém sem sucesso. Mais algumas tentativas do morubixaba em seguir adiante se sucederam; contudo, o lobo não arredava as patas dali, evidenciando que havia uma ressalva para o caminho.

Percebendo as insistentes tentativas do canídeo, Sacutira se aproximou da confusão. Empunhando seu pequeno maracá de pajerama, intrometeu-se na bagunça:

— Sacutira sabe que Yassanan não acredita neste pajerama... E Sacutira espera não se desgastar com isto! Mas é preciso dizer: Yassanan não percebe? Toda vez que Yassanan ameaça acompanhá-lo, o Agoa'rá gira três vezes ao redor de si próprio. Isso significa que não deves ir só para onde o animal quer levar-te. O Agoa'rá está a girar insistentemente, porque deseja que tu leves alguém junto. É uma forma de expressão típica desses lobos. O Agoa'rá quer que leves Yaciara junto com Yassanan... Intuição vem clara na mente deste pajerama, pois é assim que os animais se comunicam com os payés.

Nada confortável com a intromissão do futuro pajé, Yassanan retrucou:

— Primeiro que Sacutira ainda não é um payé e nada tem a opinar aqui. Yassanan não confia nos teus palpites. Quem te chamou? E como Sacutira sabe disto? Yassanan não confia em Sacutira. Não adianta tentar. Sacutira só inventa! Vai procurar algum outro serviço!

Incomodado com a intransigência de seu morubixaba, Sacutira argumentou:

— Muito bem! Na ausência do payé serrano, Sacutira tem autoridade sim! Para opinar em qualquer assunto, pois a proteção espiritual desta aldeia está sob a égide deste pajerama, mesmo que isso te incomode tanto, Yassanan! Mas, então... Já que não gosta de Sacutira, aproveita para desmascarar este pajerama... Aproveita, Yassanan! Pois chama por Yaciara! E te sua companheira não confirmar o que este pajerama disse, Sacutira promete deixar imediatamente a aldeia e não te importunar mais.

Como sempre irascível, disse o morubixaba:

— Pois então é pra já... Yaciara! Yaciara! Yaciara!

Yaciara deixou o pequeno Nakoatann na oca e foi atender aos chamados efusivos de seu marido. De imediato, a delicada nativa percebeu a intolerância do marido com o desafeto dele, mesmo sem saber do que se tratava a discordância. Tentando minimizar as dilatadas emoções, perguntou de forma aplacada:

— Amor de Yaciara... Chamou?

Com ardentes gesticulações de descontrole emocional, respondeu-lhe Yassanan:

— Yassanan chamou sim! Mais uma vez, este pajerama desafia o morubixaba serrano. Esse curumim desenvolvido não mede esforços para importunar o chefe magno desta aldeia. Yassanan tem linhagem e não pode ser insultado. E Yassanan tem certeza que um ex-flecheiro não pode ser um payé jamais. Isto tem de acabar!

Procurando controlar a situação, Yaciara prosseguiu:

— Acalma-te, por favor... Não há motivos para guerrear com o pajerama.

As palavras de Yaciara o deixaram ainda mais irritado e mais histeria veio:

— Urrrrrrr! Yaciara também desacorda com Yassanan? Ninguém respeita mais o morubixaba desta aldeia? Nem sua companheira? Era só o que faltava... Deste jeito, até Nakoatann vai reclamar de seu pai.

Como sempre evidenciando sua natureza tranquila, a bela nativa apaziguou:

— Grande amor de Yaciara... Não te comportes como um curumim... Isto já está roto. Yassanan é amado por toda a aldeia e não faz sentido o que falas... Que aversão mais gratuita esta!

Colocando a mão delicada no peitoral do marido brutamonte, Yaciara retificou as inconformidades:

— Yassanan, fica calmo... Guerras não são precisas entre nós outros. No íntimo, sabes que não existem fundamentos no que dizes. Quero-te calmo, com o toque de quem realmente te ama.

Somente as mãos delicadas de Yaciara eram suficientemente capazes de domar o ímpeto guerreiro do marido. Em seguida, ainda irascível, Yassanan respondeu-lhe:

— Yassanan não pode combater a ternura de Yaciara... Amor de Yassanan venceu.

— Então, peça desculpas ao pajerama! Lembre-se que foi Parassuá que o elegeu para essa função, ato incontestável por se tratar de um sábio.

Mordendo os lábios por uma indignação inconsequente, o morubixaba tentou justificar:

— Mas... Mas...

Com a sobrancelha direita levemente levantada, Yaciara retrucou:

— Yassanan!

Yassanan andava de um lado para o outro. Coçando a cabeça desordenadamente, ele lançava, com seus chutes, terra para todos os lados. Yaciara continuava a fitá-lo com insistência. Sem saída, o homenzarrão disse:

— Pajerama! É... Bem... Nesta guerra, Yassanan é mesmo um fraco. Por Yaciara este morubixaba não vai mais discutir sobre nada. Mas... Desculpas já são demais! Este é o limite de um líder. Yassanan é um morubixaba! E morubixabas não podem se curvar a pajeramas... Oras! Yassanan volta a dizer que era o que faltava...

Yaciara suspirou. Com os ombros caídos pelo cansaço da patética cena de seu marido, disse ao futuro pajé:

— Sacutira, esquece. Fecha os ouvidos. Serranos sabem que Yassanan é morubixaba, por sinal o melhor, mas Yaciara é esposa de morubixaba, portanto, pode falar e exprimir ideias. Avó de Yaciara sempre ensinou a sensatez. Hoje, avozinha é uma estrelada, mas no coração ainda está nesta aldeia... E sempre fala comigo através da árvore, coisa que ninguém consegue entender... Vovó ensina que devemos acima de tudo viver como irmãos, nunca como desafetos. Sinto-a aqui, como num raio de luz que auxilia nos raciocínios corretos. A sabedoria estrelar apoia Yaciara! Assim, quando houver bom senso e postura real de um morubixaba, nós outros voltaremos a falar no assunto. Agora, chega de tudo isto! Qual é mesmo o motivo dessas divergências? E o que faz este Agoa'rá aqui, com seus olhos de fogo?

O futuro pajé inspirou o ar; olhou firme para o morubixaba, que permanecia irresoluto com os braços cruzados, e se postou para finalizar o assunto. No intuito de fechar aquela altercação, pronunciou-se:

— Bem... Da parte de Sacutira, todos sabem que não existem atritos; contudo, procura verificar junto ao teu companheiro o porquê dessas atitudes intolerantes contra a qualificação deste pajerama, pois confesso que não sei os motivos pelos quais o líder desta aldeia insiste em se exaltar. Sacutira sabe que é preciso respeitar o morubixaba, mas antes deste pajerama prevalece a integridade de um homem e essa condição não existe entre nós. Mas vamos deixar de perder tempo com picuinhas inoportunas e ir para o que interessa: Existe um Agoa'rá aqui! Um emissário que não suporta mais esperar por assuntos mal resolvidos, assuntos estes que nada interessam a ele.

— Esperar? Mas esperar por quê? — perguntou Yaciara bastante interessada.

Sacutira, visivelmente desgastado com todo o ocorrido, respondeu à sua interlocutora:

— Payé iniciou este pajerama em muitas tradições... Os sentidos de um payé nunca voltam a ser os mesmos depois de determinadas viagens astrais. A choupana do payé não é um local comum. Lá se aprende aquilo que parece impossível, insofismável, mas infelizmente Sacutira não tem poder contra adversidades de quem o odeia... Parassuá sabe o que faz, embora Sacutira não se sinta à altura de payé. Motivos payé teve para escolher este flecheiro como seu sucessor... Talvez Yassanan nunca aceite Sacutira como um futuro payé, mas isso não importa agora. O que interessa é que o Agoa'rá está aqui como o animal de poder de Parassuá, a quem todos desta aldeia devem reverência! O lobo é animal de poder de payé e Sacutira soube disso pelo próprio. Por isso, Yaciara tem de acompanhar Yassanan até onde o animal desejar levá-los. Esta é a mensagem dos três giros. Sacutira consegue ver o que o lobo quis mostrar.

Yassanan não desejava mesmo se redimir. O morubixaba ameaçou seguir sozinho, pois não queria se dobrar ao futuro pajé em hipótese alguma, mas, enfastiada daquilo tudo, Yaciara segurou o marido pelo braço de forma incisiva. Agora, não mais tão calma como antes, enérgica, finalizou:

— Pois bem, Agoa'rá! Indica o caminho para onde desejas levar o morubixaba e sua esposa. Um animal como tu tem mesmo um propósito para estar aqui.

Após o aval de Yaciara, o canídeo uivou mais uma vez e iniciou a caminhada pelas trilhas das Cachoeiras do Centro da

Serra. A princípio, a marcha do animal foi lenta, situação que possibilitou enfatizar que Sacutira estava certo quanto às suas percepções xamânicas. Ali se fundamentavam as convicções do futuro pajé. Sacutira, satisfeito com a resposta do animal, tranquilizava-se ao visualizar a doce Yaciara olhando para trás antes de adentrar nas matas. O olhar dela vinha junto com um aceno de agradecimento, enaltecido pela eloquência das persuasivas crenças e da segurança pertinente a um futuro pajé. Yassanan estava visivelmente sem graça, mas não queria mais saber de discussões. Enfim, o casal serrano acompanhou o enigmático lobo por uma longa caminhada na densa mata.

Quase duas horas depois de um exaustivo percurso, os dois chegaram ao encantador espaço das vigorosas e magníficas quedas d'água e se mostraram extasiados com aquele conjunto de elementos à disposição. Porém, estavam esgotados de tanto andar e precisavam relaxar um pouco. Preocupados apenas em contemplar o recanto, sem que percebessem, o lobo subira ligeiro até a rocha mais alta das vigorosas cascatas e ali se sentara, postando-se como se fora uma escultura.

Depois de um relativo descanso, Yassanan se levantou e começou a pular pelas rochas com vivacidade felina. Já Yaciara preferiu descer até a beirada para limpar os pés, que estavam enlameados por conta do trajeto nas matas. Após a brincadeira dos pulos, Yassanan também desceu até as margens. Para se refrescar do calor escaldante daquela tarde, o morubixaba mergulhou na água gelada, enquanto sua esposa graciosamente dividia seu olhar entre ele e a massagem que aplicava na sola de seus pés. Como um peixe, Yassanan nadou até a outra margem, para, depois, com a mesma desenvoltura, retornar até onde estava a esposa. O grandalhão, sempre querendo exibir seus dotes vigorosos, pois sabia que a esposa adorava tais demonstrações, depois de um mergulho saltou para fora da piscina natural, para, em seguida, dirigir-se até a amada e pegá-la pela cintura, como se segurasse uma simples pena. Enquanto a erguia, Yassanan a girava vagarosamente e contemplava a beleza da amada, olhando para o seu rosto delicado, perfeitamente emoldurado pelo azul-anil do céu, destacando os cabelos que balançavam devido aos ventos que atravessavam as serras. As lindas madeixas deixavam no ar seu costumeiro perfume elaborado com ervas, uma fórmula ancestral das matriarcas serranas. Aos poucos, aconchegou-a junto ao seu peito e abraçou-a carinhosamente. Tomado por energia dominadora, evidenciada naquele espaço distinto, o casal, envolvido pela quintessência, a substância etérea que interpenetra todos os compostos e equilibra os corpos celestes, experimentava determinadas sensações de prazer que iam além dos sentidos comuns. Não era à toa que aquele local era um dos preferidos por Parassuá, pois ali a energia circundante possuía tons que a física quântica atualmente procura explicar. Agraciados por essa força, deitados sobre a margem das corredeiras, ardentemente fizeram amor.

Saciados em seus desejos, eles se aconchegaram mais acima das rochas e, relaxados, adormeceram. Para seu maior conforto, Yaciara dormia com a cabeça encostada no peitoral do marido. Ao final da tarde, os dois acordaram quase que ao mesmo tempo, espreguiçaram-se e, ao se levantarem, foram surpreendidos com a presença de Parassuá, que estava sentado em uma pedra do outro lado das corredeiras. A posição do velho era de perfil para o casal. Desconcertada, Yaciara tratou de tapar seu sexo imediatamente com a folha que sempre utilizava para essa finalidade e Yassanan ajeitou também sua tanga. Estranhamente, Parassuá os ignorava, olhando para o alto da serra, a conservar a mesma posição, tendo em vista que o pudor não era problema para aquelas etnias; no entanto, sentiam-se envergonhados por conta do significado daquele encontro.

Yassanan não definia se ia até o pajé ou se permanecia ao lado da esposa, situação que perdurou por bom tempo. Entretanto, com a aparição do lobo-guará, no mesmo ponto acima das rochas, Parassuá, a destacar seu braço direito sustentado em um dos joelhos, resolveu sair do silêncio e dissertar algumas considerações:

— Agoa'rá partilha sua energia de cura com os demais. Não a cura de moléstias, mas a cura da existência tortuosa. A energia desse animal nos ensina a buscar nossa verdadeira matilha, nossa essência, para que possamos acompanhar o novo ciclo. Mais importante, acima de tudo, é nos isolarmos dos antigos padrões, de forma que possamos escutar nossas vozes interiores. Pode ser um isolamento em algum "lugar de poder", como estas cachoeiras, ou, se não for possível este isolamento, buscar pelos ensinamentos sagrados nos quais vós acreditais, para que vossas vozes interiores possam vir a se manifestar com clareza. Buscai aqui vossas intuições. Com certeza, se há algum impasse, ao invocardes a energia do lobo como animal de poder, sereis impelidos a aprender com a própria sabedoria, ou com a sabedoria ancestral. Aprender a escutar...

Após a última frase, Parassuá se virou para o casal e prosseguiu com sua dissertação:

— O estado de espiritualidade é a conduta que indica a natureza espiritual das pessoas. Logo, viver uma vida espiritualizada é como ser regido por aspirações, impulsos e planos que derivam do superior e que se expressam conforme os princípios da consciência. É também usar desses sentidos, dessas faculdades mais elevadas que nós outros possuímos e das quais temos consciência. Portanto, existem certas virtudes que se consolidam por sua essência espiritual, num equilíbrio que comanda os quatro elementos e também os sentidos. Aqui, o quinto elemento permeia. É inevitável não senti-lo... Não se culpem por nada neste lugar, pois daqui tudo vibra excêntrico. Tais sentidos não são praticados por todos; para a maioria, são desconhecidos. Aceitem. Percebam. Este é o logo das virtudes na quintessência da espiritualidade. Não basta conhecer as essências, é preciso vivê-las. Não se pode se afastar do mundo, ou melhor, das coisas do mundo. Os indivíduos não podem ser sempre decentes. Tornar-se-iam reclusos. Por conseguinte, nada naturais... Regozigem-se por pisarem neste solo úmido e por se banharem nestas águas. Satisfaçam seus apetites e deem atenção aos seus desejos corporais, porém, limitá-los é disciplina imprecisa. O indivíduo correto não é aquele que está sempre envolvido nas suas propriedades, nem que está sob constante observação. A verdadeira honestidade está no potencial de ser desonesto e, consequentemente, evitar, deliberadamente, sê-lo. O indivíduo correto é aquele que tem a oportunidade de ser torto e não o é. Assim, a conduta espiritual é também mui prática, pois requer participação em assuntos bem realistas. Não se intimidem diante deste velho, pois não há por que fazê-lo. Um sujeito espiritual é aquele de quem as pessoas dizem: ***Sua expressão é uma garantia; portanto, confiaria nele em qualquer lugar e em qualquer coisa. Podemos, sempre, esperar um tratamento justo da sua parte. O seu coração é do tamanho de seu corpo.*** Estas são palavras simples que se adaptam ao comum. São verdadeiras declarações de espiritualidade, no entanto, não proclamam para ninguém o conhecimento magistral de qualquer doutrina, nem tampouco sabedoria para com as Leis Maiores, nem competência em persuadir as pessoas por seguirem certos caminhos na vida, somente são naturais e consistentes. Por fim, a espiritualidade não é encontrada em interpretações rebuscadas e definições de frases de um payé, mas, sim, naquela reação humana com base em compreensão e convicção pessoal. A vida espiritual, em suas maiores satisfações, é vivida por aquele que para no caminho o tempo suficiente para prestar socorro a quem tombou à margem da estrada. Não é, apenas, a que é vivida por aqueles que dizem da necessidade de se fazer isto ou aquilo, com palavras alucinadas que entorpecem as descendências. Os efeitos de cada um de nós outros se propagam cada vez mais longe e mais rápido e são mais duradouros do que as falas inconsequentes. Mãos calejadas se tornam uma barreira muito menor às virtudes espirituais do que mãos macias acompanhadas de um caráter grosseiro. O mascar fumo jamais pode conspurcar o caráter interior, como as mentiras, o logro e a crueldade, por mais polidez que tenham. Não existe nenhuma relação definida entre a sensibilidade da vida interior e a rudeza dos modos exteriores. Nada do que fazem será profano ou uma violação do espiritual, se é sempre medido pelas virtudes às quais se atêm. Nada que é da terra pode macular a vida, se a alma é o senhor todo o tempo. A espiritualidade é assexuada. É um estado de ajuste da Consciência Maior com o mundo em que vivemos e não é encontrada em um tipo único de indivíduo, nem consiste de uma função física. A pessoa pode ser masculina, viril, cônscia da força e da vitalidade do seu corpo e, entretanto, possuir a ternura da compreensão espiritual. Aquele que desculpa as fraquezas mentais, de caráter e indolência com reivindicações à espiritualidade é mais do que um hipócrita santarrão. É um profanador do Divino, porque tenta relacioná-lo à sua própria inépcia mortal. Espero que finalmente tenham aprendido a escutar, para, como consequência, aprender a sentir...

Após o eloquente discurso, Parassuá se levantou de onde estava e, beirando as corredeiras, dirigiu-se ligeiro até o casal. O velho parou defronte a Yassanan e, primeiramente, colocou sua palma direita sobre o peito do morubixaba. Em seguida, concisos, eles se cumprimentaram com os habituais três toques de ombros, enquanto alguém surgia por detrás da vegetação. Não demorou muito para se saber quem era: Yakan. Tranquila, a recém-chegada logo se aproximou de Yaciara. Naquele instante, a esposa do morubixaba acompanhava sentada, com as pernas de lado, próxima de suntuosa árvore, os líderes serranos se cumprimentarem.

O enredo para aquele momento estava pronto. Parassuá encostou seu inseparável maracá no solo e observou com firmeza Yassanan. Seus sinais eram de profunda satisfação. O pajé estava nitidamente feliz. Agraciado pela tela paradisíaca das torrentes fluviais, ele enfatizou suas intenções:

— Chegou o momento de payé partir...

Aquela frase inesperada deixou o morubixaba desconcertado, fazendo-o objetar:

— Partir? Como assim, partir? Yassanan não entende... Que história é esta?

— Payé vai seguir para o alto da Grande Serra. Será definitivamente, Yassanan... É o momento. Houve significativas revelações nessa última viagem, com propósitos acima da passageira vida material. Payé teve que definir caminhos. E payé aproveita para apresentar Yakan para o querido casal: um amor de Parassuá, uma companheira que irá junto com payé para uma nova etapa do viver.

Ainda mais atordoado com aquela informação, o morubixaba bateu os pés no terreno úmido. Em seguida, bradou como uma fera:

— Nãããããããããão!!! Yassanan não vai permitir que amado pai dos serranos vá! Mas... Quem é Yakan? Que conversa é essa de amor de payé?

Parassuá conhecia bem o ímpeto de Yassanan. Naqueles

momentos, o sangue jê do morubixaba sempre prevalecia. Assim, o pajé teve que buscar ser mais erudito:

— Acalma-te, filho do Grande Pássaro! Payé sabe o quanto amas este velho, mas é preciso seguir o destino... Não é vontade deste payé, é desejo de Ariri e Aetchá, os irmãos ancestrais de Tupiretana. Presta atenção! Nessa última viagem, revelações mais consistentes sobre nossas origens foram salientadas pelos estrelados e vão bem mais além do que payé sabia... Tu não imaginas a complexidade de todo esse desenvolvimento. Entenda que existe um plano muito bem elaborado para tudo e os pais-da-terra desejam que payé faça parte desse decurso. Payé percebe o teu assombro, por isso vai explicar melhor...

Por todo o mundo, a saga dos ancestrais em busca de novos lares espalhou o conhecimento trazido pelos estrelados, aqueles que, há imemoráveis luas, por amor aos filhos da Terra, aportaram um dia com suas iguaras vindos do céu, transferindo-se posteriormente para a antiga terra que afundou, com as tradições divinas, enquanto os grandes cataclismos que mudavam a face do mundo se sucediam. Tais payés detinham conhecimentos que surgiram originalmente como um movimento encimado e fechado nas Ocas da Luz. Eles tiveram suas funções maiores reveladas, quando precisaram transformar um culto gerido por sábios que teriam a incumbência de combater o então emergente movimento de desviados que se espalhava por toda a parte naquela época. Os desviados instituíram o egotismo e trouxeram as trevas ao mundo e, consequentemente, a derrocada de suas aldeias. Dizimados pelas próprias atitudes, seus espíritos vagaram na dor e no tormento. Assim, os primeiros iuiucumains chegaram ao nosso conhecimento, espíritos dominadores e egressos de um mundo desaparecido, vindos duma história anterior às aldeias de Tupiretana. Nossa Aldeia da Serra foi fundada pelos pais de Ariri e não por Ariri, como acreditávamos. Esses pais de Ariri, que são nossos pais também, nos trouxeram novas atribuições, com obrigações para a implantação de novos tempos. Na Caverna dos Kurupis, Parassuá viu tudo e conheceu o que faltava por saber sobre as origens de Tupiretana. Nós outros teremos grande importância para o resgate do que se cultivava nas épocas remotas. Nas

Ocas da Luz era tudo belo, Yassanan... Este velho payé pôde sentir a beleza dos cultos ancestrais nos voos da alma, quando navegava pela Caverna dos Kurupis. E os estrelados disseram que vão trazer de volta para nosso mundo o que cultuavam em suas Ocas... Um princípio denominado Luz Divina, cuja implantação já está traçada pelos pais-da-terra nas vindouras luas grandes, aqui em nossa amada Tupiretana. Mas, antes de iniciar a contribuição de Parassuá nesta laboriosa empreitada, os pais-da-terra concederam um tempo a mais nesta vida para que este velho pudesse consertar um erro do passado, uma chance de amar, que vou aproveitar.

Yassanan, olhando irritadiço para Yakan, disse:

— Yassanan não deseja questionar o que os pais-da-terra determinaram. No entanto, Yassanan continua à luz de tochas quase apagadas, sem concordar com nada disso!

Virando-se para Yakan, o morubixaba prosseguiu:

— És tu que queres levar payé embora? E, para piorar, é uma mbyá! Yassanan não acredita no que vê. Payé, para com essa tolice agora e vamos para a aldeia!

Yakan, carinhosamente, passou a mão na cabeça de Yaciara. A atitude deixou a esposa de Yassanan atônita. Em seguida, a velha se dirigiu até seu antigo amor e afirmou para o morubixaba:

— Grande Uvixa [*Chefe*]. Não é tolice. Yakan sempre amou Parassuá, mas diferenças entre aldeias nos afastaram. Os estrelados mostraram que diferenças entre povos nunca existiram, pois todos são filhos dos mesmos pais; portanto, não fazem sentido intolerâncias. Tupiretana vai mudar... Vai mudar demais... E é preciso preparar nossos descendentes para as mudanças que virão...

Yassanan colocou as mãos nas orelhas e voltou a bradar:

— Cala-te, mulher estranha! Não te conheço. Yassanan não é Avixa coisa nenhuma. Yassanan é morubixaba. Morubixaba!!! E, como um morubixaba, Yassanan exige payé em Aldeia da Serra até sua morte!

Tentando ser tolerante, Yakan voltou a insistir:

— Isto não é amor, Avixa... É possessão...

— Yassanan já disse que não é Avixa! Yassanan é morubixaba. Yassanan tem autoridade para decidir destino de payé. Que nada de possessão! É amor de verdade, coisa que teu payé não te ensinou, pois é o maior maluco destas terras.

Preocupada com a irascibilidade do marido, Yaciara se aproximou dele e colocou sua destra em seu braço:

— Amor de Yaciara... Fica calmo, por favor.

Com brutalidade, ele lhe respondeu:

— Amor de Yassanan! Por favor, não se intrometa neste assunto de morubixaba. Yassanan não conhece esta mulher e não pode permitir isto!

Cansado daquela situação, Parassuá enfim resolveu acabar com aquilo:

— Basta! Parassuá é que não vai permitir discórdias num espaço da quintessência. Por isto que Parassuá chamou os abaetés [*pessoas de palavra*; *pessoas honradas*] aqui. E agora, calma. Calma para todos. Quero afirmar-te, Yassanan! Yakan nada tem a ver com o louco mbyá, que, pelo que sabemos, está perdido nas matas por ter invocado anhangás. Parassuá quer passar seus últimos dias ao lado de Yakan e tentar recuperar as luas perdidas. Tal desejo ninguém vai podar deste velho! Agoa'rá, a partir de agora, é o senhor do destino. E o lobo será a presença do payé na aldeia. Para payé, vocês são abaetés, por isso é mui importante este momento. Payé quer sentir paz e não tristeza com partida. Confia em payé. Confia.

Parassuá fechou os olhos e abriu os braços em forma de cruz. O velho desejava mostrar a seus queridos o que significava aquele lugar:

— Este payé vos comunica com as qualidades do quinto elemento! E que as forças se adequem e tomem estruturas em queridos abaetés, a criar conexões por todos os níveis de vossas vidas.

A essência da concepção evocada pelo pajé foi se formatando como uma moldura ao redor das corredeiras, uma manifestação simplesmente sensacional, que exibia tons que lembravam a aurora boreal. Enquanto transitava o fenômeno incipiente, seus nichos demonstravam ter vida própria e envolviam as personagens em uma sensação que superava todas as necessidades de prazer humano.

Não tardou para que Yassanan abrandasse seus sentimentos grosseiros. Domado pela beleza da notável vibração, ele se rendeu. Nas pupilas de Yaciara percebiam-se os reflexos provenientes do prodígio, uma tensão luminosa que se assemelhava a pequenos faróis, situação que perdurou por um tempo sem precisão, por conta de seus sinais ondulatórios e através de uma energia sem adulteração.

Parassuá, como um maestro que conduzia as manifestações, ainda na mesma posição continuou sua fala:

— Quando sentimos frio, o fogo nos aquece... Quando temos sede, a água nos sacia... Quando temos medo, a terra nos acolhe... No ar, encontramos a sustentação da vida... E, no estado do espírito, temos esta sensação... A quintessência... O que sentimos aqui era comum no passado. Coaracy, Yacy e Perudá, na tríplice manifestação do poder de Tupã, agraciavam-se pelas forças da natureza, dos elementos, das coisas, dos seres... Atualmente, nossos conterrâneos perderam o poder de sentir, e o que já foi pleno se tornou turvo, frágil, limitado, fraco, alucinado em muitos casos. E não é isto que Ariri quer para nosso povo. Payé tem de ensinar Yassanan! Contavam os antigos payés que do elemento ígneo de Coaracy saíam as flechas de fogo de Tupã, que, com suas descargas, se transformavam em trovões. Yacy, a progenitora mãe dos vegetais, mãe natura, contemplou a vida, e Perudá, o guia do amor e da reprodução, despertou o amor dentro dos corações das mulheres. Aqui podemos sentir o que sentiam os Pais da Terra... Esses pais-da-terra estão aqui, Yassanan... Por isso, sentimos esse júbilo... É a quintessência...

Tomado pela enlevação do ambiente e de suas frequências, Parassuá se agachou e pegou três pequenas pedras de tom escurecido. Segurando-as, ele prosseguiu com suas ideias:

— Yassanan! Payé segura estas três pedras já consagradas pelo elemento prodígio. A primeira deve ser entregue para Nakoatann. A segunda, para Paju. E a terceira para Sacutira. Nakoatann é o herdeiro serrano e conduzirá a aldeia no futuro, por isso payé quer que o curumim a use como conta principal. Paju é pupila de Yakan, casal não a conhece, mas não se preocupem, pois quem vai levar o símbolo para a tutelada é o Agoa'rá. Quanto à terceira pedra, por sinal a maior, payé tem um pedido dos antigos payés revelado também na Caverna dos

Kurupis. Todo morubixaba tem de ser prudente. Conduzir seu povo com grandeza. Quem disse isso foi nada mais que Tuyabaé, o mais antigo dos payés serranos, o pai da sabedoria. Parassuá teve a honra de vê-lo em voo da alma e nem imaginam a luz que carrega esse sábio... Mas, continuemos com a terceira pedra... O próximo payé é Sacutira e esta pedra deve ser entregue ao responsável pela proteção espiritual. És tu, Yassanan, o incumbido de entregá-la, e dizer também que Sacutira não é mais pajerama e sim o legítimo payé dos serranos.

Ainda a demonstrar resistência ao futuro pajé, Yassanan arregalou os olhos com a responsabilidade conferida a ele, mas Parassuá logo concluiu:

— Lembre-se, Yassanan! Essa ordem veio de Tuyabaé.

O poder do nome "Tuyabaé" era notável e fez Yassanan submeter-se ao seu significado. O morubixaba abaixou a cabeça em profunda reverência e disse sem perturbações:

— Payé tem razão... Essas manias de Yassanan não fazem mais sentido. Sou regente dos serranos e é preciso mudar determinadas posturas. Sangue grosso este de Yassanan... O que Yassanan tem é medo. Medo de ficar sem a proteção de payé, por isso reluta em aceitar sua partida... Mas, se for a vontade dos Pais da Terra, morubixaba vai respeitar, embora com o coração despedaçado... Vai respeitar... Yassanan anunciará o novo payé serrano!

Aproximando-se mais de Yassanan, Parassuá, com a mão novamente espalmada no peito dele, finalizou:

— Filho do Grande Pássaro! Payé nunca ficará distante. A Grande Serra não é longe daqui. Toda vez que o uiraçu sobrevoar as tabas, o casal de abaetés poderá segui-lo e assim visitar este velho no monte; lá estará a choupana de Parassuá e Yakan. Payé não pode precisar por quanto tempo ainda permanecerá neste mundo, mas haverá algumas visitas... Agora, payé precisa seguir seu destino. Abraçar o Espírito da Serra que preparou tudo ao redor dos montes. Receber todas as orientações de Tuyabaé em relação às Leis Divinas, para ser admitido no último raio da pedra fundamental. Parassuá está feliz por ter sido escolhido pelos antigos payés... E vai estar ao lado de quem sempre amou...

Suspirando profundamente, Parassuá depositou as pedras nas mãos de Yassanan e se despediu:

— Que Tupã fique com todos na Aldeia da Serra.

Com os olhos marejados de profunda emoção, Yassanan abraçou sua esposa, sem condições de consolá-la. Yaciara se derramava em prantos, encostada no peitoral do marido, não querendo ver o velho partir. Acima das personagens despontou no céu o grande símbolo da Aldeia da Serra, a exuberante águia. Primorosa, em círculos, o animal sobrevoava o espaço a atribuir suas bênçãos ao casal de velhos pajés. Um misto de alegria e tristeza tomou conta da situação.

Yakan se aproximou de Yaciara. A velha passou carinhosamente sua destra na cabeça da rainha serrana, tentando demonstrar compreensão diante do significado que o velho pajé possuía junto aos líderes serranos. Naquele momento, Yassanan abraçou ainda mais forte a esposa. Yakan os reverenciou e se aproximou de seu companheiro e, juntos, postaram-se defronte às corredeiras. O morubixaba pensou em falar alguma coisa contra, mas rendeu-se definitivamente, pois não havia mais o que fazer em oposição à decisão de Parassuá. Yassanan, com as pedras imantadas em suas mãos, suspirou...

Antes de partirem definitivamente, os velhos olharam com estima para o casal consternado pela despedida. Na entrada das trilhas para a Grande Serra, Parassuá bateu no peito e Yassanan respondeu com o mesmo gesto. Subitamente, o lobo surgiu entre as pedras úmidas das corredeiras e Parassuá cochichou na orelha dele. O canídeo girou três vezes e o velho colocou no pescoço do animal a pedra que seria destinada a Paju; um uivo estridente fez-se como marca e, em seguida, ele seguiu para efetuar a entrega.

Parassuá empunhou o maracá e olhou para a águia. Os velhos acenaram para o falconiforme e partiram rumo à choupana da Grande Serra, pois haviam superado todos os seus medos.

Por alguns minutos, Yassanan observou a fenda da trilha onde os velhos haviam adentrado, talvez na inútil esperança de que retornassem. Yaciara em momento algum se virou para ver a partida de seu pajé e permanecia colada no peito do marido.

Consciente, o morubixaba colocou as duas pedras na cintura, prendendo-as na corda que sustentava a tanga. Com delicadeza, pegou sua amada no colo, e lhe disse:

— Yassanan compreendeu tudo. Tupiretana passará pelas mudanças alertadas por payé e é preciso preparar os serranos. Da sabedoria de payé não há o que contestar. Salve, Tuyabaé! Vamos, amor de Yassanan... Não se preocupe, que morubixaba vai levá-la no colo.

A delicada nativa aconchegou a cabeça no ombro do marido e permaneceu no colo dele até a aldeia, amparada e protegida pelo "filho do Grande Pássaro". O espírito esverdeado se fez presente e os acompanhou por todo o trajeto, com seu exército de homens-folhas, repelindo qualquer influência adversa que porventura tentasse importuná-los.

Capítulo 20

A poderosa pedra do lobo

Com vista para um lago em formato de coração, rodeado de araucárias centenárias, de onde se podiam avistar bugios, cervos, lebres, gatos-do-mato, tucanos, papagaios, curucacas e uma infinidade de aves e animais silvestres da região, alguém muito especial para Yakan, a jovem Paju, estava sentada sobre uma das pedras daquele lugar, a confeccionar um tipo de bodoque. Totalmente compenetrada no acabamento do dispositivo, especificamente constituído por uma funda de material elástico, preso nas extremidades da bifurcação de uma pequena forquilha de madeira, não percebia a chegada de uma pessoa preocupada com suas constantes ausências da aldeia. Na verdade, quem se aproximava era Ratangatú, um antigo admirador de Paju, que, não desejando ser notado, foi se achegando lentamente.

Ratangatú era tão jovem quanto Paju. Quando pequenos, sempre brincavam juntos, com insinuações infantis de namorados, e o rapaz acabou desenvolvendo um lastimoso amor platônico por ela. A timidez daquele jovem era descomunal. Ele mal conseguia se expressar, tendo muita dificuldade em se relacionar com seus conterrâneos, situação que o levou a ser intitulado o introvertido da aldeia. Entretanto, o tímido tinha excepcional qualidade: era corpulento. Por conta disso, ainda tinha se preservado em sua integridade, pois havia forte receio dos demais em enfrentá-lo. No tocante às características físicas, o nativo não apresentava diferenças dos de sua etnia, a não ser por estar acima dos padrões na altura, medindo quase dois metros. No restante, ele era bem típico, com cabelos longos que escondiam as orelhas, sobrancelhas grossas, olhos castanhos e rasgados, nariz achatado, boca carnuda, membros musculosos (tanto os braços como as pernas), sempre trajando uma tanga de couro e sem qualquer ornamento no corpo.

Dotada do poder da Y'urema, Paju haveria de seguir com todas as atribuições a ela concedidas. Da noite para o dia, a fragilidade que sempre a distinguira das demais havia se tornado totalmente contrária. Um impulso guerreiro desabrochava de forma incontrolável nela e da antiga Paju nada mais existia. Compenetrada em seus objetivos, a eleita pela Semeadora do Universo se preparava para se tornar uma guerreira.

Paju terminara a confecção de seu bodoque e Ratangatú resolveu se aproximar dela. Exatamente naquele momento, a nativa colocava a última flecha na voxa [*sacola*]. Surpreendida pelo recém-chegado, Paju exclamou, atônita:

— Ratangatú! O que faz aqui? Parece uma mboîa [*serpente*]. Não faz barulho nenhum quando se achega...

Ratangatú estava com o coração quase a saltar da boca. O mbyá buscava forças para se aproximar de sua preciosidade, ansiando por falar a quem há muito sofridamente admirava. O introvertido tentava transpor os limites de seu excessivo acanhamento, mas não conseguia destravar-se, proferir uma só palavra, com os olhos saltados das órbitas. Aquela cena causava aversão em Paju. Incomodada com a expressão repugnante do jovem mbyá, Paju disse, se afastando:

— Ratangatú! Estás a passar mal? Pareces engasgado com um coco na garganta. Oras! Tu impressionas com teu jeito.

Ratangatú era mesmo espalhafatoso. Não havia equilíbrio algum em seu comportamento. Ele não conseguia se desvencilhar daquele estado emocional esquisitíssimo. Provocava pena vê-lo naquela condição e Paju observava a tremedeira dele com certa compaixão. Os espasmos do infeliz persistiam e já beiravam ao ridículo, com viradas de cabeça em abruptos tiques nervosos, a deixar Paju cada vez mais relutante.

Como aquela cena desatinada parecia não ter mais fim, Paju se cansou e olhou para o chão. Em seguida, pegou seu cocar multicolorido, ornamentado por penas de diversas aves, ora destacado por uma estrela de cinco pontas na região da testa. A bela jovem colocou o ornamento na cabeça com certa vaidade. A suntuosa peça decorada por ela mesma a tornava ainda mais bonita. Nas costas, ela prendeu o bodoque junto com a voxa e ajeitou a tanga feita com as mesmas penas do cocar.

O brilho da pele morena de Paju ressaltava todos os paramentos cuidadosamente confeccionados por ela, enquanto, em contraste com a exibição de beleza, Ratangatú permanecia em seus transtornos, tentando encontrar uma forma de parar de tremer. Determinada a sair dali, por fim Paju atestou:

— Vou embora, Ratangatú! Vens com Paju?

Buscando coragem sabe se lá aonde, o introvertido, na maior batalha de sua vida, venceu a timidez e manifestou-se trêmulo:

— Paju!!! Fica. Paju, fi... ca...

Na sequência, ele engolia a saliva e se engasgava. Não dando importância, a jovem retrucou:

— Chega de ser mirim, Ratan! Paju tem outros afazeres. Paju não pode perder mais tempo aqui. Por que estás a te engasgar?

Definitivamente exaurida daquela exibição de fraqueza, Paju, já preparada para seguir seu caminho, iniciou sua retirada daquele lugar, quando, de forma brusca e inesperada, o grandalhão a impediu, segurando seu braço e gritando em pleno desvario:

— Nãããoooo!!! Ratangatú vai falar agora. Obedece!!! Cheeeeeeegaaaaaa!!! Ratangatú vai falar como nunca Ratangatú falou. Presta atenção! Ratangatú não é idiota. Esta maldita aldeia sempre tratou Ratangatú como um estúpido. Basta! Ratangatú é homem. Um alguém. Alguém que vive! Alguém que sente! Alguém que vê!

Tentando se livrar das pesadas mãos daquele desequilibrado, Paju soltou a voz, bastante enraivecida:

— Solta! Solta braços de Paju agora, pois vosmecê está a machucá-los. Solta...

O maluco não se redimia. Mesmo com as insistentes tentativas de Paju em se soltar, ele permanecia segurando-a e olhando-a ameaçadoramente.

Com muita dor em seu braço e cansada daquela violência, Paju perguntou quase chorando:

— Sempre falaram que vosmecê era louco... E Paju nunca aceitava quando o insultavam... Paju defendia Ratangatú... Por que estás a fazer isto? Paju não gostava quando o maltratavam e sempre procurava defender-te... Não dá para entender... O que queres de Paju?

Suspirando, ela prosseguiu:

— Solta o braço, por favor... Paju não aguenta mais o jeito que o aperta...

Com os olhos desordenados, o maluco refutava:

— Ratangatú cansou!!! Ratangatú não vai mais permitir zombarias. Ratangatú está decidido! Decidido.

— Decidido a quê? — perguntava a nativa com a voz aguda.

Com a respiração ofegante, Ratangatú respondeu ainda mais atordoado:

— Paju não fica mais perto de Ratangatú. Agora, quem pergunta é Ratangatú... Por que Paju não gosta mais de Ratangatú?

— Não digas isto... Paju gosta, sim, de Ratangatu... Paju sempre gostou de amigo Ratangatú...

A consideração dela como um amigo apertou pesado o peito do homenzarrão e ele prosseguiu bufante:

— Amigo, não! Paju tem de casar com Ratangatú.

Paju olhou com repulsa para o desequilibrado e retrucou:

— Estás a enlouquecer? Paju não ama Ratangatú. Ratangatú é companheiro desde mirim de Paju. Para casar, é preciso amar e Paju não ama Ratangatú.

Após aquelas palavras incisivas de Paju, Ratangatú apertou ainda mais o braço da oprimida e a chacoalhou.

Com as pernas já bambeando, Paju suplicou:

— Para com isto agora, senão vais quebrar o braço de Paju! Aonde queres chegar com isto?

Tomado pela ira desmedida da rejeição, o nativo arrastava a jovem pelas bordas do lago como se ela fosse de papel. Sem controle, ele sustentava seu brado:

— Ratangatú ama Paju. Não consegue viver sem amor de Paju. Rrrrrrrr!!! Paju está diferente. Não conversa mais com

Ratangatú. Por quê? Paju! Paju! Paju!

Em lágrimas, ela respondia:

— Primeiro, solta o braço de Paju... Por favor... Depois, nós poderemos conversar... Deve haver algo a perturbar Ratangatú... O mal está a tomar teu coração... Paju percebe o vento pesado... Existe presença maligna aqui. Não precisas dar abertura ao mal... O mal quer dominar Ratan... Não deixes... Olha para Paju, por favor... Não permitas que o mal domine povo mbyá... Oh! Nhanderu... Paju percebe que tem maldição aqui... Ajuda Paju...

Enceguecido por uma força incontrolável, o rapaz nem se dava conta das súplicas de sua querida e dizia:

— Não! Se Ratangatú soltar Paju... Paju vai embora! Não! Ratangatú não solta.

Paju não suportava mais a dor e já tinha dificuldade em se manter de pé. Ela tinha de pensar rápido e fazer alguma coisa contra aquela situação. Foi então que, num instante de descuido de Ratangatú, com a mão que o agressor não segurava ela tentou pegar do chão o seu bodoque. O intuito era se defender dele. Porém, o rapaz era mesmo muito forte e, sem dificuldade, impediu-a nas intenções. Aquela ação ofensiva dela o irritou ainda mais. Irado, ele pegou aquela arma e a arremessou para bem longe, demonstrando que não estava de brincadeira.

Com uma forte batida no peito, Ratangatú prosseguiu em seu surto. Erguendo Paju com os dois braços, com violência complementou:

— Então Paju não ama Ratangatú, não é mesmo? Huummm... Responde! Não ama?

Estressadíssima com aquela situação, a jovem respondeu:

— Paju precisa acabar logo com isto... Paju então afirma... Para ser esposa, não... Paju não pode mentir para vosmecê...

Os níveis de perturbação do surtado chegaram ao extremo e Ratangatú se preparava para atirá-la contra uma enorme pedra. O desejo agora era de castigá-la. Todavia, um visitante impediria a atitude violenta.

Já quase efetivando o delito, Ratangatú escutou um rosnar ameaçador atrás dele. Confuso, o mbyá se virou para se deparar com o canídeo emissário de Parassuá. Ameaçador, o animal estava pronto para avançar contra ele, exibindo os protuberantes dentes.

Não se importando com a iminente ameaça, o surtado levantou Paju mais ainda para o alto e começou a gritar enlouquecidamente. Paju continuava a lutar, inutilmente, para se livrar dele. Os gritos entoavam os desvarios de um homem sem controle:

— Paju tem de amar Ratangatú. Tem de amar!!! Tem de amar!!! Tem de amar!!!

Paju tentou suplicar mais uma vez:

— Para com isto... O que deu em ti? Por favor, para. Não permitas ao mal tomar conta de teu espírito...

Com uma impregnação evidenciada de seu surto psicótico, Ratangatú a abaixou e, em seguida, abraçou-a por trás, para novamente perguntar:

— Vais amar Ratangatú? Aí Ratangatú para.

— Paju ama Ratangatú como amigo mirim... Amigo...

— Arrrrrr! Paju quer enganar Ratangatú! Quer enganar? Arrrrrrrrrrr!

Inesperadamente, Ratangatú destruiu o cocar de Paju e começou a apertá-la pelo pescoço. Paju batia as pernas desesperadamente. Se permanecesse naquela posição por mais tempo, certamente seria estrangulada.

Foi quando o lobo enrubesceu os olhos e, com um salto preciso, cravou os dentes no pescoço do maluco. A mordedura foi tão violenta que rasgou a carne na região jugular, obrigando Ratangatú a largar Paju. Ele lutava desesperadamente para se desvencilhar do lobo feroz, mas era inútil sua batalha. O canídeo não o perdoou. Finalmente contido em seus ímpetos, o surtado foi perdendo o vigor e tombou ensanguentado. Somente após ter certeza de tê-lo vencido, é que o lobo o soltou.

A violência daquela situação deixara Paju caída ao solo por um tempo razoável. Ela tossia muito, em consequência do quase estrangulamento. Ao retomar o fôlego, Paju percebeu que Ratangatú estava desfalecido. Aturdida, ela gritou:

— Nãããããooooooo!!!!

Entretanto, nada mais poderia ser feito por ele. Ratangatú estava morto. Arrastando-se, em desespero, ao lado do desordenado companheiro de infância, Paju agarrava a terra com raiva e copiosamente chorava. Em seu pranto, ela questionava:

— Por que isso? O que aconteceu aqui? Oh! Nhanderu... Por que permitistes esta desgraça? Foi intervenção de maus espíritos com certeza... E Paju não pôde fazer nada para impedir... O mal está a perambular por cá. Paju sente! Paju sente! O mal venceu os espíritos da floresta... Por quê? Alguém trouxe a maldição aos mbyás. Como nenhum espírito protetor impediu?

Enquanto Paju condenava as forças de proteção do Astral, surgiam suspensas no ar duas pequenas bolas de fogo de forma assombrosa. Juntas, elas vinham com um forte odor de enxofre. A insólita aparição fez Paju engolir o choro e prestar atenção ao fenômeno. Junto do fenômeno, uma voz se pronunciou:

— Ninguém pode com Anhangá! Nem Tupã nem Nhanderu.

Paju foi se afastando para trás, sem saber o que fazer. Tomada pelo pânico, ela assistiu às bolas de fogo lentamente se definirem como olhos ígneos. Em seguida, um veado gigante se projetou ameaçadoramente diante dela. A assombração deu seu veredito:

— Humana! O sacrificado valeu pela insanidade de teu tamoi. Aquele estúpido que se julgava capaz de comandar um povo.

Pasma, ela perguntou:

— Insanidade de tamoi? Como assim?

— Tu não sabes de nada. Pagarás pelos infortúnios. Teu tamoi invocou este Anhangá que te fala, para acabar com outra humana... Uma humana de tua aldeia... Vê só que estupidez... Há de se tomar cuidado! Cuidado de como se invoca um espírito mais antigo que o antigo... Mas, quanto à destinatária, o Anhangá não pôde efetuar a imolação...

— Acabar com alguém? Hummm... Era só o que faltava. Só podia ser coisa de Kunhan... Aquele velho maldito!!!

Com propriedade, prosseguiu a entidade:

— E era preciso um sacrifício. Sim, um sacrifício. Demorou a que a imolação viesse à tona. Não aguentava mais por esperar. Vagava por cá à espreita do sangue. E, na primeira oportunidade, Anhangá fez o que lhe era de direito! Um Anhangá não iria voltar sem levar uma alma junto, tendo em vista que a alma encomendada tinha bloqueios que impediam atingi-la. Anhangá não volta de mãos vazias a seu mundo. Eis um alerta aos imprudentes humanos!

— Que direito é este? Julgas direito matar inocentes?

— Anhangá não mata! Imola. A que inocente te referes, bela escolhida?

— Por que deixaste de ser um protetor da caça, para te tornar um espírito do mal?

— Não deixei de ser nada! Serei sempre o mesmo. Humanos é que criam os desatinos. Nestas terras isto será apenas o começo, pois tu nem imaginas o que teu povo experimentará no porvir... E agradece ao Agoa'rá que te salvou da imolação... Até preferia teu sangue, mas foi mais fácil o do humano estúpido... Este que disseste ser um coitado inocente... Inocente!... O desejo que o infeliz alimentava por ti era doentio... Sorte por não desencarnares vítima do sexo selvagem...

Enojada com o sarcasmo do espírito maléfico, Paju o desafiava com sua indignação:

— Se não fosse tua influência nefasta, espírito imundo, Ratangatú não teria coragem de fazer mal a Paju.

— Não desafies um Anhangá, humana... Oras... Quem foi que o imolou? Não foi o Agoa'rá?

— O Agoa'rá impediu a morte de Paju.

— E por quem?

— Tu não vais confundir raciocínio de Paju com teu veneno!

— Sem mais delongas... Alguma alma Anhangá levaria mesmo. Esta foi conveniente. Cobra teu tamoi pelo desterro. Poderia ser tu, mas a pedra impediu...

— Pedra? Que pedra?

— Pergunta ao Agoa'rá...

— Tu não querias sangue? Então, por que não levaste daquele estúpido do Kunhan? Devias sugar de quem tem podridão...

O Anhangá piscou os olhos ígneos e respondeu:

— Sangue... O sangue dos estúpidos é mais quente... Por isso Anhangá assim prefere. Não te devo satisfação. Anhangá é mais antigo que o antigo. O mundo é criação de quem? Responde! Teus protetores te desampararam. Anhangá é tão antigo quanto teus deuses. Quanto àquele que se dizia tamoi, Anhangá diria que Ahó Ahó o pegou primeiro. Isso mesmo. Ahó Ahó está a cuidar do verme. O carneiro vai consumi-lo até que o infeliz vire pó, pois gosta de matar suas presas devagar. Ele é diferente deste Anhangá. Cada qual nos seus interesses.

Para um Anhangá, até que esperei demais. Agora, posso voltar tranquilo às moradas que me pertencem. Humanos...

— O que vais fazer com o espírito de Ratangatú?

— Isso não te interessa. Tiveste muita sorte por estar perto da pedra... Até gostaria de provar de teu sangue, no entanto...

— Mas que pedra é esta?

— Já disse... Pergunta ao Agoa'rá... Assim que eu sair daqui, o animal poderá se aproximar novamente de ti. Mas, toma cuidado. Não esquecerei teus insultos, humana. Qualquer vacilo teu, eu volto e levo tua alma comigo. A única força capaz de anular o poder de um Anhangá são estas pedras. As pedras de quem sabe! E quem as designou sabia bem o que estava a fazer. Esses segredos foram perdidos. Alguém conseguiu desvendar o conhecimento primevo. Mas, volto a lembrar: não esquecerei jamais teus insultos, humana... Não esquecerei...

Subitamente, a incomum manifestação desapareceu da mesma forma que havia surgido. Sem precisar o tempo, Paju permaneceu inconsolável diante do corpo de Ratangatú. Ela se sentia culpada, com remorso por conta do desfecho trágico. Entretanto, um evento inesperado estava por vir. Um ruído idêntico à trajetória de algo em alta velocidade era percebido por ela. O sobressalto fez suas pupilas se dilatarem e visualizarem uma flecha que vinha como um raio em sua direção. Certeiro, o inusitado objeto fincou-se no solo, bem no centro da desgraça. Tratava-se de uma flecha plasmada, provinda de outra dimensão, devido à sua magnitude. A nativa observava o fenômeno ainda sob efeito de forte emoção, quando emergiu a enorme entidade feminina, a mesma Semeadora do Universo dos mistérios da Y'urema. E não diferente da outra aparição, mais uma vez o magnífico cocar da entidade era surpreendente.

Atrás da Semeadora estavam suas irmãs Y'upira e Y'andira, ambas tão altas como a irmã mais velha. Tamanha era a semelhança entre elas, que as notáveis poderiam ser consideradas trigêmeas, tendo como diferenciais apenas os ornamentos nas cabeças e alguns apetrechos. O tom da pele era idêntico. Y'upira utilizava uma fita branca na testa com cinco penas brancas alçadas e Y'andira, apenas um cordão de palhas na fronte, prendendo as grossas madeixas em tranças;

Y'upira tinha seios fartos, enquanto os de Y'andira eram mais modestos. Em outros aspectos, Y'upira possuía no peito um colar prateado, por sinal extremamente belo, que continha uma estrela de cinco pontas em tamanho relativamente grande; Y'andira, por sua vez, exibia apenas um aglomerado de botões amarronzados na mesma região. Nos braços de ambas havia braceletes em metal dourado e pulseiras de penas; usavam tangas de couro compridas até os joelhos e tornozeleiras de penas em várias cores; os pés estavam descalços. As armas eram bodoques presos nas costas e muitas flechas alojadas nas bolsas, numa expressão de verdadeiras guerreiras.

Y'urema arregalou os olhos e ajoelhou-se empunhando firme seu bodoque; como se estivesse inalando o odor do ambiente, a Semeadora retirou uma das setas de sua bolsa e a postou no arco, disposta e pronta para atirar; instantes depois, girando lentamente a robusta arma, ela fechou o cenho e arremessou o dispositivo de caça contra algo por entre as matas. Como um raio, a flecha adentrou ameaçadora na captura de seu alvo.

Em seguida, disse a primogênita de Tupinambá a uma de suas irmãs:

— Y'andira! Prepara a teia de captura, pois a seta já alvejou o corrompido.

Y'andira retirou de sua sacola uma teia de cordões energéticos, enquanto Paju observava atenta a intervenção das filhas de Tupinambá, nitidamente admirada com a exibição. Y'upira olhou para a irmã mais velha e se comunicaram em linguagem telepática, definindo a estratégia da empresa. Após ligeiro silêncio de expectativa, um urro estrondoso foi ouvido nas imediações, o que deixou Paju extremamente apreensiva. Y'andira elevou para o alto sua teia e a girou por três vezes; em seguida, ela arremessou o tecido formado de urdiduras na mesma direção que a flecha de Y'urema. Instantes depois, por entre as matas, o veado de olhos incandescentes surgia cambaleando dentro da teia de Y'andira, a exibir uma flecha certeira em seu peito e a verter um fluido escurecido pelo ferimento.

Na qualidade de caçadora de detratores espirituais, Y'urema se manifestou eloquente:

— Anhangá nenhum vai interferir junto aos Semeadores

do Universo! Antes de a Terra ser Terra, tu estás a caminhar neste mundo... Pelos mestres do Universo! Já estava em tempo de sensibilizar-te, espírito errante... Em quase 26 mil anos terrestres ainda não aprendeste? Já extrapolaste teu período de tolerância. Enfatizo! O encarnado era mesmo muito frágil, mas tua interferência não causou a desdita dele. Não tens o poder que pensas ter. Nada que não for da Vontade Máxima será praticado, por isso, enganas-te, "espírito que caminha na terra antes de ser terra". Enganas-te... Tens sorte que, neste orbe, ainda se toleram inteligências deturpadas como a tua... No entanto, o sopro do princípio do fim desta era já foi emitido pelos sidéreos que colonizaram estas paragens. Está esgotado, andarilho das fronteiras dimensionais. E de imediato! Liberta o espírito que acabaste de encarcerar, para, em contrapartida, retornar aos teus tormentos!

Anhangá desmoronou. O espírito assombroso caiu no solo e todo seu fluido nauseabundo foi sendo expelido em cascata. Na dimensão da matéria o ambiente permanecia normal, contudo, no plano espiritual, apontara um redemoinho gélido que envolvia a entidade inconsciente por completo. Aterrorizantes mãos acinzentadas emergiram por debaixo da terra, com gemidos tétricos sussurrados por seres abissais das entranhas da Terra. Não demorou a que o Anhangá fosse totalmente absorvido por esses abissais, deixando no solo gosmas betuminosas despejadas por ele. Ao redor daquele círculo espesso, postava-se um espectro deitado na condição espiritual de Ratangatú, ainda ligado por fios energéticos ao seu corpo material. As filhas de Tupinambá, em sinal de misericórdia para com Ratangatú, com sopros emitidos nas palmas de suas mãos e direcionados ao recém-desencarnado, evocavam elementais de vários nichos da vegetação. Esses seres de configurações cônicas não ultrapassavam meio metro e surgiam em dezenas, com a finalidade de sugar todas as impurezas deixadas pelo Anhangá.

As estranhas criaturinhas cônicas trabalharam com maestria na higienização de Ratangatú; através de fluidos esverdeados cintilantes, provenientes dos olhos daqueles seres fantásticos de outra dimensão, o conduto que interligava o corpo espiritual ao corpo físico foi cortado sem dificuldades. Tomada pela frequência incomum, com as pupilas embranquecidas no centro da íris, Paju tentava compreender o que seus olhos viam, enquanto os "cônicos" conduziam o espírito de Ratangatú através de um halo suspenso no ar. Devidamente alojado em uma "maca vibratória", Ratangatú, completamente adormecido, terminava assim seu martírio, levado pelas insólitas criaturinhas através de um portal, para desaparecer por entre o círculo luminoso.

Demorou algum tempo para que Paju pudesse se restabelecer daquelas projeções fantásticas. Evidentemente, a jovem mbyá ainda não possuía maturidade para tantas revelações sobre os mundos paralelos. Após o equilíbrio reintegrado, Y'urema, ao lado das irmãs, disse à sua protegida com eloquência:

— Avisa teu povo que o Anhangá passou por estas estâncias, por isso tem um cadáver aqui. Eleje um novo tamoi para essa aldeia. Não tenhas medo! Filhas de Tupinambá te cobrem.

Tentando compreender o tamanho de seus atributos, Paju, desorientada, perguntou:

— Guerreira! Tens certeza que Paju é escolhida pelos Pais da Terra?... Paju é tão frágil... Tão pequena...

Y'urema, irritada, fincou uma de suas flechas no solo e retrucou:

— Não te atrevas a impugnar a vontade dos Regentes! Já te foi desvendado o segredo dos antigos. Tu és a mandatária deste povo corrompido por um presunçoso. O que queres mais que façamos para entenderes???

Respeitosamente, Paju disse:

— Desculpe... Paju vai obedecer. Desculpe...

Empunhando a flecha de brilho dourado, a exuberante guerreira afirmou:

— Agora é o momento da pedra! O lobo trouxe a "pedra imantada" para te elejer como soberana. Esse símbolo colocará o respeito em teu peito. Terás autoridade para decidir tudo na aldeia. Eis o compromisso dos escolhidos.

— Mas... E quanto a Ratangatú?... O que Paju dirá aos guerreiros mbyás?... Talvez até suspeitem de Paju em relação à morte dele... Perdoa-me, mas Paju não sabe o que fazer...

Com sinais de impaciência, a Semeadora do Universo disse:

— A pedra é junção do poder primevo. Coloca-a no peito e verás do que és capaz!

Insegura, Paju foi até o lobo e retirou dele a pedra que estava postada em seu peito como uma coleira. Em seguida, o mensageiro se afastou dela e, ligeiro, sumiu pelas matas.

Ainda na busca de entender o que significava tudo aquilo, olhando para o simples ornato, que, a princípio, nada exibia de especial, a jovem insistia em se sintonizar a algo que não conseguia compreender; contudo, suas intenções foram inúteis.

— Coloca a Pedra do Lobo — ordenou a primogênita de Tupinambá —. Agora!

Sem mais preâmbulos, Paju elevou o simples colar até a cabeça, deixando-o cair devagar até a posição do pescoço. Em seguida, exibiu-o para as guerreiras, que a observavam com expressiva seriedade. Instantes depois, aquela até então considerada uma simples pedra começou a mudar a coloração encantadoramente e a exibir um tom esmeraldino de beleza singular. Paju, obviamente, maravilhou-se com a metamorfose inesperada do mineral que reluzia em seu peito moreno.

— Enfim! A junção do poder primevo está consolidada — afirmou mais tranquila Y'urema —. O contato entre circulação de teus fluidos vitais e os elementos químicos da pedra proporcionou a transmutação necessária aos desígnios desta terra. Tua vida não será mais a mesma após essa mutação experimentada. Era o que faltava para tua coroação, eleita! Vai e governa teu povo! Já é tempo.

Segurando a pedra sobreposta em seu peito, Paju agradeceu com olhos marejados:

— Guerreiras! Paju agradece por tudo. Paju vai se esforçar para fazer o melhor que puder aos mbyás.

— Não só ao teu povo, mas também por outras aldeias...

— No que for preciso, grande guerreira...

Após rápido silêncio, outra ordem foi proferida por Y'urema:

— Procura também o branco perdido!

— A guerreira se refere ao ex-prisioneiro?

— Sim.

— Paju tem alguma missão junto ao branco?

— Segue todas as intuições da pedra! E não percas mais tempo. Quando o Sol se unir com a lua, o teu poder se tornará ainda mais forte. Logo ocorrerá o eclipse. No momento dessa junção quero que estejas ao lado daquele branco.

— Posso saber por quê?

— Faz o que ordeno. Procura-o e saberás!

Uma luminosidade intensa foi a última manifestação das guerreiras, que desapareceram como um raio diante dos olhos da jovem mbyá. Paju respirou fundo e retornou para a aldeia, para cumprir as ordens das filhas de Tupinambá. Ela não mais desejava contestar a supremacia das Semeadoras do Universo. Paju, definitivamente, tinha noção de suas obrigações e sentia-se firme com o poder da Pedra do Lobo.

Capítulo 21

O ciclo do lobo

Paju adentrou na aldeia calada, sem olhar para ninguém. Seu destino era a choça de Yakan, um lugar abençoado para ela. Por todo o trajeto, desde a entrada até a velha casa de palhas, a maioria de seus conterrâneos a observava com certa estranheza. Os passos lentos da jovem mbyá delineavam na terra avermelhada o registro de um novo ciclo para aquelas terras, sem que aquele povo tivesse a mínima noção da importância do momento. Dentre esses nativos havia alguns que eram considerados os mais desocupados do complexo. Eles cutucavam uns aos outros, prestando atenção ao jeito da pupila de Yakan. Tratava-se de discípulos do antigo tamoi, um grupo de alienados da consciência que só serviam para atrapalhar.

Paju, ao chegar defronte à velha edificação de palhas, logo ajeitou seus apetrechos no chão e se postou ereta diante dos confusos. Olhando para seu povo, que esperava por alguma novidade, ela suspirou e não demorou a seguir com seu propósito. Apertando firmemente a mística pedra sobreposta em seu peito, manifestou-se:

— Um momento de atenção, povo mbyá!

Enigmática pausa aguçou ainda mais os desocupados. Subitamente, a nativa prosseguiu:

— Boca da Mata! Povo da Boca da Mata! Aproximem-se

de Paju. Toda a Boca da Mata, inclusive os curumins.

Surgiram nativos de todas as idades. Curiosos, tipicamente apresentados segundo sua etnia, eles vinham a esboçar completa desconfiança e foram se achegando até o mais próximo que puderam daquela que os convocava para uma palestra.

Ao ter certeza de que seu povo aguardava seu pronunciamento, com semblante de seriedade incomum Paju, confiante, prosseguiu em sua explanação:

— Paju chama pela Boca da Mata. Paju tem motivos. Paju chama por um propósito maior que o maior. De imediato, muitos até contestarão o que Paju vai dizer. No entanto, é preciso seguir com o designado pelos antigos.

Um dos espectadores da turma dos desocupados, um metido a líder da resistência e da inconsequência, interrompendo a palestrante, disse com sarcasmo:

— Oras... Então, tu podes falar em nome da Boca da Mata?

Rebatendo o questionamento do rebelde, a mbyá respondeu com propriedade:

— Sim. Paju pode falar em nome da Boca da Mata.

E o rebelde persistia com a ironia:

— Não me lembro de alguma Paju... Quem é Paju? Tu és desta aldeia? Alguém cá conhece esta Paju?

Os questionamentos irônicos desencadearam no grupo de desocupados algumas gargalhadas. Eles desejavam desmoralizá-la perante os demais. Paju se irritou com a ignorância dos imbecis de sua aldeia. Mas, não se intimidando, disse:

— Paju foi escolhida pelos antigos!

O rebelde retrucou com mais escárnio:

— Escolhida? Por quem? Ah!... Por aquela velha que desapareceu? Agora lembro... Tu és a protegida da velha louca.

Com certa agressividade, prosseguiu o contestador:

— Basta! Mbyás não te reconhecem em autoridade, mulher nova! Nem acabaste de ser um curumim e já pensas que podes falar alto... Vamos sair daqui, companheiros! Não percam mais tempo com insanidades... Nós outros seguimos aquilo que nosso tamoi professava; o resto é ruído, apenas ruído... Esqueçam esta mulher nova aí!

A intromissão daquele rebelde iniciou uma agitação em

toda a aldeia. Contudo, sem intimidação, Paju prosseguiu:

— Urutu! Paju não deseja discutir. Paju sabe que este é teu nome. E sabe pelos outros, nunca por ter proseado alguma vez contigo, mas isto não importa agora, porque Paju vai precisar também de Urutu, mesmo sabendo que Urutu odiava Yakan. Teu ódio tem origem... Boca da Mata não tem a menor noção de quem era Yakan, tudo por conta de um fanático tamoi que comandou esta aldeia por luas. Esse tamoi, que tanto defendes, quase destruiu Boca da Mata ao invocar um Anhangá, uma invocação irresponsável, sem ao menos entender as consequências dessa atitude. No momento não cabem discussões nem discórdias. O que interessa agora é que se inicia o novo ciclo. O ciclo do Agoa'rá! Não existe espaço para a estupidez. Paju não vai perder tempo com discordâncias, pois a esta mulher nova foi confiada uma missão.

O rebelde não se convencia e insistia:

— Que obrigação é esta? E quem daria uma incumbência importante a alguém tão frágil? Tão sem preparo?

— Paju não pode precisar o porquê da escolha. Paju tem de obedecer e seguir com o estabelecido pelos Pais da Terra. Portanto, deixa Paju explicar à aldeia!

Sem deixar que Paju prosseguisse em seu raciocínio, o rebelde ratificou:

— Pais da Terra? Tu, ordenada pelos Pais da Terra? Enlouqueceu de vez... Nós outros já definimos o novo tamoi da Boca da Mata.

Perplexa, perguntou Paju:

— Elegeram o novo tamoi? E quem tu acreditas que seria capaz para tal?

Estufando o peito, respondeu o rebelde:

— Estás diante do eleito!

Apertando mais forte a pedra mística, retrucou Paju:

— Oras... Cala-te, Urutu! Estás a se tornar intransigente. Tu não podes ser tamoi aqui e em nenhuma aldeia. Sabes disto. Quem não tem preparo algum és tu. Nunca foste iniciado em absolutamente nada. Como podes ser tamoi?

Desafiando-a ao lado de seus asseclas, com arrogância Urutu disse:

— Vais fazer o que para impedir? Vejamos... Urutu contra Paju? Não vejo nenhuma ameaça nesta disputa. Paju não é ninguém... É mulher nova! Aquela velha não irá mais te proteger... Esquece e volta para as amassadoras de aipim, pois esta é a tua capacidade.

Paju respirou profundamente. Diante da arrogância do rebelado, ainda mais segura prosseguiu:

— Paju queria ser branda e trazer boas-novas aos mbyás. Infelizmente, Paju não vai conseguir enquanto Urutu continuar a interferir nos raciocínios. Paju precisa explicar as revelações que os antigos confiaram, por isto não está a brincar com tradição e seriedade. Paju pede respeito mínimo dos mbyás, pois revelações se referem a toda Tupiretana.

Sustentado por seu grupo, Urutu, com os braços cruzados, não parava com o desafio:

— Bem, nós outros queremos rir... Então, deixemos a escolhida da velha falar... Porque escolhida aqui tu és apenas de uma velha estúpida. E procura ser boa de prosa, mulher nova, pois esta será tua última fala por aqui, porque depois serás banida da Boca da Mata.

A aldeia, por fim, rendeu-se à jovem e resolveu prestar atenção no que ela tinha a dizer:

— Paju traz notícias boas e outras não tão boas... Observem este colar no peito de Paju. Ele traz o início do Ciclo do Agoa'rá. E é disso que Paju vai falar com toda a querida Boca da Mata... Sobre o poder que esta pedra possui...

E, assim, Paju expôs detalhadamente todos os acontecimentos, desde sua iniciação nos Segredos da Y'urema até a morte de Ratangatú, ao seu povo. A sequência de sua narrativa envolvente conseguiu alcançar todos os presentes, sem que ninguém se furtasse ao interesse pela história. A explanação girou em torno de uma hora e meia sem interrupções.

Após o esclarecimento de suas obrigações, uma criança no meio da multidão gritou sorridente:

— Paju! Guerreira Paju.

A manifestação infantil fez com que Paju esboçasse um sorriso de satisfação. Entretanto, a desconfiança se generalizou no complexo e um insuportável falatório se instaurou naquele núcleo silvícola. As manifestações histéricas poderiam ser consideradas como algo extremamente irritante. Paju, pacientemente, observou seus conterrâneos demonstrando diversos posicionamentos em relação à sua palestra, mas não quis mais retrucar, apenas se postou a aguardar a opinião deles. Sem que ela percebesse, Urutu se evadira dali junto de seus asseclas. A ausência dos rebeldes deixou Paju um tanto apreensiva. Entretanto, a escolhida das Semeadoras do Universo estava mais aliviada, mesmo diante da ignorância de seu povo.

Em meio à multidão desordenada, um jovem resolveu não mais fazer parte do alvoroço. O nativo, dotado de uma pele avermelhada por conta do urucum, não suportando mais a desordem dos amotinados, dirigiu-se até Paju. Com toda a sua exuberante musculatura, usando apenas uma tanga de couro nas partes íntimas, o jovem fugia um pouco das características daquela etnia. Ele era um dos mais belos da aldeia, com traços mais suaves na face, rosto mais quadrado, cabelos de fios mais finos e bem compridos, olhos grandes sustentados por sobrancelhas grossas; o nariz era afilado, diferente do padrão, e uma boca mais delineada.

Logo que se achegou a Paju, o belo rapaz disse:

— Kapi'i Ovy acredita em Paju.

— Paju agradece.

— Kapi'i Ovy acreditava em Yakan. Tamoi Kunhan nunca convenceu Kapi'i Ovy. Kunhan vai pagar o que fez em Añaretã.

— Kunhan terá outra chance se os pais-da-terra assim desejarem; portanto, esquece o destino de Kunhan... Esquece.

— Kapi'i Ovy vai juntar alguns fortes e levar o corpo de Ratangatú para o Vale dos Mortos. Não te preocupes, Paju! Kapi'i Ovy vai preparar o funeral de acordo com a tradição.

— Paju agradece outra vez, grande Kapi'i Ovy. Paju receava... Receava que entendessem a morte de Ratangatú como culpa de Paju...

Quando o nativo se preparava para ir ao encontro de seus companheiros, por detrás da choça surgiram Urutu e seus camaradas. Mais uma vez, de forma inconveniente, o rebelde afrontava:

— Kapi'i Ovy! Tu tens certeza que não foi Paju quem matou Ratangatú?

O nativo, surpreso com a presença do rebelde, respondeu:

— Yakan foi quem preparou Paju. Yakan foi quem ensinou tudo a Paju. Portanto, Kapi'i Ovy tem certeza de que Paju jamais faria isto. Esquece, Urutu. Tu não tens respeito nesta aldeia. Não tens honra desde os tempos de teu pai.

Afrontado, Urutu gritou:

— Não se atreva a falar de pai de Urutu.

— Kapi'i Ovy não está a falar de teu pai com desrespeito. Kapi'i Ovy só quer o bem dos mbyás e jamais colocará em risco qualquer um da Boca da Mata. Teu pai não pensava assim, por isso negligência dele matou tua mãe e quase acabou com a aldeia. Verdade deve sempre ser dita, Urutu.

Urutu se aproximou de Kapi'i Ovy e, com seu machado de pontas de pedra, ameaçou-o, esbravejando:

— Maldito! Ninguém fala assim de pai de Urutu. Urutu o desafia para um duelo no centro da aldeia!

— Esquece, Urutu. Kapi'i Ovy não deseja lutar por coisas pequenas.

— Urrrrrrr! Se não queres lutar, não importa. Metade da aldeia quer acompanhar Urutu como novo tamoi.

— Acreditas ter a certeza disso?

— Desde que velho tamoi desapareceu, esta é a certeza. Urutu acompanhava tamoi às escuras. Tamoi preparava Urutu quando a Lua estava formosa no céu. Durante muitas luas Urutu foi preparado para assumir a aldeia. Quem não sabe de nada são os dois perdidos aí.

Urutu não se continha em sua destemperança; andava de um lado para o outro como se seus pés estivessem queimando. Kapi'i Ovy mantinha-se equilibrado e respondia às ofensivas contra sua pessoa sem entrar na energia do atordoado. Pensando na última afirmação de seu oponente, o bom guerreiro prosseguiu em seu raciocínio:

— Mesmo que o velho tamoi tivesse realmente cometido tais coisas, tu jamais seria aclamado como líder deste povo. Esta não é a vontade dos Pais da Terra.

Fervendo pela ira cada vez mais descontrolada, Urutu partiu para cima de Kapi'i Ovy. Aos berros, dizia:

— Urutu vai cortar teu pescoço com o machado de pedra!

Com habilidade digna de um felino, Kapi'i Ovy conseguiu, com seus braços fortes, interceptar a súbita investida de Urutu. Dessa forma, o robusto nativo bloqueava as insistentes tentativas por acertá-lo, em posição de luta, rodando em círculos, levando a multidão ao delírio. Urutu babava com um ódio sem razão de ser, com os olhos quase saltando das órbitas, enlouquecido, certo de seu objetivo homicida. Kapi'i Ovy tentava controlá-lo, mas seu oponente também era dotado de boa força física.

Cansada daquela desprezível atitude rebelde, Paju tomou uma decisão: a nativa cerrou os olhos e segurou com as duas mãos a Pedra do Lobo, concentrando-se profundamente. Instantes depois, a mbyá abriu os olhos estranhamente. Naquele momento parecia não ser mais a mesma; seus olhos tracejavam em movimentos como um predador pronto para atacar sua presa; as pupilas apresentavam-se dilatadas, com a membrana arredondada, diversamente pigmentada, com um orifício central levemente embranquecido, a lembrar alguém com características de cegueira. No entanto, de cega a jovem nada tinha. Aqueles olhos agora enxergavam além dos limites do entendimento comum. Paju saltou repentinamente e caiu agachada defronte aos lutadores. Naquela posição estranha, ela os circundava como possuída por algo fora do normal, chamando a atenção pela sua respiração acelerada ao extremo, enquanto a estúpida plateia assistia a tudo, gritando como macacos ignorantes. Houve um momento em que Kapi'i Ovy conseguiu virar o pescoço e observar a desenvoltura da jovem mbyá, mas a insistência de Urutu por lutar o atrapalhava em avaliar melhor o que acontecia.

Paju proferiu uma frase em um idioma desconhecido para todos os presentes. Um vento forte varreu toda a aldeia e vários lobos-guarás surgiram como por encanto. A presença daqueles magníficos animais lembrava uma pintura. Os espectadores imobilizaram-se diante da fenomenal cena que se desenrolava: 18 lobos se postavam ao redor da nova liderança mbyá. Paju, definitivamente, não era mais a mesma.

Inexplicavelmente, depois da chegada dos canídeos, Urutu fora perdendo as forças e entrava em processo de atordoamento. Nove dos lobos o cercaram ameaçadoramente, com os dentes à mostra e prontos para o ataque. Instantes depois, o rebelde caía de joelhos, com fortes náuseas, exaurido por uma energia desconhecida que vinha daqueles enigmáticos animais.

Com a situação controlada, Paju, com voz grave, disse:

— Vai-te daqui, servo do maculado tamoi! Não há mais nada para ti e teus asseclas nesta aldeia. Teu corpo é o reflexo da tua alma e teu espírito exala podridão. Se quiseres por cá permanecer, curva-te ao desejo dos Pais da Terra, senão, as matas são o limite. A náusea que sentes agora é apenas um presságio da tua dor, se por fim insistires em arrogâncias. A um simples toque de meus dedos, qualquer um destes Agoa'rás consumirá tua vida sem sentido, portanto, não mais insistas em teus desvarios.

A plateia, que assistia boquiaberta à demonstração de poder da nova líder, por fim se curvou aos desígnios de um novo tempo. Não havia quem se atrevesse a contestar a força da Pedra do Lobo. Paju fincou sua flecha na terra avermelhada, enquanto Urutu sucumbia sem sentidos no solo. A líder mbyá ordenou aos seus guerreiros que levassem o rebelde das dependências da aldeia, junto com seus companheiros, sem qualquer piedade. A ordem era o exílio, até que ele entendesse o significado dos pais-da-terra para os guaranis.

Ratangatú foi sepultado conforme a tradição daquele povo. Como havia alertado as Semeadoras do Universo, o eclipse estava próximo.

Paju tinha outra missão importante a cumprir. A jovem líder deveria encontrar o jurua antes da junção do Sol com a Lua. Dessa forma, após aquela exaustiva confusão, ela se retirou para um descanso na choça de Yakan, deixando nas mãos de seu novo chefe guerreiro, Kapi'i Ovy, a ordem na Aldeia da Boca da Mata. Estava consumada em seu povo sua subida ao poder dos mbyás.

Na manhã seguinte, Paju acordou logo que a alvorada despontou. Sua beleza parecia aumentar a cada dia que se passava, com um brilho nos olhos capaz de encantar qualquer homem. Ao sair da choça para cumprir sua missão, alguém já a esperava. Não muito surpresa com aquela presença, a bela nativa disse:

— Grande guerreiro espera Paju?

O homenzarrão, com semblante de seriedade peculiar, respondeu solícito:

— Kapi'i Ovy está sempre à disposição para servir Paju. Kapi'i Ovy não vai permitir que nada ameace a grande filha dos antigos. Os guerreiros já estão prontos para o novo ciclo.

— Paju agradece atenção de Kapi'i Ovy. Agora, Paju tem que procurar o jurua. Vem com Paju?

— Certamente!

— Está bem. Não precisa levar flecheiro junto. Paju não quer ninguém por perto nesta busca.

— Paju...

— Não te preocupes, grande guerreiro. Paju tem proteção das forças maiores. Vem com Paju. Não há mais tempo a perder.

— Kapi'i Ovy obedece.

Paju colocou em suas costas seu bodoque e uma bolsa com algumas flechas. A mbyá tinha pressa por seguir caminho. Kapi'i Ovy também se paramentou com arco, flechas e um machado preso à bainha. Determinados, seguiram pelas trilhas das matas que conduziam à praia, evidentemente à procura do estrangeiro branco.

Nas proximidades de um vasto campo havia um pequeno recanto para descanso. Paju resolveu parar ali e meditar um pouco. Não demorou e surgiram os lobos, que se postaram como verdadeiros seguranças da mbyá. Tudo naquele lugar era maravilhoso, com paisagens exuberantes. Era um terreno inclinado e arborizado quase em toda sua totalidade. Olhando mais ao fundo daqueles arredores, surpreendentemente percebia-se uma pequena cabana de palhas, construída bem no centro do sítio. Até onde a vista alcançava, percebiam-se outros pequenos sítios com as mesmas características, e, bem mais ao fundo, algumas colinas cujo verde cintilava pela ação dos poderosos raios de Sol. Na entrada da cabana, havia um jardim com flores silvestres que exalavam perfumes agradáveis e suaves. Ao lado da casa existia um pequeno lago; subindo um pouco mais, avistava-se um aglomerado de árvores frutíferas, em especial mangueiras. Na parte mais alta do terreno, havia um pequeno gramado, de onde podia se contemplar toda a região.

Paju acariciou um dos lobos que se aproximara dela e disse ao seu acompanhante:

— Estar aqui, em meio a esta disposição, respirando a pureza deste ar, com o leve aroma dos eucaliptos que circulam o remanso, traz a qualquer um profunda sensação de paz. Aqui reinam o silêncio e a harmonia entre o homem e a natureza... Ninguém sabia, mas Yakan, sempre que podia, vinha para cá. Aqui era seu refúgio... Naquela velha choça abandonada, Yakan cultivava o aipim, a esperar pelo regresso de seu grande amor... Sim, Parassuá... E ainda a plantação está ali... A velha sofreu de tanto esperar... Esperou desde jovem... Tantas luas a esperar... Mas, hoje, Yakan está feliz junto de seu amor. Não precisa mais esperar. Seguirão para Yvy Marã e'y juntos. Sem mais as mentiras dos maus tamois que cultivavam o medo, em meio às deturpações dos ensinamentos deixados pelos Pais da Terra. Aproveita, Kapi'i Ovy, tua estadia aqui; respira bastante do ar provindo dessas árvores, pois não deverás mais lembrar como chegar aqui, depois que partirmos. Os espíritos donos desse espaço vão proteger a estância, pois não desejam mais que seja violada. Este solo é sagrado. Yakan sabia disso.

— Kapi'i Ovy respeita tudo que Paju revela. Kapi'i Ovy já se sente abençoado só por ter a oportunidade de pisar nesta terra.

— Paju sabe da idoneidade de Kapi'i Ovy. Por isso, estás junto de Paju. Agora estou mais tranquila também, porque sei que Ratangatú está bem. Sinto pelo aroma das folhas que os espíritos o protegeram na passagem.

Uma linda folha verde-claro caiu na cabeça de Paju, enquanto ela falava com seu acompanhante. Com carinho, guardou o vegetal na bolsa. Dirigindo-se até o guerreiro, espalmou sua destra no peito dele e concluiu:

— Tupiretana vai mudar... Grandes serão as mudanças pelas luas que virão... Os espíritos me dizem isso na mente... É engraçado como falam através da mente. Dizem que não será nada fácil, mas o que importa é que fomos escolhidos, Kapi'i Ovy! Escolhidos pelos pais-da-terra para uma missão especial. Uma grande missão! Nós outros iremos implantar nesta terra o culto ancestral. Os pais-da-terra dizem isso na mente de Paju. Dizem que comandaremos vários mensageiros, guerreiros, até payés.

— É uma grande honra ajudar Paju. Kapi'i Ovy estará sempre à disposição para o que for preciso.

— Agora, nós outros precisamos seguir caminho. Coaraci

logo estará com Yaci no céu. E é preciso que encontremos o jurua antes desse encontro. Os Agoa'rás devem nos ajudar nessa busca. Vamos! Os Agoa'rás já estão a se retirar daqui.

— Kapi'i pega as armas. Paju não precisa se preocupar que Kapi'i carrega tudo.

— Então, vamos... Paju espera não se esquecer de como chegar aqui, pois deseja poder voltar.

Paju correu o olhar mansamente por todo o espaço sagrado, consciente, além de todos os aspectos de sua empreitada, diante de um leve aperto em seu peito a incomodá-la naquele instante, que provavelmente não mais desfrutaria daquele remanso. Os olhos marejados da bela mbyá; fruto de uma incontrolável emoção pelas lembranças dos momentos agradáveis ao lado de sua tutora, por fim enfatizavam o novo tempo. Sem mais o que fazer ali, segura, seguiu sem olhar para trás ao lado de seu fiel acompanhante.

Capítulo 23

A senhora das águas marinhas

Paju e Kapi'i Ovy não demoraram a chegar à praia. Os mbyás conheciam todos os atalhos daquela região, o que facilitou bastante o objetivo da "escolhida dos ancestrais". Era como se a natureza os aguardasse. A praia estava magnífica em tanta beleza, o cenário paradisíaco daquelas costas litorâneas, temperatura agradável, com o perfume da brisa do mar naquele fim de tarde; no horizonte avistava-se o céu com nuvens avermelhadas típicas do pôr do sol. A maré calma chamava os recém-chegados como uma gentil anfitriã, com o balanço das ondas suavemente a enaltecer um convite de boas-vindas.

Kapi'i Ovy, logo que atingiu o local em que parariam para descansar, ajeitou seus apetrechos ao lado de uma árvore caiçara e aguardou instruções. Paju estava calada. Kapi'i Ovy não se atrevia a importuná-la. Com os olhos fixos no horizonte, a mbyá foi para as proximidades das marés, molhando os pés delicados na água espumante. A brisa vinda do mar a banhava como carícias; serena, ela fechou os olhos, buscando uma frequência de ordem superior; por alguns minutos permaneceu naquela posição, com os belos cabelos balançando, como se o mundo tivesse parado, destacando-se o brilho de sua pele avermelhada nos últimos raios do Sol daquele dia.

A visão cinematográfica da notável beleza da mbyá envolvia o jovem Kapi'i Ovy. Ele se sentou na areia seca e passou a observá-la, sem mais conseguir disfarçar sua admiração pela "escolhida dos ancestrais". Agora estava claro que toda aquela dedicação era porque ele a amava; assim, não enxergava mais nada, apenas uma única cena a desenrolar-se diante de seus olhos vidrados de paixão.

Em determinado instante daquele exercício de contemplação, Paju se ajoelhou e, com sua destra, empurrava vagarosamente as ondinhas da maré. Quebrando aquele silêncio que parecia intransponível, ainda de costas para o seu acompanhante, ela abriu os olhos, que traziam uma coloração âmbar, e se manifestou dizendo algo inesperado àquele que, extasiado, observava-a:

— Não tenhas receio do que sentes por Paju, grande Kapi'i Ovy! Não há nada mal nisso que estás a experimentar. É comum. Não há nada de anormal.

Após ligeira pausa, prosseguiu a mbyá:

— Mas nem sempre o que é comum pode prevalecer... Paju não pode ser tua. Não pode e não deve ser. É mais ampla essa análise... Existe algo que se não quer e não se pode nomear; naquilo em que se pensa, relaciona, liga, ou vincula... É maior do que a própria vontade... O tema, a matéria, os enigmas, interesses próprios, enfim, realidades que condicionam esse abstrato, resumem tudo que Paju hoje deve ser... Antes de ser a "escolhida", Paju é mulher... E isso não vai mudar nunca. Paju sente. Mas mesmo a mais bela das flores tem seus espinhos... Paju tem seus pontos espinhados também. A brisa fala na mente, grande guerreiro... Paju ouviu o teu coração e não quer mágoas, por isso não pode omitir o que percebeu. Paju pede perdão... O colar mostrou teus sentimentos... Às vezes, Paju se questiona! Até que ponto certas percepções são boas... Paju respeita o amor e não deseja magoar ninguém, mui menos Kapi'i Ovy. O colar traz vidência. Paju pode ver o que a mente projeta... É mesmo um grande poder. Os pais-da-terra não concederiam isso à toa. O propósito é maior e Paju não deve decepcionar os grandes tamois! Entendes?

Colocando a mão no ombro de seu acompanhante, com um leve suspiro Paju procurava resignação:

— Após falar demais, Paju espera que não fiques zangado...

Um tanto envergonhado, pois acabara sendo pego desprevenido diante daquelas revelações, Kapi'i Ovy com respeito se pronunciou:

— Kapi'i Ovy não vai ficar zangado. Nem tem cabimento se zangar. Kapi'i Ovy não é estúpido. Kapi'i Ovy entendeu cada palavra dita. Quem deve se desculpar é Kapi'i Ovy... Posição de Kapi'i Ovy é de guerreiro... Kapi'i Ovy não devia ter se permitido tal atitude. Kapi'i Ovy é quem pede perdão...

Após breve pausa, arregalando bem os olhos, o homenzarrão, tentando se explicar melhor, prosseguiu eloquente:

— Kapi'i Ovy quer se dedicar aos Pais da Terra. Não existe espaço para o que não se deve pensar, mui menos vislumbrar. Sentimentos de Kapi'i Ovy são secundários. Kapi'i Ovy não pode mentir, até porque o colar mostrou a verdade, mas não te preocupes mais com isto, o que vem, também vai, e o respeito tomará conta do sentimento. Não se fala mais nisso!

Admirada pela firmeza das palavras de seu guarda-costas, Paju concluiu:

— Paju tem responsabilidades muito sérias... Jamais magoaria Kapi'i Ovy.

Tentando dissimular sobre a conversa e ajeitando uma corda feita de pedaços de folhas em sua testa, o mbyá disse:

— Não te preocupes com o que vês. Kapi'i Ovy não vai mais pensar nisso. Podes acreditar. Nada vai mudar. Kapi'i Ovy vai acompanhar Paju e protegê-la sempre. Kapi'i Ovy não vai desapontar os Pais da Terra. Coração de Kapi'i Ovy vai compreender. E não se fala mais nisso. Agora, Paju tem de seguir com missão, pois aldeia aguarda o retorno da líder mbyá!

Com semblante de compaixão, disse Paju:

— Paju agradece compreensão...

Incomodado com a insistência de Paju em tentar minimizar a situação embaraçosa e desejando um ponto final naquilo tudo, arrematou o jovem de coração partido:

— Não se fala mais nisso! Segue com missão concebida pelos Pais da Terra.

Kapi'i Ovy abaixou a cabeça e começou a preparar o local para seu repouso. O jovem estava visivelmente apoquentado. Paju estava chateada com o que havia acontecido, mas ela não tinha escolha, até porque não o amava como homem, apenas o respeitava como amigo. Após o desgaste daquele assunto pesado, como já era noite, a mbyá aconchegou-se em algumas folhas e resolveu por fim repousar. O clima entre os dois acabou por ficar estranho.

Em contrapartida, Kapi'i Ovy não conseguiu ficar relaxado naquela noite, pois estava tomado de vergonha. O homenzarrão, enquanto observava a tentação da beleza de sua amada dormindo tranquila, começou a se sentir desconfortável diante de seus pensamentos. Então, ele resolveu se levantar de onde descansava e rumou para a beira da praia. Ali se agraciou com a agradável brisa fresca que o mar oferecia. Sentou-se e segurou com os braços suas pernas roliças, compenetrado na beleza da imensidão do oceano, a observar o reflexo prateado da Lua na superfície. A serenidade da madrugada contemplava aquele bom jovem, talvez o melhor exemplo de integridade em toda a aldeia mbyá. Passou horas quieto na mesma posição. Em determinado momento de seu descanso, começou a despontar sobre a superfície das águas uma aparição que emergia lentamente, chamando a atenção do mbyá. A uma distância de uns 10 metros, a inusitada visão o assustou, fazendo-o se levantar imediatamente. Tomado de curiosidade para entender o que se passava, Kapi'i Ovy olhou para trás e viu que Paju permanecia em sono profundo, sem perceber absolutamente nada do que ocorria. O fenômeno deslizava sobre as águas e ia em direção do jovem, dotado de uma energia hipnotizante. Sobre a maré baixa, bem próximo dele estava a inopinada presença. Notava-se uma estonteante figura feminina, azulada como se estivesse ligada em luzes de neon, guarnecida em chafarizes provindos de sua base deslizante, proporcionando um sensacional espetáculo ao inconsolável rapaz; o cabelo da aparição era enorme e negro e balançava como em uma dança, junto aos jorrões de água marinha; o rosto era delicado, relativamente oval, com olhos compridos e grandes em pupilas negras e expressivas; abaixo, um nariz proporcional ao desenho da face e uma boca grande, avermelhada, sem dúvida, tornavam-na ainda mais bela. Sobre as costas trazia um manto formado por milhares de gotículas de água que brilhavam como cristais azulados. Um ser que definitivamente não pertencia a este mundo. A manifestação aproximou-se de Kapi'i Ovy. Olhando nos olhos dele, sorriu calorosamente, emitindo energias balsâmicas diretamente no coração do rapaz. A comunicação provinda dos olhos da "bela mulher das águas" era suficiente para a compreensão de Kapi'i Ovy. Não demorou a que ele se envolvesse na serenidade e se sentisse sossegado. Em meio àquelas energias que o imantavam por completo, uma comunicação se processava em sua mente. Um nome veio à tona. Nome que surgia como uma apresentação da encantada. Kapi'i Ovy ouvia as constantes anunciações que se repetiam em melodia extremamente aprazível e extasiava-se. Seus olhos brilhavam de júbilo a cada balançar dos cabelos negros venturosos da enviada dos mares. Centrava-se na mais profunda admiração diante de tanta beleza, algo que jamais imaginaria ser real.

Com leve sorriso de satisfação, Kapi'i Ovy murmurou a denominação pronunciada em sua memória:

— Ya'naína...

Uma luz azulada e envolvente pulsava como uma cortina banhada pelo sopro do vento. A "mulher do mar" colocou sua destra na testa de Kapi'i Ovy e ali afixou uma estrela marinha. O singelo animal se mexia, procurando uma melhor posição; logo conseguiu se aconchegar e fundamentar o propósito de sua convocação. Em seguida, o nativo se deitou na beira do mar, envolto nos magníficos filetes azulados de neon, avivados em sua direção. A potência da fonte das luzes o transportou para um descanso tranquilo, ali mesmo, na areia da praia. Todavia, o jovem não adormeceu por completo. Houve tempo para mais um agraciamento. E uma mensagem sintomática finalizou aquela excepcional visita:

— Este é o abraço do mar... O abraço de quem anda pela praia. Neste momento, o mar se curva aos teus pés, não por submissão, mas por reconhecimento. O vento brinca em seus músculos de guardião do teu povo. Derrama-se em um único olhar, mas escapa entre teus dedos. Eis a magia dos escolhidos... Como no toque dos tambores de tua aldeia, feito de calor do mar. Um calor que aquece a alma. Nos olhos da noite cheia de estrelas, os hálitos dos seres do mar te abarcam. E trazem a brisa para o teu respirar. Nos olhos da noite cheia de estrelas, o luar também se faz presente. E agora mora entre teus sonhos, no som desta maré, e anda pela praia junto aos seres do ar. Agora está desenhado teu nome na areia. Eu escrevo nela e te abençoo como filho do mar...

Em seguida, Kapi'i Ovy adormeceu profundamente. Enquanto o jovem permanecia prostrado, uma legião de seres do mar, com suas configurações azuladas e fosforescentes, caminhava sobre a praia como visitantes ilustres de outra dimensão. Cada qual com sua beleza fulgurante, de corpos perfeitos, alguns masculinos, outros femininos. Naquela marcha coletiva, os visitantes deixavam rolar de seus corpos pequenas conchinhas; junto delas, várias pérolas a brilhar intermitentemente com o reflexo do luar, contemplado pela mais bela representante do "mundo das águas marinhas". A comitiva se aproximou de Paju e despejou nela o hálito puro de suas bocas, privilégio apenas para os "escolhidos dos ancestrais". Ali se estabelecia mais uma graduação junto àqueles seres da natureza, mais um espetáculo daquela terra abençoada. Em seu candeeiro, a Senhora dos Mares adentrou nas matas, dando a entender que iria procurar por alguém. Em seguida, logo surgiu um grupo de pequeninos seres já conhecidos. A Senhora dos Mares, em idioma característico, disse aos recém-convocados:

— Kurupis! Protejam os "eleitos".

Depois de desferida a ordem da soberana dos oceanos, a comitiva fantástica, lentamente, foi retornando aos seus núcleos marítimos, como nobres de um reino longe do entendimento comum. Eles desfilavam e deixavam um rastro cintilante junto a incontáveis pérolas na areia, que os Kurupis aproveitavam para pegar como prêmio.

A Senhora dos Mares ainda teve tempo para algumas considerações em sua comunicação mental, antes de partir definitivamente:

— Sonha, guardião do teu povo... Faz o tempo parar no sentido em que corre o céu cheio das estrelas. Aproveita este momento em que, deitado sobre a areia e o mar, a imensidão que ainda desconheces te é ofertada. Estás de olhos fechados... Estás envolto pela breve e profunda fragrância da maresia, que entra em teus sentidos e te abraça com a pureza destinada aos privilegiados, não por seres melhor que os outros, mas por conta de teus compromissos com o Universo. Desprende-te de tudo o que te rodeia. A ignorância não cabe mais... Muito pouco do que conhecias fará sentido agora... Então, acorda teu espírito e levanta-te lentamente... Pega a areia... Sente os grãos que sibilam ao sabor do vento, escorrerem pelos recantos de teus dedos... A natureza é pura. Esse toque do mar, das ondas que rebentam contra teus pés demonstra o princípio do destino que te aguarda em tua empreitada... E o caminho em que irás pisar e os passos tal como eu piso serão também os teus. Porque sou dos oceanos, mas também caminho sobre a terra quando quero. Nesta fronteira entre o denso e o rarefeito, sente o silêncio. O silêncio do profundo... Tão profundo que se sente além do além. Além da compreensão comum. Quem tu és agora? Pois bem... Tu és um guardião consagrado, encantado, que caminhará com a bênção dos mares. As cores que teu legitimado espírito vê neste instante, a brilhar ao teu redor, confundem-se sobre a tela da natureza que rodeia esta praia considerada fantástica. Nem tudo agora entenderás, mas isso pouco importa. Estás na terra, contudo, quem te abençoa são os seres do mar, habitantes de meu reino, na comunhão dos elementos. No horizonte está selada a tua apoteose. Agora, teu nome passa a ser Estrela do Mar. Não estás mais no comum de teu mundo.

Kapi'i Ovy havia sido batizado. Seu nome agora era Estrela do Mar, ou melhor, Senhor Estrela do Mar. Seu coração respondia com as seguintes palavras:

— As manhãs que raiam, raiam sempre nos mesmos lugares... Não há manhãs sobre tabas ou manhãs sobre as matas que sejam tão lindas quanto as que Kapi'i Ovy vê agora... Kapi'i Ovy sempre admirou as manhãs. Agora, Kapi'i Ovy está a admirar a noite... A admirar estas estrelas que molduram o que jamais pensava experimentar... A hora em que o dia raia, em que a luz surpreende a surgir em todos os cantos, sempre são os mesmos lugares que se podia ver... Mas, agora, o que é isto? Kapi'i Ovy tenta compreender o porquê deste privilégio, que ora percebe não ser comum, não ser deste mundo, e que percebe também que esta fala é do espírito de Kapi'i Ovy, na forma em que está fora da matéria. Estar diante duma espiritualidade diferente do que os tamois explicavam é uma sensação boa, porque Kapi'i Ovy, no íntimo, sempre acreditou que fosse assim como vê agora. Kapi'i Ovy não gostava das alucinações de tamois. Um alívio... Alívio de ver que o nosso corpo pode compartilhar um entusiasmo para o novo que virá; uma alegria para o que pode acontecer de bom; ***são os sentimentos que nascem de estar olhando para a madrugada*** e presenciar a beleza mais bela e mais linda do lindo que estes olhos já viram... Do que Kapi'i Ovy viu ou verá, nada para este guerreiro será tão belo como o movimento e as sensações agora percebidas... Kapi'i Ovy não quer que acabe mais este momento...

E a Senhora dos Mares, emanando chispas azuladas de sua boca, concluiu seus intentos:

— Senhor Estrela do Mar! Tu estás consagrado diante de meu reino. Serás meu representante na terra. Formarás uma grande falange no futuro... Elo entre a terra e o mar. Encabeçarás uma falange de guerreiros aos propósitos das Confrarias dos Semeadores do Universo. Assim será... Está sancionada a abertura da linha. Agora, ordeno que retornes ao teu corpo e descanses.

Kapi'i Ovy, lentamente, voltou aos laços de seu corpo carnal e adormeceu profundamente. Toda a comitiva dos "seres dos mares" regressou aos nichos dimensionais onde habitava. O cenário estava ainda mais tranquilo, com os reflexos do luar em apoteótico final de madrugada. Ao lado dos jovens mbyás estavam os Kurupis, atendendo à solicitação da Senhora dos Mares. Eles os velavam para que nenhuma entidade sombria ousasse importuná-los, enquanto se ajustavam todos os parâmetros deixados pelas energias marítimas. Não demorou a surgir a alcateia protetora de Paju. Os lobos fizeram um círculo ao redor dela e ficariam ali até que a alvorada despontasse.

Capítulo 24

Yvy Marã e'ÿ

Sem que os jovens mbyás percebessem toda a grandiosidade dos acontecimentos daquela madrugada, serenos, eles dormiram como se ainda fossem crianças, agraciados por uma sensação de júbilo, somente para apreciados dos seres maiúsculos de outras dimensões. O tempo passou sem que notassem. A bela paisagem litorânea, portentosa, brilhava com o reflexo dos primeiros sinais do astro-rei, tocada pelo som tranquilo do mar que abraçava a praia. Ao longe, entabulavam, com o característico crocitar, as gaivotas brancas, que já se preparavam para o típico espetáculo matinal de seus voos pela costa, enquanto os ventos sopravam perfumados pelos eflúvios deixados pela Senhora dos Mares. Evidentemente, os singulares "visitantes dos mares" não estavam mais no ambiente, porém era nítido que haviam deixado ali seus bálsamos. Uma calmaria pairava no ar. Aos poucos, a maré foi subindo à praia, trazendo consigo pequeninas conchas destacadas pelo tom avermelhado da alvorada. E assim o dia amanhecera admirável, numa visão apenas para poucos privilegiados daqueles tempos.

Não demorou a que o Sol incomodasse os dorminhocos. A preguiça, enfim, foi vencida pelo calor da típica manhã tropical. Paju despertou relaxada. Seu sono havia sido muito tranquilo e sentia uma disposição incomum. Depois de uma longa espreguiçada, ela sentou-se na areia, cruzou as pernas e olhou com prazer toda a imensidão do horizonte, enquanto seu acompanhante tentava se livrar da areia que quase engolira ao acordar, surpreendido pela maré que, sem trégua, o banhava. O grandalhão estava no mesmo lugar em que havia adormecido.

Os protetores designados pela Senhora dos Mares permaneceram ao lado dos mbyás até o alvorecer; contudo, misteriosamente, ao sinal dos primeiros raios do Sol, desapareceram. Da mesma forma, nem os lobos nem os Kurupis estavam mais presentes. A terra não mais exibia o fantástico provindo da outra dimensão.

Após demonstrar toda a sua admiração pela natureza, Paju saiu do abstrato e achou engraçada a cena de Kapi'i Ovy comendo areia. Bem humorada, a jovem disse ao seu acompanhante em tom jocoso:

— Kapi, precisas decidir se levantas ou permaneces deitado...

Após boas gargalhadas, com os olhos brilhando refletidos nos raios do Sol, a jovem expressou a sua satisfação:

— Paju aprendeu que acordar e ver o Sol nascer é simplesmente maravilhoso... E que se for aqui perto da serra é melhor ainda. Estas terras são mesmo uma bênção, Kapi. Essa visão é como pedra polida pelos sábios. Falas de Paju ficam como flechas quando se exibem tantas belezas. Um fogo! Paju sente como se fosse um fogo que vem, e vem de dentro, cheio de memórias, e estremece. Paju se sente forte neste lugar. Um ar de invencibilidade toma conta de tudo. E este colar que Paju segura agora nas mãos? Ele tem um poder de difícil compreensão... E Paju pode segurar e sentir a força do instrumento... Por isso, Paju deve ter muito cuidado para não falhar e ser envolvida pela vaidade. Tudo está diferente. Paju está diferente. Paju não enxerga as formas como antes. Este colar marcante embeleza ainda mais o que já era belo. É assim, Kapi. Por isso, Paju não pode amar Kapi. Paju não é mais como antes. E Paju está satisfeita com essa condição.

Enquanto Paju expressava seus mais profundos sentimentos, Kapi'i Ovy olhava para ela admirado, principalmente com o brilho dos olhos dela a cada palavra pronunciada.

Houve uma pausa no discurso emocionado. Após breve

suspiro, a jovem prosseguiu ainda mais satisfeita:

— Sou uma mensageira. Paju se sente com esta qualidade. Nada cá foi por acaso. A madrugada que passou teve um significado ainda maior para tudo. Paju tem algo que ficou na mente. Algo como uma revelação... Um tanto que vem de outro mundo. Talvez de Yvy Marã e'ÿ. Paju quer contar... Precisa contar uma história. Presta atenção, pois vai parecer um pouco estranho. Um dia, uma filha de tamoi, em sua palma, trazia uma missão. Diante de seus olhos via-se em grande oca. Era bem explícita essa visão. Sobre as matas caíam como gotas d'água seus pensamentos. E tudo se transformava. Houve um momento em que seus pensamentos tomaram forma. A filha do tamoi perdeu seu rumo e, a caminhar sobre o nada, perguntava-se: "Como aquilo tudo estava a acontecer?" Calada, apenas andava. Em instantes, houve outro questionamento. O cenário havia mudado. Surgiram novas visões. Belas visões. Fartura. Seria, então, capaz de deixar aquele solo fértil, que de repente se mostrara, após sair daquele nada? Agora o cenário era rico. Parecia sem sentido deixar tudo aquilo... Era como penetrar na pedra. Sentiu ser impossível mudar... A filha do tamoi continuou a andar e chegou a outro lugar, onde todos a reputavam como desprezível, mas a jovem não fraquejou. Nesse lugar tinha uma função importante! Nas aldeias passou a tomar decisões. Venceu a discórdia e a fome. De seu mundo perfeito sua vida mudou. Tinha o dom da fala conquistadora. A jovem criou um novo conceito junto a seu povo, de um mundo que sempre existiu, mas havia sido perdido. Será que tinha direito a tanta sabedoria? Talvez não! Mas tinha sido escolhida para aquela missão. Era o fim das mentiras. Ontem, tudo; hoje, nada mais teria valores desiguais. A pátria amada era em outro mundo, por isso era importante vencer. Deu sua alma à causa. Seus amigos. Sua calma. Sua ingenuidade foi entregue aos lobos. Sua missão era o propósito. Não fugia. Subindo, cansada, as serras, viu-se diante do passado, de sua existência. Molhada de repente estava pela chuva do tempo. Na sequência de acontecimentos, enfim brilhou o Coaraci. A filha do tamoi avistou o horizonte. Ora cheio de sujeira por um momento existencial, ora cheio de beleza por algo maior... E com uma kunhatan então se deparou a jovem, que nada mais era que uma simples mensageira. E ela então falou: "Com os nobres comeste e com os farrapos cresceste; tu tens uma grande lição, mas esqueceste de tua visão; vaie faz o que tem que fazer". "Não consigo", ia dizer a filha do tamoi, mas olhou para trás e viu que era preciso continuar. Então, pegou o amor, a palavra, a ação, a atitude e a compaixão e levou-os para o norte, para o sul, para o leste e para o oeste. A todos convidou e demonstrou suas habilidades. A filha do tamoi tinha uma luz no peito. Então, aprendeu que a conscientização era a solução. Jamais iria morrer, porque havia feito a diferença em um mundo transitório. Aquela jovem era esta Paju, agora nesta vida filha dos tempos, designada para a implantação de um novo tempo.

Kapi'i Ovy, após ouvir atenciosamente toda aquela história inusitada, disse:

— Paju tem razão. A aldeia vai precisar de um recomeço. O que aconteceu nessa madrugada, somente os "escolhidos" têm o privilégio de sentir. Kapi também não será mais o mesmo, agora Kapi passou a ser Estrela do Mar. As aldeias das serras deverão se unir. Virão mais denominações para outros conterrâneos. O Ciclo do Lobo contemplará muitos guerreiros que em Yvy Marã e'ÿ serão grandes tamois. Kapi viu tudo enquanto dormia. Kapi compreende tudo agora com clareza. Nesta terra renascerá o que numa era distante foi comum. Perdeu-se com as luas que passaram. A alucinação de tamois despreparados criou a inconsequência da verdade. Paju tem de encontrar o jurua perdido. O jurua faz parte de toda essa construção.

— Paju sabe. O jurua tem grande missão.

Subitamente, diante dos olhos dos "escolhidos", eis que surge um homem velho, que lembraria muito um eremita. Ele tinha um rosto ao estilo da etnia, porém com uma pele avermelhada incomum; seus cabelos negros e lisos emitiam reflexos da luz do Sol; a face era repleta de sulcos e as sobrancelhas enormes; oseram olhos quase fechados, devido às rugas espessas; um nariz pontudo e comprido, sobre uma boca enrugada, e um queixo fino e comprido, sustentados por braços finos e pernas muito magras. Com uma rota vestimenta a cobrir o peito raquítico, causando espanto devido à extrema magreza, pés descalços, aquele recém-surgido não se sabia de onde se aproximou dos jovens. Cordialmente, perguntou:

— Como estão os filhos da terra?

Espantados, Kapi e Paju olharam para aquele homem e nada responderam. O velho tornou a perguntar:

— Não ouviram? Como estão os filhos da terra?

Gaguejando, respondeu Paju:

— Be... be... bem...

O homem sorriu levemente e iniciou suas explicações:

— Não temam este velho. Não temam. Entenderão o porquê dessa aparição súbita. Comecem a se acostumar com o incomum, pois o incomum passará a ser comum. Evidentemente que o incomum está de acordo com sua visão. Vim cá para trazer algumas informações que ainda restam antes do advento do grande resgate ancestral. Parece muito tempo ainda para esse advento, mas as luas grandes passam e passam e esse tempo chegará. É preciso preparar as estruturas desde já. Nestas terras emergirá o fio de um passado glorioso, onde se cruzavam as dimensões normalmente. O toque dos pais-da-terra estará por toda a parte. Tem razão quanto aos juruas, porém há algo a demonstrar antes. Desejo que prestem atenção no que este velho vai dizer, pois se trata de grande relevância. O que os tamois falaram aos vossos irmãos, nem tudo pode ser considerado como verdadeiro. Cada qual contou de acordo com seus entendimentos... Esta terra tem raízes. Raízes ancestrais. Filhos da terra fazem parte deste enredo. Não cá estão por um simples acaso. No entanto, é preciso contar desde o princípio... Há muitas e muitas luas, um fragmento de outro mundo se desprendeu das camadas externas do grande Coaraci. Esse fragmento adentrou numa trajetória sob as leis das estrelas e nascia assim este mundo terreno. No decorrer das luas, a modelagem e os estados interpostos em longas luas de grandes porções, com procedências cósmicas, dilúvios, fizeram com que toda a superficie terminasse submersa. Após as luas subsequentes, períodos relativamente extensos, na sequência de vários dilúvios, teve início, muito lentamente, a emersão das primeiras porções de terra firme. A primeira porção de terra firme a vir à tona é a mesma em que pisam agora. Ou seja, toda a imensidão destas terras é o princípio de tudo. A mãe deste mundo. Então... Penetremos naquelas recuadas luas em que se iniciaria a eclosão da vida... Como só poderia ser, as primeiras tribos propriamente ditas surgiram aqui em Tupiretana, vibradas como nós outros cá entenderam, desde aquelas luas, pelo símbolo de Nhanderu. Como as terras de Tupiretana tinham sido as primeiras porções de terra firme a emergir, deveriam, pois, ser as primeiras a presenciar o surgimento do Abá [*homem*], o que de fato aconteceu. Este tamoi frisa 'surgimento das primeiras raças abás propriamente ditas', pois os experimentos necessários aos pré-abás aconteceram em outros espaços. Ao norte deste mundo, havia pré-abás que se aproximavam muito dos primeiros andantes como nós outros. Este velho também só entendeu o que relata quando transitou pelas dimensões. Este velho também é um tamoi, que agora ensina filhos da terra. Após esses necessários esclarecimentos deverá clarear em vossas mentes que cá, em Tupiretana, está o surgimento dos abás vermelhos, os pais desta terra-mãe, sobreviventes da terra submersa das luas antigas. Muitas tekoas, de outros pontos do mundo, além do grande Paraná, terão conhecimento desse acontecimento além das estrelas, mas não agora, porque crenças atrasadas irão corroer o saber... Existem crenças paradas também entre os juruas, por isso não será fácil este trabalho. Na dimensão paralela tudo fica claro, não existem alucinações, histórias criadas, crenças deturpadas pelo tempo ou quaisquer empecilhos ao conhecimento, só cá neste mundo. A pele vermelha tem sentido, por isso as tekoas, quase todas, procuram o urucum para lembrar os seus ancestrais. A tradição Xê Kûarasy [*toda humanidade*] tem o sentido na pura raça vermelha. Quando tamoi declara 'pura' raça vermelha, significa dizer que não havia mistura com nenhuma outra raça. Assim, foi cá em Tupiretana que se iniciou o processo evolutivo dos antigos vermelhos. As primeiras sub-raças que surgiram, em grande maioria, descendentes, como herdeiros de um mundo natural, iniciaram o caminho espiritual de Tupiretana e por cá teriam que finalizar a trilha deste mundo, antes de estarem agraciadas para desfrutar de um mundo mais feliz, o tal lugar que os tamois chamam de Yvy Marâ e'y. O sangue dos vermelhos corre dentro de vocês, verdadeiros filhos de Tupiretana. Assim, não existe divisão de tekoas na outra dimensão, isto é mais fraqueza dos tamois alucinados deste mundo... E o que deveria ser uno e crescente, se tornou frágil, confuso, desregrado e perdeu-se em sua essência. Assim, degredados de outros mundos além das estrelas se dividiram entre perdidos e venturosos. Esses perdidos serão o grande propósito para a grande Corrente Ancestral que irá surgir neste mundo em breve; já os venturosos seguiram para mundos felizes, as Terras sem Males... Nesse caminho de degredo, acompanham os 'degredados' os ancestrais maiores, os Pais da Terra, já livres dos erros e afinizados com as Leis Estelares. Cá estiveram para auxiliar e vencer as primeiras dificuldades dos abás, principalmente no que se imputaria ao rude ambiente natural, já que tinham de há mui eras, em seus 'mundos' de origem, superado as intempéries desse contexto. Sobretudo, as luas passaram e se perderam os ensinamentos puros. Hoje se vive de alucinações. Yvy Marã e'ÿ está perdida na maioria dos tamois tupis e guaranis. Por isso, este tamoi veio para relatar a verdade. Nem tudo irá se perder. Pena que não será possível trazer o esclarecimento a todos os tamois. Kunhan já foi preso pelo Anhangá e terá que limpar seu espírito para seguir adiante, como tantos outros na mesma condição. São mesmo muitas luas, filhos da terra, muitas luas, e não se pode perder esse legado. Os ancestrais modificaram este mundo, encarnaram entre os primeiros abás, desenvolveram a caminhada de seus amparados desgarrados, ao passo que estimularam o avanço deles em seus estágios de entendimento, os quais eram, em relação aos amparadores, extremamente inexperientes. Tudo isso, filhos da terra, aconteceu cá em Tupiretana. Nestas terras, o primeiro abá pisou; nestas terras foi mostrado o conceito da Lei dos Estrelados; nestas terras se respira a essência tupi e guarani. Os vermelhos ensinaram como viver em perfeita harmonia com a natureza, a primeira manifestação da comunhão com as divindades, a derrubar adversidades e fronteiras. Tupiretana, terra possuída de poderoso e misterioso magnetismo, que os filhos têm de preservar.

Paju enveredava em seus mais profundos pensamentos. Ela tentava absorver tanta informação, que, às vezes, falhava o raciocínio. No entanto, em determinado momento das reflexões, a jovem nativa perguntou ao eremita:

— Por que Paju vê aquelas guerreiras tão altas? As filhas de um grande tamoi do passado. Como falas da pele vermelha, estas as têm bem evidentes. Sei que não são deste mundo...

O velho percebeu o grande entusiasmo na indagação da jovem e respondeu seguro:

— Aldeias de gigantes se instalaram em terra mui distante daqui, além destas águas, há mui e mui luas atrás... Eles tiveram seus descendentes com as mulheres deste mundo, pois seus pais também eram viajantes das estrelas. Nesses tempos, o abá nativo andava curvado como um macaco. Os gigantes eram sábios e detinham o conhecimento do nascimento. Depois dos cataclismas que o mundo sofreu, ficou então o legado. Seus descendentes viajaram por todos os cantos. As filhas de Tupinambá são descendentes desses "Viajantes das Estrelas", esta a razão da estatura tão avantajada. As luas mudaram a forma dos habitantes do mundo atual. Da mesma forma que não existem mais os animais gigantes. O mundo se adapta constantemente. Não parou por aí! Vieram seus descendentes por todas as partes deste mundo. Uma enorme aldeia se desenvolveu; uma aldeia que mudava de lugar quando os tamois quisessem. Essa enorme tekoa circular se tratava de uma gigantesca iguara voadora, movida pela energia dos deuses, os Pais da Terra: a "ilha voadora". Em muitos tekoas está descrito esse "disco solar". Nessa ilha viviam os estrelados. Havia uma missão colonizadora e a ilha teria estado em muitos pontos do mundo, devido a se locomover e se instalar nas regiões que desejasse; assim estava cá e acolá a deixar seu legado. As luas seguiram ininterruptas. Num determinado momento dessas luas, a ilha submergiu no grande Paraná, porém não catastroficamente como alguns tamois desavisados contaram, mas sim intencionalmente, como parte do trabalho que esses estrelados realizavam no mundo. Após permanecer algum tempo no fundo das águas, a grande ilha utilizou a grande força estrelar de emersão e voltou para a grande aldeia dos Pais da Terra, a querida Yvy Marã e'ÿ. A ação provocou, com sua força e seu arranque poderoso, uma enorme onda circular no grande Paraná e, em seguida, inundou quase tudo no mundo. Os sobreviventes da grande onda, após a tragédia, teriam julgado que a ilha havia afundado. Entretanto, os estrelados apenas teriam voltado à querida Yvy Marã e'ÿ. E mui irá se falar dessa história pelo mundo, cada qual à sua maneira, mas isso é outra história... Este velho não veio para confundir, mas sim para esclarecer. Como escolhidos dos Pais da Terra, não é permitido alimentar mais qualquer forma de alucinação. E não se esqueçam! Ter o verdadeiro sucesso na existência é sorrir bastante e muitas vezes; ganhar o respeito de pessoas inteligentes, porque do desavisado é fácil; gozar do carinho de curumins, porque nos pequenos está a pureza; ganhar o reconhecimento de pessoas qualificadas, porque do desordenado também é fácil; saber suportar a traição de falsos amigos; apreciar a beleza; procurar o melhor nos demais; deixar o mundo um pouco melhor do que o encontrado; saber que alguém viveu melhor graças a ti. Devem aprender durante toda a existência, sem imaginar que a sabedoria vem com a velhice, pois esta virá com as experiências bem vividas. Existem três condições para alcançar sabedoria: primeiro, por representação, a ser o mais prudente; segundo, pela imagem, que é o mais fácil; terceiro, por experiência, que é o mais áspero.

— Quanta sabedoria — disse Paju com admiração.

Continuou o eremita:

— Falas não indicam necessariamente sabedoria, pois existem aqueles que detêm o dom da palavra. O caráter do que é dito ou pensado, sim, compreende o saber. O tamoi verdadeiro precisa ser aquele que se distingue pelo 'grande saber', pela experiência do mundo e por uma vida exemplar. Esse 'grande saber' age ou fala em conformidade com a razão e a moral, com prudência e experiência de vida, sensatez, equilíbrio. Assim será para ambos daqui em diante.

Fincando sua lança com força na areia, o velho deu o tom da finalização de sua aparição inusitada. Seu paramento se destacava por estar ornamentado por duas penas brancas na ponta, porém emitia uma energia incomum na direção dos jovens, não menos sensacional que tudo que vinha acontecendo naquele lugar. O movimento das emissões do cajado imantou-os. Em seguida, ele disse:

— Este velho estará bem próximo daqui pra frente. Ekaaty é como me conhecem. Levem esses conhecimentos a todas as tekoas. Ekaaty quer que procurem os serranos. Lá viveu um grande tamoi. Na montanha do uiraçu um tamoi partiu com a velha que sempre amou.

— Estás a falar de querida Yakan e Parassuá?

— Sim. Eles já conseguem transitar entre as dimensões. Partiram para a condição de encantados. Logo conseguirão também. No entanto, Ekaaty quer que procurem o morubixaba temiminó com sangue jê. Paciência com a rebeldia dele, pois vão precisar... Juntem as tekoas com o poder do colar e digam a Yassanan, este o nome do morubixaba, que precisa aceitar o jurua!

Um vento forte soprou após as palavras do velho. Como num banho provindo de outras dimensões, o que ainda faltava aos dois jovens escolhidos para seguir na grande missão estava selado. Ekaaty olhou para o horizonte e levou seu cajado ao peito. Em seguida, fitou os jovens com um semblante muito sério e, sem olhar para trás, seguiu para as serras, sendo observado pelo casal até desaparecer de vista.

Paju sentia-se muito feliz. Mais que qualquer coisa, estava decidida. As descobertas tinham sido providenciais. Ciente de sua missão, ela desejava cumpri-la com êxito. Não havia mais nada a fazer na praia, pelo menos por enquanto. José não estava ali; talvez tivesse fugido, ou se refugiado em outro lugar. Calixto também estava foragido. Ela tinha certeza de que os encontraria no tempo certo. Com as mãos firmes no colar, teve uma visão: Era o momento de procurar o morubixaba serrano e não os ibéricos. Assim, obedecendo às recomendações do colar, sinalizou ao seu acompanhante que deveriam seguir até as serras do uiraçu.

Capítulo 25

Os últimos remanescentes da raça vermelha

O discurso de Paju deveria ser enfático diante do intocável líder dos serranos. A nativa tinha consciência das dificuldades que de certo enfrentaria. Como era mais do que sabido, as únicas pessoas a quem Yassanan prestava reverência eram Parassuá e Yaciara. A mais ninguém se dobrava o coração daquele nativo. No entanto, a Pedra do Lobo afirmara categoricamente que Yassanan seria essencial para os propósitos daquela singular missão. Paju havia recebido a incumbência de estabelecer uma parceria com o serrano, para mais tarde estender os limites às tribos de Tupiretana. E, assim, a "escolhida" seguiu seu propósito.

Ao chegar à aldeia dos serranos, Paju foi vista por Giyaputuairá, que estava de sentinela ao lado da pedra-símbolo. Imediatamente se aproximaram os outros flecheiros. Um deles conhecia Kapi desde os tempos de curumim e pediu a seus companheiros que abaixassem as armas. Os guardiões se postaram diante da visitante e aguardavam um pronunciamento dela. A estranheza dos flecheiros foi muito grande, pois não entendiam o que uma jovem mulher em trajes de guerreira tinha para fazer ali. Giyaputuairá, então, perguntou aos recém-chegados:

— O que mulher deseja?

— Paju precisa falar com morubixaba.

— Mulher quer falar com morubixaba? Mulher de outra

aldeia? Mulher não fala com morubixaba sem grande motivo.

— O propósito é grande. Paju vem em nome dos Pais da Terra. Kapi acompanha Paju pelo sentido dos ancestrais. Anuncia ao morubixaba que Paju está aqui.

— Giyaputuairá não sabe de onde mulher veio, portanto, não terá permissão de entrar na aldeia. Além de tudo, és muito jovem para dar ordens. Não usa penas de payé. Este que está ao seu lado não passa de arrumador. Peça ao seu morubixaba para mandar um mensageiro antes, senão, não entra.

Paju segurou o colar e disse ao arrogante flecheiro:

— Paju é tamoi de tekoa. Paju foi eleita pelas gigantes ancestrais e vem em paz.

— Então, são mbyás. Uma mulher como morubixaba... Só podia ser coisa de mbyá.

— Paju vem em missão definida. Paju não pretende ser uma imperatriz. Não é este o objetivo. Paju não pretende governar ou conquistar quem quer que seja. Todos nós outros precisamos ajudar uns aos outros. É preciso que sejamos assim. Felicidade nas tekoas. Por que haveremos de odiar e desprezar uns aos outros? Nestas terras há espaço para todos. A terra é boa e rica, pode suprir a todas as nossas necessidades. Esquecemos os ensinamentos ancestrais. A cobiça envenenou a alma dos tupiretanos... Levantou nas matas as muralhas do ódio... As loucuras de alguns tamois fizeram-nos ignorantes; empedernidos e cruéis. Esquecemos que somos irmãos de tupi e guarani. Precisamos de afeição e doçura. Sem tais virtudes, as tekoas alimentarão a violência e tudo estará perdido.

— Oras... Que história é esta, mulher? Não foram os temiminós que criaram a discórdia. Isso aconteceu quando o primeiro flecheiro capturado foi morto e sua carne comida como prêmio. São muitas luas atrás que construíram esse mal. Mbyá, seu povo, também vive de tamois loucos. Por isso, em Aldeia da Serra, não entra mulher mbyá!

Subitamente, surge um vulto provindo por detrás das caídas de cipós da densa mata. Era o homenzarrão Yassanan que chegava, com semblante pesado, empunhando sua robusta lança. De imediato, ele diz:

— O que passa por cá, flecheiro? E quem é esta mulher?

O líder dos sentinelas, com seu olhar característico, responde ao seu morubixaba:

— A mulher alega ser uma tamoi. Conta histórias desconexas e afirma que deseja falar com o moribixaba desta aldeia.

— Mulher tamoi? E deseja falar com Yassanan?

O morubixaba fincou a lança no solo, fixou o olhar na direção de Paju e retrucou:

— De onde vens, mulher? Eu sou Yassanan, o morubixaba desta aldeia.

Paju, firme em seu propósito, logo respondeu:

— Sou mbyá. Os pais-da-terra trazem recomendações. São muitas cousas a enfatizar e precisas receber Paju para que assim possas entender. Não há mais como manter discórdias entre povos de Tupiretana. Esta é a missão de Paju. Sou filha da Y´urema e escolhida dos Pais da Terra. Paju não está sem função.

— Yassanan não reverencia mulher. Isso só poderia ser invenção mbyá.

— Yassanan tem entendimento errado sobre mulher. São equívocos de antigos tamois sobre como entender a realidade feminina.

— Aqui não usamos o termo tamoi! Serranos reverenciam payés.

— Pouco importa o termo, o que vale é a essência.

— Yassanan já disse que não se curva a mulher! Yassanan nada tem a falar com mulher mbyá. Tome seu rumo e saia daqui agora, antes que seja levada para o fundo do lago pelos flecheiros.

— Paju não irá sem terminar o que veio fazer aqui!

Yassanan, sentindo-se insultado pela visitante, levanta sua lança para o alto, autorizando seus flecheiros a atacar. Porém, não imaginava o que estava por vir. Antes mesmo de os sentinelas tentarem enaltecer a hostilidade contra os mbyás, Paju apertou com a mão direita o colar e, serenamente, fechou os olhos. Como por encanto surgiram três lobos-guarás. A presença dos animais causou grande estranheza aos serranos, pois aquele animal dificilmente surgia naquele local. O líder dos flecheiros tentou preparar seu bodoque para atirar, mas suas mãos trêmulas nada podiam fazer. Pouco tempo depois da súbita aparição, os canídeos adentraram na mata e desapareceram, deixando todos estáticos e enfraquecidos. Yassanan, profundamente irritado, tentou lutar contra a energia que envolvia o ambiente, mas a sensação que vinha de sua mão era como se a lança pesasse 10 vezes mais. O morubixaba, ainda resistente, gritou:

— Yucuruá! Yucuruá! Yucuruá!

Aqueles gritos, inúteis, ecoavam pelas frestas das matas como verdadeiros megafones. Seus pés grudavam ao solo avermelhado, dando-lhe a sensação de que estavam plantados. Todos os seus guerreiros estavam na mesma condição.

Paju, ainda como as mãos no colar, disse-lhes sem se gabar de seu poder:

— Então, grande morubixaba! Paju e Kapi podem entrar em sua aldeia agora?

— Quem és, mulher? — berrou o orgulhoso morubixaba.

Com tranquilidade, respondeu a jovem mbyá:

— Já disse! Sou filha da Y´urema. Escolhida dos pais-da-terra para um novo conceito. Paju agora deve ser feita como entendida, certo?

Yassanan, confuso e irritadiço com a situação que o dominava, enfim resolveu ceder:

— Está bem, está bem... Yassanan não sabe se tem poder de um Anhangá. Pode soltar Yassanan?

— Sim — respondeu Paju ainda mais segura.

— Então faça isso. Depois, Yassanan leva mulher de Anhangá para conversar na Grande Oca.

— Paju nada tem a ver com Anhangá. Paju vem com respaldo dos Pais da Terra.

A jovem mbyá soltou o colar e os serranos lentamente voltaram ao normal. Atônito, Yassanan permitiu que o casal de visitantes adentrasse no complexo daqueles fechados nativos. Toda a aldeia parou para observar o trajeto dos visitantes, principalmente as mulheres, que não compreendiam o que se passava. Yassanan se dirigiu até a oca principal, adentrou cismado no recinto e acenou para que Yaciara ficasse junto dele, enquanto Kapi ficou do lado de fora como simples protetor. Após se sentarem, Paju explicou detalhadamente ao morubixaba tudo o que havia acontecido com ela nos últimos tempos. Yaciara também ouvia toda aquela inusitada história interessadíssima. Ficaram durante quase 10 horas naquela reunião sem interrupções. Já era noite quando Paju saiu da oca dos serranos. Com um toque em seu peito, disse em tom de despedida ao casal serrano:

— Yassanan já sabe o que os pais-da-terra desejam dos tupiretanos, portanto, não faz mais sentido rusgas do passado. Nem todas as aldeias entenderão o que significa o movimento que se prepara. Somos os últimos a encarnar de nossas raças antes da chegada em massa dos juruas. Depois, povo tupiretano perderá ainda mais a essência primeva de nossa raiz. Minha missão será longa por essas aldeias, a levar o último conhecimento ancestral. Os Arashás já estão com tudo pronto para a implantação do movimento. Deverá ter grandes luas até bem perto de quando os juruas estarão nestas terras voando em pássaros brilhantes. Nestes tempos futuros quase nada mais restará de povo tupiretano. Paju sente coração apertado com essas revelações, mas surgem como vento forte na mente de Paju, tudo por causa do poder do colar. Enfim... Cuida bem do pequeno que está em tua oca. É missão de Yassanan também preservar esta aldeia. E leva o máximo que puder dessas revelações aos irmãos tupis e guaranis. Teu tamoi, melhor, payé, sentirá orgulho de missão de Yassanan, pois Parassuá e Yakan já transitam entre os dois mundos.

— Conheceu Parassuá?

— Não, grande Yassanan, Paju não conheceu... Mas colar diz que foi o melhor payé que esta aldeia teve. Parassuá já está como encantado no mundo do Grande Espírito. Querida Yakan também, juntos como verdadeiros pares vibratórios. Cuida bem de teu amor também, para que juntos possam ir para Yvy Marã e'ÿ.

— Então a Terra sem Males existe mesmo?

— Sim. Será nossa estação. Algumas aldeias a professam como a "Aldeia do Y'uremá". Pode ser a mesma cousa, a morada dos ancestrais tupis e guaranis. Também dos jês, dos tupinambás e de todos os precursores da raiz vermelha.

Com três toques alternados nos ombros do morubixaba, expressando mesmo sua condição de mensageira dos ancestrais da raça vermelha, finalizou a jovem mbyá:

— Enfim, conheceu-me como Paju, mas diga ao povo serrano que Y'urema esteve aqui. E que junto do Senhor Estrela do Mar seguiu pelas terras de Tupiretana a levar os designios dos Pais da Terra.

Paju lentamente se retirou da Aldeia da Serra e adentrou pelas trilhas das matas fechadas de Tupiretana. Assim, de fato, se efetivou a missão de Paju. Ao lado de Kapi, percorreu todas as aldeias por quase 40 anos ininterruptos, levando a grande boa-nova dos Pais da Terra. Foi o tempo dos últimos remanescentes da raiz da raça vermelha. Yassanan obedeceu a todas as recomendações de Paju. Yaciara a admirou logo à primeira vista. O casal serrano preparou Nakoatann para ser um morubixaba e foi até o fim da vida com a palavra da jovem mbyá. Sacutira se tornou um grande pajé e ajudou fervorosamente na empreitada de Yassanan e Yaciara.

Na peregrinação de Paju e Kapi, alguns entenderam o valor daquela mulher, mas a maioria não. Os reencarnados dessas etnias não mais tinham ligações com a essência dessa maiúscula cultura. Assim, muito se perdeu à força, como muito se deturparam os reais valores e conceitos desse povo milenar.

Embarcações chegaram por toda a América e a história que se sucedeu a humanidade já conhece bem. A religião dominante massacrou a cultura ameríndia, devido aos escusos interesses econômicos daqueles tempos. Yvy Marã e'ÿ era tudo que os nativos mais desejavam em suas existências. Chegar a Yvy Marã e'ÿ, atingir a tão sonhada Terra sem Males, para muitos deles se tornou uma obsessão. Jamais aceitaram a escravidão. Yvy Marã e'ÿ era só o que importava. E, com certeza, foram merecedores dessa morada cheia de luz, onde atualmente desfrutam desse plano excelso.

A história dos livros acadêmicos está à disposição, mas há muita coisa que ficou velada e protegida para aqueles que realmente mereceram a Terra sem Males. Para alguns, um mito; para quem acredita, não! A raiz da raça vermelha prevaleceu no Astral Superior. Paju se tornou uma Jurema. Ela já estava ligada à Confraria do Astral Superior, que iria, mais tarde, reimplantar a Umbanda como nós conhecemos, quase 400 anos depois dessa sublime encarnação. Paju cumpriu exemplarmente a sua missão. Com mais idade, pôde realmente se dedicar ao amor de mulher ao lado de seu companheiro, Kapi. Juntos seguiram para a Grande Serra e ultrapassaram as barreiras dimensionais. Tornaram-se encantados, algo que o comum atualmente não consegue conceber. No trânsito entre as dimensões, tiveram finalmente notícias de Calixto e José, ambos abarcados pelos seres da natureza, hoje com funções específicas dentro do movimento referendado, explicando-se, assim, o porquê de não encontrá-los durante o processo das peregrinações, fato decidido pelo Astral Superior. O encontro emocionado denotava como é possível transformar pessoas desviadas, mesmo nas mais absurdas situações. Os espíritos da natureza prepararam os portugueses para a função de repressores das forças negativas dos exploradores, que eles conheciam bem, tornando-se extremamente úteis contra muitos excessos cometidos naqueles tempos. Yvy Marã e'ÿ, para muitos um mito; para outros, a salvação!

FIM

A Terra sem Males
foi confeccionado em impressão digital, em novembro de 2025
Conhecimento Editorial Ltda
(19) 3451-5440 — conhecimento@edconhecimento.com.br
Impresso em Luxcream 70g, StoraEnso